教員採用試験対策

ステップアップ問題集❶

専門教科 中学・高校 国語

基礎から実践へ段階的に得点力を付ける！
合格レベルまでステップアップできる！
教員採用試験必携の問題集

東京アカデミー七賢出版

東京アカデミー｜編

はじめに

教員採用試験は、自治体ごとに実施され、その出題傾向は多種多様です。そのため、受験生にとっては対策を立てる上で大変困難を極めます。また、近年の試験では、人物試験を重視する傾向にあり、その対策にも多くの時間が必要となります。これらの状況を考えると、筆記試験においては、限られた時間の中でより的確かつ効率よく学習を進めていくことが求められます。

このオープンセサミシリーズは、全国に拠点をもつ東京アカデミーのネットワークを最大限に活かして過去の教員採用試験を徹底的に分析し、より効率よく、かつ合理的に、合格に必要な知識を身に付けることができるよう編集されたものです。

多くの受験生が見事合格を勝ちとり、晴れて教師としてご活躍されますよう、ご健闘を心からお祈り申し上げます。

本書が、受験生の皆さまの合格の一助となりましたら幸いです。

東京アカデミー編集部スタッフ一同

■本書の特徴と構成

本書は、教員採用試験の出題傾向を子細に研究・分析したうえで、頻出項目ごとにテーマ別に編集し、基礎・基本の知識確認から、実践的・即応的な合格力まで、段階的に実力がステップアップできるように構成しています。

▼ステップ１　各章に、頻出テーマの基礎事項確認・定着を図るための〝例題〟を掲載しています。

▼ステップ２　章末には、同章で学んだ知識を確認・反復するために〝演習問題〟を掲載しています。

▼ステップ３　巻末には、各章で学んだテーマを横断的に扱った問題や、発展的な論点をカバーした問題などを、総合問題形式で〝実践問題〟として掲載しています。

※演習問題・実践問題は一部を除き、過去問題（及びその改題）を精選して掲載しています。

●表示説明：演習問題及び実践問題に表示されている★印は、各問題の難度を示します。

★☆☆　普通　　★★☆　やや難しい　　★★★　難しい

もくじ

中学・高校 国語

1 学習指導要領・指導法……2
2 現代文……30
3 古文……208
4 漢文……252
5 国語常識……288
6 実践問題……306
付録
新旧字体対照表……453

1 学習指導要領・指導法

傾向と対策

【学習指導要領】平成二十九年三月に告示された中学校では、「第1　目標」「第2　各学年の目標及び内容」「第3　指導計画の作成と内容の取扱い」から、まんべんなく出題されると予想される。選択解答方式による空欄補充の問題形式が比較的多く出題されているので、特に、「目標」「各学年の目標」「指導計画の作成と内容の取扱い」については、全文を暗記するぐらいの気持ちで取り組もう。

平成三十年三月に告示された高等学校では、「目標」「各科目（現代の国語・言語文化・論理国語・文学国語・国語表現・古典探究）の目標」「内容」「内容の取扱い」「各科目にわたる指導計画の作成と内容の取扱い」から、まんべんなく出題されると予想される。「目標」に関する問題では、選択解答方式での空欄補充問題が出題されるケースが多いが、「内容」に関する問題では、記述式で出題している自治体が多く、例えば、言語活動を通した指導と指導上の留意点、授業の展開例、評価の観点及び評価規準等を一定の字数で書かせる問題が出題されている。自治体によっては、標準単位数や『学習指導要領解説』からも出題されているので、受験する自治体の傾向を分析した上で計画をたて、それに基づき学習しておこう。

1 学習指導要領―中学校―

例題1　目標

次の文は、平成二十九年に告示された中学校学習指導要領「国語」に示されている教科の目標である。（Ａ）～（Ｅ）にあてはまる語句を書け。

言葉による見方・考え方を働かせ、言語活動を通して、国語で正確に（Ａ）し適切に表現する資質・能力を次のとおり育成することを目指す。

(1) 社会生活に必要な国語について、その特質を（Ａ）し適切に使うことができるようにする。

(2) 社会生活における人との関わりの中で（Ｂ）を高め、（Ｃ）や想像力を養う。

(3) 言葉がもつ価値を認識するとともに、（Ｄ）を豊かにし、我が国の言語文化に関わり、国語を（Ｅ）してその能力の向上を図る態度を養う。

ポイント

新学習指導要領では、国語科で育成を目指す資質・能力を「国語で正確に理解し適切に表現する資質・能力」と規定するとともに、このような資質・能力を育成するためには、生徒が「言葉による見方・考え方」を働かせることが必要であることを示している。

解説

教科の目標では、国語科において育成を目指す資質・能力を国語で正確に理解し適切に表現する資質・能力とし、国語科が国語で理解し表現する言語能力を育成する教科であることを示すとともに、今回の改訂では、国語科において育成を目指す資質・能力を(1)「知識及び技能」、(2)「思考力、判断力、表現力等」、(3)「学びに向かう力、人間性等」と三つに整理された目標をそれぞれ掲げている（『中学校学習指導要領解説 国語編』より）。

解答

A．理解　B．伝え合う力　C．思考力
D．言語感覚　E．尊重

演習問題

1 ★☆☆

次の文章は、平成二十九年に告示された中学校学習指導要領「国語　第2　各学年の目標及び内容」の〔第一学年〕の目標である。（　A　）～（　E　）にあてはまる語句を書け。

(1)　社会生活に必要な国語の知識や技能を身に付けるとともに、我が国の（　A　）に親しんだり理解したりすることができるようにする。

(2)　（　B　）考える力や豊かに感じたり想像したりする力を養い、（　C　）における人との関わりの中で伝え合う力を高め、自分の思いや考えを（　D　）することができるようにする。

(3)　言葉がもつ価値に（　E　）とともに、進んで読書をし、我が国の（　A　）を大切にして、思いや考えを伝え合おうとする態度を養う。

2 ★☆☆

次の文章は、平成二十九年に告示された中学校学習指導要領「国語　第2　各学年の目標及び内容」の〔第二学年〕の目標である。（　A　）～（　E　）にあてはまる語句を書け。

(1)　社会生活に必要な国語の知識や技能を身に付けるとともに、我が国の言語文化に親しんだり理解したりすることができるようにする。

ここに着目

(C)(E)については、「第一学年」と「第二学年・第三学年」と異なることに注意する。

ここに着目

第一学年・第二学年・第三学年の(1)の目標は同一内容であるが、(2)(3)の目標の一部が異なることに注意する。

(2)　（　A　）に考える力や（　B　）したり想像したりする力を養い、（　C　）における人との関わりの中で伝え合う力を高め、自分の思いや考えを（　D　）深めたりすることができるようにする。

(3)　言葉がもつ価値を（　E　）とともに、読書を生活に役立て、我が国の言語文化を大切にして、思いや考えを伝え合おうとする態度を養う。

3

★☆☆

次の文章は、平成二十九年に告示された中学校学習指導要領「国語　第2　各学年の目標及び内容」の〔第三学年〕の目標である。（　A　）～（　D　）にあてはまる語句を後の①～⑧の中から一つ選べ。

(1)　社会生活に必要な国語の知識や技能を身に付けるとともに、我が国の言語文化に親しんだり理解したりすることができるようにする。

(2)　論理的に考える力や（　A　）したり（　B　）したりする力を養い、社会生活における人との関わりの中で伝え合う力を高め、自分の思いや考えを広げたり深めたりすることができるようにする。

(3)　言葉がもつ価値を認識するとともに、（　C　）、我が国の（　D　）、思いや考えを伝え合おうとする態度を養う。

①豊かに想像　②共感　③言語文化に関わり　④読書を通して自己を向上させ

⑤想像　⑥深く共感　⑦読書を生活に役立て　⑧言語文化を大切にして

ここに着目

Check!

(2)・(3)の内容の一部が第二学年の目標と異なることに注意する。

例題2　内容

次の文は、中学校学習指導要領（平成二十九年告示）国語で示されている第一学年の内容からの一部抜粋である。（①）～（⑤）にあてはまる語句を書け。

「A　話すこと・聞くこと」

・（①）を踏まえながら、自分の考えが分かりやすく伝わるように表現を工夫すること。

・必要に応じて記録したり（②）したりしながら話の内容を捉え、（③）などを踏まえて、自分の考えをまとめること。

「B　書くこと」

・（④）を明確にしながら、自分の考えが伝わる文章になるように工夫すること。

「C　読むこと」

・文章の中心的な部分と付加的な部分、事実と意見との関係などについて叙述を基に捉え、（⑤）を把握すること。

ポイント

新学習指導要領では、実生活の様々な場面における言語活動を具体的に例示している。上記例題は、第一学年の言語活動であること、「話すこと・聞くこと」「書くこと」「読むこと」の各領域の言語活動であることに留意する。

解説

〔思考力、判断力、表現力等〕の内容は、「A話すこと・聞くこと」、「B書くこと」及び「C読むこと」からなる三領域の構成を維持しながら、(1)に指導事項を、(2)に言語活動例をそれぞれ示すとともに、(1)の指導事項については、学習過程を一層明確にして示している（『中学校学習指導要領解説 国語編』より）。

解答

① 相手の反応　② 質問　③ 共通点や相違点

④ 根拠　⑤ 要旨

演習問題

4 ★☆☆

次の文は、中学校学習指導要領（平成二十九年告示）国語で示されている第二学年の内容〔思考力、判断力、表現力等〕からの一部抜粋である。（①）～（⑤）にあてはまる語句を書け。

「A　話すこと・聞くこと」

(1)　話すこと・聞くことに関する次の事項を身に付けることができるよう指導する。

ア　目的や場面に応じて、（①）の中から話題を決め、（②）を想定しながら集めた材料を整理し、伝え合う内容を検討すること。

イ　自分の立場や考えが明確になるように、根拠の適切さや論理の展開などに注意して、話の構成を工夫すること。

ウ　（③）を用いるなどして、自分の考えが分かりやすく伝わるように表現を工夫すること。

エ　論理の展開などに注意して聞き、（④）と比較しながら、自分の考えをまとめること。

オ　（⑤）を尊重しながら話し合い、結論を導くために考えをまとめること。

5 ★☆☆

次の文は、中学校学習指導要領（平成二十九年告示）国語で示されている第3学年の内容〔思考力、判断力、表現力等〕からの一部抜粋である。（ ① ）～（ ⑤ ）にあてはまる語句を書け。

「B　書くこと」

(1) 書くことに関する次の事項を身に付けることができるよう指導する。

・文章の種類を選択し、多様な読み手を説得できるように（ ① ）の展開などを考えて、文章の構成を工夫すること。

・表現の仕方を考えたり資料を適切に（ ② ）したりするなど、自分の考えが分かりやすく伝わる文章になるように工夫すること。

「C　読むこと」

・文章の種類を踏まえて、論理や（ ③ ）の展開の仕方などを捉えること。

・文章の構成や論理の（ ④ ）、表現の仕方について（ ⑤ ）すること。

例題3　指導計画の作成と内容の取扱い

次の文は、中学校学習指導要領（平成二十九年告示）「国語　第3　指導計画の作成と内容の取扱い」で示されていることである。（　A　）～（　D　）にあてはまる単位時間をそれぞれ書け。

(1)　第2の各学年の内容の〔思考力、判断力、表現力等〕の「A　話すこと・聞くこと」に関する指導については、第1学年及び第2学年では年間（　A　）単位時間程度、第3学年では年間（　B　）単位時間程度を配当すること。その際、音声言語のための教材を積極的に活用するなどして、指導の効果を高めるよう工夫すること。

(2)　第2の各学年の内容の〔思考力、判断力、表現力等〕の「B　書くこと」に関する指導については、第1学年及び第2学年では年間（　C　）単位時間程度、第3学年では年間（　D　）単位時間程度を配当すること。その際、実際に文章を書く活動を重視すること。

ポイント

学習指導要領では、指導に配当する授業時数は、「A　話すこと・聞くこと」「B　書くこと」「書写」について示されている。この3つの学年別時数は正確に覚えておくこと。

解説

新学習指導要領においても、それぞれの授業時数は従前の学習指導要領と同一である。ただ、中央教育審議会「幼稚園、小学校、中学校、高等学校及び特別支援学校の学習指導要領等の改善及び必要な方策等について（答申）」（平成二十八年十二月）には、学習指導要領には、「読むこと」以外にも「話すこと・聞くこと」、「書くこと」の領域があるにもかかわらず、依然として授業が「読むこと」の指導に偏っている傾向があり、国語科の授業が言語活動を通じて資質・能力を育成する授業となるよう、教材の改善・充実を図ることが求められると指摘している。

解答

A．十五～二十五　B．十～二十

C．三十～四十　D．二十～三十

6 ★☆☆

次の文は、中学校学習指導要領（平成二十九年告示）「国語　第3　指導計画の作成と内容の取扱い」で示されている書写の指導についてである。（　A　）～（　E　）にあてはまる語句・単位時間をそれぞれ書け。

(ア)　文字を（　A　）整えて速く書くことができるようにするとともに、書写の能力を学習や（　B　）に役立てる態度を育てるよう配慮すること。

(イ)　硬筆を使用する書写の指導は各学年で行うこと。

(ウ)　毛筆を使用する書写の指導は各学年で行い、硬筆による書写の能力の（　C　）を養うよう指導すること。

(エ)　書写の指導に配当する授業時数は、第1学年及び第2学年では年間（　D　）単位時間程度、第3学年では年間（　E　）単位時間程度とすること。

2 学習指導要領―高等学校―

例題4　科目の編成等

平成三十年に告示された高等学校学習指導要領「国語」の科目名と、その標準単位数を例に従って、すべて書け。

〔例〕科目（4）

ポイント

国語の科目は全部で六科目である。

解説

平成三十年告示高等学校学習指導要領の総則からの出題。国語科の科目は「現代の国語」「言語文化」「論理国語」「文学国語」「国語表現」「古典探究」の六科目である。このうち、必履修科目は「現代の国語」及び「言語文化」である。残りの四科目は選択科目となる。

解答

現代の国語（2）　言語文化（2）
論理国語（4）　文学国語（4）
国語表現（4）　古典探究（4）

例題5 評価の観点

次は中学校国語科における評価の観点及びその趣旨である。空欄に当てはまる語句を書け。

観点	趣旨
知識・技能	社会生活に必要な国語について、その（　A　）適切に使っている。
（　B　）	「話すこと・聞くこと」、「書くこと」、「読むこと」の各領域において、社会生活における（　C　）の中で伝え合う力を高め、自分の思いや考えを（　D　）している。
主体的に学習に取り組む態度	言葉を通じて積極的に人と関わったり、思いや考えを深めたりしながら、（　E　）を認識しようとしているとともに、（　F　）を豊かにし、言葉を適切に使おうとしている。

ポイント

評価の観点は、学習指導要領に準拠したものとなっている。

解説

「小学校、中学校、高等学校及び特別支援学校等における児童生徒の学習評価及び指導要録の改善等について（通知）」（平成三十一年三月二十九日）の別紙4「各教科等・各学年等の評価の観点等及びその趣旨（小学校及び特別支援学校小学部並びに中学校及び特別支援学校中学部）」を参照のこと。

解答

A．特質を理解し　B．思考・判断・表現
C．人との関わり　D．広げたり深めたり
E．言葉がもつ価値　F．言語感覚

例題6　目標

(1)　次の文章は、平成三十年に告示された高等学校学習指導要領国語の目標である。（　Ａ　）～（　Ｄ　）に当てはまる語句を書け。

言葉による見方・考え方を働かせ、（　Ａ　）を通して、国語で的確に理解し効果的に表現する資質・能力を次のとおり育成することを目指す。

(1)　生涯にわたる（　Ｂ　）に必要な国語について、その特質を理解し適切に使うことができるようにする。

(2)　生涯にわたる（　Ｂ　）における他者との関わりの中で（　Ｃ　）を高め、思考力や想像力を伸ばす。

(3)　言葉のもつ価値への認識を深めるとともに、（　Ｄ　）を磨き、我が国の言語文化の担い手としての自覚をもち、生涯にわたり国語を尊重してその能力の向上を図る態度を養う。

(2)　次の文章は、平成三十年に告示された高等学校学習指導要領「現代の国語」の目標である。（　Ａ　）～（　Ｅ　）に当てはまる語句を書け。

言葉による見方・考え方を働かせ、（　Ａ　）を通して、国語で的確に理解し効果的に表現する資質・能力を次のとおり育成することを目指す。

(1)　実社会に必要な国語の（　Ｂ　）を身に付けるようにする。

(2)　（　Ｃ　）に考える力や深く共感したり豊かに想像したりする力を伸ばし、他者との関わりの中で（　Ｄ　）を高め、自分の思いや考えを広げたり深めたりすることができるようにする。

ポイント

高等学校の国語は、小学校・中学校の目標を受けて、小中高の一貫性を図るとともに、高等学校の段階に即して、より高い目標を掲げている。また、「現代の国語」は必履修科目の一つである。

(3) 言葉がもつ価値への認識を深めるとともに、生涯にわたって（　E　）に親しみ自己を向上させ、我が国の言語文化の担い手としての自覚をもち、言葉を通して他者や社会に関わろうとする態度を養う。

解答

(1) A．言語活動　B．社会生活　C．伝え合う力
D．言語感覚

(2) A．言語活動　B．知識や技能　C．論理的
D．伝え合う力　E．読書

例題7　内容・内容の取扱い

平成三十年に告示された高等学校学習指導要領の「現代の国語」の内容の〔思考力、判断力、表現力等〕における授業時数について、「A話すこと・聞くこと」に配当する時間数を書け。また、その指導は、例えばどのような言語活動を通して行うようにするものとされているか、四つ書け。

ポイント

「現代の国語」の内容は〔知識及び技能〕〔思考力、判断力、表現力等〕に分類され、〔思考力、判断力、表現力等〕において配当する授業時数は「A話すこと・聞くこと」「B書くこと」「C読むこと」の領域で示されている。

解説

授業時数の目安を示すことによって、計画的な指導が行われるようにしている。

解答

二十～三十単位時間程度

〈言語活動例〉

・自分の考えについてスピーチをしたり、それを聞いて、同意したり、質問したり、論拠を示して反論したりする活動。

・報告や連絡、案内などのために、資料に基づいて必要な事柄を話したり、それらを聞いて、質問したり批評したりする活動。

・話合いの目的に応じて結論を得たり、多様な考えを引き出したりするための議論や討論を、他の議論や討論の記録などを参考にしながら行う活動。

・集めた情報を資料にまとめ、聴衆に対して発表する活動。

Check!

●「現代の国語」の言語活動例

「B書くこと」→①論理的な文章や実用的な文章を読み、本文や資料を引用しながら、自分の意見や考えを論述する活動。②読み手が必要とする情報に応じて手順書や紹介文などを書いたり、書式を踏まえて案内文や通知文などを書いたりする活動。③調べたことを整理して、報告書や説明資料などにまとめる活動。

「C読むこと」→①論理的な文章や実用的な文章を読み、その内容や形式について、引用や要約などをしながら論述したり批評したりする活動。②異なる形式で書かれた複数の文章や、図表等を伴う文章を読み、理解したことや解釈したことをまとめて発表したり、他の形式の文章に書き換えたりする活動。

例題 8　評価の観点

次は高等学校国語科における評価の観点及びその趣旨である。空欄に当てはまる語句を書け。

観点	趣旨
知識・技能	（ A ）社会生活に必要な国語について、その特質を理解し適切に使っている。
（ B ）	「話すこと・聞くこと」、「書くこと」、「読むこと」の各領域において、（ A ）社会生活における（ C ）の中で伝え合う力を高め、自分の思いや考えを（ D ）している。
主体的に学習に取り組む態度	言葉を通じて積極的に他者と関わったり、思いや考えを深めたりしながら、（ E ）への認識を深めようとしているとともに、（ F ）を磨き、言葉を効果的に使おうとしている。

ポイント

評価の観点は、学習指導要領に準拠したものとなっている。

解説

「小学校、中学校、高等学校及び特別支援学校等における児童生徒の学習評価及び指導要録の改善等について（通知）」（平成三十一年三月二十九日）の別紙5「各教科等の評価の観点及びその趣旨（高等学校及び特別支援学校高等部）」を参照のこと。

解答

A．生涯にわたる　B．思考・判断・表現
C．他者との関わり　D．広げたり深めたり
E．言葉のもつ価値　F．言語感覚

演習問題

7 ★☆☆

平成三十年に告示された高等学校学習指導要領国語「現代の国語」の〔知識及び技能〕に関する内容で、我が国の言語文化に関する事項を指導する際、どのようなことを身に付けられるように指導するか、一つ書け。

8 ★☆☆

次の文は、平成三十年に告示された高等学校学習指導要領国語「現代の国語」で取り上げる教材についての配慮事項の一部である。（　A　）～（　F　）に当てはまる語句を書け。

・言語文化に対する関心や理解を深め、（　A　）を育てるのに役立つこと。
・日常の言葉遣いなど（　B　）に関心をもち、伝え合う力を高めるのに役立つこと。
・思考力や（　C　）を伸ばし、心情を豊かにし、言語感覚を磨くのに役立つこと。
・（　D　）を活用して、公正かつ適切に判断する能力や創造的精神を養うのに役立つこと。
・科学的、（　E　）に物事を捉え考察し、視野を広げるのに役立つこと。
・生活や人生について考えを深め、（　F　）を豊かにし、たくましく生きる意志を培うのに役立つこと。

ここに着目

指導事項は、「現代の国語」の目標を踏まえていることを意識して、考えていくことが重要である。〔知識及び技能〕の内容は、「我が国の言語文化に関する事項」の他、「言葉の特徴や使い方に関する事項」「情報の扱い方に関する事項」の3点で構成されている。

ここに着目

教材選定の観点は、「現代の国語」の目標を踏まえて、設けられた内容である。

例題9　指導法1〈中学校・高校〉

生徒の読書の現状を踏まえ、あなたは国語教師としてどのように読書指導を進めたいと考えているか。二百字以内で書け。

〈沖縄県改題〉

ポイント

まず、「生徒の読書の現状」について考え、それと関連させながら、指導法を練る必要がある。「総合的な学習（探究）の時間」などと関連を図った指導も考えられるが、「二百字以内」という短い制限字数を考慮すると、国語科の授業での指導を中心に据えるのが常道である。

解説

二〇〇一年、「子どもの読書活動の推進に関する法律」の制定を受け、各県で「子ども読書活動推進計画」が作成されている。進んで読書に親しむ態度や読書の習慣を養うことの必要性は、中学校・高校の学習指導要領においても強調されていることである。

読書活動は生徒の人間形成に大きく寄与するとともに、変化の激しいこれからの時代をよりよく生きていく力の礎にもなるものであり、生徒の読書活動につながる学習を意図的・計画的に設ける必要がある。ここで重要なのは、生徒が主体的・自主的に取り組めるように、読書活動が日常生活の中で自然に行われるような環境作りをすることである。なお、〔解答例〕では言及していないが、学校図書館の利用と関連付けて述べるのもよいだろう。

解答

〔解答例〕

生徒の読書離れが叫ばれて久しい。読書への興味・関心の低下から、進んで文章に親しむ習慣が形成されていない傾向がうかがえる。このような実態を踏まえ、まず、授業で取り上げた教材と同じテーマや筆者の文章で、読みやすい他の作品を紹介したり、疑問点について調べ学習を行わせたりして、読書の習慣を養うきっかけを作る。また、友人と本を紹介し合う機会を設けるなど、読書活動を自主的に生活の中に取り入れるよう導きたい。（百九十九字）

Check!

●留意点

・字数制限がある場合、字数はその九割以上を満たすのが無難である。例えば、「四百字以内」であれば三百六十字以上。字数が極端に少ない場合は、採点すらしてもらえないと心得ておくこと。

・学習指導要領を踏まえながら、自分の考えの基本をきちんと定め、それに沿って論述すること。

・制限字数が少ない場合は、あまり多くのことを盛り込まず、論点を絞ること。

演習問題

9 ★☆☆

〈中学校・高校〉

国語科の授業において学校図書館を活用するためには、どのような工夫をすればよいか、あなたの考えを書け。

〈北海道・札幌市改題〉

ここに着目

自ら学び自ら考える力を育成するには、主体的な学習態度の形成にかかわる学習活動の場として、学校図書館の学習・情報・読書センターとしての機能を活用することが不可欠である。

例題10　指導法2〈中学校〉

次の文を教材にして、文章表現の指導をしたい。あなたはその際、どのような板書をし、どのような説明をするか、書け。

・彼は生徒会長をしている大阪花子さんの弟です。

〈大阪府・大阪市改題〉

ポイント

この文では、「生徒会長」をしているのが、「大阪花子さん」なのか、その「弟」なのかが分かりにくい。なぜ、分かりにくいのか。どうしたら、分かりやすくなるのか。

解説

板書で、要点となることを図式化するなどして簡潔に示し、どこに問題点があるのか、そして、どのように改善したらよいのかを明確に説明することが重要である。

解答

〔解答例〕

・板書

（主語）彼は　（修飾語）生徒会長をしている大阪花子さんの　（述語）弟です。

（修飾語）生徒会長をしている → （被修飾語）大阪花子さん

（修飾語）大阪花子さんの → （被修飾語）弟

↓

① 彼は、生徒会長をしている大阪花子さんの弟です。

② 彼は大阪花子さんの弟です。彼女は生徒会長をしています。

・説明

このように、述語にかかる修飾語が長い上、「大阪花子さん」は被修飾語であるとともに修飾語でもあるため、誰が「生徒会長」であるかが分かりにくい一文になっている。そこで、①のように、「彼は」と「生徒会長」の間に読点を打つと、意味が明確な文になる。また、②のように、二つの単文に分けて表現する方法もある。

演習問題

10 ★★☆

〈中学校〉

次の文章は、弁護士会・地方裁判所で体験学習をした中学生の作品である。この文章について指導をするとき、どのような朱書（書いた文章をよりよいものにするために記した教師の評語）をするか、二つの点に絞って書け。ただし、赤で書く必要はない。

私たちのグループは、人権について学習するために、弁護士会・地方裁判所へ行きました。そこへは地下鉄で行きました。私は席に座っていて、障害をもった人たちが数人乗って来たとき「譲らなくては」と思いました。けれども恥ずかしくて、なかなか譲れませんでした。その時、友人の佐藤さんが席を譲ったのを見て、私は何うじうじしているんだと思い、ヘッドギアをつけた少年に席を譲りました。すると、「ありがとう」と言われたので、とてもうれしかったです。弁護士会に着くと、案内された部屋がとても立派だったので、ものすごく緊張してしまいました。けれど、担当の田中弁護士さんが優しく話しかけてくださったので、少し安心しました。田中さんは、裁判の仕組みなどを分かりやすく教えてくださったので、とてもよく分かりました。次に、本当の刑事裁判を見に行きました。空気がぴりぴりとしていて、その後で見た民事の裁判とは大変違うと感じました。

ここに着目

学習指導要領における「書くこと」の指導事項を参考にして考える。

民事の裁判官は話し方もゆっくりしていて、少しのんびりしているように思えました。よくテレビで見る「おれは無罪だ」と主張している裁判を期待していたけど、そんな裁判はめったにないそうです。それでも、本当の裁判を見ることができたのでよかったです。最後に、田中さんに「人権とは何だと思いますか」と質問すると、「人権とは、憲法の条文に書かれていることだけでなく、もっと根本的なものであると思う」と真剣に話してくださいました。私は地下鉄での出来事を思い出し、人権についていっそう深く考えることができました。人権とは、人として生きていく上でだれもがかかわっていく大切なことなので、今回、たくさんのことを学ぶことができよかったと思います。これからもずっと人権について考えていきたいと思います。

〈名古屋市改題〉

11 ★★☆

〈高校〉

次の文章は、昨日開催された学園祭実行委員会で決定したことを、委員が口頭でクラスに「報告」したものである。これを国語の授業で「話すこと」の教材として用いて、生徒に改善すべき点を考えさせたい。この「報告」の改善すべき点を三つ指摘せよ。

体育館の学園祭装飾の後片づけは学園祭実行委員がやることになっていまし

ここに着目

ここでの「報告」は、既に決定された事項を伝達するものであるから、正確かつ簡潔に伝えることが重要である。

た。しかし、それでは足りないので、各クラスからさらに人手を出すことになりました。私は、今になって急に変更するのはおかしいと思いますが、実行委員会でそう決まったのですからしかたがありません。明日までに決めなくてはなりませんから、クラスで選んでください。お願いします。

〈山梨県〉

Check!

●留意点

・指導すべき事柄、その根拠を明確にすること。
・生徒の発達段階に即して、分かりやすく具体的に指導すること。
・指導事項が学習指導要領に密接に関わる場合は、当然、それを踏まえること。

12 ★★☆

〈高校〉

高等学校の「国語表現」において、自分の周囲で現在話題になっている事柄について、自分の立場や意見を明確にしてスピーチをさせることにした。

生徒が話題を決定した後、原稿作成や実際のスピーチに向けてどのような指導

ここに着目

まず、学習指導要領での指導事項や指導の留意点などを念頭に置いて、学習のめあてや目標を定める必要がある。本問では、スピーチに先立つ原稿

をするか、次の条件を踏まえて、二百四十字以上二百六十字以内で書け。

（条件）

○ 平成三十年告示高等学校学習指導要領を踏まえること。

○ 学習のめあてや目標に関する内容を盛り込むこと。

○ 生徒に語りかける場面を想定した言葉遣いをすること。

〈島根県改題〉

Check!

●留意点

・学習指導要領を踏まえ、それに準拠すること。
・学習の目標や指導のねらいを明確にすること。
・学習（指導）の順序や流れを考慮すること。
・生徒の学習する姿をイメージしながら考えること。
・生徒が主体的に取り組める学習活動や指導の工夫をすること。

13 ★★☆

〈中学校・高校〉

担任の先生に「来週の個人懇談ですが、お母さんの御都合はどうですか？」と

作成と、実際のスピーチに向けての指導が問われている点に留意したい。

ここに着目

昨今、「言葉の乱れ」が指摘される中でも、「敬語を適切に使うことがで

聞かれた生徒は、「はい。母は、『その日は仕事が休みなので、出席できる』とおっしゃっていました。」と答えた。

この生徒のことばを例として使い、中学校三年生あるいは高等学校一年生を対象とする授業において、敬語法の指導にあたり、生徒が尊敬語と謙譲語の違いをよく理解できるよう、指導案を作成せよ。

〈大阪府・大阪市改題〉

きない」という報告は多い。特に、尊敬語と謙譲語の正しい用法は、生徒には理解しにくいものである。それをいかに分かりやすく、順を追って指導できるかが問われる。ここでは、例として使うことが条件となっている「生徒のことば」を指導の中でどのように用いるかということ、さらに、尊敬語と謙譲語を用いる動作主の区別を理解させることがポイントとなる。

演習問題　解答・解説

1　A. 言語文化　B. 筋道立てて
C. 日常生活　D. 確かなものに
E. 気付く

2　A. 論理的　B. 共感　C. 社会生活
D. 広げたり　E. 認識する

3　A. ⑥　B. ①　C. ④　D. ③

解説
各学年の目標は、(1)は、「知識及び技能」に関する目標、(2)は、「思考力、判断力、表現力等」に関する目標、(3)は、「学びに向かう力、人間性等」に関する目標である。(1)の「知識及び技能」に関する目標は、全学年同じであり、中学校を通して、社会生活に必要な国語の知識や技能を身に付けること、我が国の言語文化に親しんだり理解したりすることができるようにすることを示している。(2)の「思考力、判断力、表現力等」に関する目標には、考える力や感じたり想像したりする力を養うこと、社会生活における人との関わりの中で伝え合う力を高め、自分の思いや考えを広げたり深めたりすることなどができるようにすることを系統的に示している。(3)の「学びに向かう力、人間性等」に関する目標には、言葉がもつ価値に気付くこと、読書をすること、我が国の言語文化を大切にして思いや考えを伝え合おうとする態度を養うことを系統的に示している。

4　① 社会生活　② 異なる立場や考え
③ 資料や機器　④ 話し手の考え
⑤ 互いの立場や考え

解説
アでは、話題や情報の収集の範囲を社会生活へと広げて示し、異なる立場や考えを想定すること、イでは、自分の立場や考えが明確になるように、根拠の適切さや論理の展開などに注意すること、ウでは、資料や機器を用いるなどして表現を工夫することにそれぞれ重点を置いている。エでは、論理の展開などに注意して、話し手の考えと比較しながら聞くこと、オでは、互いの立場や考えを尊重して、結論を導くために話し合うことを求めている。

5　① 論理　② 引用
③ 物語　④ 展開
⑤ 評価

解説
「論理の展開」とは、結論や主張を導くための筋道の通った考えの進め方のことである。「表現の仕方」とは、敬体と常体などの文体、語句や文末表現を工夫することをはじめとして、簡潔な述べ方と詳細な述べ方、断定的な述べ方と婉曲な述べ方、説明的な文章での中心的な部分と付加的な部分との関係や、事実と意見との関係、文学的な文章での描写の仕方や比喩などの表現の技法など、記述に関わる表現全般のことである。

6　A．正しく　B．生活　C．基礎　D．二十　E．十

7　実社会との関わりを考えるための読書の意義と効用について理解を深めること。

解説　平成三十年告示の高等学校学習指導要領国語「現代の国語」を初め、国語の必履修・選択科目に共通するのは「社会生活に必要な国語」を身に付けることである。指導を通して、読書が自己の在り方生き方や社会との関わり方を支えてくれるということを実感させることが重要である。そして、そのことが生涯にわたる読書活動の基盤となることを肝に銘じ、国語を中心として読書の習慣を養うことを目指している。

8　A．国語を尊重する態度　B．言語生活　C．想像力　D．情報　E．論理的　F．人間性

9　〔解答例〕
授業で取り上げた教材を補足する資料を調べて、学習の深化・拡充に役立てたり、教材に関連する他の著書との読み比べをして、自己の考えについて発表や討論をさせたりする。その際には、インターネット等を利用して、必要な情報を検索・収集し、活用する能力も身に付けさせたい。

解説　学校図書館の活用については、中学校・高校の学習指導要領に明記されている。中学校・高校では、〔知識及び技能〕や〔思考力、判断力、表現力等〕の指導において、本などの種類や配置、探し方など前学校段階で学習した内容を踏まえながら、学校図書館などを利用する目的を明確にした上で計画的に利用することが求められている。その際、読書センター・学習センター・情報センターとしての3つの機能を有しているかを検討しよう。これらを参考にしながら、教科書を教材とする授業ではできない工夫を考える。中学校学習指導要領解説 国語編第4章「2　内容の取扱いについての配慮事項」参照。高等学校学習指導要領解説 国語編第3章「2　内容の取扱いに当たっての配慮事項」参照。

10　〔解答例〕
・内容の展開を分かりやすく伝えるために、「序論・本論・結論」の段落の構成について考えるようにしましょう。なお、それぞれの段落の初めは必ず改行することが大切です。
・「人権についていっそう深く考えることができました」という理由や根拠を具体的に書くと、地下鉄での出来事との関係が明確になり、もっと説得力のある文章になります。
・「大変違う」ではなく「全く違う」が正しい表現であるように、修飾後と被修飾語との関係に気をつけましょう。
などのうち二つ

解説

提示されている中学生の作品では、段落が設けられていないのは一目瞭然である。また、体験学習を通して学んだことの筆頭は、「人権」について深く考えたことであり、「これからもずっと人権について考えていきたい」という点が、この中学生の主張である。しかし、「人権とは、人として生きていく上でだれもがかかわっていく大切なこと」としか書かれておらず、論拠となっている地下鉄での出来事との関連性が希薄である。なお、〔解答例〕では指摘していないが、話題をたくさん盛り込みすぎて、何が中心なのかが分かりにくくなっていることも問題点の一つである。

11

〔解答例〕

・まず最初に、昨日の学園祭実行委員会の決定事項の報告であることを正確に伝えるべきである。
・決定事項の伝達だけをするべきであり、個人的な意見はひかえるべきである。
・クラスから何人、いつ人手を出すのか、という決定すべき具体的な内容の伝達をするべきである。

解説

「正確かつ簡潔」に伝達するには、何の「報告」であるかを明らかにすること、私情をはさまず適切な内容であるかを確認すること、伝達内容に過不足がないことなどが要求される。

12

〔解答例〕

原稿を作成するときには、多様な考えを持つ聞き手が求めているものを把握・想定した上で自分の意見が効果的に伝わるよう根拠を明確にし、論理的な構成を練ることが大切です。また、スピーチにふさわしい言葉遣い、話の内容に適した表現を選ぶようにしましょう。関連する書籍を参考にしたり、隣の席の人同士で互いの原稿を批評し合ったりして、自らの推敲に役立てます。原稿が完成したら、スピーチの練習をします。その際には、話す速度や間のとり方などに注意しながら、話全体の構成を考慮して、説得力のある話し方ができるように工夫しましょう。（二百五十四字）

解説

「国語表現」でスピーチの練習をする際には、グループやペアでお互いの内容を批評し合うことが効果的である。その際には、論点の明確さ、主張や論拠の妥当性、例示の適切さなどに注意しながら聞き、スピーチを聴いた後に、相手（話し手）に対して、内容を確認したり、質問したり、根拠を示しながら反論したり、自分の考えと関連付けて意見を述べたりする学習などを取り入れるようにしたい。

また、スピーチをする側は自分の主張の根拠となる事柄を箇条に分けて示したり、考えをまとめるに至った過程をたどりながら説明したり、結論を簡潔にまとめて話したりするなどの工夫が必要である。こうした内容を加味して、まとめるようにしたい。

スピーチは、具体的な相手に向かって行う言語活動であり、相手に自分の考えを十分に伝える工夫が求められる。

13

〔解答例〕

〈目標〉

話す相手や場面に応じて適切な敬語を用い、尊敬語と謙譲語の違いを理解する。

〈指導内容〉

・例文を提示し、誤りがあることだけを告げる。

・尊敬語（話し手が、相手や話題の人物、それらの領域に属するものごとを高める表現）と謙譲語（話し手が、自己や自己の領域に属するものごとを低める表現）の相違点を説明する。その際には特に次の二つを強調する。

①＝尊敬語は相手や高めるべき人の動作に用い、謙譲語は自分や低めるべき人の動作に用いること。

②＝「自分の領域に属する」とは、話す相手から見た場合であること。

・普通語（例／来る・行く）、尊敬語（例／いらっしゃる）、謙譲語（例／参る）を記した表を使って、主な敬語動詞や敬語表現を確認させる。

・例文の誤っている箇所（尊敬語「おっしゃっている」）と、その理由（担任の先生から見ると、母は自分の領域に属する人物であること）を生徒に指摘させ、謙譲語を使って「申している」と直すべきであることを理解させる。

・尊敬語と謙譲語を使い分ける必要がある場面を設定し、そのやりとりを生徒が実践する言語活動を通して、理解の定着を図る。

場面①＝係長が社長と話す。

場面②＝係長が、会社の取引先に対して、社長のことを話す。

解説

指導案を作成するときには、目標を達成する上で、どのような学習（指導）をどのような過程で行うのが有効かを考えることが重要である。例文の誤りは、謙譲語を使わなければならない「母」に対して、「おっしゃる」という尊敬語を用いている点にある。この例文を学習（指導）の流れの中のどこで、どのように使うのか、すなわち、尊敬語と謙譲語の相違点を理解させる上で、どのように活用するのかを考える必要がある。さらに、理解の定着を図るためにはどうしたらよいかという視点で、指導を工夫することも必要だろう。

2 現代文

傾向と対策

評論を中心とした出題が多く、ついで小説・随筆となっている。評論で扱われる内容の多くは、言語、文化、文芸、哲学分野で、外山滋比古、山崎正和、大岡信、河合隼雄、鷲田清一などの大学入試でも常連の作者に加え、養老孟司や齋藤孝、茂木健一郎など近年のベストセラー作家の著作も多い。小説は、川端康成や芥川龍之介、梶井基次郎、志賀直哉などの近代作家の短編小説からよく出題されている。近年は、現代小説家のうち、重松清、伊集院静、あさのあつこらの描く、中高生を登場人物とする「青春小説」「家族小説」からの出題が急増している。随筆は評論に近い内容のものが多い。詩歌そのものの出題はそれほど多くないが、評論や随筆の中で詩歌の鑑賞が取り上げられることもままあるので、基礎的な鑑賞力は必要だろう。文章の量や難易度は自治体や校種によって差があるが、設問の多くは大学入試と同じく、漢字の読み書きや空欄補充、語彙などの基礎学力を問うものと、傍線部解釈、作中人物の心理などの内容読解問題である。難解な内容や細かい解釈を問うよりも、本文の大意を押さえる箇所での設問が中心となる。また、近年では問題文を使った授業展開など、指導に関する出題が増えており、読解力だけでなく、教員としての実践的な能力も磨いておく必要がある。なお、現代文の長文問題の中で出題されている文学史の問題については、**5 国語常識**に掲載している。

例題1 空欄補充

情報の量は多いほうがよく、しかも早いほうがいいと、だれもが考える。デジタル衛星放送が始まり、テレビのチャンネル数は数百にもなろうとしている。家庭のパソコン

読解のポイント

・空欄の前後をよく読み、文と文のつながりや意味的関係を把握する。

の画面では、インターネットでだれもが世界中の情報を瞬時に手に入れることができ、また送り出すこともできる。情報は増えつづけ、そのスピードはめまぐるしい。しかし、ほんとうに情報の量は多いほうがよくて、早いほうがいいのだろうか。

かつて情報の量が今ほど多くなかった時代に、こんなことを言った人がいた。井の中の蛙大海を知らずという諺とは反対に、井の中の蛙として、自分のいる場所を離れずにものを考えること。井戸を垂直に掘っていくと世界につながる通路がある。それが思想というものの役割だと。

わたしは今も（　A　）に、ものを考えるということに関しては、この考え方をしごくまっとうであると思っている。しかし、情報の量が現在のように多くなり、井戸の中にいても大海を知ったかのように思えてしまう情報社会が現実のものになると、同じ考え方を表現するのに、少しばかり修正が必要だと思う。

現在、井戸の中にいるとかえって危険である。バーチャル・リアリティがあふれて、蛙は井戸の外へ、知らないうちに放り出されてしまっている。いや、実際には放り出されるということはなく、それさえもバーチャルなのだが、その事実に気づかないということがもっとも恐ろしい。

バーチャル・リアリティを形づくるメディアについては、（　B　）にしか語ることができない。それを系統だてて語ろうとすると、すぐに自分の語っていることはメディアの一面をしか捉えていないと気づく。わたしたちが取り囲まれているメディアのシステムは、もっと重層している。

いや重層性をもっているのは、人間のほうだと言い換えるべきだろうか。

・空欄を含む一文で、筆者が言おうとしていることを考える。

●筆者は、「ものを考えるということ」に関して、前述の考え方をどのように捉えているか。
↓「しごくまっとうである」と思っているが、現在のような情報社会では、「修正が必要だ」と思っている。

●バーチャル・リアリティを形づくるメディアについて、筆者はどのように捉えているか。
↓語ろうとすると、「メディアの一面」しか捉えていないと気づく。

現在の子供たちはバーチャル・リアリティが何を喪失させてしまうのかについて、実に敏感だ。わたしのまわりの中学生や高校生のほとんどがコンピュータ・ゲームで遊び、携帯電話を持っている。ラブレターも携帯電話からメールで送るし、男女交際はプリクラを交換することから始まる。彼らのすべてのコミュニケーションはバーチャル・リアリティの世界から始まる。（　C　）、そこに埋没して現実との距離を失っていると世の大人たちが嘆く必要はない。（　D　）、旧世代とは別の新しい価値観が育ちつつあると、過剰に評価する必要もない。実際にはバーチャルな世界にふり回されているだけの大人よりも鋭く、子供たちはその世界からのスタンスのとり方を、（　E　）知っている。

以前、「たまごっち」が流行り出したころ、わたしの知り合いの一人の中学生は、いち早くその流行の玩具を手に入れた。彼がスキー場で怪我をしたことがあった。医者に診察されている途中で、彼のポケットにあった「たまごっち」がピーピーと信号音を出した。餌をほしいときや、うんちをしたいとき、ところかまわず「たまごっち」は泣き声をあげる。診察室で自分のこともかまわず、彼はボタンを押してうんちの世話をした。それほど彼はこの玩具に夢中になっていたのだが、あるときから「たまごっち」を手放した。

どこへやったの？　と聞くと自分の机の中にしまってあるという。遊ぶのに飽きたのならだれかにやればよいし、またそのころ、「たまごっち」を製作したゲーム会社では生産が追いつかず、定価の何十倍もの値段で裏取引されていた時期だったから、闇屋に売れば、お金が入った。なぜそうしないのか、と聞くと彼から面白い答えが返ってきた。「思い出にしたいのだ」と言う。自分が中学生のある時期、「たまごっち」という玩具が

●前文と後文の関係を捉えよう。
すべてのコミュニケーションが、「バーチャル・リアリティの世界から始まる」ことに対して、
・「埋没して現実との距離を失っている」と「嘆く」必要はない。
・「新しい価値観が育ちつつある」と「過剰に評価する」必要もない。

●子供たちの、バーチャルな世界からの「スタンスのとり方」
↓「『思い出』という言葉に代表させて」スタンスのとり方を模索。（第十段落）
↓「思い出」がつくれないと知って、バーチャルな世界から「抜け出そうとするあがきに似た行為」（最終段落）

流行し、夢中になっていた、そういう「思い出」として残すために、机の中にしまっておくというのだ。

　こんなふうに、「思い出」という言葉を十代の子供たちはひんぱんに使う。「思い出」とは何か。それは個人が体験することによってつくりだされるものであり、現実とのコミュニケーションの産物である。リアリティの感触さえ定かとならない世界を生きることによって、彼らは「思い出」という言葉に代表させて、必死にバーチャルな世界からのスタンスのとり方を模索している。

（中略）

　彼らが取り囲まれているバーチャル・リアリティの世界では、「思い出」がつくれないのである。それを本能的に知って、バーチャルな世界から抜け出そうとするあがきに似た行為を、現在の子供たちは強いられている。

（佐々木幹郎『やわらかく壊れる』より）

(1)　本文中の（　Ａ　）、（　Ｂ　）にあてはまる最も適切な語句を、それぞれ次のア〜オから選び、記号で答えよ。

ア．消極的　　イ．積極的　　ウ．断片的　　エ．空想的　　オ．基本的

(2)　本文中の（　Ｃ　）、（　Ｄ　）にあてはまる最も適切なものを、それぞれ次のア〜オから選び、記号で答えよ。

ア．また　　イ．しかし　　ウ．すなわち　　エ．しかも　　オ．そこで

(3)　本文中の（　Ｅ　）にあてはまる最も適切な語句を、本文中からさがして書け。

〈石川県改題〉

解説

(1) A. 空欄の前では、「井戸を垂直に掘っていく」、つまり自分のいる場所を深めていくと「世界につながる通路がある」という見方が紹介されており、筆者は、これを「しごくまっとう」だと思っている。かつてと違い、「情報の量が現在のように多く」なる「情報社会」において「修正が必要」ではあるが、根幹となる考え方を肯定する、という意味になるような語を補えばよい。

B. バーチャル・リアリティを形づくるメディアについて、系統だてて語ろうとすると、メディアの「一面しか捉えていない」ことに気づく。つまり、メディアについて、その全体を語ることはできない、ということである。

(2) C. 中学生や高校生のほとんどはバーチャル・リアリティが何を喪失させてしまうかを敏感に感じ取っており、彼らのすべてのコミュニケーションが「バーチャル・リアリティの世界から始ま」っていても、「そこ（バーチャル・リアリティの世界）に埋没して現実との距離を失っている」のではないと述べている。前述の内容を否定しているので、逆接の接続詞が入る。

D. 「嘆く」必要も「過剰に評価する」必要もないとあるように、空欄の前後である物事に対する二極的な見方を示しており、二文は並列の関係にあるといえる。

(3) 「たまごっち」の例が示すように、子供たちは、バーチャルな世界からのスタンスのとり方を、「思い出」という手段で模索する。「思い出」は個人が「体験すること」によってつくりだされる「現実とのコミュニケーションの産物」であり、リアリティの感触さえ定かとならないバーチャル・リアリティの世界ではつくることができない。子供たちはそれを本能的に知っているから、「思い出」を残し、自分がある物事に関わっていたことを実際の出来事として確認することで、バーチャルな世界から抜け出そうとするのである。言い換えれば、子供たちは、バーチャルな世界に埋没して現実との距離を失ってはいけないということを「本能的に」知っていると言える。

解答

(1) A. オ　B. ウ

(2) C. イ　D. ア

(3) 本能的に

演習問題

1 ★☆☆

次の文章を読んで、後の問いに答えよ。

テレビで緊迫した討論がつづいている。議論はいまや憎悪をむきだしにした参加者のあいだののしり合いにまで発展しそうな勢いである。視聴者は思いがけない激烈な衝突現場にたちあわされて、とまどいながら食い入るように画面をみつめている。ふいに、決められた時間がやってきて、画面はぱっと切りかわる。陽気なコマーシャル音楽が、ききなれた決まり文句をたからかにうたいあげる。次の番組がきめられたとおりに始まってゆく。

よくあることだ。ある日、人と話していると、やはりこんなことが話題になって、かれはいうのだった、「文字で書かれてきちんと本におさめられている詩などより、テレビのコマーシャルを見ているときのほうが、詩を強く感じることがあるんだ」と。（　A　）、かれは、なまなましい現実が報道されている最中に、なさけ容赦もなく別の現実であるところの宣伝が割ってはいり、一瞬前のシーンとはまったく無関係に陽気なうたを響かせる、あのあっけらかんとした無感動性そのものに、現代社会の鮮烈なイメジ*があるのではないか、と言いたかったようである。

そして、そういう無関係なもの同士の、偶然に生じた共存状態のうちには、ある個人がその限られた視野のなかに見いだし、構成してみせる世界よりはずっと

【語釈】

＊イメジ…イメージ

ここに着目

(1) 空欄後の内容は前述の内容とどのような関係にあるか、また、選択肢の語句はそれぞれどのような意味表現に用いられるか。

(2) 「現実」や「現代芸術」を筆者はどのようなものだと考えているか。

(3) 「この世界にげんにいま存在していること」を教えられるとはどういうことか。

迫力のある、（　B　）にみちた現実があって、それこそわれわれを、きちんと組みたてられた一編の詩よりも、はるかに強くうつのではないか、とかれは言いたかったようである。

　こういう意見をきかされるたびに、心の中でぎっくりするものがある。たじろぐものがある。それを肯定する気持ちと、否定しようとする気持ちとがぐるぐると渦巻く。「現実」という言葉が、何か得体の知れない圧迫感をもってたちはだかるのを感じる。

　実際、われわれが「詩」とよんでいるものは、現実の矛盾する諸相の共存状態、そこから生じる衝突や交錯のかんだかいきしりをとらえて定着するには、あまりに無力な装置ではないか、という気がする。

（　C　）、その一方で、そういう現実のすがたを全体としてとらえることができないなら、詩が今日存在する理由もない、というきびしい声を自分の内部に聞く。だれのために書くのか、という問題も、これと不可分の問いとして、しじゅうつきまとってくるのだ。

　おそらく、それは詩だけの問題ではないだろう。それは文学の問題でもあれば造形芸術の問題でもあれば、音楽の問題でもある。生活と芸術という、かつては境界線がずっとはっきりしていたものが、いまや区別しがたいものになってきた。そして人は、たとえばテレビのコマーシャルとある番組とのとっぴな組み合わせのうちに、一瞬の詩を感じるというような形で、生活と芸術との双方を、少なくともある瞬間、同時に生きるすべを自然に体得しつつあるのかもしれない。

これはさらに意識的に方法化することのできるものである。つまり、矛盾し、あるいは相互に無関係なさまざまのイメジ、音、あるいは言葉を、瞬間的に、かつ偶発的に結合して、そこに騒然たる、あるいは陶酔的な、あるいはむしろ沈黙をいっそう深める、ひとつの新しい全感覚的体験の場をつくることである。現代芸術というものが、そういう方向に全体として進もうとしていることは、どうも（　D　）できないように思われる。

しかし、全感覚的体験の場をつくりだすということが、（　E　）人間の認識能力のよりいっそうの深化ということと、どこでどうつながるのか、といった問題は、いぜんとして残りつづけるだろう。

われわれは、今日の発達した情報機関のおかげで、世界中でほぼ同時にいかにさまざまな事件が生じているかを、ますますくわしく知ることができるようになっている。それらの出来事は、たがいに何の連関もないものから、深い関係によってつながっているものまで、じつに多くの層をなして、われわれの中へおどりこんでくる。今日の芸術が、今いったような方向に進みつつあるのも、個人の経験というものが、少なくとも情報摂取の面において格段にひろがり、未知の国の未知の人の運命をも私自身の経験の一部として受けいれざるを得なくなっていることと、けっして無関係ではないだろう。

だが、そこにこそ、つねに考えなおさねばならない問題もあるのだと思う。情報の発達によって、ますます多くの未知の生活、未知の戦い、未知の惨事や喜びが、この世界にげんにいま存在していることをわれわれは教えられるが、それと同時に、われわれの（　Ｆ　）がいかに貧しく、無力であるかをもさとらされるのである。

〈大岡信『詩・ことば・人間』より〉

(1) 本文中の、（　Ａ　）、（　Ｃ　）、（　Ｅ　）にあてはまる最も適切なものを、それぞれ次のア～オから選び、記号で答えよ。

ア．たとえば　イ．つまり　ウ．だが　エ．ところで　オ．そして

(2) 本文中の、（　Ｂ　）、（　Ｄ　）にあてはまる最も適切な語句を、それぞれ本文中からさがして書け。

(3) 本文中の（　Ｆ　）にあてはまる最も適切な語句を、次のア～オから選び、記号で答えよ。

ア．感動　イ．経験　ウ．想像力

エ．情報摂取　オ．全感覚的体験

〈石川県改題〉

2 ★★☆

次の文章を読んで、後の問いに答えよ。

農村から、余剰の人口が都市へ出てゆく。日本の場合、数百年以上もそのことがつづいている。

いつの時代も、都市に入るための手形として、技能が必要だった。

江戸期あるいは明治の都市には、技能を身につける場として、〝奉公〟の制度

ここに着目

(2) 空欄後の内容を導く語句として、何が適当かを考える。

(3) まとめには、簡潔で適切な語句がふさわしい。

があった。鍛冶屋に徒弟奉公して技術を学び、また商家に小僧奉公して、商《あきな》いのみちを身につけた。

明治後は、その機能を、工業や商業の学校が代用するようになった。

要するに、たれもが、徒[A][B]拳で都市生活ができようとは、思っていなかった。

（第一段落）

津軽人葛西善蔵《かさいぜんぞう》（一八八七〜一九二八）は、その例外であったろう。かれは、学歴も手に職もなく、明治末年の東京に出てきた。（　C　）女房連れだった。結果としてみれば、人体実験のような――あるいは人生実験のようだった。

当然ながら、貧窮に墜ちた。返すあてのない借金を重ねる日々で、破滅すること自体が目的であるかとさえ思える人生だった。明治四十年（一九〇七）二十歳で東京に出てきて、大正時代いっぱい苦闘し、昭和三年（一九二八）四十一歳、世田谷の寓居で死んだ。戒名は「芸術院善巧酒仙居士」だった。生前の葛西は、この戒名のように、

「芸術」

ということばを多用した。小説のことである。

葛西の場合、あるいは〝芸術〟という神聖用語をつかうことによって、人生そのものを――妻子もふくめて――犠牲にすることも厭わぬという、昂然たる気分があった。

たとえば、友人への書簡のなかで、「生活の破産、人間の破産、そこから僕の

※(1)のような四字熟語やことわざなどの空欄補充問題も多い。国語常識分野の問題は、勉強次第で確実な得点源となりうるので、しっかりと押さえておこう。

芸術生活が始まる」という。小市民からいえば、おそろしいことばといっていい。

葛西善蔵の作品は、西欧的な見方でいえば、小説というよりも生活報告だった。破綻してみせ、その破綻を世間に報告するのである。

このふしぎな形式は、のちに、私《わたくし》小説とよばれるようになった。日本独自の文学形式である。

私小説の作家に〝破滅型と調和型がある〟と分類したのは伊藤整《せい》で、葛西善蔵はその破滅型のほとんど最初の人といってよかった（ついでながら、調和型のほうに志賀直哉が分類されている）。

私小説が、大正から昭和はじめにかけての日本文学の本流だったといっていい。

（第二段落）

以下の話は他にも書いたから気がひけるが、アメリカの日本学者のアール・マイナーさんは、いつも機嫌がよく、脳細胞がピンポン玉のように弾んでいる。その弾みのなかで、あるとき、冗談めかしく、

「明治後の日本は、欧米のあらゆるものをマネしましたが、どうして近代文学だけはマネしなかったのでしょう」

と、陽気な皮肉をこめていった。私は答えに窮した。やっと、

「日本は神（キリスト教）を、面としては受け容れなかったからでしょう」

と、答えた。いまも、そう思っている。

神はいうまでもなく絶対者であり、創造者である。絶対とは〝ある・ない〟という相対的な存在・非存在を越えた次元で、そういう次元は地球上に存在しない。

むろん、キリスト教的絶対という考えは、インドにも中国にも日本にもなかった。仏教では、諸物は空《くう》からうまれ空に帰るという。空もまた科学でとらえうる相対的なもので、絶対という、超越しきったものではない。

（　Ｄ　）、神は、絶対の虚構かもしれない。絶対であるだけに、光彩奕々《こうさいえきえき》として輝いている。

神という絶対の虚構はある・ないを越えたもので、ヨーロッパの神学はそういう神が存在するという証《あか》しを、十世紀以上、糸巻きにことばを巻きつけるようにして営みつづけてきた。

神学が近代で衰弱したとき、それに代わるようにして、近代文学が出現した。くりかえすが、ヨーロッパでのことである。

当然ながら、ヨーロッパにおける近代文学も、神学の手法と同様、中心に〝絶対〟という虚構を据え、この物語は存在するという証しを、神学者と同様、論理、修辞、描写のかぎりをつくして糸巻きにした。

「あの部分は、まあ、虚構《フィクション》です」

という日本的な言い方は、このヨーロッパの光景のなかでは通用しない。虚構そのものが絶対だからである。

以上のような近代文学を、明治・大正の日本では、受容が困難だった。風土として、絶対という観念も、神学の伝統もなかったからである。

明治末年の自然主義文学も、それをうけついだ私小説も、きわだって独特なものだった。

（第三段落）

葛西善蔵は、そういう近代日本の歴史的情景のなかにいる。

くりかえすようだが、葛西の場合、西洋人のいう絶対的虚構を、作品の中央には据えなかった。

（　Ｅ　）ナマのわが身というただ一つしかないものを、創作のるつぼのなかに押し入れた。

その作業が、かれのいう「芸術」の基本だった。

本来、小説的情景は作家が想像のなかでつくりだすものだが、かれは実際に生きてみて、ナマ身で情景をつくりだした。人生の破綻こそ〝芸術〟への出発だ、とこの人はいう。　（第四段落）

（司馬遼太郎『北のまほろば』より）

(1) 空欄[A]、[B]に漢字を補って、四字の熟語を完成させよ。

(2) 本文中の（　Ｃ　）～（　Ｅ　）にあてはまる最も適切なものを、それぞれ次のア～カから選び、記号で答えよ。

ア．なぜなら　　イ．むしろ　　ウ．しかも　　エ．しかし

オ．だから　　カ．あるいは

(3) 全体を四つの段落に分け、それぞれの段落の内容を次のように表にまとめることにした。（　ア　）～（　オ　）に適当な語句を補って、表を完成させよ。

第一段落	明治時代、農村から都市へ出て行くためには、何らかの（　ア　）が必要であった。
第二段落	葛西善蔵は特別の（　ア　）もないままに東京に出て、貧窮の中で小説に打ち込んだ。彼は自らの生活の（　イ　）を作品に書いたが、この方法は日本独特の小説の形態である（　ウ　）の先駆であった。
第三段落	日本の近代文学……ヨーロッパ的な絶対という考え方を受容せず、（　エ　）は私小説という独特の形式を発展させた。 西欧の近代文学……絶対の概念と神学の伝統から、（　オ　）を作品の中心に据えて物語を創造した。
第四段落	葛西善蔵が彼の文学の根底に置いたものは、西欧的な（　オ　）ではなく、自分自身の人生の（　イ　）であった。

〈青森県改題〉

例題2　文章の構成

1　この頃は、新薬のおかげで、重い病気になる割合は減ったようだが、ハシカという子供の病気がある。ハシカは一度かかれば二度とはかからないが、発疹《はっしん》ができ、むずがゆく、かさぶたができる。なかなか危険な病気の一つだった。ハシッコイは、このハシカと同じ源から発展して成立した言葉だと思う。どうしてすばやいこととハシカとが同源だといえるのか。

2　だいたいハシコイという言葉は、機敏だ、敏捷だという意味の他に、地方によっては、賢いとか悪賢いとか、狡猾だという意味で使われる。機敏な性質とは、一歩の差で、悪賢い性質になるものだから、ハシコイを、悪賢いという意味で使う地方があるのは当然だと思う。そして言葉の形の上からいうと、一般にはハシコイというようだけれども、その他にハシカイという語形もあって、千葉、新潟、富山、静岡、岐阜、福井、滋賀などの東の国々から、鳥取、島根、徳島、高知、大分などの西国に至る各地で使われている。そしてハシカイは、機敏である、賢い、悪賢いという意味の他に、こそばゆいとか、ちくちく刺すとか、粗くがさがさしているという意味でも使われている。

3　そこで、いつ頃からそれぞれの例があるかを見ると、ハシコイは、江戸時代からの例しかないようだ。ところが古い文献を見ると、平安時代末の字書、類聚《るいじゅう》名義抄に、「苛　ハシカシ」とある。「苛」とは、きびしい摩擦を生じることをいう。また、イラともよんで、とげとげしい草をいう。とげとげしい草が摩擦し、刺す意である。室町時代に日本に来た、キリシタンの作った日葡辞書の説明には、ハシカイの訳として「素

【語釈】

＊ノゲ…前出の「ノギ」と同じ。

読解のポイント

・文章の並べ替えや挿入では、まず文脈を把握し、前後と矛盾が生じないような組み立てを考える。論理的な文章では、全体の構成も考慮して本来の説得力を損ねないように気を付ける。また、小説や随筆では、表現上の効果を考えながら、視点の変化や感情の流れなどが不自然にならないように配慮する。

・意味段落に区切る際は、「序論（導入）／本論／結論」や「起／承／転／結」に分けるのが基本である。論理的な文章では具体例や説明・補足事項に、小説では場面・感情の変化に注意して読むとよい。随筆では、筆者の見聞と思考に分けて整理する

肌の上につけられた粗末な着物のように、あらくがさがさしている」と説かれている。こうした事実を見ると、ハシコイよりもハシカイ、さらにはハシカシという形の方が古いことは間違いない。ではこのハシカシという言葉はどのようにして作られたか。

4　ハシカという言葉が、「麦などの穂のとげをいう」として今日の方言にいろいろ見えている。静岡、岐阜、三重から、西は壱岐、対馬、熊本に至るまでその存在が記録されており、また、多少、意味の変った形としては、「麦のもみがらをいう」として、愛知、広島などが報告されている。このハシカは、今から五百年ほど前の、文明本節用集という字書にのっており、「秕」の字の訓とされている。「秕」は、もみがらのことであり、また、一名ノギとも言って、麦や稲などの穂先にある、針のような毛をいう。ところが同じ字書に、「赤瘢　ハシカ」とあり、「隠疹」にもハシカと書いてある。これは病気の方のハシカである。つまり、麦や稲の穂先の毛と、病気とが、同じハシカで呼ばれている。

5　これは、麦の穂先のとげとげしい毛（つまりハシカ）が人体についたときの感覚を思うことで理解できる。というのは、病気のハシカにかかると、発疹によって皮膚は、ちくちくとかゆくて、耐えがたい。だから、ちくちく刺すノギに触れられるような「ハシカの病」（むずかゆい病）というべきを、そのままハシカと呼ぶに至ったものに相違ないのである。

6　一方、すばしこい、機敏だというハシカシの成立にはどういう事情があるのか。

7　タカヤマ（高山）、タカユク（高行く）のタカから、タカシ（高し）という形容詞が作られた。フカエ（深江）、フカミル（深海松）などのフカからフカシ（深し）と

と構成をつかみやすくなる。

●提示箇所の内容

＝「ハシコイ」と「ハシカイ」は共通の語意を持つから、どちらか一方がもとで、他方はその変形したものに相違ない。

↓この推測は、「ハシコイ」と「ハシカイ」の語意説明を踏まえている。

●取り上げられた言葉の意味に着目して、各段落を簡単にまとめてみよう。

いう形容詞が作られた。それと同じ言葉造りの方式によって、ハシカからハシカシが作られたことは考えやすい。そのハシカシは二つの意味を持った。そのAは、ちくちくと刺すようにかゆいという意味である。これは、ハシカが本来持っている鋭い毛でさわるときに生じる感覚である。ところが、ハシカシはいま一つの意味Bを持った。敏捷とか機敏とかいう意味である。どうして麦のノゲ*が、敏捷という意味を持ちうるのだろう。そこで、ハシカという言葉の分析が必要となる。

8 ハシカという言葉は、ハシとカに分けられる。ハシとは、ハシタナシとか、ハシハ(圭)とかいう言葉のハシと同源である。ハシハという言葉は、先のとがった帽子をいったが、その場合のハシという言葉は「Λ型であること」を意味する言葉だった。

9 だから、ハシカのハシもΛ型を意味するに相違ない。そして、カとは、シラカ(白毛、後にシラガ)のカと同じく、毛《け》をあらわす古語である。つまり、ハシカとは「とがった毛」というのがその古い意味であった。それゆえ、その「とがった毛」が肌にさわればむずかゆい。そこでハシカシのAの意味が生じるのは当然であろう。「とがった毛」は、本性、先が鋭いのであり、物事に対する行動の型としてこれをとらえれば、円満な○型や几帳面な□型ではなくてΛ型、つまり、攻撃的であること、物のすき間を突く性質であることを意味した。そこから、ハシカシが機敏だ、すばしこい、悪賢いという意味が展開して来たことが理解できよう。

(大野晋『日本語の世界』より。設問の都合上、一部改変)

(1) 次の文は、ある段落の末尾の文である。どの段落の末尾に位置するか。1～9の段落番号で答えよ。

ハシコイと、ハシカイとは、機敏だ、賢い、悪賢いという全く同じ意味を共有しているから、どう見ても、もとは同じ言葉で、どちらか一方がもとで、それが地方へと変形したものに相違ない。

(2)　傍線部「ハシッコイは、このハシカと同じ源から発展して成立した言葉だと思う」について、「ハシッコイ」（ハシコイ）が、病気の「ハシカ」と「同源」であるという筆者の論証の流れを生徒に伝えるために、[2]～[9]の段落を三つに分けて、押さえるべき内容を端的にまとめよ。

〈富山県改題〉

解説

(1)　扱われている語句に注目して各段落を見ていくと、ハシカイという語が問題にされているのは第二段落と第三段落である。第二段落は、まずハシコイの意味を紹介し、次にハシコイの別の語形としてハシカイを取り上げており、第三段落は、「いつ頃からそれぞれの例があるかを見ると……」とハシコイとハシカイの初出をあげて、「ハシコイよりもハシカイ、さらにはハシカシという形の方が古いことは間違いない」と断定している。提示された文では、ハシコイとハシカイは「全く同じ意味を共有」していることから、一方が他方の古い語形であると推測しているので、提示された部分は第二段落と第三段落の間に入れるのが適当である。

(2)　第一段落末の「どうしてすばやいこととハシカとが同源だといえるのか」という疑問を受けて、以降の段落がどのように展開しているのかを考える。

「ハシコイ（＝ハシッコイ）の意味とハシカイの意味」（第二段落）→「ハシコイのもっとも古い形ハシカシ」（第三段落）→「麦や稲の穂先の毛も病気も同じ『ハシカ』で呼ばれる」（第四段落）→「麦の穂先も病気のハシカも、同じちくちくした皮膚感覚」（第五段落）→「ハシカから作られたハシカシはちくちくとした皮膚の感覚と敏捷・機敏という二つの意味を持った」（第六・七段落）→「ハシカという言葉の分析」（第八段落）→「ハシカの『ハシ』はΛ型を表し、『カ』は毛を表す。とがった毛は二つの意味を表すのに適当である」（第九段落）。

このように、第二段落以降は、ハシコイ（＝ハシッコイ）の古い形「ハシカシ」（第二〜三段落）→ハシカの意味とその派生語ハシカシの持つ二つの意味（第四〜七段落）→ハシカという言葉の分析（第八〜九段落）という形で構成をまとめることができる。機敏だ、悪賢いなどの意味を持つ「ハシッコイ」は、「むずかゆさ」「鋭さ」という「とがった毛＝ハシカ」から受ける印象を表す言葉であり、「同じ源から発展して成立した言葉」だといえるのである。

解答

(1) 2

(2) 2〜3 ハシコイの古い形はハシカイ、ハシカシであり、ちくちく刺すとかあらくがさがさしているという意味である。

4〜7 ハシカとは麦や稲などの穂先のとげとげしい毛のことで、それで触れられるような感覚を覚える病気をハシカと呼ぶに至った。そして、ハシカのちくちくと刺すようなかゆみを指すハシカシという形容詞が作られた。

8〜9 ハシカのハシは「Λ型であること」を意味し、「とがった毛」を物事に対する行動の型としてとらえることにより、攻撃的であることや物のすき間を突く性質であることをハシカシというようになった。機敏だ、すばしこい、悪賢いという意味はそこからの発展である。

演習問題

3 ★★☆

次の文章を読んで、後の問いに答えよ。

本当の「豊かさ」とは何だろうか。モノをたくさん持つことやエネルギーを大量に消費することが「豊かさ」の指標になるような時代は終わった。では何が？

ワークショップの現代的な意義は、モノの所有などではなく、「人と人」や、「人と自然」の関係の中から生じる「歓び」や「豊かさ」を、しばしば実感させてくれることがまずある。

人と何かを学びあったり一緒に創り出す歓び。自分の率直な思いを率直に語れる歓び。人の話に深く耳を傾け真意を理解する歓び。日々の忙しさから立ち止まり、おひさまの光や風のさわやかさや森の気配に気づく歓び。人のちょっとした好意や善意を発見する歓び。万物の営みやそのひとときのかけがえのなさを感じる歓び。このようなとてもシンプルな歓びの中にこそ、人が求めているほんとうの「豊かさ」の一端があるような気がする。

ワークショップの中で、私も、他者や自分や自然の中に、美しいもの、美しい瞬間をずいぶんたくさん見せてもらった。生きていることがすばらしいと思えたり、一人じゃないんだと元気がでてきたり、いろいろな力をもらった。このような、人にとって原初的な歓び、それが味わいにくい時代だからこそ、モノや情報への限りなき欲望が肥大しているのではないか。

ここに着目

各段落で述べられていることを簡単にまとめて、段落の関係を把握する。

鈴木秀子氏は、『愛と癒しのコミュニオン』の「自分らしく生きる秘訣」の一節の中で、人間の根源的欲求について次のように述べている。

> 人は誰でも、「唯一の根源的欲求」からあらゆる行動をする、といわれている。唯一の根源的欲求とは、「自分の存在が他者から理解され、認められ、受け入れられ、できれば高く評価され、大切にされたい。と同時に、自分自身もまた自分がよい人間だと思えるような、他の人に役立つ存在でありたいという希求」だ。この人間のもっとも根源的な欲求が満たされるにしたがって、人は、人間としての成長をとげるし、自己実現に向かう。

しかし、今の社会はこの基本的欲求をむしろ抑圧するので、この環境の中で、人はどんどん自分らしさを失っていくという。

逆にワークショップでの傾聴を基本とし、他者のありのままを受け入れ、正直な自分を受け入れ、自他を尊重しあうような関係は、この根源的欲求を満たす方向だ。それはお互いの人間としての成長と自己実現を促進するのである。

Ⅰ　ワークショップでは、一人では決して思いつかなかったアイデアが出てきたり、自分だけだと抜けられなかったところから大きく踏み出せたり、グループの相互作用の中で、大きな力が生まれてくる。このような、単なる個の総和を越えた力を生み出す作用、つまり「シナジー」とか「協働作用」が生まれるのだ。

Ⅱ　また、環境問題など深刻な問題に悩んだり行き詰まったりしていたのが自分だけでないと知ったり、共通の関心を持つ仲間に出会って、共にどうしたらいいのだろうと問いあい考えていく中で、前向きに取り組んでいこうという大きな勇気や希望を得ることも多い。人を励まし、力づけるエンパワメントの作用も、ワークショップでは自然に起きるのだ。

Ⅲ　このように、決して一人ではできなかった様々な知恵が生まれてきたり、お互いに勇気づけあって元気がでたりする経験を何度も積む中で、私は「知恵も力も関係の中から生じる」としみじみと感じている。

　ワークショップの興隆の背景には、個々のバラバラに独立した物体が世界を構成しているというデカルトやベーコン以来の分析的・機械的な世界観から、一般システム理論などの中で明らかになってきたように、あらゆるものは単なる部分の寄せ集めでなく相互に関連しあい依存しあいながらまとまったひとつのシステムであるという、有機的・全体的な世界観への転換がある。私たちの身体全体が内臓などの器官の単なる寄せ集めではなく、それ以上のつながりある全体だという、いわば当然の見方だ。西洋医学だけでなく、東洋医学などが見直されてきているのも同じ流れだ。

　私たち一人ひとりは地球を構成する小さな細胞だろう。もっている知恵も力も情報も大したものではないかもしれない。しかし、その小さな細胞がそれぞれの知恵と力と情報を持ち寄り、相互に関わりあう中で、単なる総和を越えたもっとずっと大きな知恵や力を生み出すことがあるのだ。

　しかも、私たちも皆、本来地球という生態系から生まれでた「地球の子ども」である以上、地球の声をそれぞれの存在の奥深くで感じているのではないか。それを持ち寄り、編み上げることができれば、より大きな力となる。今、環境など様々な危機が進行する一方で、なんとかしたいと思う人が増え、あちこちでグループを作ったりして集い始めているのは、健全な全体を維持しようという自然な反応なのだろう。

その時、皆が違っている方がよい。同じものや似たものの集合でなく、様々な違った個性や経験を持った個が集まった方が豊かだ。多様な違い、多様性を、厄介なものとしてでなく豊かさとして活かすこと。そこにお互いの多様な違いを活かし、かつ共に生きることができる「多様性と共生」へのヒントもある。

（中野民夫『ワークショップ』より）

(1) [I]～[III]の段落相互の関係を説明したものとして最も適切なものは、次の①～④のうちのどれか。

① 段落[I]で筆者の基本的な考え方を一通り述べた上で、[II]・[III]では具体例を挙げて分かりやすく説明している。

② 段落[II]は[I]の内容の追加・補足であり、[III]では[I]・[II]とは異なる考え方を展開して広がりをもたせている。

③ 段落[III]は[I]・[II]それぞれで述べている内容を受けて、独特な表現を用いて筆者の基本的なスタンスを示している。

④ 段落[III]は[I]・[II]それぞれで述べている内容を比喩的に表現することにより筆者の考えを暗示している。

(2) 次の段落が入る適当な箇所はどこか。前段落末の五文字（句読点を含む）を答えよ。

また、「自分らしくあることができること」も、〈豊かさ〉のひとつだろう。私たちは競争社会の中で、いつも比較したり比較されたりしているうちに、自分らしくある、つまり自分のありのままを尊重するということを忘れてしまいがちだ。特に「出る杭は打たれる」日本社会では、自分自身のありのままをつらぬくことは難しい。

〈東京都改題〉

例題3　例示問題と指示内容の把握

ファンタジーを作りだす原理は、狭義の意味での「遊び」Play であるように思える。遊びは、想像力によって、この現実の世界のなかに現実と異なる現実以上にアクチュアル*な世界を生みだす。①ごっこ遊びを思い浮かべてみればよい。海賊ごっこは、床一面を陸地ひとつ見えない大海原にかえ、積み木を敷いたところを海賊船にかえる。堅固にみえる現実は遊びという魔法の力によって、一瞬のうちにもうひとつの現実に変貌するのだ。

コミュニケーション論からとらえるとき、ちょうど喧嘩ごっこが本当の喧嘩でないように、遊びとは、「私たちが目下従事しているこの行為（噛みつき＝実は噛み合いごっこ）は、この行為が表示する別の行為（噛みつき）によって表示されること（本当の闘い）を表示してはいない」というパラドキシカル*なコミュニケーションを、超えることによって成立する、自律的なコミュニケーション・システム*である。遊びにおいては、コミュニケーション自体のなかから遊び手の意思を超えた自律的なシステムが生起し、日常の現実のうちに意味が生成するもうひとつの現実が生まれ、現実が二重に構造化される。「はいどうぞ」と、幼児によって差しだされる土の団子は、「団子だけれど団子ではない」、あるいは、「団子ではないが団子だ」というパラドックスを超えてとらえられ、まちがっても、差しだされた土の団子を幼児が口に入れることはない。このパラドックスを超える快楽は、子ども同志で共振しあい強化させあいながら、このうえない喜びとして体験されるのである。

なにより②このシステムにおいては、日常とは異なるルールが、システム内部で自在に

【語釈】

＊アクチュアル…実体のある、現実の。

＊パラドキシカル…逆説的な、矛盾した。

＊システム…複数の要素が影響し合っている、「組織・体系・制度」など。

読解のポイント

・例示問題では、定義を正しく把握することが不可欠だ。ここでは「ごっこ遊び」＝「ファンタジーを作りだす原理」＝「狭義の意味での『遊び』Play」となっているので、冒頭二行を正しく把握することになる。

・指示語は前述の内容を受けている。まず、指示語が指す内容の見当をつけ、次に、文脈をさかのぼって指示内容を把握する。

・把握した指示内容が適切かどう

変更しながら自己組織的に展開されている。遊んでいることを反省し意識するときには、遊びの世界から距離ができてしまい、もはや遊びのなかにはいないことからもわかるように、遊びに巻き込まれている遊びの参加者は、遊びを意識的にコントロールしている主体などではない。遊び自体が遊びの主体であり、遊びの進路を決定するのは、遊びの参加者ではなく、遊びという名のコミュニケーションのシステムなのである。

システムの自律性によって展開されるこのプロセスは、遊びの参加者にとって、自己と他者あるいは自己と世界との境界の溶解として体験される。このような自己と世界との境界が溶解する体験を、作田啓一にならって「溶解体験」とよぶことにしよう。この溶解体験によって、遊びの参加者の慣習的な認識の枠組みは、変容をとげて新たな意味が生成する。驚異はこの瞬間に訪れる。この意味生成において、遊びの時間は日常の時間以上にリアルなものとなる。遊びはその意味で、パラドックスを超えることによって、溶解体験＝意味生成を実現する営み、ということができる。遊びとは外的な目的に従属することのない、遊びのコミュニケーションの過程自体を目的とする行為をさす。このようにして、遊びは、目的―手段関係で事物をとらえようとする「企図の概念」から離脱し、エネルギーを無用に濫費し、事物性の秩序を破壊しているのである。

ところで、動物絵本は、リアリズムに徹した動物情報絵本でないかぎり、多かれ少なかれファンタジーのジャンルとして分類されることになる。ここでは有名なセンダックの傑作『かいじゅうたちのいるところ』を手がかりにみてみよう。

幼児のマックスは、怪物のきぐるみを着て、いたずらを始める。当然、マックスは母親にしかられてしまう。自分の部屋に閉じ込められたマックスは、想像力によって自分

かを、全体の中で確認する。

・記述式では、指示語の指している内容を明確に表現すること。後の語とのつながりが不適切だと減点の対象となる場合もある。

・「この・これ」などの指示語は至近のものを指示するので、まず至近である直前を探す。

の部屋を怪物たちの住む異界へと変貌させていく。日頃、見なれた部屋が、みるみる異界へと変貌していくプロセスの不思議さは、絵本でなければできない表現方法によって描かれた場面でもある。

　ページが進むにしたがって、画面のなかの絵の占めているスペースがだんだん増えていき、その分、文字の書かれているスペースが狭くなっていく。この世界は、急速に人間の世界から、怪物たちが跋扈《ばっこ》するあちらの世界（もうひとつの現実）へと変貌するのだ。ファンタジーの力を感じさせる作品である。これは一枚の絵画では表現することができない。時間の展開を描く絵本という表現メディアの特徴をうまくいかしている表現だといえる。

　この絵本のテーマは、子どもが野生の存在（wild things）とかかわること、そのとき、子どもはとても深く歓喜の瞬間を生きることができるということ、そしてその世界にとどまりつづけようとすると、野生の存在に飲みこまれてしまう危険性があるということである。そのとき、子どもは怪物の世界に魅せられて、怪物たちに食べられてしまうかもしれないのだ。この野生の力の危険性をよく知らないと、こちらの世界へとふたたびもどってくることができない。

　この絵本では、マックスが怪物たちの王となって、怪物たちを率いて遊び始めると、それまでも狭くなってきた文字のスペースが、ページを追うごとにますます狭くなっていき、最後にはまったく言葉がなくなり絵だけのページが六ページほどつづく。その見開きのページは、マックスと怪物たちとがその差異を失って一体化した姿が力強く描かれており圧巻である。この六ページにわたる場面は、読者にとっては驚異の瞬間であるが、主人公のマックスにとって、言葉を失い自己と世界との境界を失った至福と恍惚の瞬間であるとともに、「自己」を見失ってしまった、たいへん危険な瞬間でもあるのだ。児童心理学者B・ベッテルハイムが、③この絵本の危険性を指摘したことは、理由のないことではなかった。

　この画面ほど、絵本でなければできないことが実現されている画面はないといってよい。言葉を失った状態を言葉でもって描きだすことは、それ自体がパラドックスである。しかし、絵本でなら、その言葉を失った溶解体験の瞬間を現実に表現することは可能だ。子どもたちにこの絵本の読み聞かせをするとき、この場面にくると思わず何か言葉を加えたくなるが、そこはがまんして沈黙するしかない。絵に見いっている子どもには、文字としては描かれていないマックスの歓声も怪物たちの耳をつんざくばかりの咆吼《ほうこう》も、聴き取ることができるのだ。

　怪物たちは、マックスのことをとても気に入る。なにしろ、怪物たちはマックスを食べたいほど気に入ってしまうのだ。言葉を失って内奥性の世界に生きるマックスは、怪物と同類である。それにしてもマックスはよいときにこちらの世界に帰還することができた。あれ以上、マックスが怪物の国にとどまれば、怪物に食べられてしまい、この世界にもどることはできなかっただろう。食べることと食べられることとは、同じ事態の言い換えにすぎない、つまりひとつになることなのである。帰還のチャンスを失えば、マックスもまた怪物になってしまったことだろう。

（矢野智司『動物絵本をめぐる冒険　動物―人間学のレッスン』より。一部改変）

(1)　傍線部①「ごっこ遊び」とあるが、これを説明したものとして最も適切なものを、

● 「この絵本」の記述の中で、「危険性」に言及しているところを探せばよい。

● 趣旨を大切にして解答を考えることが必須である。

次のア～オのうちから選びなさい。

ア．ファンタジーを作りだす想像力によって、現実の世界のなかに、超自然的な驚異を生みだすことで成り立つものである。

イ．海賊ごっこがそうであるように、床一面を陸地ひとつ見えない大海原にかえ、積み木を敷いたところを海賊船にかえる、意図的な魔法の力によって成り立つものである。

ウ．本当の喧嘩でない喧嘩ごっこによって空想の力が高まり、パラドックスを超えた快楽がもたらされて成り立つものである。

エ．土の団子が団子でないという虚構を、子ども同志で共振しあい強化させているように、喜びとして高めていくことで成り立つものである。

オ．遊び手の意思を超えた自律的なシステムが生起し、もうひとつの現実が生まれ、現実が二重に構造化されるなかで成り立つものである。

(2) 傍線部②「このシステム」とあるが、これを説明したものとして適切ではないものを、次のア～オのうちから選びなさい。

ア．遊び手同志の間に存在し、ごっこ遊びのルールを了解しながら変更していくもの。

イ．ごっこ遊びのなかに存在する自律性によってコントロールされていくもの。

ウ．ごっこ遊びの遊び手の意思を超えて現実を二重構造化していくもの。

エ．日常とは異なるルールを、自在に変更しながら展開していくもの。

オ．遊びというコミュニケーションを通してルールを決定していくもの。

(3) 傍線部③「この絵本の危険性」とあるが、これを説明したものとして最も適切なものを、次のア～オのうちから選びなさい。

ア．自分と怪物の違いを見失い、怪物と同様の存在になってしまうこと。
イ．絵本の読者の子どもが、言葉のないページに思わず見入ってしまうこと。
ウ．想像力を働かせることにより自分の部屋を異界へと変容させてしまうこと。
エ．言葉を失い絵本のなかにパラドックスに満ちた世界を感じ取ってしまうこと。
オ．ファンタジーの世界にいる怪物というものを想像によって生み出してしまうこと。

(4)　この文章の論述と内容についての説明として適切ではないものを、次のア～オのうちから選びなさい。

ア．子どものころの共通体験と思われる事柄を具体例として用いながら、遊びの原理について考察している。
イ．論理的な表現を駆使しながら遊びと絵本のなかに存在する、想像力というもののはたらきについて考察している。
ウ．ところどころファンタジーの世界に依拠した表現を効果的に用いて、溶解体験について述べている。
エ．客観的な考察をもとに論理的に例証を上げながら、コミュニケーションの機能とはどのようなものかを述べている。
オ．絵本と遊びに取り込まれていく心の働きを論理的に説明することを通して、ファンタジーの魅力について述べている。

〈神奈川県・横浜市・川崎市・相模原市改題〉

解説

(1) 傍線部「ごっこ遊び」は、「ファンタジーを作りだす原理」の一つの例として挙げられている。この「ごっこ遊び」をさらに例示したものが「海賊ごっこ」「喧嘩ごっこ」「土の団子」だ。ということは、この「ごっこ遊び」の説明として成立する可能性があるのは、これらの例示以外のものとなるので、アかオである。そして、冒頭2行に「遊びは、想像力によって、この現実の世界のなかに現実と異なる現実以上にアクチュアルな(=現実的な)世界を生みだす」と定義されているので、オの「現実が二重に構造化される」が適切となる。アは「現実の世界のなかに、超自然的な驚異を生みだす」がこの定義に反しているので誤りである。なお、第五段落にある「システムの自律性によって展開されるこのプロセス」の部分からオが正解と判断してもよい。

(2) かなり前問と重複している。通常、「この」の示すものは至近の直前にあるが、今回は直前が例示となっているので「システム」ではない。この例示をとばしたその前の部分、つまり、第一段落の冒頭の「原理」を指している。そして、「このシステムにおいては」と、これ以降で「このシステム」の説明がなされている。この「原理」と傍線部以降の設問に反したものが「適切ではないもの」ということになる。すでに「原理」の定義は説明しているので、これ以降の説明部分を読むと、A「自律性によって展開されるこのプロセス」であり、B「自己と世界との境界が溶解する体験」であり、Cこの体験によって「慣習的な認識の枠組みは、変容をとげて新たな意味が生成する」のであり、Dこの意味生成によって「遊びの時間は日常の時間以上にリアルなもの」となるのである。選択肢イはAに、ウは「原理」の定義に、エはCに該当している。オは直前の段落の内容に合致しているようだ。一方アは、「了解しながら」が「溶解」とすり替わっていて、不適切である。

(3) 傍線部は、これも「この」であるが、「この絵本」と具体化されており、「危険性」限定となっている。すると「この絵本」=『かいじゅうたちのいるところ』の絵本」であり、この「危険性」は、前段落に「その世界にとどまりつづけようとすると、野生の存在に飲みこまれてしまう(=怪物の世界に入り込んでしまう)危険性」とあることに気づく。この危険性が正解でアの「怪物と同様の存在になってしまう」危険性と合致する。

(4) 「論述と内容」の正誤問題。ウ「効果的」かどうかは文章内では読み取れない。これ以外から趣旨に反するものを選べばよい。すると、エ「コミュニケーションの機能」について語っている文章ではないので、これが不適切である。

解答

(1)　オ　(2)　ア　(3)　ア　(4)　エ

例題4 傍線部の把握

「ほんとうの自分」に出会うためのハウ・ツー本に群がる人たちがいる。その気持ちは僕もよくわかる。

だが、この手の本を中毒症状のように読みあさる人たちがいるということは、そんなハウ・ツーを仕込んだところで「ほんとうの自分」などというものにはなかなか手が届かないことの証明となってはいないか。そもそも「ほんとうの自分」という言い方には、どこか①いかがわしさが漂っている。

今の自分の生活に満足できない、なんか充実感がない、もっと生きているといった実感がほしい。そうした思いは多くの人が抱えているものだ。そう思うのなら、まずは動いてみることだ、などとよく言われる。もちろん、そこで充実に向けて一歩踏み出すことができればよいのだが、人間というのはどうも惰性に流される。生活を変えるというのは、非常に②大きなエネルギーを要することなのだ。

だいいち、どう変えたら自分の日々の生活に張りが出てくるのかわからない。それに、試しに何かをしてみたからといって、いきなり充実し始めるなどということは、めったにない。生活の充実というものは、そんな手軽に手に入れられるものではない。充実にたどり着くまでには、地道な努力の積み重ねを必要とするのがふつうだ。そこに根気が必要とされる。だが、自分にあったものかどうかわからないのに、地道な努力を積み重ねていく気力はなかなか湧《わ》かない。

どうもパッとしない。このままでは自分の人生という感じがしない。そうかといって、どう動いたらよいのかわからない。そんな混乱と不安の中にある人にとって、「どこか

読解のポイント

・問われている内容を的確につかむには、筆者の視点で文章を読むことが重要である。すぐに答えが見つからないときは、解答する上で着眼すべきポイントを整理して、再度文脈をたどるとよい。

● 「ほんとうの自分」とは何か。

「ほんとうの自分」を探す

＝今の自分の生活に不満。生活に充実感がない。もっと生きているといった実感がほしい

……

＝「今の自分」の否定

↓「どこかにほんとうの自分があるはず」「いつかほんとうの自分にきっと出会えるはず」

＝現実逃避的な安らぎ

＝自分さがしの物語

→安住しているかぎり、自分らしい生活や充実した日々を

にほんとうの自分があるはず」「いつかほんとうの自分にきっと出会えるはず」と思うことは、③ある種の救いとなる。

　今はとりあえず納得のいかない日々を送ってはいるものの、これはほんとうの自分のあり方ではない、自分はこんなものではない、いつかもっと自分らしい生活に出会えるはず。今の自分にふと物足りなさや疑問を感じるときに、そのように考えることで、現実逃避的な安らぎが得られる。「ま、とりあえず今は、これでいいか」と安易な姿勢に安住し続けるときの④口実に使える。

　惰性に流される自分、意欲の乏しい自分、意志の弱い自分、取り立てて誇れる能力のない自分、情けない自分、思い通りにならない自分、持てあまし気味の自分。こういったものは、どれもほんとうの自分ではないのだ。そう思い込むことで、気持ちが軽くなる。何かが変わるわけではないけれど、束の間の安らぎが得られる。

　このように、どこかに「ほんとうの自分」があるはずといった自分さがしの物語は、充実した生活を組み立てるのが難しい多くの人たちにとって、ひとつの救済装置として機能しているわけだ。けれども、こういった自分さがしの物語に安住しているかぎり、自分らしい生活や充実した日々を手に入れることはできない。やはり、今ここで動き出さないかぎり、何も変わっていかない。

　このままただ流れに身を任せているだけで、いつか突然「ほんとうの自分」にめぐり会える。そんな妖しげな魅力を放つ物語から抜け出して、今ここで自分づくりのための動きを起こすことが大切なのだ。

（榎本博明『〈ほんとうの自分〉のつくり方』より）

手に入れることはできない。

●「生活を変える」こと
＝非常に「大きなエネルギーを要する」こと。
＝「充実」に向けて一歩踏み出す
→人間というものはどうも「惰性に流される」
＝生活に張り（＝生活の充実）
→手軽に手に入れられるものではない
＝「充実」にたどり着く地道な努力の積み重ねが必要で、努力を続ける根気が必要
→わからないものに努力を積み重ねていく「気力」はなかなか湧かない

●なぜ「救い」となるのかを考えて、同義で使われている語句に着目する。

●「口実」を使うのはどんなときか。

(1) 傍線部①において、「いかがわしさが漂っている」とは、どういう「いかがわしさ」か、説明として最も適切なものを次のア〜エから選び、記号で答えよ。

ア．本来は存在するはずのない「ほんとうの自分」だけが信頼できるものだと言ういかがわしさ。

イ．充実した日々を送っているにもかかわらず、「ほんとうの自分」を見つけさせようとするいかがわしさ。

ウ．「ほんとうの自分」を見つけることによって、安易に充実感を得られる印象を与えているいかがわしさ。

エ．「ほんとうの自分」という言葉によって、現在の自分の存在を否定させようとするいかがわしさ。

(2) 傍線部②において、「大きなエネルギーを要する」と言える理由として最も適切なものを次のア〜エから選び、記号で答えよ。

ア．生活を充実させるために何をどのようにすればよいか全くわからないから。

イ．生活を充実させるためには「ほんとうの自分」を探さなくてはならないから。

ウ．生活を充実させるために自らの意志・意欲をかき立てなければならないから。

エ．生活を充実させるためには地道に努力を積み重ねる根気が必要とされるから。

(3) 傍線部③について、次の問いに答えよ。

Ⅰ 「ある種」とはこの場合どういう意味合いで使われているか、その意味を示す熟語を本文中から抜き出せ。

Ⅱ 文中で「救い」と同じ意味で使われている語句を二つ抜き出せ。

＝「とりあえず今は、これでいいか」（安易な姿勢）

→今の自分にふと物足りなさや疑問を感じるとき

(4) 傍線部④「口実」は、どのような自分についての言い訳なのか、次のア～エから選び、記号で答えよ。
ア．「ほんとうの自分」を探そうとしている自分について
イ．納得のいかない日々を過ごしながら何もしない自分について
ウ．今の自分に物足りなさを感じている自分について
エ．いつかは見つかるはずの「ほんとうの自分」について

〈富山県改題〉

解説

(1) 筆者が「ほんとうの自分」という言い方に感じる「いかがわしさ」を考える前に、「ほんとうの自分」について考えてみよう。多くの人が「今の自分の生活に満足でき」ずに、生活の「充実感」や「生きているといった実感」を欲するものの、実際に「充実」に向けて生活を変えるのは大変である。そのようなときに、「『どこかにほんとうの自分があるはず』『いつかほんとうの自分にきっと出会えるはず』」と思うのであり、「ほんとうの自分」とは、物足りなさや疑問を感じる「今の自分」ではなく、満足できる、充実した日々を送る「自分」を意味している。筆者は、このような「自分さがし」は「現実逃避的な安らぎ」を得て、「今の自分」に妥協する「安易な姿勢に安住し続けるときの口実」だとし、「自分さがしの物語に安住しているかぎり、自分らしい生活や充実した日々を手に入れることはできない」と述べている。であるにもかかわらず、「ほんとうの自分」に出会いさえすれば「生活の充実」が得られると短絡的に考える人が多いため、「ほんとうの自分」という言い方には「どこかいかがわしさが漂っている」と筆者は言うのである。

(2) 「生活を変える」というのは、満足できない、充実感や生きているといった実感のない「今の自分の生活」を、「充実に向け」させることである。しかし、「生活の充実」は「手軽に手に入れられるものではな」く、努力を積み重ねる根気が必要である。だが、「惰性に流され」やすい人間が、先の約束されていないものに向けて地道な努

力を続けていく「気力」を持つのは難しい。つまり、生活を充実させるためには、まず惰性に流されずに「一歩踏み出す」気力（意志・意欲）を必要とする、という意味で、「非常に大きなエネルギー」を要するのである。

(3) Ⅰ この場合、どのような形で救われるのだろうか。(1)でも触れたように、「どこかにほんとうの自分があるはず」「いつかほんとうの自分にきっと出会えるはず」と思うことは、「そう思い込むことで、気持ちが軽くな」っているに過ぎず、「何かが変わるわけではない」。言い換えるならば、今の自分に「物足りなさや疑問」を感じながらも、「ほんとうの自分ではない」と考えることで、納得のいかない現実から逃避して、束の間の安らぎを得ることができるのである。

Ⅱ 「『どこかにほんとうの自分があるはず』『いつかほんとうの自分にきっと出会えるはず』と思うこと」が「救い」となるのは、納得のいかない「今」に対して「気持ちが軽くなる」からである。そのように考えることを、筆者は、「現実逃避的な安らぎ」、「安易な姿勢に安住し続けるときの口実」（第六段落）、「束の間の安らぎ」（第七段落）、「自分さがしの物語」、「救済装置」（第八段落）と言い換えている。よって、気持ちを軽くするものという意味で使われているのは、「安らぎ」と「口実」である。

(4) 「口実」を使うのは、「とりあえず今は、これでいいか」と安易な姿勢に安住し続けるときである。「今」、自分は「納得のいかない日々を送って」おり、「自分にふと物足りなさや疑問を感じ」ているにもかかわらず、「これでいいか」と現状に甘んじているのである。

解答

(1) ウ

(2) ウ

(3) Ⅰ 現実逃避的 Ⅱ 安らぎ、口実

(4) イ

演習問題

4　★★☆

次の文章を読んで、後の問いに答えよ。

環境問題がわれわれに強要しているのは、①近代的な学問の概念自体の改革である。学問の対象を、自然と人為とに分断し、前者を「自然科学」として、また後者を「人文・社会科学」として分業させる、というわれわれにとっては考え慣れた思考様式そのものが問われていると見なければならない。

環境問題が扱わねばならないのは、自然現象と人為現象との相互作用であり、それはより広い観点から見れば、むしろ人間活動そのものである。しかし、同時にそれは、従来人間活動全般を扱って来たはずの「人文・社会科学」の＊パースペクティヴを越えている。何故なら、従来の「人文・社会科学」は、基本的には、自然現象には触れないことをもってよしとしてきたからである。

そこで必要とされている学問的視点は、人間の自然への働きかけや、自然の側のそれに対する反応なども含む、極めて広大な対象を見通すことを要求されている。現在私の大学では、「人工物工学研究」という新しいプロジェクトが試験的に始まっている。これは、現学長の吉川弘之氏の提唱になるもので、かつての技術・工学は、自然を対象として人間がこれに働きかけ、それを人間の都合のよいように改変していくことを目的としていたが、これだけ人間の手で造り出したものが地球上に溢れてしまうと、もはや、工学や技術の目標は、「自然」に働きか

【語釈】

＊パースペクティヴ…眺望、視野。

＊インターフェース…異なる性質のものを結びつけること。

ここに着目

(1)　われわれに求められる「改革」とはどのようなものか。

(2)　「そこ」＝「新しい問題」「新しい可能性」があるところ
＝「スペシャリスト」、とりわけ、「現在のような専門領域のタコツボに安住する『スペシャリスト』」では不十分な分野の問題。

(3)　どのような状態を指して「タコツボに安住する」というのか。

(4)　「われわれの手にある科学技術の力」が大きくなったことに起因する「それ」とは何か。

けるのではなく、人間の手で造り出したもの、つまり人工物を如何に管理し、都合のよいように改変し、処理していくのか、というところに据えられなければならないのではないか、という視点に立っている。

　このような試みも、そうした新しい学問上の動きの一つと見ることができるだろう。人間が如何に自然に関与し、自然と絡んできたか、という視点は、文化史の一部としてはこれまでにも、探求されるテーマではあったが、「科学技術」という視点のなかには抜け落ちていたと言わなければならない。こうして見ると、「自然科学」と「人文・社会科学」との分業は、ちょうど「自然」と「人為」との間のインターフェース*に対する学問的な探求を、自然科学の側にも、あるいは人文・社会科学の側にも、免れさせてきたことは明らかであって、二十世紀末になってようやくはっきり見えて来たことは、まさしく、②そこにこそ、新しい問題があり、そこにこそ新しい可能性がある、ということだったと筆者は考えている。

　そして、その新しい問題に取り組むためには、現在われわれが育てて来た「スペシャリスト」では不十分であることは明白である。とりわけ、現在のような③専門領域のタコツボに安住する「スペシャリスト」では不十分である。もちろんそこで必要とされている人材は、現在われわれの概念のなかでの「ジェネラリスト」でも不十分であることを付け加えなければならない。

　そこでの「科学者」は、もはや、誰に対しても責任をとることを求められず、「真理」のためと称して、自分の同僚だけのために論文を書くことを行動様式とするような研究者であることを許されない。

・前述の内容を受けているからといって、前だけを読めばよいというわけではない。全体を読んで内容を把握し、解答に適切な語句を選ぶことも大切である。

あらためて、社会と人類とに対して責任を持つことを、その倫理として確認し、そのことに向かって「研究」を行うことを誓約することが、研究者の資格として容認されることになる。しかも、一つ付け加えて置かねばならないことは、そこで言う「社会と人類」とは、決して、今、この地上に生きる「人間」とそれが構成する「社会」だけではないという点である。これから先地上に生まれ出るであろう、われわれの未だ見ぬ子孫、何代も後に生きているであろう将来の「人間」に対しての責任を負うているという明確な意識こそが重要なのである。

それは同時に、そうした遠い将来における人類の住家としての地球環境全体にも及ぶ責任ということにならざるを得ない。何故なら、人類はこの地球上に生まれ、そしてそこで死んでいくことを基本的に運命付けられており、そうであるならば、将来の人類が生きて行くために、今われわれに課せられた責任の中には、将来の人類が生活する環境を毀損しない、あるいは出来る限り安全であるように保全する、という責任も含まれることになるからである。

それは逆に見れば、われわれの手にある科学技術の力が、④そこまで大きくなったことの必然的結果でもある。フロン・ガスを大量に使用してオゾン・ホールを造り出したのも、科学技術の活動の結果であるなら、オゾン・ホールを見つけだし、それとフロン・ガスとの因果関係を見定め、かつ、その事実と、紫外線の過剰による皮膚癌の増加など、将来に見通される可能な危険とを結び付けるのもやはりその結果であった。われわれの知識と技術とが、われわれ自身のみならず、われわれの見ることのない遥かな将来にまで、影響を与えるほどに大きくなったという状況こそ、あるいは、そのことに気付くこともできるようになったという状況こそ、科学技術自身が生み出した、科学技術を巡る最も重要な「新しい事態」であるのかもしれない。そして、そのことが、科学技術そのものの改革を求め、科学技術に携わる研究者の資格と、その責任に対しても、変革を求めている。
そして、科学者や研究者は、まさしくそのような変革の要求に対応して、新しい行動様式の衣を着るべきなのである。

（村上陽一郎『科学者とは何か』より）

(1) 傍線部①「近代的な学問の概念自体の改革」とあるが、「改革」とはどういうことか、説明せよ。

(2) 傍線部②「そこ」の指示内容を、本文中から抜き出せ。

(3) 傍線部③「専門領域のタコツボに安住する」とは、どういうことか、文脈に沿って説明せよ。

(4) 傍線部④「そこまで大きくなった」とあるが、「そこまで」とはどういう状態を言っているのか、説明せよ。

〈鳥取県改題〉

5 ★★★

次の文章を読んで、後の問いに答えよ。

　昨今の日本の哲学的表現の世界を見ていると、日本における哲学のイメージを決定的なものにした韜晦《とうかい》な表現を離れてできるだけ平易な表現、日常言語を駆使した表現を意識的にこころがけているようである。このことじたいは、たいへんに望ましいことである。精神が内蔵している抽象力が日常の表現そのものを抽象的な表現へと押し上げ、その論理によって現実を評価し、判定するのが〈哲学〉というものだからである。〈哲学〉にはそういう日常言語そのものの自己批判という契機が含まれている。それが平易な表現によってめざされることであって、①言葉をゆるめるということとは正反対のことなのである。が、このことを誤解している文章が少なからずあるような印象を私は拭いきれない。

　いろいろなことがいま頭をよぎる。

　たとえば文体の問題。ある文体を思考の神経とすることではじめて見えてくる世界がある。いいかえると、世界にはほとんど職人芸とでもいうべきある表現のスタイルによってのみ近づけるような位相がある。そういうスタイルの意識が失われると、言葉はゆるむ……。

　あるいは、新造語の問題。日本の哲学的表現にはたしかに無用とも思えるような新造語が一時期氾濫した。正確に言葉を翻訳する、思想を翻案するという精神が、日本の伝統的思想に染まっていない新語を求めたのだろう。がしかし、それによって②哲学的思考は二階のものとなった。もともと新造語というのは、哲学や

ここに着目

(1)　直前の「それ」が指しているものを踏まえて、「哲学的思考」がどうなったのかを考える。

(2)　直前の「それら」の指すものが「神経を配った」ものは何か。

(3)　第三～六段落に例が挙げられている。

(4)　そもそも、何をするためのどのような「ナイフ」であったのか。

詩が、通常の文法や話法に無理強いしても、あるいはそれをねじ曲げても表現しなければならないものに触れたときに、編みだすものである。その意味では、そういう晦渋《かいじゅう》な表現の中に思考の極限の緊張が表れることがしばしばある。が、そういう緊張のないところで「正確」という規範を護符としてなされる逐語訳は、かえって思考を無用に晦渋にするだけであろう……。

かつて「武士に二言なし」といわれる文化があった。「言霊」という思想もあった。が、たとえば昨今の官庁や銀行、証券会社のお詫び会見なるものには、頭を丸めるときのような軽さがある。つまり、いずれまた髪は生えてくるから頭を丸めるのとおなじように、とにかくこの場をしのげば、という安易さがある。言葉に堪え性がなくなったと言ってもいいし、また言葉の曖昧さ、言葉の多義性が、表現を深めるためではなく、むしろ表現をごまかすために用いられるようになったと言ってもいい。オーセンティックな（心からの）表現、ディーセントな（慎みのある）表現というものにも、近頃、あまり接しなくなった……。

七十年代以降、日本の哲学的思考の世界にもっとも大きな影響を与え、またもっとも多くの研究者を生み出すことになった分析哲学も現象学も、ともに言語にもっとも繊細な神経と論理的精緻さを注ぎ込んだ流派であった。前者は科学言語の論理性とともに日常言語の語用論的分析をおこなったし、後者は哲学的思考における〈記述〉ということの重要性をもっともよく考えた。それらは③思考の媒体に濃やかな神経を配ったがゆえに、世界への濃やかな視線を手に入れるはずであった。が、しかしその多くがまた、テクスト解釈の精緻さをきびしく要求するあまり、別の韜晦へ入り込んで、④もうじぶんのナイフで世界をきれなくなってしまったということはなかったか……。

いま、日本語による哲学的表現は、哲学と言語との関係、とりわけ論議すること、主張すること、疑うことが、つまりは論理的思考が日常生活においてもつ意味について、あるいは論理的思考が社会の中で自己批判的にはたらきだすシステムについて、あるいはその場について、あらためて具体的に踏み込んだ検証をする段階に来ているような気がする。〈哲学〉とはなにか―それが「フィロソフィー」の伝統をもたないこの国で、はじめて問われはじめたような気がする。

（鷲田清一『思考と言葉』より）

(1)　傍線部②について、「二階のものとなった」の意味として適切なものを次のア～エから選び、記号で答えよ。

ア．現実を俯瞰することができるものとなった。

イ．抽象性と具体性を関連づけるものとなった。

ウ．現実感覚から遊離したものとなった。

エ．日常言語を論理的展開に用いることができるようになった。

(2)　傍線部③を言い換えた単語を本文中から抜き出せ。

(3)　傍線部①はどういうことか、「思考」と「表現」の二語を用いて説明せよ。

(4)　傍線部④はどういうことか、具体的に説明せよ。

〈兵庫県改題〉

6 ★★☆

次の文章を読んで、後の問いに答えよ。

①俳諧の連歌に難解の部分の多い理由は、ちょっと気づいただけでも三つはたしかにある。その一つは永年許されて来た変則語法と省略とがだんだんとえらくなったこと、次には俳諧が*突兀《とっこつ》意外を常法とした結果、あまり附き過ぎるのを軽蔑する気風を生じたこと、談林派はもちろんその功罪の七八割を負わねばならぬが、この趣味の誇張は末永く継承せられ、もっともらしくしてしかも取留《とりと》めもないニオイとかヒビキとかいう説法が繁昌《はんじょう》するに至った。何も弁明したところで通じなければ結局は仕方があるまいと私たちには思えるのだが、それにはまた第三の理由として、連衆《れんじゅ》の支持というものがあった。歌仙百韻の席に列《つら》なるほどの者は、かねて経歴と心境との互いに似通うたものがあった上に、改めて感興の統一によって、鋭敏に仲間の心持を理解し得た。それをまた指導して行こうとする中堅の力もあったのである。事によったら本人自身すらも、年経て回想して奇異の念に打たれたかも知らぬ。ましてや後代の読者のごときは、当時彼等の眼中になかったことは明らかである。この点は本式の連歌も同じことで、あれほど豊富に精確な記録が保存せられているにもかかわらず、今読んでみただけではそれに携わった人たちの、あの執心と耽溺とは想像し得られない。しかもこの方は辞句になんらの不審もないのだが、かえって高閣《こうかく》に束《つか》ねられて省みる者もなく、一方②俳諧の附合《つけあい》のこんなにまで解りにくいものを、なお我々が追い縋《すが》っても覗《のぞ》こうとするのは、決してただ時代が近いからという親しみだけではなかった。今の時世の

【語釈】

*突兀…他にぬきんでているさま。
*翰林詞苑…文壇。
*俚俗…世俗のならわし。
*翕然…多くのものが集まって一つになるさま。
*正風…芭蕉の一門が自派の俳風すなわち蕉風を呼んだ称。
*南京の地…「雲かうばしき南京の地」と続く。

ここに着目

(1) 「俳諧の連歌」の言い換えにのみとらわれないこと。
(2) 「今の時世の研究や穿鑿」の傾向である。
(3) 芭蕉の、俳諧への基本姿勢を述べた箇所を探そう。
(4) 「結末」の内容を押さえ、談林派の特徴から原因を考える。

研究や穿鑿は、むしろ遼遠《りょうえん》の昔へこそ傾いて行こうとしているのである。いたって月並な言葉使いではあるが、俳諧には時代の生活が現われている。*翰林詞苑《りんしえん》の文章は言うに及ばず、軍書から人情本までの何万種という小説はあっても、なおその中には書き伝えておかなかった平凡人の心の隈々が、わずかにこの偶然の記録にばかり、保存せられていて我々をゆかしがらせるのである。*俚俗《りぞく》と文芸とを繋《つな》ぎ合せようとする試みは、なるほど最初からの俳道の本志であったには相違ない。しかしその人を動かそうとした力の入れ処が、いつの間にか裏表にかわっていたのである。蕉翁《しょうおう》の心構えは奇警にも奔《はし》らず、さりとてまた常套にも堕せずして、必ず各自の実験の間から、直接に詩境を求めさせていたところに新鮮味があった。これが世の中の変り目の強い刺戟《しげき》であったのやら、はたまた観察者の一般的の余裕であったのやら、これを究めんとしても私にはまだその能がないが、とにかくにある一人の優れたる師家《しけ》が指導すれば、たちまち*翕然《きゅうぜん》として時代の風をなすまでに、貞享・元禄の俳感覚は活き活きとしていた。それが後衰えて、中興を説き、復活を唱うる声が高く挙がるとともに、かえって擬古を助長して脚下の社会との縁を薄くしたことは、古来何度となく繰り返された国々の文学史であった。

　我々が特に蕉門の俳諧に対して抱いている愛着は、畢竟はこの新興の意気または自由の魅力であった。もちろん前にも萌芽はあり、後にも遺風は伝わっておろうが、③俳諧が芭蕉の世の東国を語るごとく、精彩を帯びたる生活描写はかつてなかったのである。江戸でも近代の市井《しせい》学者の中には、俳諧を無意識の世相史料として、利用した人が幾人もあったが、どういうわけでかこの俳風の変化ということに、注意を払うことが疎かであったように思われる。私などの見たところでは、貞徳《ていとく》の門流は京都を本山とし、古式の風雅を尊重してやまなかったゆえに、いわゆる賤《しず》山がつの生活の風景までは映写していないが、それでもまだ事物の名目形態、少なくともその古い存在だけは立証せしめる。ところが嗣《つ》いで起った宗因《そういん》の一派に至っては、あまりにも空想が奔放であった。故事と世事とを最も豊富に援用しつつも、自分たちはこれによって抑留せられようとせずに、もっぱらその学問見聞の向う側に突進して、勝手な夢の世界を描き出していたのである。芭蕉の弟子の中でも、才子其角《きかく》はほとんどその一生の間、他の人々も初期には皆この句風にかぶれている。うっかりとこれをもあの時代の世相史料に取り入れたならば、どんな間違った史観に陥るやら知れなかったのである。

だからこの*正風《しょうふう》の境目のはっきりと区切られるまでの間、あまり深々と立ち入ってみようとする人のなかったことは幸いでもあった。たとえば『冬の日』の中で人のよく知っているいわゆる神釈の附句、

三日《みか》の花鸚鵡《おうむ》尾長《おなが》の鳥軍《とりいくさ》　重五《じゅうご》
　しら髪いさむ越《こし》の独活苅《うどがり》　荷兮《かけい》

もしくはその第四の巻の、

流行《はやり》来て撫子《なでしこ》かざる正月に　杜国《とこく》
　つづみ手向《たむ》くる弁慶の宮　野水《やすい》
寅《とら》の日の旦《あした》を鍛冶の急《とく》起きて　翁

などは、今でもどこかにそういう事実があるのだなどという者があるが、私にはまったくの作り事としか思われない。春から夏の初めへかけて忌わしい凶事が続くと、早々その年をおしまいにするために、流行正月《はやりしょうがつ》と名づけて六月の朔日《ついたち》に、もう一度餅を搗《つ》き正月の形をする風習は、いかにも江戸の初期には方々の田舎にあって、それを制止した法令なども残っている。しかしそういう日に撫子を飾りにすることも空想なれば、次の句の弁慶の宮とても実在ではない。もしもそんな宮があったら鼓《つづみ》を打って手向けるだろうくらいなところで、この一聯の句はできたのであった。それをじみちの方へ引き戻そうとして、寅の日の一句は附けられたものと思うが、なお興味はそぞろいて次の＊南京《なんきん》の地《つち》という句になったのである。爺の独活苅なども原因はこれとよく似ている。一方に弥生の節供の鶏合《とりあわ》せの代りに、鸚鵡を出されたというような思い切った趣向ができると、これに立ち向うためにはどうしてもまた一段と頓狂《とんきょう》な空想が、浮んで来ずにはいられなかったので、それを静かに観て引き締める者がなかったのが、すなわち④談林一流の花火のような結末であったろうと私は思う。

（柳田國男『山伏と島流し』より）

(1) 傍線部①「俳諧の連歌」とあるが、これとほぼ同義の語句を、本文中から四字で書き抜け。

(2) 傍線部②「俳諧の附合のこんなにまで解りにくいものを、なお我々が追い縋っても覗こうとする」とあるが、その理由として最も適切なものを、次のア～オから選び、記号で答えよ。

ア．俳諧の附合は難解ではあるが、はるかな昔から続く伝統文芸として俳諧を研究する傾向にあるから。
イ．俳諧の附合は難解ではあるが、いにしえの詩歌や小説を引き継いだ世相史料として利用できるから。
ウ．俳諧の附合は難解ではあるが、その一方で人の意表をつく俳諧独特の表現に親しみを感じるから。
エ．俳諧の附合は難解ではあるが、俳諧には他の文芸では見られない庶民の生活が記されているから。
オ．俳諧の附合は難解ではあるが、そこに連衆のきわめて鋭敏な心理の動きを認めることができるから。

(3) 傍線部③「俳諧が芭蕉の世の東国を語るごとく、精彩を帯びたる生活描写はかつてなかった」とあるが、「精彩を帯びたる生活描写」は「芭蕉」の俳諧に対するどのような心構えから生じたと考えられるか。それが書かれている一文を本文中から探し、その初めの五字を書き抜け。

(4) 傍線部④「談林一流の花火のような結末」とあるが、「談林一流」が「花火のような結末」を迎えることになった理由を、本文全体の内容を踏まえ、八十字以上、百字以内で説明せよ。

〈埼玉県・さいたま市改題〉

例題5　内容合致・要旨の把握

　言葉は、いうまでもなく、コミュニケーションの手段である。そうである以上、一方から他方へ、正確に内容が伝わらねばならない。そのためには、あいまいな意味を、少しでも明確にする努力をせねばならぬ。三十年前、私が『あいまいな言葉』を書いたのは、そのような目的からであった。

　ところが、最近、もっとも正確を期さねばならないコンピューターの分野で、「ファジー理論」なるものが、おおいに注目され始めた。この理論は、三十年近く前、アメリカのザデーというシステム工学の研究者が言い出したもので、機械にも「あいまいさ（ファジーネス）」を導入すべきだ、という考え方である。

　なぜなら、機械は人間が使うものであり、その人間とは、もともとファジーな性格を持つ存在なのだから、機械はそのような人間に合わせてつくられなければならない、というのである。

　これは、まさしく、従来の意識の変革といっていい。これまでは、どちらかといえば、人間が機械に接近すべきである、と考えられていた。だから、「あいまいさ」は、機械とのコミュニケーションにおいて、目の仇《かたき》にされてきたのである。けれども、人間が機械を使うために、機械的正確さを要求されるとしたなら、人間は機械の奴隷《どれい》でしかない。それは本末転倒ではないか。

　そうではなくて、機械のほうが人間的な「あいまいさ」を身につけるべきなのだ、というのが、その発想の原点であった。

　たとえば、人間は「ちょっと右」とか、「砂糖を少々」とか、「えらく暑いね」といっ

読解のポイント

・内容合致・要旨を問う問題は、本試験では選択式で出題されることが圧倒的に多い。ゆえに、どれが正しいかだけで判断するのではなく、誤肢のどこが本文の内容にそぐわないかを見極める。なお、思考の方法を82ページに記したので、参照すること。

●三十年前に筆者はどのように考えていたか。

・言葉が「コミュニケーションの手段」である以上、正確に内容を伝えるため、「あいまいな意味を、少しでも明確にする努力をせねばならぬ」

＝「あいまいさ」の否定

⇩

●現在ではどう考えているか。

・コンピューターの分野における「ファジー理論」の導入

・「人間とは、もともとファジーな性格を持つ存在」だから、

た表現をよく使うが、こうした「あいまいな」表現は、けっこう日常生活で支障なく機能しているのである。「ちょっと右」といわれて、「その〝ちょっと〟とは、厳密に言って、何メートルですか」などと反問する人はいまい。仮に、そう反問されても、「1.3メートルだよ」などと答えられる人もいないだろう。お互いに「ちょっと」で、充分用が足りているのである。

ところが、機械にそう要求しても、機械は相手の意を察して、〝適当に〟、ものごとを処理してくれはしない。あくまで正確に、「何グラム」とか、「何度」とか、「何メートル」とか、指定しなければ作動しない。ファジー理論は、そうした融通のきかぬ機械に「あいまいさ」を組み込んで、機械のほうを人間に近づけようとする試みなのである。

むろん、機械に、そのような性格を与えることは、けっして容易ではない。ロボットに「やや左」とか、「ほんの少し前」などと命令して、ロボットが命令者の意をくみ、そのとおりに動くような仕組みをつくるのは、きわめて困難なことだろう。なぜなら、そのためには、ロボットを人間並みの頭脳につくりあげねばならないからである。そう考えると、人間の持っている「あいまいさ」は、もっとも人間的な特質であって、機械には簡単に真似《まね》できない特質、ともいえよう。

正確さというのは、真か偽かを、はっきりさせることである。真であり、同時に偽である、などということは許されない。つまり、科学的な思考とは、イエスかノーか、コンピューター言語でいうなら、1か0か、という二値論理ですべてを割り切ることの上に成立している。

それに対して、「あいまいさ」とは、多義的であるがゆえに、イエスでもあり、ノー

機械の方が人間的な「あいまいさ」を身につけるべきである。

・「あいまいな」表現は、日常生活で支障なく機能している。

＝人間の持っている「あいまいさ」は、もっとも人間的な特質

↓「あいまいさ」は多義的＝二値的な立場からすれば矛盾。
現実は、矛盾に満ちている。

＝「あいまいさ」の肯定

でもある、という場合が充分おこりうる。それは、二値的な立場からすれば、明らかに矛盾であろう。しかし、現実は、そのような矛盾に満ち満ちているのである。そうした矛盾を巧みにすり抜けていく能力を「融通無《む》碍《げ》」とみるなら、あいまいな言葉を平気で使ってきた日本人は、むしろ、現実に器用に順応してきた民族ともいえまいか。

（森本哲郎『日本語　根ほり葉ほり』より）

問　この文章に込められた筆者の基本的な考え方は何か。次のア～エから選び、記号で答えよ。

ア．機械は人間が使うものであるから、今後、機械は人間に合わせてつくる必要がある。

イ．あいまいな表現の多い日本語の特質について、今後、新たな視点で見直す必要がある。

ウ．コミュニケーションの手段である言葉は、今後、より一層明確に使われる必要がある。

エ．あいまいな言葉を平気で使う日本人は、今後、科学的な思考を身につける必要がある。

〈名古屋市改題〉

解説

三十年前、筆者は、言葉によって正確に内容を伝えるためには「あいまいな意味を、少しでも明確にする努力をせねばならぬ」と考えていた。しかし現在では、「人間とは、もともとファジーな性格を持つ存在」とするファジー理論を受けて、「人間の持っている『あいまいさ』は、もっとも人間的な特質」であると、「あいまいさ」を肯定的に捉えている。そして、多義的な「あいまいさ」によって矛盾に満ちた「現実」を巧みにすり抜けていく能力＝「融通無碍」に着目して、「あいまいな言葉を平気で使ってきた日本人」は、「現実に器用に順応してきた民族」だと考えている。

ア．筆者は、機械を「人間に合わせて」つくるという発想（＝ファジー理論）を取り上げているが、今後、機械がどのようにつくられるべきかというのは、「筆者の基本的な考え」に該当しない。

イ．かつて言葉の「あいまいさ」を否定した筆者が、本文では、日常生活では支障なく機能していると、「あいまいな」言葉を見直している。

ウ．言葉を「より一層明確に使われる必要がある」と見ることは、「あいまいさ」を肯定する筆者の考えに矛盾する。

エ．「科学的な思考」に言及した箇所はない。

解答 イ

内容合致・要旨問題の思考方法

内容合致・要旨を問う問題では、様々な問いかけの形式がある。この形式の問題では、大きく分けて①文章との合致を求められる問題、②文章の趣旨を求めている問題の二点の考え方に収斂される。

①は、純粋に本文で書かれていることであるかという正否問題である。一方、②は、本文の中で筆者が最も言いたいことの正確な把握を求めている問題である。

設問文から、①②のどちらのことなのかを、判断してから問題を解く。例題5の「筆者の基本的な考え方」、演習問題7の「文章において述べられていること」、同8の「筆者の考え」は、すべて無条件に②の問題である。「筆者の主張」「本文の趣旨（主旨）」「最も重要なこと」などの設問も②に該当する。

さて、同9の「全文の要旨」はどうだろうか。要旨とは、「主要な点」のことであるから、これも②に含まれるのだ。つまり、掲載された問題はすべて②に該当する問題である。

したがって①は、「現代文」では稀な出題であり、主に「古典」分野で、読解力の正確さを確認するために出題される。「内容に合う（合致する）もの」と端的に①と分かる問いかけの仕方となっている。

なお、134ページ演習問題12⑵の「本文の説明」は、①に該当する。

演習問題

7 ★★☆

次の文章を読んで、後の問いに答えよ。

互いの内面にまで深入りすることなく、滑らかな人間関係を維持していくための工夫の一つとして、今日の若年層に広まっているのが人物像のキャラ化です。キャラとは、ハローキティやミッフィーなどのように最小限の線で描かれた単純な造形です。それは単純かつ明瞭であるがゆえに、私たちに強い印象を与え、全体像の把握を容易にしてくれます。

日本の伝統芸能の一つである能を想起してください。現実界の人物として登場する前場の主人公（シテ）と、夢幻界に登場する後場のシテは、役者が異なった能面をかぶって演じ分けます。観客は、役者の演技によるだけでなく、シテの心象風景の特徴を強調し、それをシンボル化した能面が切り替えられることで、同じ舞台上であっても容易に異界へと移行することができるのです。

1 キャラとは、多元化した現在の人間関係において、この能面の役割を担うものです。人間関係の不確実性が増していくなかで、それでも人間関係を滑らかに運営していくための対人技法の一つなのです。互いにキャラを立て、それを演じあうことで、複雑化した人間関係に安定した枠組みを与え、価値観の多様化によって失われた「あうんの呼吸」を再び取り戻そうとしているのです。

ネット上のコミュニケーションでは、非言語的な情報量が少なく、相手の反応

ここに着目

(2)　言い換え問題は、本来傍線部と等しい内容になるものを選ぶが、今回は指示語が入っているので、ここから思考をスタートさせるのが王道の解き方である。

(3)　理由問題では、理由を示す言葉（ので・ため・から）を見つけることが基本である。

傍線部と同段落の内容を踏まえることが必然である。傍線部の施されている設問では、A傍線部自体　B傍線部を含む一文　C同段落　D前後段落　の順で思考すること。

(5)　「ここが能面とは決定的に違う」とあるので、「ここ」の内容を答えることになる。

も読みとりにくいがゆえに、じつはキャラのシンボル操作がかえって容易に行なわれやすくなります。単純化されたキャラにとって、雑多な情報はかえってノイズになりますが、ネット上のコミュニケーションではその雑多な情報が切り捨られるため、キャラのイメージを純化させやすいのです。

しかし、裏を返せば、ネット上ではそれだけ人物像が紋切型になりやすいともいえます。それはネット上にかぎった話ではありません。じつは対面的な付きあいの場でも、互いにキャラを演じあっている以上、多かれ少なかれその[a]ケイコウは促進されていきます。人間関係の見通しを良くするということは、いいかえれば予定調和の関係を実現するということですから、[2]良くも悪くも初期設定された関係が、既定のバージョンのまま延々と続くだけになりがちなのです。

かつて大衆芸能の一つだった猿楽《さるがく》を芸術の域まで高め、能としての形式を完成させた世阿弥《ぜあみ》は、役者の心構えの一つとして「離見《りけん》の見《けん》」という言葉を残しています。舞台上で役を演じる者は、その姿を舞台の頭上から見下ろすかのように、演じている自分を客観的に見つめるもう一つの目を持っていなければならない。そう説いているのです。実際、能面はかなり分厚く作られているため、それをかぶった役者の視界は非常に狭く、目の前の観客の姿しか見えません。

私たちは、鏡に映してみなければ、自分の姿を自分で見ることができません。それと同じく、客観的な自分の姿は、他者の反応という鏡を通してしかモニターできないのです。他人から見えているその姿こそ、客観的に捉えられた本当の自分の姿のはずです。

ところが、予定調和の関係では、互いに相手の期待を読んで、それに応えるように演じつづけようとします。必要とされる役回りだけが互いに期待され、それ以外は求められないからです。関係の維持にとって、人格の全体像はむしろ阻害要因になってしまいます。そのため、自分の知らない自分の姿を相手が教えてくれることはありません。いいかえるなら、相手の意外な反応に出会うことがなければ、本当の自分の姿と出会うこともできないということです。

人間関係とは、互いの衝突を契機にそのあり方が見直され、再構築されていくものです。そうすることで、周囲の環境の変化にも柔軟に対応していけます。新しい自分を発見していくこともできます。しかし、あらかじめ衝突の危険性を回避し、予定調和の関係を営んでいるかぎり、その関係が次のバージョンへとレベルアップされ、深まっていくことはありえません。自分の知らない自分に出会うこともできず、したがって環境の変化にも耐えられません。キャラを演じあうことで維持される人間関係は、表面上は安定した関係のように見えますが、それは今この場かぎりのものであって、長い目で見ればじつは意外と脆《もろ》いものなのです。

3 キャラとは、人間関係というジグソーパズルを組み立てている個々のピースに当たるものです。個々のピースの輪郭は単純明瞭ですが、それぞれが独自の形をもち、互いに異なっているため、他のピースとは取り替えがききません。ピースが一つでも欠けると全体の構図は損なわれてしまいますから、集団のなかに独自のピースとして収まっているかぎり、自分の居場所が脅かされることもありません。その点から見れば、キャラとは、集団のなかに自分の居場所を確保するための工夫の一つともいえるでしょう。

　しかし、予定調和のなかで演じられるキャラとは、各自が勝手に定めることができるものではなく、周囲との関係で決まってくるものです。しばしば自分の個性の表現のように思われたりもしますが、自分のキャラを自分で勝手に決めることはできません。しかも、それぞれのピースの形が、全体の構図のなかに収まるように定められるという点に着目するなら、もしもまったく同じ輪郭のピースが他のどこかで見つかれば、それは自分のピースと置き換えが可能ということにもなります。現在の子どもたちが、他人とキャラが重なってしまうことを「キャラかぶり」と称し、なるべく回避しようと細やかな神経を使うのはそのためです。同じ輪郭のキャラの登場は、集団内での居場所を互いに危うくするからです。

　あるいは逆に、どれだけ強い個性の持ち主であろうと、集団内であらかじめ配分されているキャラからはみ出すことも、また同様に忌避されます。全体の構図のなかにうまく収まらないと、やはり自分の居場所が危険にさらされるからです。各自が呈示するキャラは、あくまで予定調和の範囲内で割り当てられたものでなければなりません。このように、キャラ化された人間関係では、その安定感が確保されやすいのとは裏腹に、そこに居るのが他ならぬ自分自身だという確信が揺らぎやすくなります。いわゆる「キャラ疲れ」の根底に、じつはこのような不安が[b]ヒソんでいることを見落としてはなりません。

　ピースの形があらかじめ定まった関係では、自分の居場所が安全に確保されているように見えて、じつはその確証を得られません。同じ条件さえ整えば、別人でもよかったかもしれない可能性がつねに付きまといます。予定調和の世界では、私たちは代替可能な存在となって、かけがえのなさから疎外されてしまうのです。

このような観点から眺めれば、キャラには特別性はあっても、しかし単独性はないといえます。それがいかに個性的なものであったとしても、つねに匿名性をはらんでしまいます。ここに、予定調和を重んじるキャラ化された人間関係の落とし穴があります。そして、その落とし穴は、キャラ化と親和性の高いネット上でとくに顕在化しやすくなります。ネットの匿名性は、たしかにキャラ的な人間関係の維持を容易にしますが、他方で代替可能性への不安も増長しやすいのです。ネット上でいくら[c]ノウミツな関係を築いても、この代替不安から逃れることはできません。むしろそこで純化されるキャラ的なコミュニケーションは、しばしば「成りすまし」によるトラブルや事件が問題となるように、逆に代替への不安を煽《あお》っていくばかりです。

ジグソーパズルのピースがそうであるように、キャラには明確な輪郭線が求められます。そうやって曖昧さが排除され、実現される予定調和の世界は、たしかに見通しのよいものかもしれません。しかし、そこではあらかじめ想定された枠組みに収まりきらない多様性が認められません。だから、キャラの輪郭さえ合致するなら、ここに居るのは自分でなくてもよかったのかもしれないという不安が[d]ツノっていくのです。「代替可能な私」の不安から抜け出すことができないのです。コンビニエンス・ストアやファスト・フードの店員が、店のマニュアルに従って動くことさえできるなら、ここに居るのは自分でなくてもよかったかもしれないという疎外感を抱きがちなのと同じで、自己の単独性がそこでは保証されえないからです。[4]ここが能面とは決定的に違うところです。

（土井隆義『つながりを煽られる子どもたち』より）

(1) 傍線部a～dのカタカナを漢字に改めよ。

(2) 傍線部1とあるが、どういうことか。その説明として最も適当なものを、次の①～⑤から一つ選び、記号で答えよ。

① 不確実性を増す人間関係を滑らかにするために演じられるキャラは、特徴を強調し把握しやすくするという点で、心象風景をシンボル化して前場と後場のシテを演じ分けるのに使われる能面と似た機能を持つということ。

② 価値観が多様化した現代の若者たちに広まっている人物像のキャラ化は、複雑化した人間関係に安定した枠組みを与えるという点で、同じ舞台上で現実と夢幻との間の移行を容易にする能面と似た機能を持つということ。

③ インターネット上のコミュニケーションに適応するための対人技法として広まってきた人物像のキャラ化は、単純かつ明瞭な造形を持つという点で、観客にシテの心象風景を印象付ける能面と似た機能を持つということ。

④ 雑多な情報を切り捨てて人間関係の見通しを良くするために演じられるキャラは、相手の反応を読み取りにくくして人物像を純化するという点で、役者同士の「あうんの呼吸」を助ける能面と似た機能を持つということ。

⑤ 最小限の線で描かれ雑多な情報を切り捨てることでシンボル化されているキャラは、本来の人物像を見えにくくするという点で、役者の視野を狭くし

て自らの姿を客観視することを促す能面と似た機能を持つということ。

(3) 傍線部2とあるが、なぜそう言えるのか。七十字以内で説明せよ。

(4) 傍線部3とあるが、「人間関係」と「キャラ」を「ジグソーパズル」と「個々のピース」に例えることで筆者が表現しようとしていることの説明として適当でないものを、次の①～⑤から一つ選び、記号で答えよ。

① キャラとは単純明快かつ集団の中での特別性を持つものである。
② 全体の人間関係からそれぞれの演じるべきキャラが規定される。
③ 集団の中における似たキャラの並立は互いの立場を危うくする。
④ 集団内で規定されたキャラからはみ出す強い個性は忌避される。
⑤ さまざまなキャラが補完しあうことで集団の安全が確保される。

(5) 傍線部4とあるが、ここで筆者はどのようなことを言おうとしているのか。本文全体を踏まえ、九十字以内で説明せよ。

〈岡山県改題〉

8

★★☆

次の文章を読んで、後の問いに答えよ。

乳児は未《いま》だ何かを使う「主体」ではない。乳児の感覚は混沌《こんとん》とした現象のなかに埋もれている。散らかっている。同一の「物」なるものをまだ知らないし、それを掴む「じぶん」というものの意識もない。この時期にはだから「いない、いない、ばあ」といった遊びにきゃっきゃっと歓ぶ。子どもの前から親が急に消える。突然、（ハンカチの、という理解もなしに）白い幕が現われる。が、次の瞬間にはまた親が戻ってくる。ハンカチの向こうに、現われたり隠れたりする「親」がいるということが未だ理解できずに、出現と消滅の交替に翻弄されるのだ。そんなことをくり返しているうち、やがて「親」は現われたり消えたりするのではなく、いまは見えないけれどもほんとうはハンカチの向こうにずっといて、ハンカチの陰に隠れたり、ぬっと現われたりするだけのことだということを学んでゆく。「親」は消失したのではないのだ。そうなるともう、「いない、いない、ばあ」はちっとも怖くなくなる。遊びは終わる。遊びは終わって、「親」は向こうに、「じぶん」はこちらに、別の存在として対峙《たいじ》しているという理解が生まれる。「主体」と「客体」という隔たりが生まれるのである。

そもそも哺乳瓶をいじっているあいだにも、おなじような出来事が起こる。はじめは、じぶんの指先が視野に現われても、それをじぶんの指先などとはおもわない。きっといろいろなものといっしょに、ごたまぜになって現象しているだけである。そういう混沌のなかで、両手の指先がときおり触れあうなかで、じぶんがいま見ているものと触れているものが同一のものであるとの了解が生まれ、そこから[1]ソ行的に指も「じぶんの指」として理解されると同時に、掴もうとしている哺乳瓶がじぶんとは異なる「物」としてあることが了解されてゆく。現われる「物」と、現われに立ち会っている「じぶん」とが隔たり、分離しはじめるわけだ。そうしてはじめて、「わたし」が「哺乳瓶」を掴み、支えているという意識が生まれる。「わたし」がそれを持つ主体であり、哺乳瓶は「わたし」に持たれる客体であるという、「使用」の前提となる事態が生まれるのである。

　これは、何かを道具や手段として使用するに先立って、まずは身体を使って「使う」能力そのものを獲得するプロセスがあることを示している。『贈与論』で有名なマルセル・モースに倣っていえば、道具を用いる技法に先立って、それが可能となる前提として、まずは「身体の技法」(techniques du corps) があるということである。

【A】これはたしかに「身体の使用」(l'usage du corps) ではあるのだが、しかし道具としてのそれの使用なのではない。それを言うなら、（　ア　）「掴む」という行為の〈式〉を身につけるとでも言うべきであろう。手を使って物を掴むということができるようになると、掴むということは身体のあらゆる部位に浸透していって、脚で掴むことも脇で掴むこともできるようになる。行為のある〈式《スキーム》〉が一般化すると言ってもいいし、それが身体の各部位に転移すると言ってもいい。

　わかりやすい例をひとつ。書くという行為である。

【B】鉛筆を持って字を書くという行為は、思いのほか難儀なものである。そういう行為をあたりまえのようにできるようになるには相当な時間を要する。（　イ　）、いったん字を書くという行為に習熟したら、あとは身体のどこでもそれをすることができる。鉛筆で字を書くには、鉛筆を持つ指、それを書くということにふさわしく動かすための手首や肘の用い方、そして姿勢まで巻き込んだ身体使用の〈式〉、つまりはスタイルが定着することが必要である。そしていったん、そういうスタイルが「鉛筆で書く」という行為として定着すれば、それはすぐに身体のあらゆる部位に転移してゆく。たとえばこれまでいちども練習していないのに、黒板にチョークで、鉛筆で字を書くに際していちども使わなかった、つまり練習すらしなかった肘や肩の関節を動かして、書くことができる。求められれば、砂場で足でおなじ字を書くこともできるし、腰の動きでその字形をなぞることすらできる。

こうした〈式〉もしくはスタイルは、いったん身体のどこかに定着すれば、他のいずれの身体部位においても反復可能なものとなる。

a　身体（body）は〈物体〉（body）のひとつ——bodyとしての身体の了解はすでにそれを対象として自己から隔てたところに成り立つ——である前に、まずは〈式〉としてあるということである。

b　そういう行為のさまざまな「一般式」を束ねたものとしてわたしたちの身体はある。

c　そういう意味で「一般的」なものである。

d　いや、物のひとつとしての身体は「わたしの身体」になる。

これを別の言葉でいいかえると、使うということは、道具の使用に限定されるものではないということである。道具の使用は、それを使う者と使われる物との分離を前提としている。しかしそういう分離が生まれる前提として、さらに別の、より根源的な使用の次元があるということである。

【C】ある特定の行為の〈式〉の定着とその転移、それを別の言葉でいえば、習慣の獲得ということになる。習慣の獲得とは、身体の新しい用法を身につけるということだ。杖《つえ》の使い方、包丁の使い方、楽器の弾き方・吹き方、自転車の乗り方、自動車の運転の仕方を習得し、それをとくに意識することもなくあたりまえのようにできるようになるということだ。（　ウ　）、クルマの運転を習いはじめたばかりの頃は、ハンドルの感触、スイッチの位置、ペダルの操作などにばかり気を取られ、クルマの前方の状況にまでじゅうぶんに注意がゆかない。しかしそれらの操作に習熟してゆくにつれて、意識は道路の状況に向かい、操作じたいは意識の陰に隠れ、いわば自動的になされるようになる。そのうち道路状況の把握にも慣れ、鼻唄でも歌いながら、同乗者とおしゃべりもしながら、運転できるようになる。〈式〉はこうしてどんどん更新されてゆく……。とくに意識しないでもからだが勝手に動くようになること、これが習慣の獲得ということなのだ。

【D】それは意識の切っ先が道具の表面もしくは先端へと移行するということである。杖を使い慣れてくると、地面を探る感覚の先端は指と杖とが接触する面から杖の先端へと移行する。新しい靴を履きはじめたときは足と靴底との接触面に意識が集中しているのに、靴が足になじんでくると意識の切っ先が靴底、つまりは靴が地面に接する面へと延びてゆくように、である。楽器を弾くときは指と楽器とが接するところから楽譜のほうへ意識は向かうようになる。運転しているときも、意識は身体と自動車の装備との接触面から、自動車の先端部へと、さらに前方へと拡張してゆく。狭い道に入り込みそうになっても、ちょうど歩いているときにそこが通り抜けられるか瞬時にわかるように、クルマがそこを通り抜けられるか、それまた瞬時にわかるようになる。道具を使う〈わたし〉は、その意識のなかに、その活動のなかに、道具を呑み込み、併合してゆくのである。いいかえると、〈わたし〉はそれまでできなかったことができるようになる、（　エ　）その能力を拡張してゆくのである。

【E】ここで注意を要するのは、能力を拡張してゆくこの過程が、同時に、道具の特性が〈わたし〉のなかに流れ込んでくる逆向きの過程でもあるということだ。道具を使うことは道具の構造と交わり、（　I　）ということであり、そのなかで〈わたし〉のふるまいや活動の構造も否応《いやおう》もなく変換されてゆく。[2]使用とは、使用者がみずからの構造を物に押しつける、つまりそれを統制下に置くということではなく、異なる構造を受け容れることで逆に自己を拡げてゆくということなのである。道具を呑み込んでゆく過程は、道具に呑み込まれてゆく過程でもあるということなのだ。そしてこれが知らぬまに人の「第二の自然」（second nature）となっている。

（鷲田清一『つかふ—使用論ノート』より。一部改変）

(1)　傍線部1「ソ」と同じ漢字であるものを選びなさい。

① 進歩をソ害する。
② 友人とソ遠になる。
③ 大気のソ成。
④ 事故のソ因。
⑤ 二年前までソ及して適用する。

(2) 空欄（ア）〜（エ）に入るものとして、最適なものを選びなさい。

① ア　むしろ　イ　そして　ウ　たとえば　エ　つまり
② ア　たとえば　イ　そして　ウ　つまり　エ　しかし
③ ア　つまり　イ　だから　ウ　そのため　エ　むしろ
④ ア　むしろ　イ　しかし　ウ　たとえば　エ　つまり
⑤ ア　つまり　イ　しかし　ウ　だから　エ　いわゆる

(3) 本文の【A】〜【E】のうち、次の一文が入る箇所はどこか。最適なものを選びなさい。

この過程で、同時にもうひとつ別の更新が起こる。

① A　② B　③ C　④ D　⑤ E

(4) 本文の［　　］について、a〜dの文を内容に合うように並べ替えたものとして、最適なものを選びなさい。

① a—b—c—d　② c—b—d—a　③ c—a—d—b
④ a—c—d—b　⑤ d—c—b—a

(5) 空欄（Ⅰ）に入るものとして、最適なものを選びなさい。

① それになじんでゆく
② 「自然」に身をゆだねる
③ しだいに摩耗してくる
④ 他なる対象を併合し、領有する
⑤ 目的そのものを変更する

(6) 傍線部2「使用とは、使用者がみずからの構造を物に押しつける、つまりそれを統制下に置くということではなく、異なる構造を受け容れることで逆に自己を拡げてゆくということなのである」に関する例の説明として、最適なものを選びなさい。

① 乳児が「いない、いない、ばあ」という遊びを歓ぶのは、出現と消滅の交替に翻弄されるうちに、「親」と「じぶん」が別の存在として対峙しているという「主体」と「客体」の隔たりを感覚的にではあるが理解するためである。
② 乳児が哺乳瓶を掴む指を「じぶんの指」として理解することにより、「使用」の前提となる客体の存在が生まれ、道具を用いる技法を「身体の使用」により可能にすることで、行為のある〈式〉が一般化されていく。
③ 鉛筆を持つ指によって字を書くという行為が〈式〉に転移することで、手首や肘の用い方や姿勢まで巻き込んだスタイルが定着し、いちども練習していないのに黒板や砂場での「書く」という行為まで可能にする。
④ クルマの運転において、ハンドルやスイッチ、ペダルの操作が習熟してゆ

くことで、操作じたいは意識の陰に隠れ、自動的にからだが動くというような身体の新しい用法を身につけることが習慣の獲得ということになる。

⑤　運転しているときに、身体と自動車の装備との接触面から、自動車の先端部へと意識が拡張し、クルマが狭い道を通り抜けられるか瞬時にわかるようになるのは、使用者がみずからの構造を物に押しつけることで、自己を拡げ、その能力を拡張してゆくためである。

(7)　本文の内容に合致するものとして、最適なものを選びなさい。

①　道具を使用する前提となる、行為のある〈式〉の一般化は、反復可能なものであり、定着による転移から、更新されてゆく過程において、道具を呑み込み、呑み込まれてゆくといった異なる構造の受け容れにより自己を拡げてゆく。

②　使うということは、道具の使用に限定されるものではないため、「身体の使用」(l'usage du corps) というより根源的な使用の次元、要するに、使う者と使われる物の分離があってはじめて「使用」の前提となる事態が生まれる。

③　「主体」と「客体」という隔たりが生まれることにより、使用者がみずからの構造を物に押しつけるのではなく、道具を呑み込んでゆく過程が生まれ、知らぬまに人の「第二の自然」(second nature) となっている。

④　道具を用いる技法に先立つ「身体の使用」(l'usage du corps) は、道具としての使用なのではなく、現われる「物」と、現われに立ち会っている「じ

ぶん」とが分離したときに使用の前提となり、あらゆる部位に浸透していって身体の各部位に転移する。

⑤ ある特定の〈式〉の定着は、「身体の使用」(l'usage du corps) を前提とするが、道具としての使用ではなく、道具に呑み込まれてゆく過程で異なる構造を受け容れ、身体の新しい用法を身につける習慣の獲得につながる。

9 ★☆☆

次の文章を読んで、後の問いに答えよ。

青森に《ｈａｒａｐｐａ》というＮＰＯがあります。弘前にある吉井酒造の煉瓦の建物で、奈良美智さんが今年（二〇〇五年）も個展を開きました。この展覧会を立ち上げ運営した団体が《ｈａｒａｐｐａ》です。《ｈａｒａｐｐａ》は美術に関する活動をするＮＰＯです。この《ｈａｒａｐｐａ》という名前、実は私が以前書いた『原っぱと遊園地』という小論からとられました。「原っぱ」というのは、［ア］、あの原っぱのことです。宅地として造成され、区画され、雑草が刈られ、地面が均され、下水を通そうとして土管が持ち込まれ、というところで、しかし、そこで止まってしまったあの土地のことです。砂利や土管がそのまま放置され、雑草が再び背丈ほどまで伸びてしまっています。きっとなかなか土地が売れなくて、「買主が現れたら、またどうせ草を刈らなくてはならないのだから、それまでは放っておこうか」というような事情なのでしょう。それでもこうした土地は、公園とはちがって誰かの私有地なのですから、敷地に沿って鉄条網が張り巡らされます。しかし、その鉄条網が錆びはじめます。いつしか鉄条網が、触っても手が切れなくなって、ねじれば切れてしまうようになります。とうとう、誰かこどもがなかで遊ぼうと網を切って、そうして、原っぱは完成します。

原っぱは、こどもにとって、格好の遊び場でした。セイタカアワダチソウを刀に見立てたチャンバラ。２Ｂと言ったか、一種の爆竹を武器にした戦争ごっこ。もちろん、土管が基地です。学校が終わって家に帰って、原っぱに行けば友達に

ここに着目

この文章のように、多様な要素―ここでは、「原っぱ（の家）」「野原」「遊園地（の空間）」「曲がり屋」―が述べられている場合は、それぞれの共通点と相違点を明確にしておくことが肝要だ。必ず異同に関する出題がなされるからだ。論理的文章では、この観点を基にした文章が出題されることがとても多い。

(2)(4)　慣用表現や比喩などの意味問題は、原義をまず考えよう。

(3)　補う脱文に指示語がある場合は、最初に指示語の成立を考える。

(6)　主体が「遊園地」「野原」「原っぱ」の三種類となっているが、引用された部分の文章の中心は「原っぱ」なので、この選択肢から検討するのが王道である。この時に冒頭に記した異同の理解が必要となっている。

(7)　この形式の出題は大きく分けて二種類ある。それは、(i)「本文の内容に」と(ii)「本文の趣旨に」である。

会えました。原っぱの遊びは、毎日少しずつ変わっていきます。風邪をひいて何日か遊びに行けないでいると、遊びの約束事がもうすっかりわからない。それもそのはず、原っぱ自体に「こう遊びなさい」という約束事がないのですから、約束事は、集まったこどもたちがつくり、毎日のように、遊びがもっと楽しくなるように、約束事に手を入れていっていたからです。【A】

原っぱは野原とはちがいました。まず境界がはっきりしています。朽ちたとはいえ鉄条網や万年塀で、たいていは四角く区切られていました。[イ]、原っぱには中心と端がありました。それから土管がありました。なぜ土管があるのか、こどもはそんなことは考えません。土管は、基地としても、なかで寝そべる場所としても、乗って押しっこをする台としても使われました。土管は下水管としての本来の目的から外れ、こどもたちはそこに様々な遊び方（つまり機能）を見いだしました。魚を捕まえ、秘密基地をつくったのは、たしかに野原の方です。でも、野原での遊びは、基本的には自然が与えてくれる遊びだったように思います。こどもたちが自分たちで「創造的に」なにか遊びの約束事をつくるには、野原だと[1]取りつく島がなさすぎたのかもしれません。【B】

原っぱは遊園地ともちがいました。遊園地には、メリーゴーランドがあり、ジェットコースターがあり、ゴーカートがありました。遊園地では、こどもたちが自分でどう遊ぶかを考える必要はありません。遊具は、はじめから、どう遊べばいいのか、どう遊べば楽しいかが決まっていました。遊具の脇には、遊び方（あるいは注意）が記されていました。こどもにとってどちらも楽しい遊び場であっ

そして(i)はもちろん文章の趣旨（主題・テーマ）を問うているが、(ii)も「趣旨」に関することを問うている場合が多い。しかし、今回は「遊園地」「原っぱ」「野原」「曲がり屋」の異同をやはり問うているので、(6)の延長上の問題となっている。ここでも冒頭の異同の把握が不可欠となっている。

たにせよ、原っぱと遊園地の違いは明瞭でした。原っぱは、こどもたちが自分で遊び方を開発しなければならず、その開発を含めて楽しい場所であったのに対して、遊園地は、その遊び方が最初からこどもたちに与えられている場所なのでした。【C】

　実際に人が行動するのに先立って、それによって得られる楽しさが予め与えられている空間が「遊園地」です。そこで人が行動することが想定されていなくて、ただそこで人が独自に楽しい行動を発見するのには、大きな創造力を必要とする空間が「野原」です。また、そこで人が行動することが想定されていないことにおいては「野原」と同じですが、そこで人が独自に楽しい行動を発見し発展させるきっかけがある空間が「原っぱ」です。原っぱと野原と遊園地。【D】

　青森のひとつの美術ＮＰＯが自らを《ｈａｒａｐｐａ》と命名したのは、美術というものが、予め結果のわかっていることを再演するものではなく、わたしたちの身の回りにあるものに、いつも新しい楽しみを見つけ続けようという、人間がこどものときから持っている「つくる」という素敵な能力の現れであるという理解があってのことだと思いますし、それをサポートする場とは、つまり「原っぱ」だと捉えられたからなのではないかと思っています。同じ考えで「青森県立美術館」の設計に携わっている者として、この命名はとても光栄な出来事でした。

【E】

　もっともこの「原っぱ」、私はこの空間が美術館を含めた美術の場にだけ適用されるものとは考えていません。実は住宅こそ、ますます「原っぱ」という考えが必要になってきているのではないか、と思うのです。

住宅情報誌を見てみましょう。そこには、家族団欒を誘うＤＫについて、賢い収納について、リラックスできるお風呂について、使いやすいキッチンについて、ホームシアターのある居間について、魅力的な工夫が満サイ[2]されています。もちろん誰だって、リラックスできるお風呂の方が、そうでないお風呂よりいいに決まっていますし、収納に悩まされないキッチンの方がいいに決まっています。でも、こういう工夫を積み重ねていけばいい家ができるかと言えば、必ずしもそうとも言えないと思うのです。

家の設計で、「いたれりつくせり」というのは、褒め言葉です。「I」ようにつくられた家はいい家とされます。「いたれりつくせり」とは、そのときになったら望まれるだろうことに先回りしてその望みがかなえられている、ということです。それが可能になるためには、まずそこで生まれるであろう望みがはじめから決まっていなければなりません。決まっているからこそ、先回りができるのです。そう、これは「遊園地」の空間なのです。私たちの家は「遊園地」に近づいています。それは、私たち自身が無意識のうちに「遊園地」を望んでいるようになったからなのだろうと思います。

しかし、予めそこでの楽しみ方、あるいは大げさに言えば、そこでの生き方が決められている空間のなかで、私たちは閉塞感を感じないでしょうか。誰か他の人の、あるいは想像上の理想の生活をなぞることは、本当の意味で、私たちにとって楽しいことなのでしょうか。私たちは、すでに書き終えられたシナリオを、私たちの生身の身体をもってわざわざなぞることに喜びを見いだしているのでしょうか。

　空間が私たちを利用するのではなく、私たちが空間を利用するという立場に立ったとき、家は「遊園地」から「原っぱ」に近づきます。

　では、「原っぱ」の家とは、どんな家なのでしょうか。

　原っぱは、こどもが遊ぶ「ために」つくられた空間ではありませんでした。宅地として開発するという別の目的のためにつくられはじめ、その当初の目的が達成される前に放棄された空間でした。ある目的によって達成された質がたしかに存在しているけれど、その目的自体が消えて見えなくなってしまった空間でした。3ある目的を持ってつくられた空間には、秩序というかある形式的な首尾一貫性が備わっています。それは自然発生的に増殖した空間にはない特別な質です。

　原っぱの良さは、この首尾一貫性の存在と、しかしその首尾一貫性が無根拠に与えられているという点にあります。もしその首尾一貫性の先にそれを生んだ目的が感じられるとすれば、私たちはやはりその目的に従属してしまうでしょう。根拠があっても、それが見えなくなっていることが大切なのです。

　東北地方には「曲がり屋」という形式の民家があります。母屋の端が直角に曲がってひとつの翼を出した形を持っている民家です。その翼にはかつて馬がつながれていたと言います。雪深い地方の、人と家畜の共存がつくり出した民家だったのでしょう。これはひとつの目的をもって、その目的を可能な限り達成しようとしてできた首尾一貫した形式を持った民家でした。

［ウ］、今ではもう馬は飼われていません。今、曲がり屋を見る私たちには、その当初の目的は感じられません。それはかつてこの環境においてはなんらかの理由でもっとも適合した、しかし今では無根拠な形式に過ぎません。私は、たとえば、この「曲がり屋」に住むことを想像します。トイレ、お風呂、キッチンなどの水まわりは、現代的に改装した方がいいでしょう。でもそうであれば、「曲がり屋」は、現在つくられている多くの家よりもずっと快適なのではないかと思うのです。飛び出した翼を、さてどのように使おうか。そこには「原っぱ」の生活の楽しみがあります。

　現代の都市環境で、家の形式を決めるのは、なにも家のなかでの生活から求められる細々とした機能やそのための工夫だけでなく、多くの要因があるはずです。［エ］、斜線制限のような外形限界を決める法規があるでしょう。空調に頼らない通風と断熱の適切なあり方があるでしょう。一日の間に射し込む日差しの楽しい変化があるでしょう。周りの家との関係から割り出される適切な形と大きさというものがあるでしょう。そうして、そのなかのたったひとつを最も大切にして、それを追求した住宅はどのようなものになるでしょうか。それはできてしまえば、その目的が本当の目的でなくなってしまった自由な、つまり「原っぱ」の空間になると考えます。

　斜線制限のために形が決められた家で、しかし、私たちは斜線制限のために生活するなんてことはありません。それは、斜線制限の存在というところから導き出されてくるある形を、ひとつの魅力的なものとして使い切ったことによって生まれる、首尾一貫した独自な空間が得られたというのに過ぎません。そのことによって生活が束縛されることもなく、むしろ人の生活の欲求とは一度縁が切れた、いつでもあたらしい楽しみが発見できる空間となるのだと思います。

（青木淳『原っぱと遊園地2』による。一部改変）

(1) 空欄 ア ～ エ に入るものとして、最も適切なものを次の①～⑤から選び、記号で答えよ。

① ア もちろん　イ しかし　ウ だから　エ たとえば
② ア たとえば　イ もちろん　ウ しかし　エ だから
③ ア もちろん　イ だから　ウ しかし　エ たとえば
④ ア たとえば　イ しかし　ウ もちろん　エ しかし
⑤ ア もちろん　イ だから　ウ たとえば　エ だから

(2) 傍線部1「取りつく島がなさすぎた」とあるが、「取りつく島がない」の意味として、最も適切なものを次の①～⑤から選び、記号で答えよ。

① 陸地がない　② 余裕がない　③ 時間がない　④ 居場所がない
⑤ 手がかりがない

(3) 本文の【A】～【E】のうち、次の一文が入る箇所はどこか、最も適切なものを次の①～⑤から選び、記号で答えよ。

これらは、空間の質が持ちうる三つの相だと、私は考えています。

① A　② B　③ C　④ D　⑤ E

(4) 空欄 I に入るものとして、最も適切なものを次の①～⑤から選び、記号で答えよ。

① かゆいところに手が届く　② 大手を振る　③ 近火で手をあぶる
④ 猫の手も借りたい　⑤ 合いの手を入れる

(5) 傍線部2「サイ」と同じ漢字であるものを次の①〜⑤から選び、記号で答えよ。

① 必要事項を記サイする。　② 大臣の決サイを仰ぐ。
③ 国サイを発行する。　④ 街路樹を植サイする。　⑤ 異サイを放つ。

(6) 傍線部3「ある目的を持ってつくられた空間には、秩序というかある形式的な首尾一貫性が備わっています」について、本文の内容に合致するものとして、最も適切なものを次の①〜⑤から選び、記号で答えよ。

① 「遊園地」は、楽しみを与えるという目的のもとにつくられたため、独自に行動を発見する首尾一貫性が無根拠に与えられている。
② 「遊園地」は、楽しみを与えるという目的のもとにつくられたため、当初の目的は放棄されても人がその首尾一貫性に従属している。
③ 「野原」は、こどもが遊ぶという目的のもとにつくられていないが、創造力を求めるため首尾一貫性が無根拠に与えられている。
④ 「原っぱ」は、宅地開発という目的のもとにつくられたが、当初の目的が放棄されたため首尾一貫性が無根拠に与えられている。
⑤ 「原っぱ」は、宅地開発という目的のもとにつくられたため、当初の目的は放棄されても人がその首尾一貫性に従属している。

(7)　本文の内容に合致するものとして、最も適切なものを次の①～⑤から選び、記号で答えよ。

①　「遊園地」的な住宅は、予めそこで生まれる望みや生き方が決められた空間であり、他の人や理想上の生活をなぞることに生身の身体をもって喜びを見いだすことができる。

②　現代の都市環境では、本来の目的でなくなってしまった自由な、つまり「原っぱ」の空間を追求することによって、むしろ人の生活の欲求とは一度縁が切れた空間となる。

③　「野原」は「原っぱ」と比べ境界がはっきりしていないため、「こう遊びなさい」という約束事がなく、毎日のように遊びがもっと楽しくなるように、こどもたちが約束事を手に入れた。

④　「原っぱ」が、こどもにとって格好の遊び場となったのは、鉄条網や万年塀で区切られた境界や、下水を通すという本来の目的を維持した土管も残っていたからである。

⑤　「曲がり屋」は、かつての目的が失われてしまったけれども、無根拠な形式が残されることによって、人が独自に楽しい行動を発見し発展させるきっかけがある空間である。

〈福岡県・福岡市・北九州市〉

例題 6　心情把握と象徴

（昭和二十年、小学五年生の氷川泰輔は集団疎開をしている。初めての面会日、氷川は母とビスケットを食べながら話すことを楽しみにしていたが、訪れたのは父だけだった。）

「お前も、先刻途中で見た奴等みたいに、こっそり物を食べたかったんだな。」

「皆そうしてるんだよ。」

「そうだろうな。母さんも昨日は何やかやと作ろうとしたよ。だが、父さんが止めさせたんだ。」

「どうして、どうしてそんな①意地の悪い事するの。今日は、母さんが来て呉ればよかったんだ。」

父は初めて子の方を顧みた。彼が、涙を浮かべているのを見たであろう。

「惨めだとは思わないのかね、あんな風な事が。たった一日親子で甘え合って、次の面会日までそのちっぽけな思い出に縋って細々と暮すなんて、侘びし過ぎるよ。それよりもお前、誰も当てにしないでやって行く事を考えた方がいい。強くなる事だな。第一、面会日なんて、これから先、あるかどうか判らないよ。戦況はもっともっと悪くなるばかりだろうからな。」

氷川は、奇怪な物を見るように、蒼白い父の顔を見返した。父が、遥かに隔った場所で何かを考えているのは判ったが、その実体は全く思い及ばなかった。彼が感じたのは、周囲の物が総て消え去って、一人だけ見知らぬ場所に置去られたような不安である。母が恋しかった。

「母さんは、これからも来ないの。」

【語釈】

＊五代…氷川の担任の教員。

＊ゲートル…洋装の際に、足を覆う脚半のようなもの。ここでは、軍隊で多く用いられた、カーキ色ラシャ製の細い帯。

読解のポイント

・心情を表している箇所を読み取り、人物の心の動きを適切に捉える。

●父親のどのような行為が「意地の悪い事」に思われたのか。

氷川は母とビスケットを食べながら話すことを楽しみにしていた。

↓「母さんも昨日は何やかやと作ろうとしたよ。だが、父さんが止めさせたんだ。」

「いや、内心は来たくて堪らないのさ。それだけに、来たら、お前を連れて帰りたくなってしまうのが怖いんだよ。若し、また面会日があれば、その時は来るだろう。」

母のビスケットの味が、口の中に甘く思い出された。仲間にも隠して置いたビスケットは、毎日三枚ずつと決めて食べ、既になくなっていた。

「面会日が今日だけで終りなんてことないよ。絶対ないよ。」

「そうだといいが、空襲が酷くなって、家が焼けちまったり、鉄道が壊されたりすれば、面会日どころじゃないだろう。こういう時代にはな、一番悪い所まで考えておかなければいけないものなんだ。お前にだって、直き、それが判るようになるさ。」

そんなの、つまらない理屈じゃないか、誰が判ってやるものか、と氷川は熱く思った。父への反撥が沸き立ったが、何を言っていいのか判らなかった。彼は足を伸ばして、地面の蟻の穴を次々に圧し潰した。

「お前たち、飯の前後に変な事を言うんだなあ。」

長い間をおいて、また父が言ったが、氷川は故意に黙っていた。

「お父さん、お母さん、戦地の兵隊さん、お百姓さん、御馳走さま、か。何だって、兵隊だの、百姓だのが出て来なければいけないんだ。要するに、威勢のいいものに阿ってるんだな。いやな事だ。」

「止めてよ。父さんみたいに考える人、一人もいないよ。」

「そうか。」

父は薄く笑った。

「②お前も大きくなったら、勇ましい兵隊さんになりたいのかね、どうだ。」

「知らないよ。」

　思いがけぬ問に、氷川はそれしか言えなかった。かつて五代*が将来の希望を書かせた事がある。その時、彼は「学者になりたい」と書いたのだが、心からそう望んでいたのではない。ただ答が見出せぬまま、漠然と父の職業を誌したに過ぎない。五代が発表した結果によれば、矢張り軍人、それも飛行兵になりたいという希望が群を抜いて多かったが、氷川は、雑誌や新聞で見る少年飛行兵や、予科練の厳しい訓練に、自分が耐えられようとは思えなかった。彼の夢みる未来は、高台の静かな家で、母に見護られて大きくなって行く、それだけの事であった。戦争も疎開も、その平和な生活に、突然に襲って来た嵐のようなものであり、凝と身をすくめてさえいれば、やがては過ぎて行く筈のものであった。

「まあ、いい。」

　父は笑いを消し、疲れたように言った。

「こんな話をしても仕方がないな。もう止めよう。」

　父の顔は斜めから午後の陽を受け、やや伸びた硬い髯の中に、白いものが光っていた。白髪は鬢の辺りにも増えて、瞬かない眼には血の筋が走っていた。氷川は日頃、父の不機嫌に慣らされてはいたが、これ程に陰鬱な父の表情を見た事がなかった。今日は来て呉れなければよかった、これなら先生と一緒に遊んだ方がずっと愉快だったろう、と彼は、足先に力を籠めて蟻を潰しながら思った。苛立たしく残忍な気持になっていたのである。

　この時の父の心を、氷川は成人してからも屢々推し測ってみる事があった。戦時の社

●この質問は、どのような流れの
中で問われたのか。
父「兵隊」「百姓」といった「威
勢のいいものに阿」る事＝い
やな事
子　父のように考える人はいな
い
＝父親の考え方の否定
＝「兵隊」「百姓」といった「威
勢のいいものに阿」る事を
肯定
↓父はそれをどう受け止めた
のか。

会の動きと考え合せると、この時期には、大学で父の担当する美術の講座は廃止されぬまでも、全く顧みられない存在になっていたに違いないし、文章を発表する場所も著しく狭められていたであろう。それは、直接に生活にも関わる事であり、父はそうして次々と時勢に手足を縛《いましめ》られて行く自分の力弱さを、耐え難い焦りを抱いて瞶めていたであろう。背広に*ゲートルを巻かず、中折帽を被って防空頭巾さえ持たぬ服装は、細い肩を怒らせて時代に歯向おうとする父の心を最もよく現していたのかも知れない。甘えるのを許さず「強くなることだな」と言った言葉の中に、不如意な時代に生きた父の、屈折した愛情を読み取る事も出来よう。

（高井有一『少年たちの戦場』より）

(1)　傍線部①「意地の悪い事」とあるが、父の行為がなぜ氷川にはそのように思われたのか、五十字以内で説明せよ。

(2)　傍線部②「お前も大きくなったら、勇ましい兵隊さんになりたいのかね、どうだ」とあるが、この時の父の心情として最も適当なものを次のア～オから選び、記号で答えよ。

ア．氷川がこの時代を生きるには不器用であると思い、将来を心配する気持ち。
イ．氷川がこの時代の状況を巧みに生きていけそうだと知り、安心する気持ち。
ウ．氷川がこの時代の状況に順応してしまいかねないと感じ、確かめたい気持ち。
エ．氷川がこの時代の精神を早くも学びつつあることに気付き、驚嘆する気持ち。
オ．氷川がこの時代の生き方に迷いを抱いているのを察し、支えようとする気持ち。

(3)　少年時代の氷川が戦争の時代をどのように認識していたかがよく表現されている部分を、本文中から十五字で書き抜け。

(4) 疎開中の氷川にとって、肉親の愛情を象徴するものとして描かれているものは何か。

〈福島県改題〉

解説

(1) 「意地の悪い事」とは、母が差し入れを作るのを、父が「止めさせた」ことである。母との面会や差し入れを楽しみにしていた氷川は、父が止めさせたことによって、その楽しみが奪われたと感じているのである。

(2) 父は、食事の挨拶で兵隊や百姓に感謝することを、「威勢のいいものに阿っ」た「いやな事」だと言っている。ところが、氷川は「父さんみたいに考える人、一人もいないよ」と、父の考え方を否定する。だから父は、「勇ましい兵隊さんになりたいのか」という言葉で、「威勢のいいものに阿」る事を肯定する氷川の態度が本心かどうかを確かめようとしたのである。父は「背広にゲートルを巻かず、……防空頭巾さえ持たぬ服装」で戦時下という時代に「歯向おうと」しており、氷川が父への反発心から父の考え方を否定したのか、それとも戦争を肯定し、兵隊に憧れるという時代の風潮に順応しつつあるのかどうかを知りたかったのである。

(3) 氷川が、「誰も当てにしないでやって行く事を考えた方がいい」と言う父を奇怪に思ったり、将来「軍人」になることを考えたりしないのは、「戦争も疎開も……突然に襲って来た嵐のようなものであり、……やがては過ぎて行く筈のもの」と捉えているからである。彼にとって今は突然の「嵐のような」一時的な状態に過ぎず、いずれ元通りの生活に戻れると考えているのである。

(4) 氷川は、母の差し入れを持参しなかった父に反撥を感じ、「母のビスケットの味」を思い出している。このビスケットは「仲間にも隠して置いた」自分だけのものであり、「既になくなって」いる。「母さんが来て呉れればよかった」という言葉に表れているように、氷川はビスケットに母への思慕を重ね合わせ、面会日にそれが与えられることを心待ちにしていたのである。

解答

(1) 父が母の面会や差し入れを故意に止めさせて、氷川が心待ちにしていた楽しみを奪ったように思われたから。
(四十九字)

(2) ウ

(3) 突然に襲って来た嵐のようなもの

(4) ビスケット

演習問題 10

★★☆

次の文章を読んで、後の問いに答えよ。

(早くに父を亡くした惇一は、東京の地で母弟とともに貧しいながらも幸せに暮らしていた。経済的理由から進学を断念していた惇一だったが、亡父の友人である谷野井陶吉の強い勧めにより、幼い頃遊びに行ったこともある札幌の陶吉の家で、薬局の手伝いをしながら浪人生活を送ることとなった。)

十年前の少年の日、弟の律男や、初美*、景子と共に隠れん坊をして遊んだことを惇一は思い出した。その頃と、植物園はほとんど同じ風景に見えた。それがたまらなく懐しかった。いきなり時間が逆転した感じだった。惇一は、左手の池のあるほうに、ぶらぶらと歩いて行った。

池の木橋の上で、惇一は思わず足をとめた。鴨が数羽、かたまって泳いでいる。

(鴨って何年生きるのかなあ)

無心に泳いでいる姿を見ながら、鴨にも幸福感というものがあるのかと思った。孤独とか、不幸とか、幸福という感情は、必ずしも人間のみが持つものではないような気がした。

昨夜惇一は、いつもより遅い時間に食堂に行った。惇一が一人、冷たくなった味付飯を食べていると、乱暴な足音がして景子が入ってきた。惇一と景子が、たった二人きりになったことは、今までになかった。惇一ははっと身じろぎをした。

【語釈】

*初美…景子の姉・陶吉の孫。
*那千子…景子の母・陶吉の息子の妻。
*式子…景子の祖母・陶吉の妻。

ここに着目

(1) このとき惇一は、景子に対してどのような気持ちなのか。
(2) 那千子の言葉に対する景子の気持ちを整理して考えるとよい。
(3) 「生き返った」景子は、どのような少女か。
(4) 鴨を見ながら、惇一は何について考えているか。

景子も立ちどまった。惇一は景子を見た。景子は強い視線で、抗うように惇一を見つめ返し、自分の食事を戸棚から取り出して並べ始めた。惇一は動悸した。なぜ動悸するのか、自分でも不思議なほどに動悸した。よほど声をかけようかと思った。が、弾き返すような言葉が返ってきては、いっそう気まずくなると思って、黙って食事をつづけた。飯の味がわからなかった。

　と、そこに、*那千子が入って来た。二人が向い合って食事をしているのを見て、

「あーら」

と、那千子が笑った。途端に景子が立ち上がった。

「何だい。何がおかしいのよ」

　突き刺すような声だった。その語調に煽られたかのように、那千子はきっとして、声を張り上げた。

「景子！　何よその態度。それが親に対していう言葉なの」

　那千子の声も上ずっていた。

「景子、お前には欲しいものは、みんな与えてる筈よ。立派な部屋もあれば、テレビもある。ステレオもある。今までお前が欲しいと言ったものを、買ってやらなかったこと、一度だってある？」

　景子はその黒い目をちょっと不思議そうに見ひらいてから、

「金で買えるものはな」

　と低い声で言った。

「金で買えるものは？　それでたくさんじゃないの。赤の他人は、決してこんな

に何でも買ってくれはしないよ」

景子は黙った。惇一は居心地の悪い思いで、しかし①聞かずにはいられぬ思いで、二人の話に耳を傾けた。

「ほうら、答えられないでしょう」

高飛車に那千子が言った。と、景子は、②ちらりと惇一を見、那千子を見て言った。

「どこの親も、そんな馬鹿馬鹿しいことを言うんだってさ。どこかの親もおんなじこと言ってね、いったいこの上何が欲しいんだと、中学生の男の子に言ったんだってさ。そしたらその子、だってうちには宗教がないじゃないかって、言ったんだとさ。河合先生とか偉い先生がそんな話を書いてたってさ」

景子はその可愛い唇をすぼめると、鋭く口笛を吹いた。

「宗教？　宗教がない？」

那千子が怪訝な顔をした。景子は立ち上がって、

「とにかくさ、わたし、一番生まれたくない家に生まれちゃったんだ」

と言うなり、もうひと吹き口笛を吹いて、食堂を出て行った。食事にはほとんど手をつけていなかった。

今、惇一は水に浮かぶ鴨を見ていて、昨夜のそのことがなぜか思い出された。「一番生まれたくない家に生まれた」何と恐ろしい言葉だろうと思った。「うちには宗教がない」という言葉は、更に痛烈な言葉だと思った。こんな言葉を叩きつけられて、とっさに答える術を持っている親がいるだろうか。中学三年生の景子は、自分が思っているより、はるかに大人のような気がした。惇一は二十歳だ。が、

もしかしたら、五歳年下の景子のほうが、もっと物事を深く考えて生きているのかも知れないと思った。

惇一は深いため息をつきながら、桂の木の梢を見上げた。六月の日に輝く新緑の上に、空は青く澄んで静かだった。

小道は窪地に下りたかと思うと、また高みに上がる。林をしばらく行き、今に見事に咲くであろうバラ園を通り、薬草園を過ぎ、小道はまだ咲き残っているライラックの木立の並ぶ下につづいていた。さすがに植物園のライラックは見事だったが、式子[*]の部屋から見た小雨の日のライラックとはちがって、終りに近づいていた。だがそれでも、そのライラックに向かってキャンバスに描きつづける五十代の男がいた。山羊のように優しい目だと惇一は思った。

そのライラックの傍らを通って、惇一は再び出入口に近い芝生に来た。つまり一巡して来たわけである。芝生には、青いビニールの風呂敷を広げて、バナナを食べている親子がいた。十六、七メートル向うに、まるく輪になって遊びたわむれている四、五人の子供たちがいた。その輪の中に、白いセーターの少女がうずくまり、両手で顔を覆い、数を数えているようだった。そのうしろ姿を見て、惇一ははっとした。景子に似ていた。

（景子が子供たちと遊ぶわけはない）

と思ったとき、少女がぱっと立ち上がった。やはり景子だった。

（どうして⁉）

（なぜ、景子が⁉）

　惇一の頭は混乱した。景子が輪を突き破って走り始めた。子供たちが後を追った。

　後を追う子供たちは、心から景子を慕っているように見えた。雰囲気でそれがわかった。追われて景子は、また元の場所に戻って来た。倒れこむように景子が坐った。景子の傍らに、子供たちが景子に真似て坐った。笑い声が弾け、「景子姉ちゃん」「景子姉ちゃん」という声がする。景子の明るい声が何か言っている。

惇一は夢を見ているような気がした。

（これが景子だ）

惇一はそう思った。と、はっとしたように景子が立ち上がった。その視線が真っすぐに惇一に注がれた。子供たちと遊び呆けていた景子は、惇一に気づかなかったのだろう。惇一を見つめていた景子が、不意に赤い舌を出した。

（あ！　十年前の景子とおなじだ！）

惇一はうれしくなって手をふった。と、景子も手をふった。気づいた子供たちも手をふった。惇一の胸に喜びがあふれた。③景子が生き返ったと思った。

　惇一はその場を去ろうとしてできなかった。景子たちから十六、七メートル程離れたその芝生の上に、惇一は腰をおろした。今、ここから立ち去ると、景子の姿が夢のように消えてしまいそうな気がした。

（あれが本当の景子なのだ）

　惇一は思った。

（それにしても、あの子たちは近所の子供たちなのだろうか）

少なくとも谷野井薬局の近くは住宅街ではない。

（どこかの施設の子供たちだろうか）

そんなふうにも見えなかった。惇一は自分がどこにいるのかも忘れて、只子供たちと遊ぶ景子に目をやっていた。景子は時々、その惇一に向かって手をふった。時には赤んべえをした。すると子供たちも赤んべえをした。惇一はしみじみと幸福感を味わった。和解ということが、なぜこんなに大きな喜びをもたらすのだろう。人間は和解さえしていれば、本当に幸せなものなのだ。むろん惇一は、景子と喧嘩をしているつもりはなかった。が、景子は一方的に惇一を無視しつづけていた。十年ぶりに会った惇一に、先ず浴びせかけた言葉は、「気をつけろよ、この唐変木！」だった。十年ぶりの客人を迎える言葉ではなかった。そしてその非礼を、決して謝まろうとはしなかった。それが今、俄かに手をふったのだ。やはり和解という言葉が当てはまるような気がした。

（三浦綾子『あのポプラの上が空』より）

(1) 傍線部①「聞かずにはいられぬ思い」における惇一の心情はどのようなものと考えられるか、五十字以内で答えよ。

(2) 傍線部②「ちらりと惇一を見」における景子の心情としては、次のア～オのどれが最もふさわしいと考えられるか、記号で答えよ。

ア．躊躇　イ．歓心　ウ．鼓舞

エ．示威　オ．萎縮

(3) 傍線部③「景子が生き返ったと思った」とあるが、景子の本質はこれまでも変わっていたわけではないことを読者に意識させる表現がある。「昨夜」の場面から、五字以内で抜き出して答えよ。

(4)　本文中における鴨は、本文の展開上どのような役割を果たしていると考えられるか。「…としての役割を果たしている。」に続く形で七十字以内で答えよ。

〈鹿児島県改題〉

11 ★★☆

次の文章を読んで、後の問いに答えよ。

（須恵子の父隆吉は陶器の蒐集《しゅうしゅう》家である。本文は、美術評論家榊の弟子である小堀が、隆吉の影山泰良コレクションを見せてもらいに訪れる場面である。）

小堀が門を入ってきた時、彼女はこの家に彼を受けいれられるかどうかじっと見た。小堀はなんの抵抗もなくずんずん入ってきて、庭の見える部屋へ通った。古い家と、裏の崖と、庭まわりの植込みが調和していて落着きますね、と彼は隆吉へ言った。須恵子をまじえて庭の紫陽花《あじさい》をながめながら話していると、直子が若い客に薄茶を立ててきた。茶碗はむろん泰良のもので、志野である。小堀は直子の顔を初めて見て、娘より色白で美しいのが快よかった。この家の雰囲気に茶碗はよく似合ってみえた。高価な茶碗を使っているという仰々しさはない。菓子皿の和菓子を取り分けると、それも同じやきものの染付であった。隆吉は無造作にお茶を飲んでいて、ごく自然にみえ、小堀も楽になった。榊があの家へゆくと頃合いに次々と陶器が出てきて、どれも盗みたくなるほど良い。①あれならやきも

【語釈】

＊ディレッタント…学問や芸術などを趣味として愛好する人。

＊魯山人…北大路魯山人。陶芸家。

＊貫入…陶磁器のうわぐすりの表面に割れ目のように細かくはいったひび模様。

ここに着目

(1)　やきものが「落着く」とはどういう状態なのか。

(2)　陶器の蒐集家である隆吉が「追いつく」とはどのようなことだろうか。隆吉が、青磁をどのようなものだと考えているかを踏まえて考える。

のだって落着くさ、と言ったのを思い出した。

「君のところは学者系ですか」

と隆吉はやや立ち入ったことを客に訊《たず》ねた。

「うちは医療機械を扱う商売をしています。家中でお茶をたのしむ雰囲気はないのです。いそがしい父がせかせかと美術品を集めるから、ろくなものはありません」

　小堀は父の持っている影山泰良の茶碗を目利きしてもらおうかと迷ったが、やめてよかったと思った。焼きが悪くても*ディレッタントな隆吉は、結構ですねとしか言わないだろう。庭の隅にある楽焼の窯を見て、隆吉が焼くのかと聞いてみた。

「一時期、八百度で焼きましたよ。ちょっとした*魯山人気取りかな」

「やきものは父より私の方が好きなくらい。好きこそなんとかって言うでしょう。手びねりで焼いたお茶碗をお目にかけてもいいわ」

「土は自分でこなせなかったぞ」

「父のは途中で解らなくなると美濃の泰良先生にお電話して教わるのね。それから真赤な顔をして土と格闘ね」

素人にしては本式だぞと隆吉が言うと、苦心作ばかりなのね、と須恵子も負けずに応えた。

「高能先生にうかがったお話があるの。昨年の初めの窯で火を焚《た》いているうち、火が乱れたのですって、どうしても炎がうまく上らなくて、奥さまと懸命にやっ

---

(3)「踏みつけた」という行為の奥には、隆吉の、何に対するどのような感情があるのか。

てみたけれど直らない。先生は一窯だめとわかると絶望的になりながら、一晩必死で火と格闘するうち、明方閃《ひらめ》くものがあって、ある方法を思いついたのですって。奥さまにその方法なら一部分は助かるかもしれないが、いいかと聞くと、奥さまは同意なさった。その時は神頼み以外のなにものでもなかったのですって。その結果、新しいあの青磁が生れたそうですわ」

「その方法というのは、どんなこと？」

小堀はつい口にした。

「もちろんおっしゃらないわ。簡単なことですって」

隆吉は猿投山の素朴な工房を思い出して、一層きびしさを感じた。窯から失敗した色の悪い、斑点の出た、形の歪んださまざまのやきものにまじって、完璧な一個の青磁が現われるのは奇蹟に近い。高能次郎の青磁は鋭すぎて怖いほどだ。目の前の泰良の志野はずっと情趣があって、たのしい。隆吉はもう年をとりすぎて、浅みどりや翠青にこまかい*貫入《かんにゅう》の入った宝石のような②青磁に従いていって、追いつくことは出来まいと思った。すると娘の青磁に惹かれてゆくさまに同類の哀れみの思いをそそられた。

手許《てもと》の木箱をあけて隆吉は茶碗や皿を見せたあと、黄瀬戸の水差しを取り出した。陶器は現われる瞬間がとてもよかった。魚が水の上へきらっと跳ねたようであり、水中をすっとくぐってから現われるようでもある。隆吉の手を離れた陶器の形を小堀は目にしながら、隆吉と須恵子の顔が一つになって目の前にある気がした。こんなに幸せにみえる親子に、やきものを知らなかったから嫉妬をおぼえた。黄瀬戸の水差しはまるい形の蓋付《ふたつき》で、黄と白のまだらであった。

「あああ、いやんなった。こう次から次と良いものを見せられると、自分の無力を思い知らされますね。一体今日までなにをしていたのかと思ってしまう」

　小堀はいわれもない焦燥をおぼえた。

「私もそうですわ。一生懸命すばらしいものを生み出そうとしている人がいるのに、ぐうたらしていることが恥かしくて」

　それは違う、と隆吉は娘へ言った。

「陶器を手に入れることは、その仕事に荷担していることだ。良いものを求めるために我々も懸命なのだ。それが陶芸家を支えることになると思わないか。もっとも病膏肓に入るのも困るが」

　親と子も所有に関しては別だ、とも言った。小堀はやきものに魅入られる怖さを感じながら、ここまで一念を通した隆吉なら、なにを言っても嘘はないと思った。そのあと寿司をふるまわれ、ブランデーを飲んでから、小堀は辞去した。谷《や》戸《と》は日暮に近かった。彼の帰るのを須恵子はバス停まで見送った。父が泰良の箱書きを幾つも開いたのは小堀を気に入った証拠と思ってほっとした。並んで歩くと小堀は興奮の名残りで多弁になりながら、隆吉のコレクションのよさを褒めた。あれで父はずるいところもあって、泰良のものでも飽きたのは処分するので、前にはずいぶん変なのがあった、と彼女はすっぱぬいた。厳選したように見えるのは本当はうそだと言う時、うれしそうに須恵子は笑った。小堀は志野もいい、青磁もいい、自分も本当に好きなものをこれから探求したい、と熱っぽく語った。

心情問題の思考方法

1　傍線部自体の分析を行う型

　まずは、傍線部の心情だけを考えてみる。多くの問題ではこれが可能だ。(3)では、「蟻を『サンダルで踏みつけること』」が示す心情を明確にするのだ。これは①「自分勝手な行動」、②「相手を下に見た行動」、③「怒り・不満などの気持ちを示す行動」である。これらのどれに該当するかを、前後の情報から確定する。これが第一段階だ。そして第二段階として、次にその前後の情報を、この心情の説明として書きこめばよい。これが基本の思考方法である。

　前問10の(1)も、「聞かずにはいられぬ思い」がいかなる思いなのかを思考し、「好奇心・興味」などと捉え、そして第二段階に進めばよい。

2　動作と発言を総合する型

　前問10の(2)の「ちらりと惇一を見」る時の心情を傍線部から考えるのは、

それはじかになにかを囁《ささや》かれたように須恵子を上気させた。

バス停まで送りにいった須恵子は、すぐ帰ってこなかった。隆吉は女が送りにゆく不見識に腹を立てていた。男も男だと思った。一人の青年としては悪い男と思わなかったが、娘と馴々《なれなれ》しく門を出てゆく男は、彼を急に不愉快にした。妻が庭へ出ながら明るい声で彼をよぶのさえ眉を顰《しか》めて、女は鈍感だと思った。須恵子もなんの配慮もなく男についていってしまった。庭へ出ると蟻が土を盛りあげていた。③彼はサンダルで踏みつけた。固い庭土に蟻が這《は》うのを、屈《かが》みこんでしばらく見ていた。

（芝木好子『青磁砧』より）

(1)　傍線部①「あれならやきものだって落着くさ」とあるが、これは隆吉の家のどんな様子を指しているのか、説明せよ。

(2)　傍線部②「青磁に従いていって、追いつくことは出来まい」と隆吉が思うのはなぜか、説明せよ。

(3)　傍線部③「彼はサンダルで踏みつけた」とあるが、ここでの隆吉の気持ちを具体的に説明せよ。

〈愛知県改題〉

かなり難解なので、1以外の方法で解くことが望ましい。こちらは、すぐに発言があるので、この発言を考える。この発言では、景子は自分の言いたいことだけを述べている。ここから考えられる。また、その後の行動「口笛を吹」くから、自分の発言によって満足している様子が出ている。こちらからも考えることもできる。

この二点の型を身に付けておこう。

例題7 表現

（江戸時代末期、長崎留学から江戸に帰った保本登は将軍目見《めみえ》医の地位に就くものと自負していたが、周囲の配慮で小石川養生所への赴任を命じられる。最初は戸惑っていた登も一年を経るうちに医長新出《にいで》去定《きょじょう》の人柄に強く魅了されていく。以下の文章は、自分の娘を虐待する母親おかねへの対応について二人が話をしている場面である。）

「私はそうは思いません」と登がいった。

去定は眼をあげて登を見た、「おまえが、そう思わないって」

「貧富や境遇の善し悪しは、人間の本質には関係がないと思います」と登は冷静に云《い》った、

「私は先生の外診のお供をして、一年たらずの期間ですがいろいろの人間に接して来ました、不自由なく育ち、充分に学問もしながら、賤民にも劣るような者がいましたし、貧しいうえに耐えがたいくらい悪い環境に育ち、仮名文字を読むことさえできないのに、人間としては頭のさがるほどりっぱな者に、幾人も会ったことがございます」

「毒草はどう培っても毒草というわけか、ふん」と去定は云った、「だが保本、人間は毒草から効力の高い薬を作りだしているぞ、あのおかねという女は悪い親だが、どなりつけたり卑しめたりすればいっそう悪くするばかりだ、毒草から薬を作りだしたように、悪い人間の中からも善きものをひきだす努力をしなければならない、人間は人間なんだ」

「話に穂を継ぐようですが」と登は静かに訊《き》き返した、「こんど津川*を呼び戻されたのも、そういう御思案から出たことですか」

「どうして津川のことなど引合いに出すのだ」

【語釈】

*津川…一年前、去定の考え方と相容れず、登と入れ替わりに小石川養生所から将軍目見医にあがるための研修に入った人物。その後の研修において将軍目見医に昇格するに足る評価を得ていない。

読解のポイント

・情景や人物の描写に着目し、作者が描こうとしているものを捉える。

●簡潔な表現や連続するやりとりは、臨場感を高めて読み手を引きつける。

●二人のやりとりから、登に対する去定の思いと評価をくみ取る。

「お考えがどうか伺いたいからです」

「おまえまでがおれにどならせたいのか」

「たぶんそうなるだろうと思います」と登は冷静に云った、「津川をお呼びになる必要はありません、私はここにとどまるつもりですから」

　去定は眼を細めた、「――誰が許した」

「先生です」

「おれが、おれがそれを許したか」

「お許しになりました」

「だめだ、おれは許さぬ」去定は首を振った、「保本登は目見医にあがる、それはもうきまっていることだ」

「この養生所にこそ、もっとも医者らしい医者が必要だ――初めに先生はそう云われました」と登はねばり強く云った、「私もまたここの生活で、医が仁術であるということを」

「なにを云うか」と去定がいきなり、烈しい声で遮った、「医が仁術だと」そうひらき直ったが、自分の激昂していることに気づいたのだろう、大きく呼吸をして声をしずめた、

「――医が仁術だなどというのは、金儲けめあての藪医者、門戸を飾って薬礼稼ぎを専門にする、似而《えせ》非医者どものたわ言だ、かれらが不当に儲けることを隠蔽するために使うたわ言だ」

　登は沈黙した。

「仁術どころか、医学はまだ風邪ひとつ満足に治せはしない、病因の正しい判断もつかず、ただ患者の生命力に頼って、もそもそ手さぐりをしているだけのことだ、しかも手

さぐりをするだけの努力さえ、しようとしない似而非医者が大部分なんだ」

「それでもなお」と登が云った、「私を出して津川を戻そうと仰しゃるのですか」

「それとこれとは話が違う」

「違わないことは先生御自身が知っておいでです」と登は云った、「はっきり申上げますが、私は力ずくでもここにいます、先生の腕力の強いことは拝見しましたが、私だってそうやすやすと負けはしません、お望みなら力ずくで私を放り出して下さい」

「おまえはばかなやつだ」

「先生のおかげです」

「ばかなやつだ」と去定は立ちあがった、「若気でそんなことを云っているが、いまに後悔するぞ」

「お許しが出たのですね」

「きっといまに後悔するぞ」

「ためしてみましょう」登は頭をさげて云った、「有難うございました」

去定はゆっくりと出ていった。


（山本周五郎『赤ひげ診療譚』より）

(1) 本文の表現上の特色を説明したものとして、最も適当なものを次のア〜オから選び、記号で答えよ。

ア．一貫して第三者の視点から語っているようであるが、時に主語を省略するなど読者を登の視点に引き寄せて語ることで臨場感をうまく出している。

イ．情景描写を可能な限り少なくすることで、作品に幻想的な雰囲気を与えるとともに、登の成長に気づいていく去定の心の動きをうまく表現している。

ウ．会話文を多用することで臨場感を高めている一方で、表情や動作に関する描写を随所にはさみ込みながら登と去定の人柄を強く印象づけている。

エ．短くリズミカルな文の調子が、深刻な問題を抱えながらも希望を失わず前向きに生きていこうとする登の気持ちを表現するのに効果的に働いている。

オ．登の心の動きを外からの視点による描写にとどめる前衛的な技法が、かえって孤立感を解消していく登と去定の様子を印象深く語ることにつながっている。

(2) 去定の目を通して、登はどのような人物に描かれているか、最も適当なものを次のア～オから選び、記号で答えよ。

ア．若さゆえに不遜な態度をとることもあるが、医師としての適性をもった将来性のある人物。

イ．名目上の地位に就くより、医師として養生所で実力をつける方が得だと考える計算高い人物。

ウ．去定への敬慕や今の仕事に対する意欲から、新しい職場に移ることを拒む保守的な人物。

エ．将軍目見医として出世するよりも、医師としての理念に従って行動しようとする一途な人物。

オ．医師としての高邁な理想を抱き、自分が能力以上の地位を得ることを固辞する謙虚な人物。

〈長崎県改題〉

解説

(1) 簡潔なやりとりは、テンポを与えて場面の臨場感を高める。たとえば、「こんど津川を呼び戻されたのも……」以下のやりとりでは、登が「静かに訊き返し」ているにもかかわらず、「おれにどならせたいのか」という去定の苛立ちが無理なく引きだされている。また、地の部分は動作の説明であるだけでなく、会話の間という重要な役割を果たしている。たとえば「去定は目を細めた」という表現では、読み手に去定の動作を説明するだけでなく、彼が目を細めて登を見返した沈黙の時間を感じさせる。なお、会話中の無言を表す「――」は、言葉を発するまでに発言者がとった間である。

(2) 保本登は、小石川養生所の医長である去定の人柄に魅了され、当初の望みであった将軍目見医の地位に就くよりも、「医者らしい医者」になるために養生所にとどまる決意をする。その心底にあるのは養生所での生活を通して学んだ「医は仁術」という理念であり、そのためには出世の道を捨てても構わないと考えているのである。去定が「医が仁術だなどというのは……似而非医者どものたわ言」と言いながらも、「ただ患者の生命力に頼って……手さぐり」するだけの現在の医学と、そのような努力さえしない似而非医者への苛立ちを露にしていることから、去定自身、病気を治すことを本分とする「医者らしい医者」の大切さを痛感していることがうかがえる。「力ずくでもここ（養生所）にいます」という登に対して、「ばかなやつだ」と去定は言っているが、その実、出世より医師としての理想を追求しようとする登の一途さを認めているのである。

解答

(1) ウ　(2) エ

演習問題

12 ★★☆

次の文章を読んで、後の問いに答えよ。

（中学生（旧制）の津田三吉は新任式で柔道師範河田の顔を見た時、「にんにく」という渾名をつける。すると講堂にいた生徒達が笑い出し、三吉は笑いの渦の中心にいて有頂天になる。）

ある日彼等の級の柔道の時間が来たとき、その河田師範は、柔道の選手の一人を相手として寝業の教授をした。

師範がいろいろ説明して聞かせたなかに生徒には何だかさっぱりわからないことがあった。それはチャンスという言葉なのであったが、師範がその選手の首を片手で扼して、残りの手で相手の腕の逆をとるという業《わざ》を示した時師範はその機会という英語を使って、「こうすればチャンスだ。」と云って皆の顔をうかがったのである。

ある者はそれが耳の聞き違いだろうとも思わず聞き流していた。またある者は機会がどうしたのだと訝しんでいた。

しかし中にはそれを意地悪く聞き咎めた者がいた。その男が近所の者に、「先生、玉突きと間違ってるぜ。」と云った。その男の話によると玉突きでは両天秤の玉をチャンスと云うので、それは彼の説によるとチャンスの意味を取りちがえた玉突きの通用語なのであった。「将棋のように王手飛車とでも云えばいいのに生意

【語釈】

＊衒学的…学問のあることをひけらかし自慢すること。

ここに着目

(1) 主人公の気持ちは、物語の進行に従ってどんどん変化している。場面ごとの気持ちをまとめながら、そこに現れている人物像に迫ろう。

(2) 表現の工夫に目を向けて、作者が、どのような視点から何を描こうとしているのかを読み取る。

気に英語を使ったりするから恥をかくんだ。」と云ってその男は嘲った。

それが口火になって級の者が「ハハハ、チャンスか。」と云って打ち興じていた時、三吉はそのチャンスという渾名がやがて彼の命名した渾名を圧倒するのではないかという懸念が生じた。彼はそれが心配だった。

その気持ちを彼は前から経験していた。それはその柔道師範に他の誰かが新しい渾名をつけかけた時に感ずる、自分の渾名の権威に対抗しようとする者に対する憎しみや嫉妬の感じであった。この時にも彼はそれを感じたのであったが、その渾名の由来を説明してきかせた男の——その男は級の中の洒落者であったが——それを云う時の柔道師範に対する悪意であった。「知らない癖に、生意気に英語を使うから恥をかくんだ」その言葉がもたらす河田師範に対する毒々しい侮辱を感じた。それは彼が渾名の対抗者と彼を憎む感情と共に起こって来たのかも知れなかったが、彼は明らかにその男を憎むべき男だと思ったのである。

しかし、次の瞬間には、それと同様の攻撃が彼自身に加えられなければならなかった。彼は自分の顔が独りでに赤くなるのを覚えた。

殊に彼は彼の無意識に働いていた意志というものが、河田師範の容貌を露骨に揶揄したものであると思った時、自分がいかに非紳士的な男であったかと思った。

次にはその報いが、——自分こそ、河田師範から憎まれねばならない人間なのだ——という考えが浮かんだ。彼の心は懺悔の気持ちでは止まっていなかった。さらに先生に対する恐怖に移って行ったのであった。

さらにまたその懺悔の気持ちは自己嫌悪の状態に——なぜ自分はこんなに軽薄

な男なのであるか。なぜ軽薄にも、あの時、自分に、我こそその渾名の命名者にならなければならないという気持ちになったのであるか。——

彼はその考えに責められた。殊に最も身慄するほど堪らなかったのは、その時の自分の＊衒学《げんがく》的な態度、——殊に救われないように思えたのは、それが衒学でも何でもない自分の軽率な早合点ではあるまいかという考えが彼を刺す時であった。

しかし、一方では彼の気持ちとは、まるっきり無関心に彼の渾名が広がってゆきつつあった。——と彼には思えた。彼はその考えを僻みだと思いたかったのであったが、それが事実である証拠が意地悪く彼の目に触れた。

ある日の正午の休憩時間であった。

冬の寒さにもめげず、運動場には活気が漲っていた。蹴球に使われる、円いボールや歪んだボールが次ぎ次ぎに蹴り上げられた。そして生徒達は、運動場にはびこっているゴムマリの野球の陣を縫いながら争ってそれを取ろうと犇めいていた。また一方には鉄弾を投げている一群があった。

三吉は運動ができない少年であったが、やはり生徒は一団を造って毎日申し合わせたように風の吹かない蔭に寄り合って雑談に耽るのであった。——

その日も三吉はその群の中にいた。そして、話に耳を傾けながらも、運動場に揉み合っている生徒達を眺めていた。

その時彼は柔道の稽古着をつけた偉大な体格の男が鉄弾を投げる生徒の中に雑ざっているのを見つけた。それは疑いもなく河田師範であった。その近所には師範が投げるのを見るために人だかりがしていた。

雑談をしていた仲間もそれを見つけると、それを見るために駆け出して行った。そしてそこには三吉と、平田と、も一人絵のうまい比野という生徒の三人が残っていた。しかし彼にはそこでその三人がいるということに何か気まずい思いがあった。しかし彼はそこにいた。

三吉は、だんだん師範に渾名をつけたことが苦い悔となっていた。そして多少の憚りが師範に感ぜられていたものであるから、そこへ駆けて行く気にはなれなかった。——

鉄弾が、その近くに見物している生徒等の頭より高くあがって、おちるとその一群からは拍手や、感嘆の声がきこえた。三吉等が話を止めてその方に目をやった時、何を思ったか、その絵の得意な比野という男が、大きな声で、「にんにく」と怒鳴った。

三吉は面食らわざるを得なかった。真顔になって「おい止せよ。」と云ったが、比野はそれを怒鳴ると、三吉の影へ身をかくして、また、「にんにく。」と怒鳴った。

鉄弾の方の一群の中の数人が三吉等の方を眺めた。それを見ると三吉は、はらはらした。近所にいたものも、両方を見較べて笑っていた。その視線が三吉には、彼自身の困却しているのを興がって見ているように思われた。

殊にそんな無鉄砲に怒鳴った比野に対しては、「ここに、先生の渾名をつけた男がいますよ。」と河田師範に知らせる悪意さえ感じた。

三吉は先生に知られるのを怖れていた。またそれを怖れていることが人々にわかるのを怖れていた。それを知ったら人々は思いやりなく、意気地なしだというに決まっていると思われた。彼は人々に意気地なしのように思われるのがいやであったので、殊に、その比野という男がそれを知ったら、何の容赦もなくそれを種に三吉をおどすだろうと三吉は思っていた。そして比野はそういう方では評判の悪辣性を持った男であった。

三吉はその比野が悪魔のような眼で、ちゃんと自分のその恐怖を見抜いて、こんなことをするのじゃないかと邪推する気持ちもあった。

三吉は「止せよ」という言葉さえ、もう自由には出なかった。彼はそれとなく師範のいる方へ背を向けた。

比野ももう満足したらしく怒鳴らなかった。しかし彼はさらに手痛い手術を三吉に試みた。

「津田もなかなか傑作を作るね。にんにく、とはうまくつけたな。」

彼が以前の彼なら、その賛辞を快く受け入れたであろうが彼にはもうそれが彼の傷口へ荒々しく触れるのであった。

（梶井基次郎『大蒜』より）

(1)　本文で描かれている三吉の性格として、最も適当なものを次のア〜オから選び、記号で答えよ。

ア．自分の非を認めながらもなかなか謝罪できない頑固者。

イ．過ちを省みて、自責の念に苦しんでいる繊細な人。

ウ．お調子者で短慮な一面もあるが、悪意のない素直な人。
エ．周囲の評価が気にかかって積極的に振舞えない小心者。
オ．他人への侮蔑的な態度を看過できない真面目な人。

(2) 本文の説明として、最も適当なものを次のア～エから選び、記号で答えよ。

ア．作者は語り手と主人公とを同じ立場にたたせて行動と心理を描写し、主人公の視点に読者を引き寄せて語ることで主人公への共感と臨場感を効果的に表している。
イ．新任教師に対する少年の無垢な期待感を描き、さらに渾名が取って代わる時の少年の挫折を描くことで思春期における少年の心の揺れを描いている。
ウ．新任教師の渾名をつけた得意げな気持ちから、級友の言葉を契機におのれの思慮の無さに気づき、自分自身を見つめていく少年の心理を丹念に描いている。
エ．新任教師に侮辱的な渾名をつけたことが発覚するまでの少年の恐怖感と心情の変化を客観的な心理分析によって詳細に描き出している。

〈佐賀県改題〉

例題8　鑑賞

小諸なる古城のほとり
雲白く遊子悲しむ
緑なす繁縷《はこべ》は萌えず
若草も藉くによしなし
しろがねの衾の岡辺
日に溶けて淡雪流る

あたゝかき光はあれど
野に満つる香も知らず
浅くのみ春は霞みて
麦の色わづかに青し
旅人の群はいくつか
畠中の道を急ぎぬ

暮れゆけば浅間も見えず
歌哀し佐久の草笛
千曲川いざよふ波の
岸近き宿にのぼりつ
濁り酒濁れる飲みて

読解のポイント

・中核となる表現に着目し、主題をつかむ。

※語彙力や表現技法に関する知識は鑑賞の手助けになる。

●繁縷は「萌えず」の状態
藉く＝下にして座ったり寝たりする。

●「小諸なる古城のほとり」…場所
「遊子」…人物
「悲しむ」…心情（状態）

●何もない情景描写は作者の心情を投影している。

草枕しばし慰む

（『千曲川旅情の歌』より）

(1) この詩に用いられている表現技法を次のア～エから選び、記号で答えよ。

ア．比喩法　イ．オノマトペ　ウ．対句　エ．連体止め

(2) 第一連の「若草も藉くによしなし」の意味として、最も適当なものを次のア～エから選び、記号で答えよ。

ア．若草もまばらにしかないので小諸の春はまだ浅い。

イ．若草を敷いて坐ろうにも十分に伸びていない。

ウ．若草は芽吹いたばかりで上に坐るには可哀想だ。

エ．若草の上は雪解けで濡れているので坐れない。

(3) この詩の鑑賞文として、最も適当なものを次のア～エから選び、記号で答えよ。

ア．冒頭の二行はこの詩の序文となっている。否定的命題を重ね音楽的な情趣も醸し出している。

イ．詩人の目はいつも遠くの風景をとらえている。慌ただしい旅人達の姿は悲しさをかきたてる。

ウ．視覚と聴覚、味覚など人間の五感を働かせ、旅の情緒を心から楽しんでいる詩人の姿がある。

エ．早春の古城の姿に、かつての戦国武将の夢のはかなさを表現しようと詩の中心に据えている。

(4) この詩の主題は何か、最も適当なものを次のア～エから選び、記号で答えよ。

ア．雪の深い小諸にようやく春が来た喜び
イ．旅先の小諸で見た春の情景の慌ただしさ
ウ．早春のさわやかさと人生の深い悲しみ
エ．早春の情景に託した旅人の憂愁の思い

〈沖縄県改題〉

解説

(1) 「緑なす繁縷は萌えず／若草も藉くによしなし」「浅くのみ春は霞みて／麦の色わづかに青し」などが対句になっている。イは擬音語や擬声語、擬態語のこと。

(2) 「よしなし」は「意味がない」「仕方がない」の意。「緑なす繁縷」はまだ芽が出ていないのと同じように、「若草も」下に敷いても意味がない状態なのである。

(3) 冒頭の二文は、「小諸なる古城のほとり（どこで）」「遊子（誰が）」「悲しむ（どうである）」が述べられており、それ以降は「緑なす繁縷」「若草」「野に満つる香」「浅間」などがなく、流れる淡雪、浅く霞む春、わづかに青い麦、急ぐ旅人など、否定的な春の情景が並べられている。また、「萌えず」「知らず」「見えず」と五文ごとに繰り返される打消の「ず」や、「流る」「急ぎぬ」「慰む」と三連ともウ段で終わっていることが、この詩に音楽的な情趣を与えている。

(4) 描写されているのは、花も若草もなく、淡雪が残る早春の景色である。川辺の宿で濁り酒を飲んで心の慰めを得るような、心を弾ませるような要素のない春の情景が、かえって旅人（＝作者）の心を強くとらえたのは、それが作者の心情に合っていたからである。

解答

(1) ウ　(2) イ
(3) ア　(4) エ

13 ★★☆ 演習問題

次の文章を読んで、後の問いに答えよ。

数年前、茂吉のふるさとを訪ねる旅をした。私にとって、初めての山形だった。上山《かみのやま》市金瓶《かなかめ》の生家や、金瓶尋常小学校、菩提《ぼだい》寺である宝泉寺、そして「斎藤茂吉記念館」。さらに、終戦後二年間、茂吉が疎開していた大石田にも足をのばしてみた。

室町時代から続いているという地元の名士二藤部家が、離れの二階屋を茂吉に提供したという。その二階屋が、当時のままの姿で残されていた。

ここに暮らした二年間から、生前の最後の歌集『白き山』は生まれた。住まいの中まで入れていただき、箱膳《はこぜん》などの遺品も目にすることができた。私の好きな歌の多くは、『白き山』に収められているので、とても感慨深い。

茂吉がよく歩いたという最上《もがみ》川の周辺も、半日かけて実際に歩いてみた。『白き山』には、「散歩詠」ともいうべき作品がたくさんある。一人、ゆっくりと自然のなかを行くとき、心は澄まされ、さまざまなものの動きや音が、茂吉のなかにすうっと入ってきたのだろう。

　われひとり歩きてくれば雪しろきデルタのうへに月照りにけり

　けふ一日雪のはれたるしづかさに小さくなりて日が山に入る

あまりにも自然なので、それが歌であることを一瞬忘れてしまうくらいである。

Check ここに着目

(1) 感覚を説明的に表現した場合と比べ、「小さくなりて」と表現すると、どのような効果があるか。

(2) Aの歌の構成はどうなっているか。それは、どのように「単純至極」なのか。

(3) 蛙＝春

(4) 作者の感動とそれを表す語句を明確にする。

こういう味は、たくらんで出せるものではないだろう。

けれど無防備というのとは違う。一首目では、デルタ（三角州）というのが、とても効果的だ。川の流れももちろん月に照らされているのだろうけれど、雪を積もらせたデルタの部分は、ことに浮き立つように光を反射しているのだろう。まるで月のスポットライトを浴びているかのように。さりげなく、ロマンチックな歌である。

二首目は、なんといっても「小さくなりて」がいい。（　ア　）「今日はなぜか小さいように感じられる」などと、感覚を説明的に表現してしまったら、かえってつまらないだろう。

A　冬眠より醒めし蛙が残雪のうへにのぼりて体を平ぶ

これも大好きな歌だ。①構成としては、単純至極。さっと読むと、散歩の途中のスナップ写真、という感じだ。が、こんなにわかりやすくて、こんなに余韻があるというところが、この歌のすごいところ。何気ないようでいて、むだな言葉が一つもない。

季節は冬から春へ。雪はまだ残っているけれど、空は青く晴れわたっている。空気もだんだん暖かくなってきた。――冬眠と残雪の二語で、だいたいこれだけの情景が、ぱあっと目の前にひろがる。

「うへにのぼりて体を平ぶ」という蛙の動きが、なんとも愛嬌《あいきょう》があってユニークだ。長い眠りから醒めて「あ、あーっ」と体をのばしている様子が「平ぶ」で的確に捉《とら》えられている。

なんとも、気持ちよさそう――この気持ちよさそうな感じは、体をのばすところだけでなく、きっとお腹の部分にひんやりとあたるであろう残雪からも感じられる（残雪は、季節を示すだけでなく、こういう点でも活躍する言葉なのだ。むだがないどころか、とても密度が濃い）。冬のあいだは、厳しさの象徴だった雪の冷たさが、気持ちよさに変わる……それがつまり春の訪れなのだ。②蛙は今、全身で春を表現している。

ところで、大石田で見せていただいた箱膳には、茂吉が使ったというお茶碗まで、ちゃんと入っていた。がっしりと大きなお茶碗だったことが印象に残っている。

（俵万智『言葉の虫めがね』より）

(1) 空欄アには、「『小さくなりて』がいい」理由を述べた一文が入る。文章に即した適切な一文を考えて入れよ。

(2) Aの歌について、傍線部①のように作者は構成が単純であると述べている。このことについて具体的に説明せよ。

(3) 傍線部②について、「全身で春を表現している」とは、どういうことか、説明せよ。

(4) 次の二首は『白き山』所収のものである。生徒に向けた、B・Cの鑑賞文を作成せよ。

B　名残とはかくのごときか塩からき魚の眼玉をねぶり居りける

C　冬の夜の飯をはるころ新聞の悲しき記事のことも忘るる

〈山口県改題〉

例題9　指導法

《言葉にならない》ということについて、一言しておきたいと思います。《言葉にならない》ことを語らずにいたら、知的な生活も文化もない、と思われるからです。そもそも「言葉になる」のはどのようなことでしょうか。この問いも、さほど容易に答えることのできるものではないことがすぐに分かります。まず、目の前にある事実を言葉で描写するという場合を考えます。「テーブルのうえにりんごがある」。これは「言葉になる」ことだ、と言ってよいでしょう。次に、「テーブルのうえに赤いりんごと青いりんごがある」、これも同様です。しかし、その赤さ、その青さがどのような赤さであり、どんな青さなのか、と問われると、途端に言葉に窮します。静物画家ならば、その赤、その青をキャンヴァスに描くでしょう。それは言葉を超えた次元だ、と言うこともできます。それでも、言葉によってそれを捉えようとする試みは続くでしょう。それが「うた」になる、というわけです。こんなに簡単なことが、言葉になる／ならない、の境界になるのです。そうだとすると、一見したときの印象とは異なり、《言葉にならない》ものの領域はとてつもなく広い、ということになるように思われます。では、この場合、言葉になる／ならないの違いはどこにあるのでしょう。

　何かが「ある」という事実は言葉になり、それが「どのように」あるかという有り様は言葉にならない、あるいは少なくともなりにくい、と言えるでしょうか。しかし、単にりんごが赤い／青いということも、有り様を言い表わしているのです。逆に「ある」という事実の方だって、いまだかつて見たことのない怪物、というようなおどろおどろしいものを持ち出すまでもなく、路傍の野の花でさえ、名前を知らなければ、言葉で伝

読解のポイント

・本文を踏まえての指導方法を問う問題では、多くの場合、本文にその必要性についての記述がみられる。それを念頭に置いて、適切なアプローチの仕方を考えればよい。

●「表現の工夫を試みる」のはどんなときだろうか。

→「普通の表現」では伝えられないと思うとき。

えることが難しくなります。そのとき課題は、それがどのような花であるかという「有り様」の描写へと回送されますが、もはや青いか赤いかというような既成の単語を適用するだけで済まないのは、明らかです。では、既成の単語を適用するだけで済むのは、どのような場合でしょう。日常生活において、実用的なコミュニケーションを行う、ということではないでしょうか。果物屋さんの店先で、スターキングではなくゴールデンデリシャスを入手する、というような場面の必要性に応えるものが、「普通の言葉」にはあります。そのような場面では、ゴールデンデリシャスの「青」が、マスカット・オブ・アレクサンドリアの「青」とどのように違うのか、というような微細な区別は必要ありません。この実用を超えた区別は、ただ画家の意識を占めるにすぎないもの、ということになります。

問題は、どの程度の識別を求めるかという網の目の細かさにあります。果物屋の店頭で用いる網は目が粗いのに対して、画家は極めて細かい網の目を用意しているわけです。ですから、現象のうえでの違いはアナログ的に連続している、と言うこともできますし、それが正確だとも言えるでしょう。しかし、おおよその境目が、実用性の意識にある、ということもたしかなように思われます。生命の進化のなかで言語が発生してきた、という次元で考えるなら、そのことは明らかです。生命にとって必要な基本的な言語は、「敵が来たぞ、逃げろ」とか、「ここに食料があるぞ、みんな集まれ」というような発話でしょう。これらは、いわゆる動物の言語にも見られる基本的な言葉です。人間の言葉が動物の言葉と違ってきたのは、生命の必要を超える必要を人間がもった、ということに由来します。それは、共感の次元のことです。喜びや辛さを共にすることから始まり、感情や見方を共有することの喜びを必要としたことによって、人間は動物の境遇を超えたのです。そして、この必要とされたコミュニケーションの幅が語彙となって定着したのです。ですから、「実用性」の境界は曖昧です。個人によっても、文化によっても、また、事柄によってもさまざまです。しかし、その境界があることは明らかで、その違いは、表現に工夫が必要かどうか、ということにあります。ときには、分かったつもりになっている単語の惰性に逆らって、その事態を分析してみることも必要になります。

　表現の工夫ということは、これを詩や藝術の次元と結びつける考え方を裏付けてくれます。しかし、藝術だけの特殊な事柄だと思うのは禁物です。恋をするとひとは詩人になる、という言い方を誰でも聞いたことがあるでしょう。自分の感情が独特なもので、普通の表現ではそれを伝えることができないと思い、なんとかそれを伝えたいという気持から、表現の工夫を試みる、ということはたしかにあります。実際の成果がどのようなものかは別として、その工夫を詩になぞらえるという事実は、この実用的言語を超えた次元が藝術と親近性をもっていることの証拠になります。しかし、われわれの生きている現実がどのようなものであるかをいわんとして、たとえ話を使ったり、妙な造語をひねり出したりする哲学者も同じ課題を背負っています。また、新しい物質を発見する科学者もまた、既存の言葉の誘惑を振り切って、《言葉になっていないものの存在を認める》ことができたからこそ、その発見に到りえたのに違いありません。常識的な網の目をさらに細かくすることに、知性の営みも、文化的な活動もかかっているのです。

（佐々木健一『美学への招待』より）

問　本文を踏まえて考えると、生徒が「表現の工夫」をすることができるようになるためには、「書くこと」や「話すこと」の学習において、どのような指導をすることが大切であると考えられるか、述べよ。

〈山形県改題〉

解答

〔解答例〕

たとえば、生徒が自分なりの意見を持ちやすいように身近な話題を取り上げ、その考えや思いを相手に伝えようとする積極的な気持ちを育み、相手の共感を得るためにはどうすればよいかを、生徒自身が自発的に表現を工夫するように指導することが大切である。

解説

まず、第三段落で、「表現に工夫が必要かどうか」は「実用性」、すなわち「生命にとって必要」だからか「感情や見方を共有することの喜び」を得るためかという違いだと述べていることから、「表現の工夫」は相手の共感を得るために必要な工夫だと考えられる。また、第四段落では、「自分の感情が独特」で「普通の表現」では伝えることができないから「表現の工夫を試みる」、と述べている。

これらの考えを踏まえると、「書くこと」や「話すこと」の学習において、生徒の「伝えたい」という思いを啓発し、相手の共感を得られるような表現を、生徒自身が工夫できるように指導することが大切なのだといえよう。参考までに、具体的な指導内容を簡単に示しておく。

・目的や意図に応じた題材（内容）を選択させる。
・読み手や聞き手の理解・共感を得るための、効果的な表現を考えさせる。
・語彙力をつけさせて、生徒の言語感覚を磨く。

演習問題

14 ★☆☆

次の文章を読んで、後の問いに答えよ。

役割の交換を意図的にやらなくとも、他者は、通常経験や関心を異にするから、当然問題を見る視点も異なる。このため、他者からの質問や批判を通じて、自分の気づかなかった制約条件に気づき、理解が深まることがある。二人の人間が協同して問題の解決を試みるとき、そのような視点のちがいの利点が表われやすいことが、三宅の研究により示されている。

彼女は、認知科学専攻の大学院生や助手を二人一組にして、ミシンではどうやって縫い目ができるのかについて、二人がわかったと思えるところまで話し合ってほしいと頼んだ。

ミシンで布が縫えることはたいていの人が知っているが、どうして縫えるのかなど普通は考えてみたこともないであろう。でもそれを考えるのはさほどむずかしそうでもないし、それに同じ研究室の友人がやっている実験でもあるから、というわけで、これらの人たちは軽い気持で実験に参加した。しかし話し合っていくうちに、これはやさしい問題ではないことに気づき、話し合いの時間は長びいた。なかの一組は、途中の中断をはさんで延々と四時間も話し合いを続けたほどであった。

このように話し合いが長く続いたのはなぜであろうか。それは、一方の人が大

ここに着目

まず本文の主旨を押さえ、それが文章読解の授業とどのような関連性を持つかを考える。

体これでわかったと思い、いさんで相手に説明すると、相手から、「そういうけど、でもここのところはどうなってるの？」とか「実際の縫い目はこんなふうになってないから、その説明はおかしいんじゃない？」などの質問や批判が出てくることが多かったためである。

　自分では既有知識を駆使し、制約条件のすべてを充足する、一応もっともらしい完全な説明をうみ出すことができた、その意味でよくわかった、と思っても、既有知識を異にする別の人にとっては必ずしもそうではない。それが相手への質問や批判となって出てくることになり、これに答えようとすると、今までの説明（理解）では不十分で、さらにもっとわからなければならない部分があることにお互いに気づく。そこでさらにまた考えつづけることになる。

　例をあげよう。ミシンで縫い目ができるのは、「上糸と下糸がからみあうからだ。上糸か下糸のどちらかが輪になり、そこをもう片方の糸が通りぬけることによって縫い目ができるのだ」――この説明で、自分では一応わかったと思っても、「上糸も下糸もどちらも、片方の端は縫っている布につながり、もう一方の端は、糸まきにつながっていて端がないのに、どうやって通りぬけるのか」と質問されると、はたと困ってしまう、というわけだ。

　こうして「わかっている状態」から「わからない状態」へ、さらに再び「わかっている状態」へという具合に、二つの状態をくり返しながら、次第により深く理解が進んでいくのである。話し合いの言語記録を分析していくと、相手からのこうした疑問や批判などを契機として、次第により深い理解のレベルに進んでいくことが見出された。

注目すべきことは、三宅の実験においては、「わかっている状態」から「わからない状態」にさせる、いいかえれば理解のレベルをより深いほうへと進める契機となっている質問や批判をしているのが、二人組のうち、主に、ミシンについてよく知らないと自認しているほうの人だったことである。いいかえれば、知識のないほうが、知識のあるほうの気づかなかった制約条件の存在を指摘することによって、それをも充足するための理解活動が展開され、さらに深い理解へと到達したのである。

おそらく、説明を考え出したほうは、考え出すところですべての精神的労力を使いきってしまい、うみ出した説明がすべての制約条件をみたしたかどうかチェックする余力がなくなってしまうのであろう。先行経験を異にするもう一方の者は、異なる視点から考えてきたため、この説明が十分か否かを吟味でき、それが、今みてきたような結果をもたらしたと考えられる。いずれにせよ、もしこの問題を一人で考えていたら、決して四時間も考えつづけたりしないであろうし、理解のレベルも浅いところにとどまったであろう。

このように他者の存在は、異なる視点に気づかせ、理解を深める働きもしてくれるのである。知的に成熟した人間は単独でも、問題解決や理解などに見られるように、いくつかの制約（条件）を同時に充足する解を見出すことが上手だが、「三人よれば文殊の知恵」ということわざもあるように、異なった視点をもつ他者と協同で取り組むことにより、これをいっそう高めることが可能であり、したがっていっそう有能な学び手になりうるのである。

（稲垣佳世子・波多野誼余夫『人はいかに学ぶか』より）

問　本文の主旨を生かして文章読解の授業を行うとしたら、あなたはどのような活動を授業に組み入れるか、二つ箇条書きで答えよ。

〈長崎県改題〉

*柳田は執拗に「文字による歴史」を批判している。文字による歴史は、権力者の交代や戦争のような「稀有の大事件」のみをしるし、またそれに対応する時代区分によって、あるいは時代精神によって過去をとらえる。歴史は、歴史を形成する突出したドラマチックな出来事を記すが、柳田は、あくまで出来事という中心をもたず、連綿と続く平坦な生活の時間に注意をむける。このような時間の中で営まれる生活は、氷河のごとく変わらないように見えても、いたるところで異質な要素や運動に出会い、決して等質化されない時間を形成している。文字による歴史は、出来事という突出した中心によって時間を切断し、この中心をめぐって時間を等質化する。歴史への柳田の抵抗は、何よりもまず、等質化され中心化される時間への抵抗なのである。

しかし、歴史に抵抗しながらも、柳田は決して歴史書を読むまいとしたのではなく、古今にわたる膨大な書物や史料を渉猟し、自らもまた多数の書物と論考を残した。にもかかわらず、いたるところで彼は文字・書物の歴史への警戒をうながし、口承や口承の記録を民俗学の本体とし基盤とし、民俗学を*フォークロアの学問と定義した。「*口碑」は、忘却や遺漏や改竄《かいざん》にみちた、いかにも頼りない情報の形態であっても、この最も簡易で原始的な形態の情報だけが伝えうる過去があり、このような形態と切り離せない人間の時間がある。「口碑」が、史書にもまして史実を歪曲し、省略し、あるいは誇張するにしても、歪曲や省略や誇張そのものに、また別の歴史が隠されているだろう。名前のない民衆が生きる生活の時間には、中心も切れ目もなく、決定的に固定される記憶もなく、川床の砂のように散逸し、集中しては移動する、目に見えない軌跡があるばかりだ。

【語釈】

*柳田…柳田国男。民俗学者。
*フォークロア…民間伝承。
*口碑…言い伝え。伝説。
*レヴィ＝ストロース…フランスの文化人類学者。
*トーテム…部族、氏族と関係深いものとして崇拝される動植物や自然物。

読解のポイント

・板書は、指導内容の伝達や統一と徹底を図る働きをする。指導目標に沿って、生徒に着目させたい内容を取り上げるようにする。

●この板書は、第一～第三段落を整理して、柳田国男の歴史に対する認識を捉えるという意図に沿って作成されている。

柳田の思考は、いつもこのような時間の流線にしたがうのだ。彼は文字による歴史を拒否することによって、もっぱら口碑による歴史の方に、純粋な真実を見ようとしたわけではない。むしろ逆であって、文字による歴史こそ、時間を一つの純粋に等質的な次元に導き、何か真実のようなもの、決定的な事件のようなものを固定するが、柳田は、口碑の歴史に含まれた、決して固定されない、異質な要素の複合や振動の軌跡そのものをめぐって、もう一つの歴史を作り上げようとしたのである。この立場と方法は、大変徹底したものだった。

レヴィ＝ストロース*もまた西欧の歴史的思考を批判し、同時に西欧の歴史的覇権について重要な異議申し立てを行った。文字の出現と、都市と帝国の形成は切り離せないし、こうして生まれた支配や組織の形態が、まさに歴史や歴史的思考や歴史的理性を作りだし、西欧の世界支配を支えてきたとレヴィ＝ストロースは考えた。歴史をもたない社会はそれゆえ「非時間的」であり、その親族構造やトーテム*や階層制は、互いに互いを反映しあう空間的な構造をもっていると彼は言う。

これに比べれば、柳田の民俗学は決して「非時間的」でもなければ、「空間的」でもなく、一貫して、歴史化された時間の外の時間をとらえようとしたのである。彼が提出したのは、空間概念ではなく、もう一つの時間概念であり、決して中心化されることのない連続的な時間であった。

（宇野邦一『詩と権力のあいだ』より）

問　次は授業における第一～第三段落の板書例である。空欄Ａ～Ｅに本文中の表現を用いて言葉を補い、板書を完成させよ。

「文字による歴史」
・出来事（中心）による時間の切断　…出来事の（　D　）、時間の（　E　）

↔

（　A　）
・連綿と続く
・いたるところで異質な要素や運動に出会い、等質化されない
・散逸、集中、移動する、目に見えない軌跡があるだけ

←→

口碑の情報
（　B　）＝隠されている「別の歴史」がある。
＝
口碑だけが伝えうる情報
口碑と切り離せない人間の時間

・「歪曲、省略、誇張」をもって語られる「口碑の歴史」は、
（　C　）。

←

・柳田は、「口碑の歴史」をめぐって、「別の歴史」を作ろうとした。

〈福島県改題〉

解説

Aは第一段落、Bは第二段落、C、D、Eは第三段落のまとめで、第五段落「歴史化された時間の外の時間」の理解を導くための板書である。

A.「出来事」によって時間が等質化され中心化された「文字による歴史」と対照的に扱われているのは、中心をもたず、連綿と続く平坦な「生活の時間」である。

B.「人間の時間」を伝承する「口碑」の特徴は、「史書にもまして史実を歪曲し、省略し、あるいは誇張」していることである。「生活の時間（＝人間の時間）」が口碑を生み、口碑は「生活の時間」を伝承するものである。第二段落の内容のまとめにあたる。

C.「歪曲や省略や誇張」には、史書（＝文字による歴史）とは「別の歴史」が隠されている。「決定的な事件のようなものを固定する」文字の歴史に対して、柳田が注目した「口碑の歴史」は「決して固定されない、異質な要素の複合や振動の軌跡」であり、生活の時間によって作られる「もう一つの歴史」である。

D・E.「文字による歴史」は「出来事という…中心によって時間を切断」する。つまり、「文字による歴史」は中心に据えられたある出来事によって区切られた時間であり、固定された出来事と出来事との間は「等質化」された時間が流れているのである。

解答

A. 生活の時間

B. 史書にもまして史実を歪曲、省略、誇張

C. 固定されない、異質な要素の複合や振動の軌跡

D. 固定

E. 等質化

演習問題

15 ★★☆

次の文章を読んで、後の問いに答えよ。

利雄がナザレト・ホームへ来たのは、昭和二十四年の春のことで、木工場を取り巻く松林の中に、十本ばかり混った桜がちょうどほころびかけようとしているところだった。松の緑と桜の蕾の色が微妙に溶けあっていて、ずいぶん美しいところだなと感心したことを憶えている。

利雄を隣りの県の小都市からＳ市郊外のこのホームまで、ステーションワゴンの荷台に乗せて送り届けてくれたのは、その小都市の教会の主任神父である。主任神父はカナダ人だった。

そもそもが、定員いっぱいでこれ以上は児童を収容できないというのに、利雄の家庭の窮状を見かねて、強引にホームへ押し込んでくれたのもこの神父だった。ホームの外人修道士たちもみんなカナダ人で神父とは懇意の間柄だったから、そんな無理も通ったのだろう。利雄はこの神父に感謝しなければならない。

神父から利雄を引き継いだ院長は、ダニエルというみごとな白髪の老修士だった。前庭の地面に置いたボロ行李の上に腰をおろし、神父のステーションワゴンが坂をゆっくり降りて行くのを見送っていた利雄に、院長が達者な日本語で言った。

「昼の食事まで、まだ三十分あります。あなたのベッドへ案内しましょう」

自分のベッドは木造の本館の中に用意されているものとばかり思い込んでいた

Check!

ここに着目

文学的な表現への配慮を忘れないこと。

利雄は、行李を引き摺りながら本館の方へ歩きかけた。すると院長は、「そちらじゃありません。あなたのベッドは木工場の中です」

と言い、行李の端を持ち上げた。

　木工場は間口が四間ほどもあるかなり大きな建物だった。工作機械が五、六台、並んでおり、その奥にベニヤ板で仕切った一画があった。ベニヤ板の壁の真中にドアがある。院長は、そのドアをこつこつと軽くふたつ叩いた。

「開けてください。新入生ですよ」

　すぐにドアが開いた。ドアを開けてくれたのは、背の高い細面の少年で、眼が剃刀ですっと切ったように細かった。少年はその細い目でちらりと利雄を見た。針《ピン》のように鋭い視線だった。この一瞥で利雄はすっかり気押されてしまい、針を刺された蝶のような気分になった。

　これが昌吉とはじめて顔を合せたときの彼の気持だったが、この気持は最後の時まで変らなかった。利雄はおしまいまで、昌吉のために針でとめられた蝶だった。

「昌吉君、利雄君にこのホームのことをいろいろ教えてあげてください」

　院長はそう言い残して木工場から出て行った。

　昌吉は部屋の中に戻った。ベニヤ仕切の中は八畳間ほどの広さで、一方がガラス窓になっていた。窓際に机がふたつ並んでいる。窓とは反対側のベニヤ板の壁にぴったりくっつけるようにして、これまたベッドがふたつ。

　昌吉は利雄をてんから無視してかかっているようだった。机の前に坐って鉛筆を構えながら藁半紙の上の数字の羅列に目を置いている。入ってもいいのか、それともこのまま戸口に立っている方がいいのか、利雄には見当がつかず、行李を縛った紐に手を掛けながら、もじもじしていた。

「いつまでそこに突っ立っているつもりだ」

突然、思いもかけない強い調子で昌吉が言った。

「入るのか、入らないのかはっきりしろ」

声にじっとりとした湿気があって、肌に一語一語がべったり貼りついてくるような感じだった。利雄は慌てて部屋の中に行李を引っ張り込んだ。そのとき、行李の隅が入口の柱に当って音をたてた。首を縮めた利雄の耳に、昌吉の舌打するのが聞こえた。

「がたがたさせるな。これじゃ勉強がちっとも進みやしない」

ぽんと鉛筆を机の上に放り投げて、昌吉は利雄の方へ向き直った。

「おまえがホームへ無理矢理割り込んできたお蔭で、おれは勉強がしにくくなった。ここはおれだけの部屋だったんだ」

「…すみません」

利雄は小さくなって言った。

「でも、ぼくはここへ来るよりほかはなかったんです」

「どうしてだ？」

「母が病気なんです。結核です。母は今朝、療養所に入りました。そして、ぼくはここへ来たんです」

「お袋は療養所へ、伜《せがれ》は孤児院へ、右と左の泣き別れか」

「ぼくを手許に置いていたのでは、母はいつまでも療養所へ入れないのです。ですから母はぼくを……」

　昌吉の立ちあがるのが見えた。それから利雄は耳許でぴしっという音を聞いた。すぐ、左頬に熱い痛みが襲ってきた。昌吉の身のこなしがあまりにも素早すぎ、利雄にはそれとはっきりはわからぬうちに、平手打を喰っていたのだった。

「おれは孤児だ。孤児の前で、母、母というな」

　利雄はこのとき以後、何百回となく昌吉の平手打を喰ったが、これがその皮切り、最初のひとうちだった。利雄はさっそく家に帰りたくなったが、しかし、彼の家はその日の朝限りでなくなってしまっていたから、それは無理というものだった。帰りたい気持を抑えるために、利雄は行李の中から葉書をだして、母に「無事、ナザレト・ホームに着きました。ホームは丘の上にあってとても景色のよいところです。それからみなさん、親切です…。はやくよくなってください。さようなら」と書いた。

　その文面をいつの間にか昌吉が覗いていた。昌吉は今度は竹の定規で利雄の左手をぴしりと打った。

「おれの前で二度とお袋に葉書なぞ書くな」

　この昌吉の前で「母」という言葉は禁句なんだな、と利雄は痛む手の甲で目から滲み出した涙をこすりながら思った。（井上ひさし『四十一番の少年』より）

問　中学校第三学年の国語で、この文章を用いて、登場人物の利雄の心情を読み取る授業をすることにした。その授業の板書計画を立てよ。〈和歌山県改題〉

例題11　指導法

人工とは、人間の意識がつくり出したものをいう。都市はその典型である。都会には、人間のつくらなかったものは置かれていない。樹木ですら都会では人間が「考えて」植える。草が「勝手に」生えると、それを「雑草」というのである。

他方、人間の体は自然に属している。身体は意識的につくったものではないからである。

自分の身体が人工ではないということを、都市社会ではできるだけ「意識させない」。だから黒い髪は染め、唇は赤くし、爪は切り、ひげは剃《そ》り、裸では暮らさず、服は終始取り替える。そうしていれば、身体はなんとなく意識の思うようになると思えるからであろう。もっと徹底して、美容整形でもすれば、身体は人工だという印象はさらに強くなる。つまりこれは環境問題であろう。身体という自然を、意識が思うようにできると思っているからである。

それなら意識とはなにか。ヒトの脳でとくに発達した働きである。その働きが言葉を操り、都市をつくり出し、いわゆる近代社会をつくる。遺伝子からすれば、ヒトとほとんど違わないチンパンジーは、そのどれもやらない。脳が小さいからである。つまり環境問題を個人に戻せば、それは心と身体の対立という、たいへん古典的な問題に戻る。意識とはつまり心だからである。環境問題を追求していくと、原理的には自分の心身の問題に戻る。

身体が自然だという説明をしよう。われわれの身体は、じつは生態系である。なにしろ一億以上の生物が棲《す》みついているといわれるからである。消化管のなかには、大腸菌

読解のポイント

・指導案の作成にあたっては、どのような狙いで、どの指導事項を取り上げるかを決め、目標達成のためにどのように授業を展開させるかを考える。さらに、生徒の実態を把握し、程度が高すぎたり、低すぎたりしないように注意する。

●単元の目標は、学習指導要領の目標、指導内容及び生徒の実態に基づいたものであること。

●「本文の読み取りから表現学習へ結びつける」という授業展開が決まっているので、効果的な学習活動を取り入れつつ、時間配分を考えて、無理のない授業計画を立てること。

をはじめとして、じつに多くの細菌が棲んでいる。食物といっしょに外から入ってくるから、そんなものは嫌いだといっても、どうにもならない。腸内細菌叢《そう》、つまり腸内の生態系のバランスが崩れると、たいていの人は腹の具合が悪いという。腹の具合が悪いのは、その意味では、かならずしも「自分のこと」ではない。腸内に棲む生物仲間のこと、つまり環境問題なのである。人間は一人で生まれて、一人で死ぬ。ときどきそう威張る人があるが、生物学的にはそれは間違いである。意識がそういっているだけである。消化管に限らない。気道にもさまざまな生きものが棲んでいる。エイズになると、それが原因となって、肺炎を起こしたりする。しかし都会の人は日常それを「実感」してはいないはずである。身体はその意味では意識されないからである。

　そればかりではない。去年の今日という日を考えてみよう。その日、私たちの身体は、今年の今日と同じように、七割近く水でできていたはずである。それじゃあ、去年身体に入っていた水で、今年の今日まで残っているのは、何割あるか。ほとんど残っていない。この一年で、自分が何トンの水を飲んだか、よく考えてみればいいのである。身体は川と同じである。川はいつでもそこにあるが、水はたえず入れ替わっている。

　自分を川だという実感で暮らす人が、世界にどれだけいるか。自分は生態系だと思っている人が、どれだけいるだろうか。そういう人たちに、環境問題を説くむずかしさは、十分におわかりいただけるのではないだろうか。自分の身体であるのに、その見方がこれだけ実際と違っているのでは、身体は自然だといわれたって、なにを変なことをいう、とふつうは思うに違いないのである。環境とはあっちの話だと思っている。そういう人が多いはずである。あっちではない。じつはこっちなのである。

ふつうに自然というとき、それは人体ではない、外の自然を指している。しかしそれは身体を考慮からはずしていいということではない。内なる自然もまた、立派な自然である。その意味でこそ、「人間は自然」なのである。

一方、地球上であれば、人間がいっさい手をつけない「外の自然」などありえない。仮にあったとしても、人間と関わり合いをもたない自然は、人間にとっては存在しないのと同じである。逆に、人間が自然の一部である以上、生きているだけでも自然に影響を与えているに違いない。つまり人間対自然という図式は成り立たないのである。

（養老孟司『いちばん大事なこと』より）

問　本文を中学校三年生で扱い、読み取りから表現学習へ結びつける五時間の単元を構想したい。

Ⅰ　単元の目標の空欄A～Dに適切な語句を補充せよ。

Ⅱ　指導計画の単元の流れを簡潔に書け。

Ⅲ　この授業を行った場合、生徒の学習状況についてどのような評価を行うか。

単元　養老孟司「いちばん大事なこと」

単元の目標　・文章を読んで考えを広げたり深めたりして、（　A　）などについて、（　B　）をもつこと。

・自分の立場や考えを明確にし、話の構成を工夫して話す能力、聞き取った内容や（　C　）聞く能力を身に付けさせる。そして、話したり聞いたりしながら、（　D　）態度を育てる。

〈山口県改題〉

解説

Ⅰ　A・Bは平成二十九年告示の中学校学習指導要領「国語」第三学年の2内容〔思考力、判断力、表現力等〕の「C読むこと」(1)エより、C・Dは平成二十九年告示の中学校学習指導要領「国語」第三学年の2内容〔思考力、判断力、表現力等〕の「A話すこと・聞くこと」(1)イ・エを参照。

Ⅱ　まず本文の読み取りを通して自分の意見や考えを構築させ、それを発揮できるような表現学習へと授業を展開する。時間に余裕があれば、インターネットや学校図書館等を利用して自分の意見や考えを裏付けるための資料を探させるのもよいだろう。

Ⅲ　先行する文章の読み取りを踏まえて、そこから自分の意見や考えを広げたり深めたりして、目的や場面に応じた表現を工夫する学習である。評価は、観点別学習状況の評価の「思考・判断・表現」、「主体的に学習に取り組む態度」の二観点から行うのが適切である。内容を正しく読み取り、論理的に考えたり、想像力を養ったりすることができたか、人と関わったり、思いや考えを広げたり深めたりしながら適切な言葉を使おうとしているかの二点を中心とする。

解答

Ⅰ　A．人間、社会、自然　B．自分の意見
C．表現の仕方を評価して
D．自分の考えを広げたり深めたりする

Ⅱ〔解答例〕
第一時　全文を読み、段落ごとに内容を要約する。
第二時　各段落の要約から文章全体の要旨を考え、まとめる。
第三時　筆者の考えに対する自分の立場や考えを明確にする。
第四時　グループに分け、問題となる事柄について話し合う。
第五時　検討した内容をもとにして自分の考えが分かりやすく伝わるように、説得力のある表現の仕方を工夫して発表する。また、聞いた内容について質問したり評価などを述べたりする。

Ⅲ〔解答例〕
・文章を読んで筆者の論理の展開に迫り、自分の思いや考えを広げたり深めたりしている。
・話し合いをするとき、積極的に人と関わったり、適切な言葉を使ったりしながら、自分のものの見方や考え方を広げたり深めたりしようとしている。

演習問題 16
★★★

次の文章を読んで、後の問いに答えよ。

　ベンチに座って、敵も味方も観客もひきあげたグラウンドをぼんやりと眺めながら、徹夫は煙草を一本吸った。強い風が煙を吹き飛ばしてしまうせいか、煙草はいがらっぽいだけでちっとも味がしない。

「おとうさん」隣に座った智が言った。「いいの？　もうすぐ打ち上げ始まっちゃうんじゃない？」

「いいんだ、どうせ先に始めてるさ」

　徹夫は笑いながら言って、ゆるんだ頬がしぼまないうちにつづけた。

「智、今日、残念だったな」

「しょうがないよ、江藤くん調子悪かったし、向こうのピッチャーすごかったもん」

「いや、そのことじゃなくてさ……おまえのこと、試合に出せなくて……」

「いいってば」

　声は明るかったが、顔はさっきと同じようにうつむいてしまった。徹夫と反対側の隣に座った佳枝が、智の肩越しにこっちを見ていた。目が合うと、しょうがないわよ、と小さくうなずく。

　典子は朝食を終えると、自転車で遊びに出かけたらしい。仲良しの友だちは皆、

ここに着目

　こちらの意図する解釈と異なる解釈を想定し、教師としてどのように対応するかを考える。

塾の模試を受けているのに、誰とどこで遊ぶつもりなのだろう。あてもなく自転車を走らせ、暇をつぶすだけのために本屋やＣＤショップを覗く典子の姿を思い描くと、腹立たしさよりも悲しみの方が胸に湧いてくる。

がんばれば、いいことがある。努力は必ず報われる。そう信じていられるこどもは幸せなんだと、いま気づいた。信じさせてやりたい。おとなになって「おとうさんの言ってたこと、嘘だったじゃない」と責められてもいい、十四歳やそこらで信じることをやめさせたくはない。だが、そのためになにを語り、なにを見せてやればいいのかが、わからない。

徹夫はフィルターぎりぎりまで吸った煙草を空き缶の灰皿に捨てて、智に訊いた。

「中学に入ったら、部活はどうするんだ？」

答えは間をおかずに返ってきた。

「野球部、入るよ」

佳枝が、「今度は別のスポーツにしたら？」と言った。「ほら、サッカーとかテニスとか」

「野球部にする」

だが、智には迷うそぶりもなかった。

「でもなあ、レギュラーは無理だと思うぞ、はっきり言って」

「うん……わかってる」

「三年生になっても球拾いかもしれないぞ。そんなのでいいのか？」

「いいよ。だって、ぼく、野球好きだもん」

智は顔を上げてきっぱりと答えた。

一瞬言葉に詰まったあと、徹夫の両肩から、すうっと重みが消えていった。頬が内側から押されるようにゆるんだ。

拍子抜けするほどかんたんな、理屈にもならない、忘れかけていた言葉を、ひさしぶりに耳にした。

徹夫は、ベンチから立ち上がった。

「ピンチヒッター、加藤！」

無人のグラウンドに怒鳴り、智のグローブを左手につけた。

「どうしたの？　おとうさん」

「智、バット持って打席に入れ」

「はあ？」

「ほら、早くしろ」

智の返事を待たずに、試合で使わなかったまっさらのボールをグローブにおさめ、マウンドに向かってダッシュした。

智がケースからバットを出す。佳枝も立ち上がって、「やだあ、埃すごいねえ」と風にあおられる前髪を手で押さえながら、とことことグラウンドに出てきた。

徹夫は苦笑まじりにグローブを佳枝に放った。佳枝はそれを両手と胸で受け取り、「どのへんで守ればいい？」と訊いた。

「もっと、ずーっと後ろだ」

「そんなに飛ぶ？」

「あたりまえだろ、ホームラン、出るかもしれないぞ」

佳枝は「なに言ってんの」と笑ったが、可能性がないわけではない。風はホームベースから外野に向かって吹いている。智のアッパースイングなら、うまくいけば——千発打って一発の割合だろうが、風に乗って外野の頭を越えることもありうる。それを親が信じてやらなくて、だれが信じるというんだ……。

（重松清『卒業ホームラン』より）

問　この文章を使って、叙述に即して想像力豊かに、人物の心情を思い描く能力を育てたい。

Ⅰ　生徒が多様な想像をしそうな部分を一ヶ所抜き出し、そこでだれの心情を想像させるか、述べよ。

Ⅱ　生徒はどんな想像をすると思うか、予想される考えを三種類以上書け。

Ⅲ　多様な考えが出されたあと、あなたならどのように授業を展開していくか、学習活動の概要を書け。

〈静岡県・静岡市改題〉

総合問題

1 ★★☆

次の文章を読んで、後の問いに答えなさい。

　自分自身の読書法を見出すためには先ず多く読まなければならぬ。ア多読はイ濫読と同じでないが、濫読は明かに多読の一つであり、そして多読は濫読から始まるのが普通である。古来読書の法について書いた人は殆《ほとん》どすべて濫読を戒めている。多くの本を濫《みだ》りに読むことをしないで、一冊の本を繰り返して読むようにしなければならぬと教えている。それは、疑いもなく真理である。けれどもそれは、ちょうど老人が自分の過去のあやまちを振返りながら後に来る者が再び同じあやまちをしないようにと青年に対して与える教訓に似ている。かような教訓には善い意志と正しい智慧とが含まれているであろう。しかしながら老人の教訓を忠実に守るに止まるような青年は、進歩的な、①ドクソウ的なところのa乏しい青年である。昔から同じ教訓が絶えず繰り返されてきたにも拘《かかわ》らず、人類は絶えず同じ誤謬《ごびゅう》を繰り返しているのである。例えば、恋愛の危険については古来幾度となく諭されている。けれども青年はつねにかように危険な恋愛に身を委ねることをやめないのであって、そのために身を滅す者も絶えないではないか。あやまちを為すことを恐れている者は何も掴《つか》むことができぬ。人生は冒険である。恥ずべきことは、誤謬を犯すということよりも［A］自分の犯した誤謬から何物をも学び取ることができないということである。努力する限りひとはあやまつ。誤謬は人生にとって飛躍的な発展の契機ともなることができる。それ故に神もしくは自然は、老人の経験に基く多くの確かに有益な教訓が存するにも拘らず、青年が自分自身でつねに再び新たに始めるように1仕組んでいるのである。だからといって、もちろん、先に行く者の与える教訓が後に来る者にとって決して無意味であるというのではない。そこに人生の不思議と面白さとがあるのである。読書における濫読も2同様の関係にある。濫読を戒めるのは大切なことである。しかしひとは濫読の危険を通じて自分の気質に②テキした読書法に達することができる。一冊の本を精読せよと云《い》われても、特に自分に必要な一冊が果して何であるかは、多く読んでみなくては分らないではないか。古典を読めと云われても、すでにその古典が東西古今に亙《わた》って数多く存在し、しかも新しいものを知っていなくては古典の新しい意味を発見することも不可能であろう。読書は先ず濫読から始まるのが普通である。

しかしいつまでも濫読のうちに止まっていることは好くない。真の読書家は殆どみな濫読から始めている、しかし濫読から抜け出すことのできない者は真の読書家になることができぬ。濫読はそれから脱却するための濫読であることによって意味を有するのである。

　濫読に止まるなということは多読してはならぬということではない。多読家でないような読書家があるであろうか。むしろ読書家とは多読家の別名である。諺に、賢者は[3]ただ一冊の本の人間を恐れる、という。ひとは多く読まなければならぬ。読書の必要はただ一冊の本の人間にならないために、云い換えれば、一面的な人間にならないために、存在するのである。単に自分自身の時代のみでなく、また過ぎ去った時代について、単に、自分自身の国のみでなく、また世界について、全体の生活と思想について正しい見通しを得るために、多く読まなければならぬ。即ち読書において一般的教養を心掛けることが大切である。読書家とは一般的教養のために読書する人のことである。単に自分の専門に関してのみ読書する人は読書家とはいわれぬ。教養とは或る専門の知識を所有することをいうのではなく、却って、教養とはつねに一般的教養を意味している。専門家になるために読書の必要のあることは云うまでもないが、ひとは特に一般的教養のために読書しなければならぬ。そして専門家も一般的教養を有することによって自分の専門が学問の全体の世界において、また社会及び人生にとって、如何なる地位を占め、如何なる意義を有するかに就いて正しい認識を得ることができるのである。専門家も人間としての教養を具《そな》え専門家の一面性の弊に[b]陥らないように読書は[c]勧められるのである。そのうえ自分の専門以外の書物から専門家が自己の専門に有益な種々の[d]示唆を与えられる場合も少くないであろう。かくして多読は濫読の意味においては避くべきことであるとしても[ウ]博読の意味においては必要であると云わねばならぬ。

　然るに濫読と博読とが区別されるようになる一つの大切な基準は、その人が専門を有するか否かということである。何等の方向もなく何等の目的もない博読は濫読にほかならぬ。一般的な読書に際しても、ひとはなお何等か専門というべきものを有しなければならぬ。一般的教養も専門によって生きてくるのであって、専門のない一般的教養はディレッタンティズムにほかならない。一般的教養と専門とは③ハイセキし合うものでなく、むしろ④相オギナわねばならぬものである。ひとは固《もと》よりつねに一定の目的をもって読書するものではない。何か目的がなければ読書しないというのは読書における功利主義であって、かような功利主義は読書にとって有害である。目的のない読書、 B 読書のための読書というものも大切である。これによってひとは一般的教養に達することができる。一般的教養を得るという目的で一定の計画に従って読書することは勿論《もちろん》善いことではあるが、しかしかような計画は実行されないのが普通であって、むしろ若い時代から手当り次第に読んだものの結果が一般的教養になるという場合が多い。一般的教養は目的のない読書の結果である。けれども当てなしに読んだものが身に附いて真の教養となるというには他方専門的な読書が必要である。専門のない読書は中心のない読書であって、如何に多く読んでも何も読まなかったに等しいことになる。

（三木清『読書と人生』より）

（注）ディレッタンティズム…学問や芸術を趣味として愛好すること。

(1)　傍線部①〜④に相当する漢字を含むものを、次の各群のア〜エの中から、それぞれ一つずつ選び、その記号を書きなさい。

①　ドクソウ
ア．天地をソウセイする。
イ．ピアノをエンソウする。
ウ．ソウダイな計画を立てる。
エ．得点をソウケイする。

②　テキした
ア．不備な点をシテキする。
イ．ケイテキを鳴らす。
ウ．実力はプロにヒッテキする。
エ．テキギ昼食をとる。

③　ハイセキ
ア．茶碗をハイケンする。
イ．ハイクを作る。
ウ．可能性をハイジョする。
エ．力士をハイギョウする。

④　オギナわねば

ア．損害をホショウする。
イ．ホニュウ類に分類される。
ウ．テンポを構えて販売する。
エ．権利をホショウする。

(2)　傍線部a～dの漢字について、その読みをそれぞれ書きなさい。

(3)　[A]・[B]にあてはまる最も適切な語を、次のア～カの中からそれぞれ選び、その記号を書きなさい。

ア．あたかも　イ．たとえ　ウ．むしろ　エ．さぞ　オ．いわば　カ．よもや

(4)　[1]仕組んでいるのであるの主部を本文中から抜き出して書きなさい。

(5)　[2]同様の関係とありますが、筆者はどのような点が同様の関係にあると述べていますか。何と何がどのような点において同様の関係にあるかを明らかにして、書きなさい。

(6)　[3]ただ一冊の本の人間とありますが、それはどのような人間であると筆者は述べていますか。五十字以内で書きなさい。

(7)　[ア]多読、[イ]濫読、[ウ]博読とありますが、筆者はそれぞれどのような読書の仕方であると述べていますか。書きなさい。

(8)　これまでの学習指導によって、読書習慣を身に付けた生徒に対して、読書の質を高めさせるために、あなたなら、国語科の授業においてどのように読書指導を行いますか。次に示す条件1～3に従って、書きなさい。

条件1　二段落構成とし、第一段落には、あなたが国語科の授業において行う読書指導を具体的に書き、第二段落には、その指導によって、生徒の読書の質を高めさせることができると考える理由を書くこと。

条件2　指導を行う前の、読書習慣に関する生徒の状況を具体的に示すこと。

条件3　読書と一般的教養に対する筆者（三木清）の考え方を踏まえて書くこと。

〈広島県〉

2 ★★★

次の文章を読んで、あとの問いに答えなさい。

「彫刻の本性は立体感にあり。しかも彫刻のいのちは詩魂にあり。」

彫刻の彫刻たる所以《ゆえん》が立体感に基くものである事は、凡《およ》そ彫刻を知る道の第一義である。そこに一つの塊《かたま》りとして確《たしか》に存在する感、一つの立体として実存する感である。これは人間の造形本能の欲求から直接に源を発して来る彫刻の本性であって、人間にはこの立体感を得てはじめて満足し得られる渇望《かつぼう》がある。「確に手でつかめるもの」という原始的な喜《よろこび》から、「確にそこにある事の不思議な強さ」を感ずる精神的昂揚に至るまで、皆立体感から来る彫刻の特質である。一切の彫刻はここを中心としてあつまる。すべての彫刻の路という路は皆ここに向っている。この中心を外れた彫刻は、その実、彫刻でないのである。立体感の喜を内に持たない彫刻は、唯八方から描いた素描に止《とど》まる事があり、情念姿態を描写した人形に止まる事があり、実物模擬の概念的記述に止まる事がある。袋物屋の店頭に見かける着色象牙彫の蜜柑《みかん》や林檎《りんご》は、いかに巧妙に出来ていても彫刻ではない。名人松本喜三郎の作った岩井《いわい》半四郎《はんしろう》似顔《にがお》の浴《ゆあ》み女の人形は如何《いか》に真を写していても彫刻ではない。多くの*アカデミシャンの作る大理石像、石膏像などにもこれに類似の非彫刻がある。唯巧妙な素描の空間的集合に過ぎないものがある。彫刻が立体感の満足に立脚している事から、彫刻である以上①いかなる断片も意味を有するものとなる。どんな破片でも、鼻のかけら、胴体の一辺隅といえども、無限につながるものとなり得るのである。存在そのものが②眼目であって、何であるか、何をしているか、は二の次の事である。彫刻の写真が殆ど皆作品の真を伝えないのは、ここに理由がある。写真は唯作品の状景のみを写す。一番の肝腎の点を誤り伝える。大抵の場合、③善き彫刻は悪しく写り、悪しき彫刻は善く写る。私は法隆寺《ほうりゅうじ》夢殿《ゆめどの》の救世《ぐぜ》観音《かんのん》の善い写真をいまだかつて見ない。写真を見て彫刻を判断する事の危険は誰でも経験した事であろう。自分自身の彫刻を写真にとった経験のある者は皆これを知っている。彫刻の真の感動となるこの存在の不思議な強さ、この立体感は、それ故、真に彫刻家的素質を養い得た者のみの成し得るところであって、決して意識的に、または方法的に企てたのみで捉《とら》え得るものではない。即《すなわ》ち造形本能の強烈さが自己をして是非なく彫刻を作らしめるような者のみの侵入し得る世界である。量に対する渇望の度の弱い者が彫刻に手をつけるのは、一種の冒瀆《ぼうとく》とも思われる。立体感について私は曾《かつ》て書いた。「立体感とは、存在感の中核、空間の一点に確に構造せられたものの感、量の確認、つかみ得る感、消しがたく滅ぼしがたい深厚の感、魂の宿るに足りる殿堂の感、自体具足の小宇宙感。」

彫刻と立体感との関係が＊不二《ふじ》一如《いちにょ》のものである事はほぼ上述の通りであるが、しかし彫刻にはもっと肝腎な根本生命がある。詩の魂である。立体感を重んずる余り、一にも二にもその事ばかりで彫刻を律していると、いつの間にか彫刻の生命が（　④　）なものとなる。芸術の総勘定としての生命がかえって圧《お》しつぶされてしまう。量の問題は彫刻の本質の問題であって、彫刻の内的生命の問題ではない。立体感ばかりで彫刻は生きない。その立体感をまでも生かすのは彫刻家の内にある詩の魂である。ここに詩と言うのは、必ずしも文学的の謂《いい》ではない。いわゆる「詩的」なという事ではない。詩的にあつかえというのでは尚更《なおさら》ない。人間の内にある名状しがたい無限への傾きのようなもの、結局「詩」とでも言うより外言いようのない、あの一つのものの事である。これがあるからこそ、そもそも彫刻もはじまるのである。この根本なくして何の立体感ぞ。⑤詩の魂は翼を持つ。彼は元来自由の生れであり、如何《いか》なる＊桎梏《しっこく》の下に置かれても変幻出没更に不自由がらない。どんな牢屋に入れて置いても平気で出入する魔法を知っている。彼は彫刻の世界に来ても殆ど立体感などという事を知らぬげである。そんな事にはまるで頓着もなしに歩きまわる。頓着しないでも真の彫刻が必然にかくの如《ごと》きものであるべきを知っているからである。芸術が窮屈《きゅうくつ》になり得ないのはこの魂のおかげである。この魂の微弱な、もしくは欠けている彫刻家の彫刻が、いかに彫刻的特質を備えていても、むしろ備えていればいるほど窮屈であり、理屈《りくつ》張っており、不毛の地の感があり、＊貧寒に陥りがちなのは、⑥そのためである。詩を有《も》たぬ彫刻は彫刻の甲斐《かい》がない。埃及《えじぷと》の彫刻を見て、立体感があるから生きているのだと考える人もある。しかし実は埃及の彫刻家の詩魂がその彫刻を生かしているのである。その立体感は埃及の彫刻をして真の彫刻たらしめたに過ぎない。生命を吹き込んでいるのではない。近代、彫刻の立体感に目の覚めた彫刻家がどうかすると陥る穽《おとしあな》がここにある。立体感はあらわれであり、詩魂はいのちである。立体感なくして詩魂は彫刻にあらわれない。（　⑦　）なくして立体感は生きてはたらきかけない。詩魂の彫刻におけるは第一義以前のものに属する。（　⑧　）に属する。それ故一つの彫刻には、あらゆる人生の心が宿り得る。あらゆる感動と感情と微韻《びいん》と陰影との存する事を妨げない。彫刻を純粋に凹凸《おうとつ》の側からばかり認識してその他の一切の内包を排拒するのはつまらない。「彫刻的なるもの」に感情の宿ると宿らぬとは更に問題でない。宿るもよし、宿らぬもよいのである。詩魂は彫刻のいのちである。立体感万能の狂信者は時としてこの事を見落とす。⑨ただ詩魂の高下がある。それ故に彫刻の修行は心の修行である。一つの道である。道に浅いものの彫刻は浅く、魂の高さ深さは直ちに彫刻の高さ深さとなる。どんな術を施しても蔽《おお》う事の出来ないものはこれである。⑩人いずくんぞ廋《そう》さんやである。

（高村光太郎『緑色の太陽』の中の「彫刻十個条」より。なお、表記は原文にしたがった。）

＊アカデミシャン　…　academician　本義は「学究肌の人」だが、ここでは「その道の専門家」の意。

不二一如　…　二つに見えて実質は一つなのに一体化していること。

桎梏　…　足かせと手かせ。転じて、「自由な行動の束縛」の意。

貧寒　…　貧しくてみすぼらしいこと。

(1)　傍線部①「いかなる断片も意味を有する」とは、どういうことか。その内容の説明として最も適切なものを、次のア～オの中から一つ選びなさい。

ア．彫刻の断片は素描された立体感を構成している一部であるということ。

イ．彫刻の断片は立体感を失っても原始的な喜びは残っているということ。

ウ．彫刻の断片はどれも立体感があり、いわゆる彫刻の本質を内に持っているということ。

エ．彫刻の断片は全体に劣らない独立的な価値を持っているということ。

オ．彫刻の断片はそれぞれが何のどの部分なのかがはっきり分かるということ。

(2)　傍線部②「眼目」の文章中における意味として、最も適切なものを、次のア～オの中から一つ選びなさい。

ア．欠点

イ．視点

ウ．接点

エ．要点

オ．論点

(3) 傍線部③「善き彫刻は悪しく写り、悪しき彫刻は善く写る」とあるが、その理由として最も適切なものを、次のア～オの中から一つ選びなさい。

ア．写真では、彫刻を人形としてしか捉えられず、彫刻の情念姿態だけをくっきりと写し出すから。

イ．写真では、彫刻の存在の強さを捉えられず、目で見て取れる彫刻の状況だけはっきり写し出すから。

ウ．写真では、彫刻の繊細な技巧を捉えられず、彫刻の立体感をたんなる空間的集合として写し出すから。

エ．写真では、彫刻がもたらす真の感情を写さず、実物模擬の色彩や形だけをよく写し出すから。

オ．写真では、彫刻家の本能を写し取ることができず、表面化した方法的な企てだけを写し出すから。

(4) 文章中の（　④　）に当てはまる言葉として、最も適切なものを、次のア～オの中から一つ選びなさい。

ア．無機的

イ．形式的

ウ．概念的

エ．刹那的

オ．擬似的

(5) 傍線部⑤「詩の魂は翼を持つ」とあるが、その内容の説明として最も適切なものを、次のア～オの中から一つ選びなさい。

ア．詩の魂は牢獄のような非彫刻から抜け出す無限の力を持っているということ。

イ．詩の魂は彫刻を無視して他の芸術に向かって飛び去ってしまうということ。

ウ．詩の魂は真の芸術を探して自由に飛び回ることができるということ。

エ．詩の魂は立体感には無関心だが偶然に彫刻に止まることがあるということ。

オ．詩の魂はあらゆる芸術の中にあって何ものにも縛られないということ。

(6) 傍線部⑥「そのためである」とあるが、その内容の説明として最も適切なものを、次のア～オの中から一つ選びなさい。

ア．詩の魂は彫刻的特質とは本来無関係であるということのためである。
イ．真の彫刻は変幻自在な魔法を知っているということのためである。
ウ．立体感がなければ芸術は貧寒に陥るということのためである。
エ．芸術は詩の魂によって窮屈にならないということのためである。
オ．彫刻家が彫刻的特質と詩の魂を同時に持つことはないためである。

(7)　文章中の（　⑦　）に当てはまる言葉として、最も適切なものを、次のア〜オの中から一つ選びなさい。

ア．人生
イ．自由
ウ．彫刻
エ．本性
オ．詩魂

(8)　文章中の（　⑧　）に当てはまる言葉として、最も適切なものを、次のア〜オの中から一つ選びなさい。

ア．万象
イ．基本
ウ．革命
エ．胚胎
オ．子房

(9)　傍線部⑨「ただ」の品詞名として正しいものを、次のア〜オの中から一つ選びなさい。

ア．形容動詞
イ．名詞
ウ．副詞

エ．接続詞
オ．感動詞

(10) 傍線部⑩「人いずくんぞ廋《そう》さんや」の文章中における意味として最も適切なものを、次のア～オの中から一つ選びなさい。
ア．詩魂と彫刻との関係をどうして理解しないのか。
イ．自分の技術の至らなさをごまかすことはできない。
ウ．自分の詩魂の高下を隠しておくことはできない。
エ．自分の彫刻の高さ深さを測ることはできない。
オ．どうして自分の行くべき道を忘れてしまうのか。

(11) 本文の文章構成についての説明として最も適切なものを、次のア～オの中から一つ選びなさい。
ア．冒頭で彫刻とは何かについての筆者の主張を提示したうえで、筆者が主張する二つの点について詳述し、最後に彫刻家のあり方について述べている。
イ．冒頭で彫刻とは何かについて二つの点から問題を提起したうえで、それぞれの問題を詳細に検討し、最後に共通する問題に対する結論を述べている。
ウ．冒頭で彫刻の本質について二つの点を踏まえて一般論を述べ、それを具体例を示しながら批判的に検討し、最後にそれらを統一する新たな観点を提示している。
エ．冒頭で彫刻とは何かについて明確に定義づけてから、定義した二つの点の関連性を詳述し、最後にそれまでの主張にはない新たな見解を提示している。
オ．冒頭で彫刻の本質について結論を述べてから、提示された二つの点に欠けている問題について検討し、最後に彫刻家の心について述べている。

(12) 本文の内容に合致するものを、次のア～オの中から一つ選びなさい。
ア．彫刻における詩は文学における詩とは全く別である。

イ．彫刻における量の問題は彫刻のいのちとは関係がない。
ウ．人間の立体感への渇望は常に詩への渇望に基づいている。
エ．写真は撮り方によっては彫刻の本質を写すことができる。
オ．人間の造形的本能は原始的なので彫刻の技巧や意図を妨げる。

〈高知県〉

3

★★☆

次の文章を読んで、後の問いに答えよ。

人間の自然への働きかけの基本的で重要な「生業」という営みを、①人間と自然の単純な二分法の中で、否定的に捉えるのではなく、むしろ、「生業」こそが人間と自然とのかかわりそのものであると考え、人間の基本的な「生業」についてきちんとした考察を加えていくことが必要である。

もちろん「生業」にもさまざまな相がある。狩猟採取をする人たちや遊牧民たちのように、より深く自然に依存する形で、どちらかというと人間の自然に対する働きかけが（　Ａ　）的に少ない人たちもいる。このような「生業」を営む人たちは、自然に対して、より「共生的に」生活せざるをえない。それと比べて、例えば、農業という「生業」を考えたとき、さまざまな形態があるのでそれほど簡単には言えないにしても、一定の耕地面積の中に、単一の作物だけを栽培するそのやり方は、明らかに生態系を破壊しているように見える。しかし、そのような形の農業という人間の「生業」の営みでさえも、継続的に安定的に、ある意味で持続可能な形で今日まで続いてきている。もし、そのような営みに「生態系の破壊」という表現を使うとすると、その表現は、人間の営み自体を否定し、自然と人間の関係に関して単純化しすぎていると言ってもいいだろう。

さらに、農業という「生業」のあり方も、それほど単純ではない。例えば、他の生業活動にもまして高度な単一化（特化）を志向したと言われている稲作において、一定の耕地面積の中にイネという単一の作物だけを植えている場合でも、水田二毛作とかa畦畔栽培という形で畑作をその中に取り込んだり、水田養魚のような形で漁撈をも内部化しており、

（Ｂ）的には、水田も、複合的な生態学的なシステムとして存在している。ただし、近年においては、そのような稲作以外の生業活動が衰退しており、農業は、（Ｃ）という形で、一種の「工業化」を目指している。

しかし、いずれにしても、わたしたちは、狩猟採集であれ、漁業であれ、農業であれ、林業であれ、何らかの形で自然から糧を得て、特定の「生業」の営みをすることによって生きていかなければならない。しかも、わたしたちが、伝統社会において「文化」と呼んでいるもののかなりの部分が、「生業」の営みに関係がある。例えば、日本のいわゆる「祭り」や宗教儀礼の多くは農耕儀礼やその地域での「生業」に関係し、食の問題と密接に結びついている。その意味で、生活の糧を得、またさまざまな宗教的な儀礼などの文化に関連しつつ、人間が生をまっとうしようとしている「生業」の営み全体を眼差しに入れて、この問題を捉えていく必要がある。

しかし、人間と自然との関係性を問題にしつつ、そのかかわりのありようを展望しようとしたときに、わたしたちが営んできた「生業」をきちんと捉えないで、②その展望は出てこない。しかし、「生業」に眼差しを向ければ簡単に展望が出てくるというほど単純ではない。漁業や狩猟採集などの自然とのかかわりが比較的深い「生業」の場合、「生業」にかかわっている人たちは、その「生業」からの観点ではあるが、自然を詳細に見つめて捉えている。

しかし、彼らの「生業」の営みが結果として環境共生的なものであったとしても、第一義的に積極的に環境保護を意図していたとは限らない。自然のことを一番よく知っているはずの、その「生業」の担い手たちが、農業や漁業の近代化の中で、積極的に近代技術を取り入れ、結果的に環境フカが高いような農業や漁業が盛んになってきたのも事実なのである。しかし、それにもかかわらず、彼らの自然観、自然に対するさまざまな思い、それと「生業」の営みとの関連、そういったものを無視しては、環境倫理は語れないであろう。

従来の環境倫理思想が、人間の「生業」という営みをきちんと見つめることができず、自然とのかかわりが比較的大きく、自然のことを一番よく知っているはずの人たちの「生業」の営みと、現在の産業社会の中における人間の自然から収奪しているような営みとをきちんと分けて考えることができない背景には、その思想が依拠している人間と自然の二項対立的な図式があるのではないだろうか。人間の生が自然とのかかわりの中にしかありえず、しかも、③人間の自然とのかかわりの一番基本的な形がそのような「生業」の営みであるにもかかわらず、その問題を、人間中心主義か人間非中心主義かという、人間と自然を対置させた図式でしか捉えきれなかったところにその根底的な問題がある。

これは、よく誤解されるように、西洋的自然観が、人間と対置し、切り離した自然概念を想定していたのに対して、東洋においては自然とdユウゴウした自然観を持っていたという次元の問題ではない。西洋でも東洋でも等しく、ある特定の生業形態をとって生活がなされてきている限り、その限りにおいては、自然のeキョウイが厳しいか、自然の実りが豊かであるかの差はあるとしても、その「生業」のあり方は、人間中心的であるのか人間非中心的であるのかという次元ではなく、自然とのかかわりのあり方という次元からしか捉えられない。

人間中心的か否かという議論は、人間が自然を収奪できたり、少なくとも中心的になりうることができる技術的力を獲得してはじめて可能になる議論のように思われる。それは、主として近代になってから、科学技術の力を借りて、いかにも自然を征服してコントロールできるかのような幻想をわたしたちが持つようになってからの発想である。

西洋近代において、自然を人間と対立したものとして捉えて、人間が自然を支配するといういわば収奪の構図の中で、その支配が極限に達して環境問題が出現してきた。しかし、自然からの収奪の思想とは表面的にはまったく逆の自然保護の思想も、人間と対立したものとしての自然を想定しているという意味で、いわば西洋近代の産物であった。そういう意味でも、やはり、環境問題などの人間と自然との関係を、人間と自然の二分法によって理解しようとする考え方は、近代の所産であり乗り超える必要がある。

（鬼頭秀一『自然保護を問いなおす』より）

(1)　二重傍線部a〜eの漢字は読みを書き、カタカナは漢字に直せ。

(2)　空欄A、Bを補うのに最も適当な語句をそれぞれ次のア〜カから選び、記号で答えよ。

ア．空間　イ．通時　ウ．絶対　エ．相対　オ．継続　カ．共生

(3)　空欄Cを補うのに最も適当なものを次のア〜オから選び、記号で答えよ。

ア．化学薬品や大型機械の導入を進めていく

イ．単一作物の効率的な生産を求めていく

ウ．より広い範囲の生態系を破壊していく

エ．その労働力が大都市圏へと流出していく
オ．消費者動向に添った生産を進めていく

(4) 傍線部①について、次の問いに答えよ。

Ⅰ 「人間と自然の単純な二分法」について具体的に述べた部分を、本文中から三十五字以内で抜き出し、その初めと終わりの五字を書け。

Ⅱ このような考え方が登場した思想的背景について、筆者はどのように捉えているか。本文中の語句を用いて五十字以内で説明せよ。

(5) 傍線部②「その展望」とはどのようなことか。本文中の語句を用いて二十字以内で説明せよ。

(6) 傍線部③について、「生業」が「人間の自然とのかかわりの一番基本的な形」だと言える理由を、本文中の語句を用いて七十字以内で説明せよ。

(7) 本文における筆者の主張に合致するものを次のア～オから一つ選び、記号で答えよ。

ア．熱帯林が炭酸ガスを吸収し地球温暖化を防ぐというような、自然の機能的な価値を重視する必要がある。
イ．自然に対して「美」を感じ「厳粛な感情」を持つといった、自然の内在的な価値を再認識する必要がある。
ウ．人間と自然との関係性について文化的にも経済的にも、全体として捉えようとする考え方が必要である。
エ．自然から切り離された近代社会の生活を、伝統社会における生活のあり方へと移行していく必要がある。
オ．自然と人間とを対立するものとする西洋近代の思想から脱し、東洋的な自然観を再認識する必要がある。

〈大分県〉

4 ★★☆

次の文章を読んで、後の問いに答えよ。

亡くなる年の春であった。世は敗戦のどさくさで、誰もみな落ちついていることはできず、ざわめいていた。父はもう老衰の床から起[a]てなくなってい、ある日その枕頭[b]に低く身をかがめて語る来客があった。本屋さんであった。旧作の出版

をcススめているのである。微笑して父は云う、「今どきわたしの本なんぞ出して、売れるとおもっていたらまちがいじゃないかね。」本屋さんは働きざかりの九州男児である。言下に実にはっきりとした返辞をした。父はいよいよ微笑を深くし、話は成立し客は帰った。

「あの人は損をしなければいいが。」そこで茶器をかたづけていた私に話しかけたようでもあり、ひとりごとのようでもあり、しかしなんとも云えないしみじみした詞つきが打って来た。「なぜそんなことを気になさるの。」「なぜって云うけれどあの人は若いもの。」そう聴いておかしかった。しみじみした気もちは吹きとんでしまって私は笑った。「いくら若いったって向うは商売人ですもの、見す見す損をする見透しの本を出さしてくれって頼みに来るわけはないでしょ。」私の云うように何でもが思わく通りに行くものなら、いまに本屋はみんな金持になるっていうdカンジョウだが、そう行かないから気が傷むのだという。「だってそこが商売の上手下手、腕の見せどころで、なにもおとうさんが損するの何のと気に病む筋じゃないのに。」①私はいよいよ笑ったが、父は誘われなかった。②「伊達や粋狂の本屋なら損をしたってもともとが粋狂だからいいけれど、本気に本屋商売だからこそ、わたしの本なんぞ出して損をしてもらいたくないって云うのだよ。」

私には父の本が出版されることは、幼いときから見馴れてきた一ツの極あたりまえな習慣のようにしかおもえていなかった。本を出すことについて、又その出来のよしあしについて、ことさらな話をしかけられたことは私の覚えになかった。本屋が来、父はeキョダクし、幾日かたつとそれはいつの間にか然るべき一冊の形になって出来し、印税がとどけられる、ただそれだけのひっそりしたことで、父にも私にも特別なこととはおもわれなかった。それが今こうした詞のやりとりをするとは妙であった。子というものはわがままである。父が昔のままの強さを発揮しているのを見れば、おとうさんていう人はなんていつまでも若い気で頑固なんだろと反撥したし、すこししょんぼりしてでもいられると、あれほどの人がどうしてこうも平気で年齢の征服に③唯々としていられるのかしらと、いやな気がする。まだしも強くていられる方が張りあいがあり、弱ったところを見るのは腹が立った。いま一冊の本を出すのに、こんなfエンリョっぽい気の廻しかたをしているのを見ると、なんとなくいい気もちではなかった。私は老衰を憎むのだろうか。「おまえの云うような、そんなものじゃないんだよ。そんなわけのものじゃあないんだよ。考えてもごらん、きのうやきょう初めて本屋にかかずらわったんじゃないんだよ。この齢になるまでに出した本は何冊になるか。」金が入り用で無理に出させた本、（　Ａ　）に惹かれて已むなく出した本、先生の本は売れなくてと面と対ってずけずけ（　Ｂ　）本、もぐりで何版も重ねて出された無検印本、――「本屋とは長い間のつながりあいだ。思いだせばいやなことはいくらもあるけれど、おまえの云うようなもんじゃないんだよ。今こうやって齢をとって臥ている身になって、この[g]ジセイだ。本を出すのはいいが損をしてはもらいたくない。八十になれば人とのつながりあいは、おまえの思うようなものじゃなくなる。――私の本は売れる本じゃない。」八十年の浮世の潮に染ったあいの色が、ふっと見えたようにおもった。私などのまだ生れないまえからの父の[h]艱難して来たいっぽん路が、ふっと映ったようにおもった。子の心は[i]ムセッソウにもひとしく勝手をきわめて変化する。ついさっき父の気の廻しかたを歯がゆく思ったくせに、いままた人生に堪えて来た父の姿をうかがい知れば、たちまち手放しに[j]カンタンする。「おまえの思うようなもんじゃないんだ」という詞に私はすなおになった。なるほど、きっとそうなんだろう。真夏もなお手足のさきから冷えてきているほどの老軀の、[④]胸ふかぶかと抱いている埋み火のようなほの暖かさは、四十歳代の私には所詮とどきがたいものであり、父との話のあいだにおのずから寂しい雰囲気がしずもっていた。

（幸田文『父・こんなこと』より）

(1)　空欄Ａ、Ｂに入る言葉を、次のア～エからそれぞれ一つずつ選び、記号で答えよ。

Ａ　ア．宣伝や書評　　イ．読書や投書　　ウ．嘆願や情熱　　エ．義理や人情

Ｂ　ア．怒鳴られた　　イ．さとされた　　ウ．けなされた　　エ．泣かされた

(2)　傍線部①「私はいよいよ笑った」とあるが、私が笑った理由を述べた次の文の（　ア　）、（　イ　）にそれぞれ四字ずつで適語を補い、完成させせよ。

父が（　ア　）をよろこびながら、（　イ　）の立場になってその売り上げにこだわっていたから。

(3)　傍線部②「伊達や粋狂の本屋」とあるが、どのような本屋なのか、説明せよ。

(4)　傍線部③「唯々として」とはここではどのような意味か。最も適当なものを次のア～エから選び、記号で答えよ。

ア．落ち着いて　　イ．容易に　　ウ．従順に　　エ．喜んで

(5)　傍線部④「胸ふかぶかと抱いている埋み火のようなほの暖かさ」について、次の問いに答えよ。

Ⅰ　ほぼ同義の比喩表現を、本文中から十六字以内で抜き出せ。

Ⅱ これは父のどのような一面を比喩的に表したものか。最も適当なものを次のア～エから選び、記号で答えよ。

ア．真夏でも手足が冷える老体ながら、一冊の本の出版に真剣になる父の心根の若いこと。

イ．長い間、つながりをもった本屋と著者との関係を大切にする父の信義の厚いこと。

ウ．八十年という深い人生の底に秘められた、相手を気づかう父のやさしさのこと。

エ．老いてなお、人との交流を大切にしようとしている父の生真面目なこと。

(6) 二重傍線部a～jのカタカナは漢字に直し、漢字には読み仮名を平仮名で記せ。

〈山梨県改題〉

5 ★★☆

次の文章を読んで、後の問いに答えよ。

（引っ込み思案の克久は中学入学後、吹奏楽部に入部する。顧問の先生森勉（ベンちゃん）をはじめ、部員の有木や祥子らに支えられ、全国大会をめざす毎日。戸惑いながらも音楽に夢中になってゆく。場面は県大会。克久にとっては初舞台である。）

曲名と学校名を紹介するアナウンスが会場に入った。指揮台わきにスベ[a]り込むようにたどりついた森勉が、実に素早く息を整えた。アナウンスが終わると同時に、ベンちゃんの息をきらしていた肩は、静かになった。指揮台に上がった時には、数秒前まですばしっこく走り回っていたのがうそのようだ。有木と目が合う。指揮棒が振り上げられた。高く澄んだクラリネットの音が観客をしっかりつかまえた。ティンパニが鳴り響く。【Ⅰ】

「交響的譚詩《たんし》」はブナン[b]にこなした。祥子がマリンバの位置に移動する。ほんの数秒のことだ。会場は水を打ったようだ。再び指揮棒が振り上げられた。【Ⅱ】

ティンパニが静かに打ち鳴らされ、チューバなどの低音グループが最初の主題を奏で始めた。克久は真《ま》っ直《す》ぐに立っている。立っているけれども、既に身体《からだ》は音楽の中に吸い取られていた。何か、大きなものに包まれる感覚だった。

そこにあるものは、目に見えるものではなかった。が、克久は全身で、そこに確かにある偉大なものに参与していた。入るとか加わるとか、そういう平たい言葉では言い表せない敬虔《けいけん》なものであった。感情というようなちっぽけなものではなくて、人間の知恵そのものの中に、自分が存在させられていた。それが参与ということだ。

低音グループが奏でた主題に木管が加わり、音の厚みが増す。やがてティンパニがクレシェンドで響いた。それを木管楽器たちが優しく清らかな歌で迎えた時には、克久の胸の中にあの大きな夕陽があかあかと燃えた。いつも、そこで大きな夕陽が現れる。もちろん、克久はただ音楽に酔っていたわけではない。指揮棒はたえず、音が加わるべき位置の指示を出していたし、拍は正確に数えられていた。部員だけに解る伝令が走り回っていた。それでも、あかあかとした夕陽は決して克久の目の中から消えなかった。夕陽の周囲に見慣れた団地のナガめがあり、それが斜めに射《さ》す陽の光を受けて、尊いものとして輝きをオびた。克久は音の中にそういうものを見ていた。

曲は長い尾を引いた孔雀《くじゃく》の優美な歩みや、青く光る首の動きを表しながら進んでいく。克久はホルンがタタタッタン、タタタッタンと、草原に吹く風の音を奏でる間に、トライアングルをかまえた。ベンちゃんの眉毛《まゆげ》が今だと告げる。克久が打ち鳴らすトライアングルの涼やかな音を聞き逃してしまう観客もいることだろう。【Ⅲ】

一つの重要な仕事を終えた彼は、おごそかな足取りで大太鼓の前に進んで行く。まったく彼の足取りはおごそかとしか言いようのないものだ。たとえ、その足が三カ月以上一度も洗ったことのないウワバきをはいていたとしても、重要な儀礼に参与する司祭のおごそかさを邪魔するものではなかった。【Ⅳ】

曲はクライマックスをめざし、正確に進行していた。少しも間違いがないとは言えない。小さなミスは、それぞれにすり傷、切り傷となってしみ込んでいたが、痛みを訴える暇はなかった。今、ここだという指示が指揮棒の先から飛んだその瞬間に、克久は大太鼓を一発、十分に抑制して打ち込んだ。もう一発、重要な部分がある。その指示は指揮棒からはこない。ベンちゃんの眉毛がここだぞとその打ち込むべき位置を教えた。克久の一発に続いて、マアさんがシンバルを華やかに響かせた。孔雀がその羽を震わせながら開く時の光そのものが、マアさんのシンバルの音だった。すかさず金管が高らかに孔雀の羽の輝きを繰り広げる。【Ⅴ】

金管が華やかに孔雀の大きく広げられた羽そのものを表現した中へ、あの夕暮れの風のようなホルンが通り過ぎていき、ティンパニが最後を力強く締めくくった。次の瞬間、すべての音は完全に消え失《う》せると同時に、威勢をほこった孔雀の姿も消えた。

四十七人の部員と一人の指揮者がいる。

拍手が湧《わ》き起こるより先に、四十七人の部員は、ただの中学生に戻る。

克久は中学校を卒業するまでの間に何度となくこの②不思議な瞬間を経験することになるが、最初に経験したのはこの時だった。

夢から覚めるというようなあいまいなものではなかった。この世界には敬虔に参与すべき何かがあることが明快に身体で解る場所がそこにあった。

（中沢けい『楽隊のうさぎ』より）

(1) 二重傍線部a〜eのカタカナを漢字に直せ。

(2) 次の一文は、本文中にあったものを抜き出したものである。「ディテール」の意味を記せ。また、この一文を挿入する箇所として、本文中の【Ⅰ】〜【Ⅴ】のうち最も適するものはどれか、記号で答えよ。

しかし、それは決して欠くことができない重要なディテールだ。

(3) 傍線部①について、「痛みを訴える暇はなかった」のはなぜか。その理由を五十字程度で答えよ。

(4) 傍線部②とは、どういう瞬間を指すか。「不思議な」という表現を踏まえて生徒にわかるように説明せよ。

(5) 波線部「有木と目が合う」とあるが、「有木と目が合ったのはだれか」ということについて生徒たちの間で「克久」という意見と「ベンちゃん」という意見とが出た。本文に書かれていることから判断した場合、どちらにとる方が自然であるかを生徒に説明したい。その説明すべき内容を書け。

〈大阪府・大阪市〉

演習問題　解答・解説

1　(1) A. イ　C. ウ　E. ア
(2) B. 矛盾　D. 否定
(3) ウ

解説

(1) A. 「文字で書かれ……ている詩などより、テレビのコマーシャルを見ているときのほうが、詩を強く感じることがある」という友人の言葉を、「なまなましい現実が報道されている最中に……宣伝が割ってはい」る、「あのあっけらかんとした無感動性そのものに、現代社会の鮮烈なイメジがある」と換言しているので、換言・要約を表す副詞「つまり」が入る。

C. 空欄の前では、「われわれが『詩』とよんでいるもの」は「現実の……状態、そこから生じる衝突や交錯の……きしり」を捉えるには「あまりに無力な装置ではないか」と述べ、空欄の後では、「そういう現実のすがた」をとらえることが詩の存在理由だと述べている。空欄の前後で相反する意見を述べているので、逆接の接続詞「だが」が入る。

E. 後の段落で、「個人の経験というものが、……格段にひろがり、未知の国の未知の人の運命をも私自身の経験の一部として受けいれざるを得なくなっていること」について、全感覚的体験の場をつくりだすという現代芸術の方向性とけっして無関係ではなく、つねに考えなおさねばならない「問題」と位置づけられている。このことから、現代人が情報によって認知した事実をも「私自身の経験の一部」と捉えるという「人間の認識能力の……深化」は、全感覚的体験の場をつくりだすことに関連した「問題」の事例だと考えられるので、例示を表す副詞「たとえば」を入れるのが適当である。

(2) B. 「現実」は、「ある個人が……構成してみせる世界」すなわち「きちんと組みたてられた一編の詩」よりも迫力があり、われわれをはるかに強くうつ。それは、現実が「なまなましい現実が報道されている最中に……別の現実……が割ってはい」るという、「無関係なもの同士の、偶然に生じた共存状態」だからである。これは後の段落で「矛盾する諸相の共存状態」と言い換えられている。つまり、「現実」は「一瞬前のシーンとはまったく無関係」で、「矛盾」にみちているのである。

D. かつては境界線がずっとはっきりしていた「生活と芸術」は、いまや「区別しがたいもの」になっており、人は、「生活と芸術との双方を……同時に生きるすべを自然に体得しつつある」。それゆえ、「現代芸術」が、「矛盾し、あるいは相互に無関係なさまざまのイメジ」などを結合した新しい全感覚的体験の場をつくるという方向に「全体として進もうとしている」ことは当然の流れであり、「否定」できないと筆者は考えるのである。

(3) 空欄Fに入るのは、情報の発達によって「未知の生活、……未知の惨事や喜びが、この世界にげんにいま存在していること」すなわち「現実」を教えられて、「貧しく、無力である」ことをさとらされるものである。ある現実について「未知」だということは、それについて考えが及んでいないということなので、「貧しく、無力」なのは自らの「想像力」である。第三段落に、「ある個人がその限られた視野のなかに見いだし、構成してみせる世界」よりも、現実の方が「ずっと迫力のある」ものだと述べられているので、これをヒントに、個人の限られた視野のなかで見、世界を構成すること、すなわち「想像」することには限界があり、「現実」には及ばないという見解を引き出してもよい。

2

(1) A．手　B．空
(2) C．ウ　D．オ　E．イ
(3) ア．技能　イ．破綻　ウ．私小説
エ．自然主義文学　オ．絶対的虚構

解説

(1) 徒手空拳＝手に何も持たずに物事を行おうとすること。資本や地位のないこと。

(2) C．都市に入るには「技能が必要だった」が、東京に出てきた葛西善蔵には「学歴も手に職も」ない上に、「女房連れ」というさらなる負の要素があったのだから、添加を表す接続詞「しかも」が入る。

D．空欄後の「神は、絶対の虚構かもしれない」という言葉は、神は「絶対者」であり、「絶対とは〝ある・ない〟という相対的な存在・非存在を越えた」「地球上に存在しない」次元だとする前述の内容を受けたものである。よって、順接の接続詞「だから」が入る。

E．葛西は、「絶対的虚構」を作品の中央に据えることよりも、「ナマのわが身というただ一つしかないもの」を「創作のるつぼのなかに押し入れ」ることで作品の情景をつくりだすという方法を採ったのだから、「AよりもB」である場合に用いる副詞「むしろ」が入る。

(3) ア．都市に入るための「手形（＝許可証）」として必要だったのは「技能」である。だが、葛西は「学歴も手に職もな」いまま上京した。

イ．葛西は、「破綻してみせ」、作品という形で「破綻を世間に報告」した。葛西は、「人生の破綻こそ〝芸術〟への出発だ」と述べている。

ウ．葛西の作品のように、自らの生活を報告する形式は、のちに「私小説」とよばれるものである。

エ．私小説は、「自然主義文学」をうけついだものである。

オ．ヨーロッパの近代文学の中心に据えられたものは、絶対という観念と神学の伝統に基づく「絶対的虚構」である。

3

(1) ③
(2) はないか。

解説

(1) Ⅰ～Ⅲの段落の内容をまとめると、次のようになる。

Ⅰ　ワークショップでは、単なる個の総和を越えた力が生まれる。
Ⅱ　ワークショップでは、人を励まし、力づけるエンパワメントの作用も自然に起きる。
Ⅲ　このような経験から、私は「知恵も力も関係の中から生じる」としみじみ感じている。

Ⅰ、Ⅱはワークショップの効果について述べており、Ⅲではワークショップでの経験に基づく筆者の考えが紹介されている。第二段落にも「ワークショップの現代的な意義は、……『人と人』や、『人と自然』の関係の中から生じる『歓び』や『豊かさ』を、しばしば実感させてくれること」とあるように、「知恵も力も関係の中から生じる」と、独特の表現で筆者の基本的なスタンスを表している。

(2)　まず、提示文では、「また……も、〈豊かさ〉のひとつ」と、ある事柄に続いて「自分らしくあることができること」も〈豊かさ〉だとしているので、「シンプルな歓びの中にこそ……『豊かさ』の一端があ」り、そのような「人にとっての原初的な歓び」が味わいにくい時代だから「モノや情報」への欲望が肥大すると述べた第三、第四段落以降に入るとわかる。また、鈴木秀子氏の言葉を引用し、「自己実現」という人間の根源的欲求を抑圧する今の社会では、「自分らしさ」が失われることを述べた第五、第六段落は、「競争社会の中で……自分自身のありのままをつらぬくことは難しい」とする提示文の内容をさらに深めたものなので、提示文は第五段落よりも前に入る。よって、提示文は第四段落の後に入れるのが適当である。

4

(1)　「自然科学」と「人文・社会科学」を分業させた従来の学問概念を、〔「人工物を管理・改変」処理していく必要性が生じてきたため、〕現在以降は両者を結びつけて考えるように変えること。
(2)　「自然」と「人為」との間のインターフェースに対する学問的な探求
(3)　狭い専門領域の中で、仲間内で研究を発表しあうという安直な状況に満足して、社会と人類に対して責任を持とうとしないこと。
(4)　将来の人類が生活する環境にまで影響を及ぼす状態。

解説

(1)　「改革」とは、制度や習慣をよりよく改めることである。そして「改める」内容を説明するのだから、「以前は○○だったものを、現在以降は△△に変えること」と答えるのが定型である。さて、今回の「以前」に該当する部分は、傍線部①の直後に「学問の対象を、……分業させる」と書かれているので、ここを用いると平易である。「現在以降」は、第二段落以降に書かれているが、特に第四段落の中盤に「こうして見ると、『自然科学』と『人文・社会科学』との分業は、」以降にまとめられている。ここを用いると「以前」の部分も記述されているので、まとめやすい。その中に「インターフェース」とあるので、これが「現在以降」の中心である。そのまま用いてもよいが、注を用いて「結びつける」としたのが提示した解答である。なお、解答スペースに余裕がある場合は、なぜそれが必要となってきたのかという理由を付したい。このことを原則とするようにしよう。〔　　　〕内がこの理由部分であるので、スペースが狭いときには省略する。

(2)「そこ」には「新しい問題があり……新しい可能性がある」と筆者は考えているので、「そこ」が指しているのはこれまで研究されてこなかったこと、つまり自然科学でも人文・社会科学でも「免れさせてきた」、「『自然』と『人為』との間のインターフェースに対する学問的な探求」である。これまで「学問の対象を、自然と人為とに分断し……分業」での研究は進められてきたが、両者を結びつけて考えるような探求は行われてこなかったのである。

(3)「新しい問題に取り組む」科学者は、「誰に対しても責任をとることを求められず……同僚だけのために論文を書くこと」を許されない。言い換えれば、このような姿勢だから、「専門領域のタコツボに安住する『スペシャリスト』」は「新しい問題に取り組む」のに「不十分」なのである。「タコツボ」とは、ここでは、閉鎖的な空間・状態の喩えで、現在の「スペシャリスト」が、自分の「専門領域」を追究するだけで満足し、他の領域のことまで考えようとしないことを、「専門領域のタコツボに安住」していると言っているのである。そのうえで、「安住」という言葉に即した表現として「安直な状況に満足して」と加えることにより、できるだけ本文にふさわしい表現の作成に努めていくとよい。

(4)傍線部④を含む一文の冒頭の「それ」との因果関係から、「科学技術の力」がどれほど「大きくなった」のかを考える。「それ」は、前の段落の「遠い将来における人類の住家としての地球環境全体にも及ぶ責任」が今のわれわれに課せられたことである。これは、「われわれの手にある科学技術の力が……大きくなった」必然的結果であり、今日の「われわれの知識と技術とが……遥かな将来にまで、影響を与えるほどに大きくなったという状況」にあるから必要なのである。

5

(1)ウ　(2)言語（言葉）

(3)思考を深めることなしに、その場しのぎの安易な表現を用いること。

(4)日常言語を駆使した表現で論理的思考が行えなくなったということ。

解説

(1)直前の「それ」は「日本の伝統的思想に染まっていない新語」を指す。新造語は「正確に言葉を翻訳する、思想を翻案する」精神に基づいて作られたのだが、「思考の極限の緊張なしに『正確』という規範を護符として」、すなわち表現のためにどうしても新しい言葉を作らねばならないという必要からではなく、ただ「正確」であることのみを重視して作られたため「思考を無用に晦渋に」する、というのが筆者の考えである。第一段落で、日本の哲学が「韜晦な表現」によってイメージづけられたと述べているように、新造語が用いられることによって、哲学的思考は、日常とはかけ離れたわかりにくいもの、現実感のないものとなったのである。なお、「韜晦」は自分の才能や身分、行為などを隠して人の目をくらますこと、「晦渋」は言葉や文章が難しくて、意味や論旨がわかりにくいことである。

(2)「思考の媒体に濃やかな神経を配ったがゆえに……手に入れるはずであった」「それら」は、「ともに言語にもっとも繊細な神経と論理的精緻さを注ぎ込んだ流派」、すなわち「分析哲学」と「現象学」を指している。よって、両派が「濃やかな神経を配った」「思考の媒体」とは、「言語」（言葉）のことだとわかる。

(3)「言葉をゆるめる」ことは、〈哲学〉における「日常言語そのものの自己批判」を平易な表現でめざすことの「正反対」である。筆者は、それを「誤解している文章が少なからずある」と指摘し、続く第三～第六段落でその具体的な例を挙げている。

・ある「文体」、「表現のスタイル」に則って思考しなければ表現できない世界があり、表現に対する「スタイルの意識が失われる」と「言葉はゆるむ」。（第三段落）

・通常の文法や語法では表現できないものを表現するために作られた新造語には、その晦渋な表現の中に「思考の極限の緊張」が表れるものだが、「日本の哲学的表現」に一時期氾濫した無用な新造語は、ただ正確であろうとしただけのもので、かえって思考を難解にする。（第四段落）

・昨今の「お詫び会見」では、言葉の曖昧さや多義性が、「表現を深めるため」ではなく「表現をごまかすため」に用いられている。（第五段落）

・分析哲学と現象学では、「言語にもっとも繊細な神経と論理的精緻さを注ぎ込んだ」が、思考の媒体（＝言語）に神経を配りすぎて、解釈の精緻さをきびしく要求するあまり、「別の韜晦へ入り込んで」しまった。（第六段落）

これらを考え合わせると、「言葉をゆるめる」ことは、極限まで思考された表現ではなく、その場しのぎの、どうとでも受け取れる表現を用いることだと考えられる。筆者は、ある現実（事象）を抽象化して評価し、判定する哲学的思考において、平易な表現による「日常言語そのものの自己批判」、つまり日常言語を見直して平易な言葉で捉え直すことを「たいへんに望ましい」ことだと考えているが、それを誤解した、思考の不十分な表現の文章が多いと述べているのである。

(4)「じぶんのナイフ」とは、分析哲学や現象学が「世界をきるために持っていたもの、すなわち「濃やかな神経」を配った「思考の媒体」＝「繊細な神経と論理的精緻さを注ぎ込んだ」「言語」のことである。この流派では、言語に濃やかな神経と論理的精緻さを求めることで、世界を「濃やかな視線」で捉えるはずであったが、あまりに精緻であろうとしたために、日常言語を駆使した論理的思考によって日常を捉えることができなくなってしまったのである。

6

(1) 歌仙百韻　(2) エ

(3) 蕉翁の心構

(4) 談林派では、附き過ぎるのを軽蔑する気風が強く、奔放な空想によって世界を描くことが好まれた上、感興の統一によって思い切った趣向や頓狂な空想が指導、継承され、じみちの方へ引き戻されなかったから。（九十五字）

解説

(1)「俳諧の連歌」の難解さを支持した「連衆」を、仲間の心持を理解し得た「歌仙百韻の席に列なるほどの者」と換言していることから、「歌仙百韻の席」が俳諧の連歌の会を指す言葉だとわかる。

(2) 我々が俳諧の附合を「追い縋っても覗こうとする」のは、「ただ時代が近いからという親しみ」からではなく、「今の時世の研究や穿鑿」が「遼遠の昔へこそ傾いて行こうとしている」からである。つまり、現代では、はるか昔を研究、穿鑿しようとしており、「俳諧には時代の生活が現われて」、他の書物からはうかがい知ることのできない「平凡人の心の隅々が……保存せられてい」るから、我々もこれを興味深く取り上げるのである。

(3) 芭蕉（蕉翁）は、「奇警にも奔らず、さりとてまた常套にも堕せずして、必ず各自の実験の間から、直接に詩境を求めさせ」ることを心構えとしていた。芭蕉は、奇抜さやありふれたことではなく、自分の実感に基づいて俳諧を作ることを心構えとしていたから、「精彩を帯びたる生活描写」が可能であったのである。

(4)「思い切った趣向」に対しては「一段と頓狂な空想」で立ち向かわざるを得ず、「それ（＝思い切った趣向）を静かに観て引き締める者がなかった」ために、談林派は「花火のような結末」を迎えたと、筆者は推測している。第一段落で、「突兀意外を常法とした結果、あまり附き過ぎるのを軽蔑する気風を生じたこと」の「功罪の七八割」が談林派にあると述べているように、宗因の一派は、「あまりにも空想が奔放で……故事と世事とを最も豊富に援用しつつも、自分たちは……勝手な夢の世界を描き出していた」（第三段落）。そして「この趣味の誇張は末永く継承せられ……ニオイとかヒビキとかいう説法が繁昌する」。また、経歴と心境との似通う「連衆」は「改めて感興の統一によって、鋭敏に仲間の心持を理解し得た」し、「それをまた指導して行こうとする中堅の力もあった」。これらの理由が相まって談林派の連歌は「じみちの方へ引き戻」されることなく、「奇襲」に奔って「花火のような結末」に到るのである。

7

(1) a 傾向　b 潜　c 濃密　d 募

(2) ①

(3)〔解答例〕
人間関係の見通しを良くする目的でキャラを演じあっているという予定調和の関係は、他者との衝突が起きず客観化できないため再構成がなされないから。（七十字）
〔別解〕
互いに必要な役回りを演じて衝突の危険性を回避する予定調和の関係では、他者の反応から自らの客観的な姿に気付いて関係を再構築することがないから。（七十字）

(4) ⑤

(5)〔解答例〕
キャラには単独性が保証されないため代替可能性への不安が増長してしまい、ここに居るのは自分でなくて

もよかったという疎外感を抱くという点で、能面のシテとは異なるということ。（八十四字）

解説

(2) 言い換え問題は、本来傍線部と等しい内容になるものを選ぶが、今回は指示語が入っているので、ここから思考をスタートさせるのが王道の解き方である。すると前段落の内容を踏まえていることが必然となり、A―「現実界」と「夢幻界」との演じ分け、B―シテの心象風景の特徴の強調とそれをシンボル化した能面の切り替えによる異界への移行、の2点が挙げられる。これに相当する内容を選ぶ。

また、傍線部には「この能面の役割を担う」とあるので、この部分が正確に置換されていることも必須条件である。今回の選択肢の表現は全てこれを満たしている。そこで前述の内容から判断すると、①「特徴を強調し……演じ分ける」が合致している。②「安定した枠組みを与える」③「単純かつ明瞭な造形を持つ」④「相手の反応を読み取りにくくして人物像を純化する」⑤「役者の視野を狭くして」がそれぞれ前述の内容に合わない。

(3) 直前に「ですから」とあるので、「予定調和の関係を実現するということ」が不可欠と分かる。するとその主体である「人間関係の見通しを良くするということ」も必要と分かる。これらを基にした解答を作成する。

次に、「初期設定（された関係）が、既定の（バージョンの）まま延々と続く」ということは「関係が変化しない」ということになる。このことを踏まえた解答部分も必要である。

最初の解答例は、傍線部より前の情報を基に作成したが、別解では傍線部より後半の情報を基に作成した。どちらでも可である。

(4) 同じ段落内に「自分の居場所が脅かされることもありません」とあるので、自分個人のことを基盤にしていることが分かるが、⑤は「集団の安全」となっており対象が異なるので不適当である。

(5) 「ここ」＝「自己の単独性がそこでは保証されえない」ということが不可欠である。そして、なぜこのことが生じるのか、つまり疎外感＝代替可能であるという不安感、という点を根拠として書き加えることが必要である。

8

(1) ⑤　(2) ④　(3) ④　(4) ②　(5) ①

(6) ④　(7) ①

解説

(1) 遡行　⑤の遡及が正解。

①　阻害　②　疎遠　③　組成　④　素因

(2) イは、逆接が入るとすぐに分かる。イの前後を見ると、「難儀なもの」だから「相当な時間を要する」→「どこでもそれをすることができる」は明白に逆接である。これで④⑤に絞れる。それからアに遡ると、「つまり」では直前の「それを言うなら」に合わない、「むしろ」ならば「言うべきであろう」という述部に合致するので④が正解。

(3) 補う文の「『別の』更新」に注目する。Cの段落に「こうしてどんどん更新されてゆく」とあり、ここでは「習慣の獲得」と定義されている。そして次段落では「意識の…移行」ということに話題が転じているので、『別』の面が述べられている。このことから、この間に補う文が入ると判断できる。

(4)　bcにある指示語「そういう」を考えることが肝要だ。直前に「他のいずれの身体部位においても反復可能」とあるので、「いずれでも可能」＝「一般的」と分かる。これを「そういう」が受けており、bもしくはcが最初となる。つまり②③に可能性がある。そして「一般」のことはbとcでしか述べていないので、bcは連結しているはずだ。この点から②が正解と判断できる。

(5)　直前の「能力を拡張してゆくこの過程が、同時に、道具の特性が〈わたし〉のなかに流れ込んでくる」とあるので、「流れ込んでくる」に相当する言葉が必要だ。①の「なじんでゆく」はまさにこの状況に合致している。他はこの「流れ込んでくる」に該当しない。

(6)　傍線部に「自己を拡げてゆく」とあり、これが同段落最初の「（自己の）能力を拡張」である。このことに合致していなくてはいけない。①は「理解」なので×。②以降は「可能」面で述べられている。

次に傍線部は「使用とは」が主体であり、「統制下に置くということではなく」とコントロールを否定している。そもそもこの段落最初で「流れ込んでくる」という自然性・受動性が述べられていた。②は「身体の使用」が条件となっていて、この自然性・受動性に反する。⑤も「みずからの構造を物に押しつける」が同様に×。③は「〈式〉」の「転移」によるものであり、これはB段落最後の「さらに別の、より根源的な使用の次元がある」という点の前の内容であり、「別の」次元ではない。④は「意識の陰に隠れ、自動的にからだが動く」と自然性・受動性を踏まえた記述となっていて好ましい。

(7)　内容合致問題は通常国語の最大の目的である「趣旨の理解・把握」に関するものを問うている。この文章の最終部分を読むと、「自己の拡大」を述べており、これが趣旨となっている。また、最終部で「第二の自然」とも言っている。これらの点を踏まえた選択肢は①と③である。傍線2の直後に「道具を呑み込んでゆく過程は、道具に呑み込まれてゆく過程でもある」と双方向性になっているのに、③は「呑み込んでゆく」側しか述べていないので×。一方①は「道具を呑み込み、呑み込まれてゆく」と双方向性になっているので○である。

9

(1)　③　(2)　⑤　(3)　④　(4)　①　(5)　①
(6)　④　(7)　⑤

解説

(1)　接続詞・副詞の空欄補充問題だが、今回は組合せを選ぶ問題となっている。こういう時は、確実なものを先に埋めるのが鉄則である。アは、上が「原っぱ」であり、下も「原っぱ」なのだから、等しい意味の「もちろん」が正解だ。イはやや難しい。直前の「朽ちたとはいえ鉄条網や万年塀で、たいていは四角く区切られていました」とあるので、「網や塀」がある所は遊ぶ場所ではないから、「端」となり、それ以外の場所が「中心」となると分かる。したがって、因果関係を示す「だから」が正しい。ウは前の部分になる「馬がつながれていた」と直後の「もう馬は飼われていません」から逆接が入ると容易に判断できる。エは、「斜線制限のような」の「ような」から例示と判断できる。結果として、イ以外を優先すると平易と思われる。

(2) 語句の意味問題は、知らないと解けないわけではない。言葉を正確に見ると分かる場合がある。今回は「取りつく」(ための)「島」が「ない」のだから、「島」に「取りつけない」となり、「島」が比喩であり、ここでは「場所」の意だ(島も場所の一つである)。ここから、正解は⑤の「手がかりがない」と判断可能だ。

(3) 脱文補充問題である。この形式の問題は、補充する文をまず考える。すると「これらは」と指示語が複数になっており、「こそあど」言葉の「こ」だから直前(近称)を指している。さらに、「三つの相」からその中身は三点と分かる。このことから、直前に「原っぱと野原と遊園地」と三点記しているDに入ると確定できる。D以外に直前が三点のものはない。正解は④。

(4) 「 I 」ようにつくられた家はいい家とされます」とあるので、「よさ」を意味する①が正解。

(5) 傍線部2は「満載」。①「記載」②「決裁」③「国債」④「植栽」⑤「異彩」だから、①が正解。

(6) 選択肢を見ると、主体が異なっている。この傍線部のある段落は、「原っぱ」のことを述べているので、④か⑤ということになる。そして最初に傍線部自体の検討をする。「目的を持ってつくられた空間には」「形式的な首尾一貫性」があるのだ。この「首尾一貫性」は、④⑤ともに言及している。次に見るべき部分は、傍線部の直前と直後である。直前には「ある目的によって達成された質がたしかに存在しているけれど、その目的自体が消えて見えなくなってしまった空間でした」とあるので、「目的」はあったが「消えて見えなくなっ」たのだから、「目的放棄」としている④⑤はともに該当する。今度は直後を見る。「それは自然発生的に増殖した空間にはない」質なのだから、これが存在していることとなる。④の「無根拠」という言葉が気になるが、「目的消失」なのに「首尾一貫性」が残っているので、「目的消失」=「根拠消失」と考えればよい。⑤は人間がこの「首尾一貫性」に「従属している」という内容だから誤りである。

(7) 本文合致問題の多くは、主論(テーマ)を問うている。最後の四段落からは、東北の「曲がり屋」について述べており、これが、(a)「本当の目的でなくなってしまった」(b)「自由な」空間ということで「原っぱ」の空間との共通性を述べている。そして最終段落では、この「曲がり屋」が(c)「ひとつの魅力的なものとして使い切ったことによって生まれる」、(d)「首尾一貫した独自な空間が得られ」るとし、そのことによって(e)「人の生活の欲求とは一度縁が切れた、いつでもあたらしい楽しみが発見できる空間となるのだ」と述べている。これが主論(テーマ)である。選択肢の中で「曲がり屋」のことを述べているのは⑤なので、これをまず検討する。「かつての目的が失われてしまった」は(a)に、「無根拠な形式が残される」は⑹の正解と（e）から、「独自に楽しい」は（b）（d）（e）にそれぞれ該当するので、正解と分かる。要するに、「曲がり屋」は当初は目的をもって首尾一貫性が備わっていたが、人々の生活環境の変化に伴い、本来の目的ではなく「原っぱ」と共通する自由な空間になると述べられているので、⑤が正解。

①は「喜びを見いだす」が本文の「閉塞感を感じ」ることと不一致。②は「『原っぱ』の空間を追求することによって」と「原っぱ」を求める対象としているが、本文では「そのなか（＝多くの要因）のたったひとつを最も大切にして、それを追求した」結果生まれるものが「『原っぱ』の空間になる」とあるので因果関係が逆。③は本文に「こどもたちが自分たちで『創造的に』なにか遊びの約束事をつくるには、野原だと取りつく島がなさすぎた」とあるのに「約束事を手に入れた」となっており誤り。④は本文に「土管は下水管としての本来の目的から外れ」とあるのに「下水を通すという本来の目的を維持した土管」となっており誤り。

10

(1) 欲しいものは何でも与えられ、不自由のないはずの景子が、本当は何を欲しているか知りたい気持ち。（四十六字）

(2) エ　(3) 可愛い唇

(4) 無心で泳ぐ鴨は、惇一が人間の幸福感について考えるきっかけであり、「人間は和解さえしていれば、本当に幸せなものなのだ」という結論への導入部（としての役割を果たしている。）（六十八字）

解説

(1) 景子は「一方的に惇一を無視しつづけていた」。そのため、惇一は、食堂で二人きりになったときも、「声をかけようかと思」いはしたものの、「気まずくなる」のではないかという気持ちが先に立って、景子に声をかけられないでいた。しかし、那千子と景子の言い争いという思わぬ形で、惇一は、景子の心情を知る機会を得る。那千子と景子の親子ゲンカに対して、他人である惇一は「居心地の悪い思い」をするが、それ以上に、景子が周囲に対して何を望んでいるのかが気にかかり、「聞かずにはいられ」なかったのである。

(2) 景子は、那千子から「金で買えるもの」を与えられていれば「それでたくさん」だと言われて「黙った」ものの、「ほうら、答えられないでしょう」と高飛車に言われると、「どこの親も、そんな馬鹿馬鹿しいことを言う」と反論する。「うちには宗教がない」という発言に現れているように、景子の「欲しいもの」は「金で買え」ないものであり、精神的には満たされていないのである。よって、「ちらりと惇一を見」たのは、自分が母親に反抗するためではなく、「金で買えるもの」があれば十分だという那千子の言葉に首肯できないから反発することを示すためだと考えられる。

(3) 惇一が「生き返った」と思う以前の景子は、「乱暴な足音」、抗うような「強い視線」、「弾き返すような言葉」を有し、母親に痛烈な言葉を叩きつけるような少女として描かれている。惇一に対しても、「一方的に惇一を無視しつづけて」「非礼を、決して謝まろうとはしなかった」。だが、「本当の景子」

は、子供たちと遊んで明るい声を出し、時々惇一に向かって手をふったり赤んべえをしたりするような少女である。「昨夜」の場面で、このような可愛らしさを景子が全く失ってしまったわけではないことをにおわせているのは、口笛を吹いたときの「可愛い唇」という表現である。

(4) 惇一は無心で泳ぐ鴨を見ながら、「鴨にも幸福感というものがあるのか」と思う。さらに、鴨の姿に昨夜の出来事を思い出し、景子の「一番生まれたくない家に生まれた」「うちには宗教がない」という言葉について考える。これらを考え合わせると、惇一が鴨に投影しているのは、幸せとは何か、ということだろう。よって、鴨は、惇一が幸福感について考えるきっかけであり、「人間は和解さえしていれば、本当に幸せなものなのだ」という結論への導入部だといえる。

11

(1) 高価なやきものを生活の中に自然に取り入れている状況が、隆吉の落ち着いた暮らしぶりと人柄に調和している様子。

(2) 高能の青磁は鋭すぎて、年をとりすぎた蒐集家の自分にはそれを支えていく自信がなかったから。

(3) 若い男を見送りに行く娘の不見識、娘と出ていく男の馴々しさ、それを全く気にしない妻の鈍感さにいらだちを覚えている。

解説

(1) 隆吉の家では、「高価な茶碗を使っているという仰々しさ」がなく、隆吉も影山泰良の志野茶碗で「無造作にお茶を飲んで」おり、それが「ごく自然にみえ」ている。このように、やきものを自然に使う暮らしと、客に高価なやきものを見せびらかすのではなく、「頃合いに次々と」出してもてなす隆吉の落ち着いた人柄が調和して、「家の雰囲気に茶碗はよく似合ってみえた」のである。

(2) 陶器の蒐集は、陶芸に「荷担して」、「陶芸を支えること」である。隆吉は、泰良の志野を「情趣があって、たのしい」と思う一方で、高能の青磁は「鋭すぎて怖い」と評している。つまり、隆吉は、高能の青磁の鋭さを受け止め、支えていくほどの気力は「もう年をとりすぎ」た自分には持てないと考え、「青磁に従いていって、追いつく」には、自分は「もう年をとりすぎ」だと思ったのである。そして、「良いものを求める」きびしさを熟知しているがゆえに、若い須恵子が「青磁に惹かれていく」ことに「同類の哀れみ」を感じたのである。

(3) 同じ段落で、須恵子の「不見識に腹を立てて」、小堀を「不愉快」に感じ、明るく呼びかける妻に対してさえ「眉を顰め」る隆吉が描かれている。隆吉は、須恵子が小堀をバス停まで送っていったことが腹立たしく、見送りを断らなかった小堀にも、男と二人で夕暮れの道を歩いていった娘を案じない妻にもいらだちを感じており、たまたま目についた蟻に八つ当たりをして、「踏みつけ」るという行為に出たのである。

12

(1) イ　(2) エ

解説

(1) 三吉は、河田師範に「にんにく」という渾名をつけて有頂天になるが、級友の、河田師範に対する侮蔑的な発言をきっかけに、渾名の命名者になろうとした自分の軽薄さを深く反省する。そして、彼の後悔は単なる反省では終わらず、「先生に対する恐怖」や「自己嫌悪」となって彼自身を責めたのである。よって、言動を自省して傷つく少年の性格としてはイが適当である。

(2)　前半では、自分の「命名した渾名を圧倒するのではないかという懸念が生じた」ことをきっかけに、渾名の命名者の「悪意」を憎み、それがどのような形で自己反省につながるかが丹念に表現されている。後半では、情景描写に巧みに三吉の心理描写を織り交ぜながら、三吉が「渾名の命名者」として心にかかえている痛みが描かれている。

13

(1)　理屈を言えば、太陽の大きさは同じはずだが、作者は感じたままに表現し、それが感じたままに読者に伝わってくる。

(2)　特に技巧を用いず、目に映ったものをそのまま表現している、ということ。

(3)　残雪の上で気持ちよさそうに体をのばす蛙の姿がのどかな春を象徴しているということ。

(4)　B．口の中で、魚の小さな目玉を転がしながら、先程の魚の味を思い返している。その喜びをいつまでも味わっていたいと思う気持ちが初句、二句によく表れている。

C．「悲しき記事」とは痛ましい事件の報道だろうか、あるいは知人の死亡記事だろうか。だが、その悲しみも、寒い冬の夜に温かい食事をとるという幸福感に打ち消される。日常における何気ない心情が共感を呼ぶ。

解説

(1)　「『小さくなりて』がいい」のは、「感覚を説明的に表現」せずに、日が小さくなったと感じた詠み手の感覚をそのまま表現しているからである。太陽の大きさが変化するはずはないのに、「小さくなりて」と表現することで、「先程まで大きく見えていた夕日が山に隠れるくらい小さく見えた」という作者の感動をそのまま伝えることができる。理屈抜きで感じたままを表現し、伝えようとしている点を筆者は評価するのである。

(2)　Aは、特に技巧も用いられていないので「わかりやすくて」、通りがかりに目に映ったものをそのまま写しただけの「散歩の途中のスナップ写真」のような歌である。「歌であることを一瞬忘れてしまうくらい」自然な前出の二首同様、「何気ない」ようだが、むだな言葉がなく余韻のある歌だと筆者は評価している。

(3)　蛙が「春を表現している」ということは、「体を平ぶ」蛙の姿が春を象徴しているということである。筆者は、厳しい冬が去り、残雪の上で体をのばしている蛙の様子を「気持ちよさそう」だと述べている。

(4)　本文中の三首と同様に、自然な言葉遣いで、日常の感動を素直に表現している点を読み取る。

B．「目玉」はさっきまで食べていた魚の「名残」であり、作者はそれを味わい続けて、食事の余韻を楽しんでいる。鑑賞文では、「塩からき魚の目玉」をなめて、「名残とはかくのごときか」と思う作者の心情を説明すること。

C．新聞記事によってもたらされた「悲しみ」も、「冬の夜の飯」によって忘れることができる、という歌である。鑑賞文では、「悲しき記事」と「冬の夜の飯」の対比を捉えて、主題となる気持ちに言及すること。

14

〔解答例〕

・グループ学習を用いて文章の要旨を読み取らせ、読み取った内容を様々な視点から検討することで自分の考えを深めさせる。

・検討した内容をグループの代表が発表し、質疑応答をすることで、文章をより深く理解できるようにする。

解説

通常経験や関心を異にする「他者」は、異なる視点に気づかせ、理解を深めてくれる働きをするので、他者と共同で理解活動を展開し、問題解決に取り組むことは有意義である、というのが本文の主旨である。この理解と問題解決における他者との共同作業がもたらす利点を文章読解の授業に組み入れることで、意見交換によって文章への理解を深める授業が展開できる。

15

〔解答例〕

●利雄の境遇

・病気の母親を療養所へ入れるためにナザレト・ホーム（孤児院）へ来た。

・帰る家はなくなってしまった。

●利雄の心情の推移

・ナザレト・ホームへ着いたとき

ずいぶん美しいところだ。（感心）

カナダ人の主任神父に感謝しなければならない。

・昌吉と初めて顔を合わせたとき

気押された。

「針を刺された蝶のような気分」

（この気持は最後の時まで変わらない。）

昌吉の行動	利雄の行動	利雄の心理
利雄を無視	入っていいのか見当がつかず、もじもじしていた。	戸惑い
「いつまでそこに突っ立っているつもりだ」 行李の音に舌打ち 「勉強がしにくくなった」	慌てて部屋に入る。 首を縮めた。 「すみません」と小さくなって言った。	恐縮
平手打 「母というな」		家に帰りたくなった。心細さ、不安
	気持を抑えるために、母親に葉書を書く。	
竹の定規で利雄の左手を打つ。 「おれの前で二度とお袋に葉書など書くな」	涙が滲み出る。	昌吉の前で「母」という言葉が禁句なのだと思う。 悲しみ、孤独の辛さ

解説　心情を表す表現を拾うだけでなく、それが何によって引き出されているのかが、生徒にわかるような板書を考えること。また、文学的な表現にも目を止めさせることで、より細やかな心情を把握できるようにする。

16

〔解答例〕

Ⅰ　徹夫が「ピンチヒッター、加藤！」と、無人のグラウンドに怒鳴った場面で、智の心情を想像させる。

Ⅱ・試合が終わったのに、どうして自分を打席に立たせるのか父の考えが分からないという気持ち。

・試合に出場できなかった自分を、父は励まそうとしている気持ち。

・野球が好きで、中学入学後も野球部に入るという自分を父は喜び心から応援したいと願う気持ち。

Ⅲ　グループごとに父（徹夫）の「努力は必ず報われる」という考えを踏まえて、この場面の智の心情を話し合う。報告会を開き、グループごとに智の心情を発表し、よりよい考えを生み出すために質疑応答をする。報告会での他のグループの発表を参考にして、さらにグループで話し合い、智の心情をまとめる。

解説　指導計画を立てる際に、あらかじめ生徒が多様な解釈をしそうな箇所をチェックし、どのように対処するかを考えておくことも、授業をスムーズに進める上で大切である。生徒の主体的、個性的な発想を誤りとはせずに、そのように考えた根拠を述べさせ、質疑応答や意見交換を通じて、それぞれの生徒が自分の考えを広げていけるように指導することが大切である。

1

(1) ①ア　②エ　③ウ　④ア

(2) a. とぼ　b. おちい　c. すす　d. しさ

(3) A. ウ　B. オ

(4) 神もしくは自然は

(5) 「読書における濫読」と「恋愛」とが、先人が戒めても後の者がその戒めを守らず、同じあやまちを繰り返すものの、そのあやまちから自分で何物かを学び取って、飛躍的な発展の契機とすることができるという点。

(6) 自分の専門の読書しかしないために、多面的で正しい見通しが得られない、一般的教養を欠く一面的な人間。（四十九字）

(7) 多読…濫読を始原とするものの、たくさんの本を読むことで、多面的な人間を生む可能性も有する読書の仕方。

濫読…初期の段階ではよいのだが、脱却できないと方向も目的もない、多くの本をむやみに読む読書の仕方。

博読…多読ではあるが、自分の有する専門と一般的教養とを結びつけて真の教養とするために行う読書の仕方。

(8) 〔解答例〕

私は、生徒が将来「博読」を実践し、自分の専門を社会や人生に役立てることができるようにするために、まずは今までに読んだことのない作家やジャンルに広く触れさせるようにしたいと思います。そのために、国語科の授業では、ビブリオバトルをさせようと思います。

生徒たちは、読書習慣は身に付けたものの、読んでいる本は、同じ作家の本ばかりであったり、同じようなジャンルばかりであったり、偏りがみられます。そこで、ビブリオバトルを行うことによって、これまでに読んだことのない作家やジャンルの本と出会うことができ、本を選ぶ際の視野を広げることができると考えるからです。また、自分がそれまで知らなかった作家やジャンルの本の面白さや良さなどについて、友人の言葉で語られることによって、聞き手が「読んでみたい」という興味・関心を喚起することができると考えるからです。

概要

第一段落……古来濫読は戒められており、これは大切な教訓である。しかし「濫読」によって自分の気質に適した読書法に達するのだから、価値があるのだ。とはいえ、いつまでも濫読に止まっていてはよくない。これでは真の読書家にはなれない。

第二段落……読書では一般的教養を心掛けることは大切。教養を具え、一面的な人間にならないためにも「多読」は必要であり、それは結局「博読」となるのだ。

第三段落……「濫読」と「博読」との区別は専門を有するか否かにある。何等の方向や目的のない読書は「濫読」であり、その逆が「博読」である。そしてこの専門によって一般的教養も生きてくる。これが真の教養となる。

解説

(3) Aは直前に「よりも」とあるから、比較する語が入ると分かる。「○○よりも、むしろ△△」が浮かぶはずだ。

　Bは「目的のない読書」＝「読書のための読書」となっているので、言い換え表現となる語を選ぶ。

(4) 長い一文だが、最初の部分に主語を示す助詞「は」がある。

(5)「読書における濫読も」と直前にあるのだから、片方は濫読である。そして「も」と書かれているのだから、同様のものはこれ以前にある。すると前に「例えば、恋愛の危険については」とあるので「恋愛」が同様のものだと判明する。同様の関係は、「老人が」『再び同じあやまちをしないように』「青年に対して与える教訓」とある。読書でも「濫読」は「危険」と戒めることが述べられているので、ここを説明すればよい。

(6) 次行に「云い換えれば、一面的な人間」とあるのだから、この「一面的な人間」が「どのような人間」なのだと判明する。そして、この後に「一面的な人間にならないために」が書かれているので、これらのない人間が「一面的な人間」ということになる。ただ、要素を羅列すると長くなってしまうので、それらを網羅する言葉を考えたい。

(7)「濫読」は始まりであると、二行目にある。これが「多読」となり、第二段落最後の部分から、「多読」の好ましい状況が「博読」であると読み取る。まずこのことを押さえたい。次に、それぞれの定義を本文から探すが、「濫読」＝「多くの本を濫りに読む」ことであり、「多読」＝読み方によっては、「一面的な人間にならないために必要な読書」にもなる。つまり「濫読」は否定的なもの、「多読」は肯定的になる可能性を持ったものなのだ。そして「博読」とは、専門性を有する読書であるが、この専門性と一般的教養が結びついて、「真の教養となる」と最終部分に述べられている。このことを含めた解答を作る。

(8) ごく一部の加筆を除き、県の発表した解答例を記載した。多々書き方はあるので、これにとらわれることはない。ただし、設問の三条件はすべて満たす必要がある。そして大事な点は設問を正確に読み取ることだ。「読書習慣を身に付けた生徒に対して」であり、「読書の質を高めさせる」ための指導を問うているので、「読書習慣」を前提にした指導方法を語るのが望ましい。つまり「質を高めさせる」ことのみが求められているのだから、ありがちなたんなる、「朝読書」とか「長期休暇中の課題」とか「図書室（館）の利用」では不可となる。
　また、学習指導要領で求められている指導、例えば「主体的・対話的で深い学び」か「教科横断的」観点などと連関させた指導を述べたい。解答例はまだ一般的とは言い難い「ビブリオバトル」を挙げて、「対話的」とそこから派生した「深い学び」について言及している。解答の仕方として参考になるだろう。

2

(1) ウ
(2) エ
(3) イ
(4) ア
(5) オ

(6) エ
(7) オ
(8) エ
(9) エ
(10) ウ
(11) ア
(12) イ

解説

「中学」で出題された問題だが、高村光太郎著の古い文章のため、本文はなかなか難解であり、「高校」としても適切な問題である。とはいえ設問自体は難解ではなく、解法は国語の原則を守れば、正解を導くことができる。

(1) 本文を読むと、「彫刻の彫刻たる所以が立体感に基く」と二行目にあり、彫刻を知る第一義は、「立体感」に基くと述べられている。したがって、彫刻の「意味」とは「立体感」であり、アかウに正解が絞られる。そこで傍線部を正確に見ると、「いかなる断片も意味を有する」であるから、アの「一部」は等しくない。ウは「どれも…本質を内に持っている」だから、ウが適切。

なお、「立体感」の筆者の定義は、第二段落の最後に「立体感とは…小宇宙感。」と詳細に述べられている。

(2) 「眼目」とは、「肝要な点」の意味だから、エ「要点」が正しい。また本文は、「存在そのものが眼目であって、何であるか、何をしているか、は二の次の事である」とあるので、二の次ではないこと、つまり最も大切なことと、本文からも解釈できる。

(3) 直前に「写真は唯作品の状景のみを写す。一番の肝腎の点を誤り伝える」とあるから、写真は「立体感」ではなく、「状景」の伝達と分かる。すると「状景」と同意と解釈できる「状況」が好ましいと分かる。また「だけ」とあるから、「立体感」は含まれない。したがって、イが正解。

(4) この第三段落から、「立体感」よりも肝腎な根本生命である「詩の魂」について論究している。そして、空欄の後に、「立体感をまでも生かすのは彫刻家の内にある詩の魂である」から、「詩の魂」が最重要なものと分かる。さらに後ろには、「これ（＝詩の魂）があるからこそ、そもそも彫刻もはじまるのである。この根本なくして何の立体感ぞ」とある。つまり「詩の魂」は彫刻を生かす「根本」なのである。

さて空欄の直前は、「（本来は『肝腎な』詩の魂を重視すべきなのに、）立体感を重視しすぎると、彫刻の生命が」との意である。そして空欄の直後に、「生命がかえって圧しつぶされてしまう」とあり、「生命がなくなること」の意となるので、選択肢の中で、「生命がなくなること」の意を持つア「無機的」が正しい。

(5) 「翼を持つ」が「自力で飛び立てる」の意だと分からなくても、この傍線に続いて、「彼（＝詩の魂）は元来自由の生れであり、如何なる桎梏の下に置かれても変幻出没更に不自由がらない。どんな牢屋に入れて置いても（＝不自由な束縛状態に止めておいても）平気で出入する魔法を知っている」とあるから、ここから読み取れる。そこで選択肢から「束縛」

を受けないものを探すと、ウとオが該当する。そして、さらに後ろを読むと、「(彼は) 頓着しないでも真の彫刻が必然にかくの如きものであるべきを知っている」とあり、探さないでも知っていることになるので、ウの「真の芸術を探して」が不適当となる。オは単に「芸術の中にあって」としているから、(やや物足りない表現ではあるが) 誤りを含んでいないので、これが正解となる。

(6)　傍線部より前に、「芸術が窮屈になり得ないのはこの (＝詩の) 魂のおかげである」とあるので、実際の問題はここのみでこの問題の正答が分かる。

(7)　すでに説明したように、「詩の魂」が最重要であり、次に重要な「立体感」をそれが成り立たせるということが分かっている。また、直前にも「立体感はあらわれであり、詩魂はいのちである」と言っている。だから、「立体感」を成り立たせる「詩の魂」が不可欠となるから、空欄は「詩の魂」である、オ「詩魂」が正解となる。

(8)　直前に「第一義以前のものに属する」とあるから、事前から存在するものと考えられる。エの「胚胎」は、「物事の起こる要因をもつこと」という意味であり、起こる要因、すなわちもともと存するから、この「胚胎」が正解となる。

(9)　ここでは「ただし、しかし」の意なので、エ「接続詞」が正解である。

(10)　傍線部は『論語』為政編からの引用である。「廋」に「そう」と読みがなが付いているが、『論語』での訓読は、「かく (さんや)」である。つまり傍線部は「人間は隠せないものなのだ」となり、ウが正解と分かる。ただ、これは「かく (す)」と読めた場合である。それが読めない場合はどうするのか。この傍線部の直前に、「どんな術を施しても蔽う事の出来ないものはこれである」とあり、その直後に傍線部があるので、間に「すなわち」「つまり」「言わば」などが省略されていると考えればよい。引用の形には、言いたいことを言った後に、引用を置き、直前の主眼の言い換えとなるものがある。今回はこの形だ。

(11)　文章構成を問う問題となっているが、この形式の問題の多くは、主題・テーマから確定させていくとよい。最終段落では、「彫刻の修行は心の修行である」とある。この修行をするのは彫刻家である。また最終文に「人」とあることも大切だ。ここで言う「人」は、やはり彫刻家である。このことを述べている選択肢はアとオだ。この二者を見ると、冒頭の説明は、ア「主張」オ「結論」だから実質的に同一のことを述べている。次の部分でアは「二つの点について詳述」とあり、オは「二つの点に欠けている問題について検討」とある。本文では、「立体感」と「詩の魂」について述べており、このことを掘り下げて述べているので、アが正解となる。

(12)　今回の問題では、前問で、このことを問うているので、細部の合致を見るという手間のかかる問題となっている。つまり、正解をすぐに見つけ出すことはなかなか難しい。だからこのような場合には、《①主題・テーマ・趣旨に反する選択肢を外す。②要素の一部しか述べていない片手落ちの選択肢を疑う。③因果関係や時系列の誤ったもの、比重の異なる選択肢を外す。④本文に登場しない語句を骨格としている選択肢を大いに疑う。》という手順で考えるとよい。

まず①であるが、エは「写真」が「本質を写す」という全く逆の内容だから×。オは要するに「本能が彫刻を妨げる」ということだが、第一段落三行目に、「人間の造形本能の欲求から直接に源を発して来る彫刻の本性であって」に合致していないので×。また「詩魂」を述べた第二段落にある、「頓着しないでも真の彫刻が必然にかくの如きものであるべきを知っている」という部分から、本性的に理解しているという趣旨から外れることから判断してもよい。

次に②であるが、今回はこれに該当するものはウである。この選択肢では「詩魂」に触れず、「立体感」のみで記述している点が気になる。しかし、それだけで一刀両断は出来ない。あくまでも疑いを持つのだ。

そこで③である。ウでは、「詩への渇望」が「人間の立体感への渇望」の基となるとある。しかし、これでは、「詩」によって「立体感」が成立することになる。「立体感」に必要なものは「詩魂」であるから、「詩」ではないので×。続いてアである。かなり些細なことであるが、本文では第二段落に「必ずしも文学的の謂ではない」と部分否定になっているのに、選択肢アでは「全く別」となっていて、否定の度合いが異なり×。（なお今回は④に該当する選択肢はない。）

この結果アウエオが誤りとなるので、正解は消去法でイとなるが、このイの内容は第二段落の「量の問題は彫刻の本質の問題であって、彫刻の内的生命の問題ではない」の部分と合致しているので正解である。

3

(1) a．けいはん　b．かて　c．負荷
d．融合　e．脅威

(2) A．エ　B．イ

(3) イ

(4) Ⅰ 人間中心主～させた図式
Ⅱ 近代、科学技術の力を借りて、自然を征服してコントロールできるかのような幻想を持つようになったから。（四十九字）

(5) 人間と自然とのかかわりのありよう（十六字）

(6) 人間は自然から生活の糧を得て「生業」を営み、地域の「生業」に関係し、食の問題と密接に結びついた文化の中で生をまっとうしようとしているから。（六十九字）

(7) ウ

解説

(2) A．「農業」を営む人たちと比べると、「狩猟採取をする人たちや遊牧民たち」は人間の自然に対する働きかけが「少ない」のだから、「相対」的である。

B．稲作には「畑作」や「漁撈」という生業も含まれており、常に「イネという単一の作物だけを植えている」のではない。時間の流れを通して捉えると「複合的な生態学的なシステム」となっている、と述べているので「通時」的には、となる。

(3) 近年の農業において「稲作以外の生業活動が衰退して」い

るということは、単一化（特化）が進んでいる、ということである。つまり「イネという単一の作物」の生産のみを考える「一種の『工業化』」傾向にあるのである。

(4)　Ⅰ　単純に「人間」と「自然」の二つに分ける、という方法で、「自然を人間と対立したものとして捉え」る考え方である。同義の表現はいくつかあるが、制限字数に合うものとして、「人間中心主義か人間非中心主義かという、人間と自然を対置させた図式」（第七段落）が適当である。第一段落では「『生業』という営み」について、「人間と自然の単純な二分法」で捉えずに、「『生業』こそが人間と自然のかかわりそのものであると考え」るべきだと述べており、第八段落にも「『生業』のあり方は、人間中心的であるのか人間非中心的であるのかという次元ではなく、自然とのかかわりのあり方という次元からしか捉えられない」という同様の記述がある。ここに着目すれば、「人間と自然の単純な二分法」が、人間を中心とするか否か、という捉え方であるとわかる。

Ⅱ　第九段落の冒頭に「人間中心的か否かという議論は……中心的になりうることができる技術的力を獲得してはじめて可能になる議論」とある。つまり「人間」か「自然」かという考え方ができるのは、「科学技術の力を借りて、いかにも自然を征服してコントロールできるかのような幻想」を、人間が持つようになったからである。

(5)　「その」は、前途の「そのかかわりのありよう」を指す。「そのかかわり」とは「人間と自然との関係性」のことなので、「その展望」とは「人間と自然とのかかわりのありよう」である。筆者は、何を考える上で「『生業』をきちんと捉え」る必要があると述べているかを考えればよい。

(6)　「人間の自然とのかかわりの一番基本的な形」とは、「自然とのかかわりの中にしかありえ」ない「人間の生」である。わたしたちは「何らかの形で自然から糧を得て、特定の『生業』の営みをすることによって生きていかなければなら」ず、「文化」もかなりの部分が、「生業」の営みに関係がある。このように、人間は自然から「生活の糧を得、……文化に関連」させた「『生業』の営み」によって「生をまっとうしようとしている」ので、「『生業』の営み」が「人間の自然とのかかわりの一番基本的な形」だといえるのである。

(7)　筆者は、「『生業』こそが人間と自然とのかかわりそのものである」と考え、「生業」の営みを、人間と自然を対立させた図式の中で捉えるのではなく、人間の自然への働きかけの基本としてきちんと考察する必要があると述べている。わたしたちの生は、狩猟採集や漁業、農業、林業などの「『生業』の営み」によって自然から糧を得ることで成り立っており、また、伝統社会における「文化」も、その多くが農耕儀礼や地域的な「生業」と関係する。「『生業』のあり方」は、人間と自然との「かかわりのあり方」という観点からしか捉えることができないものであり、そのためにも、自然と人間を対立関係で捉えた近代の西洋的自然観を乗り超えなければならない、と筆者は述べている。

本文は、人間と自然との関係をどのように捉えるか、という観点から述べた文章であり、ウが正しい。ア「自然の機能的な価値」、イ「自然の内在的な価値」など、自然の価値への言及はみられない。エ「伝統社会における生活へと移行」する必要性には触れていない。また、わたしたちは何らかの形で自然とかかわって生きなければならず、「近代社会の生活」が自然から「切り離され」ているわけではない。オ「東洋的な自然観」も、ある特定の生業形態をとって生活するという意味で、西洋と同じだと述べている。

4

(1) A.エ　B.ウ

(2) ア.出版の話（出版依頼）
イ.若い本屋（本屋さん）

(3) 自分の見栄や趣味のために本を出版しようとする本屋。

(4) ウ

(5) Ⅰ 八十年の浮世の潮に染ったあいの色（十六字）
Ⅱ ウ

(6) a.た　b.ちんとう
c.勧（める）　d.勘定
e.許諾　f.遠慮
g.時勢（時世）　h.かんなん
i.無節操　j.感歎（感嘆）

解説

(1) A.「父」と本屋の間には「長い間のつながりあい」があり、「父」に「金が入り用で無理に」出版させることもあれば、本屋との「つながりあい」によって「父」が仕方なしに出版を許諾することもあるのである。このような「つながりあい」を表すのは、エである。
B.「先生の本は売れなくて」というのは本屋の言葉であり、それを著作者である「父」に面と対って「ずけずけと」言うという行為を表すのはウである。

(2) 旧作の出版を勧めにきた若い本屋に、「父」は「微笑を深くし」て出版の許諾を与えた上、自分の本は「売れる本」ではないから「本を出すのはいいが損をしてはもらいたくない」と心配している。「私」は、そんな父親に対して「おとうさんが……気に病む筋じゃない」と笑っているのである。

(3) 「父」は、売れない本を出して「損をしてはもらいたくない」「本気」の本屋商売に対して、「伊達や粋狂の本屋」は「損をしたってもともとが粋狂だからいい」と言っている。つまり、「本気」ならば思わく通りに本が売れなければ損になるため、著作者として気をもむが、「伊達や粋狂」ならば本を出すことそのものに意義を見出すのだから、自分も本の売れ行きの心配をしなくてもいい、と考えているのである。

(4) 「唯々」とは承諾の返事のことで、人の言うままに従う、という意の形容動詞としても用いられる。父親の「年齢の征服に唯々として」いる姿とは、かつては「強さを発揮」する人間であった「父」が、年を取って「一冊の本を出すのに……遠慮っぽい気の廻しかた」をしている様子のことである。

(5) 老軀の父親が「胸にふかぶかと抱いている埋み火のようなほの暖かさ」は、「四十歳代の私には所詮とどきがたいもの」

であり、「おまえの思うようなもんじゃないんだ」という詞の源ともいえる。「商売の上手下手」は他人（本屋）の腕の問題で「おとうさんが……気に病む筋じゃない」と笑う「私」に対して、「父」は、本屋との間にはいやなこともあったが「八十になれば人とのつながりあいは、おまえの思うようなものじゃなくなる」と述べている。八十年の人生を経て「老衰の床」にある「父」の他人に対する思いを表す比喩表現は、「八十年の浮世の潮に染ったあいの色」である。八十年の「人生に堪えて来た父親」にとって、「人とのつながりあい」は「私」のようにあっさりと割り切るものではなく、相手への深い思いやりを伴うものなのである。

5

(1)　a．滑　b．無難　c．眺
d．帯　e．上履

(2)　細部・Ⅲ

(3)　曲は正確に進行しており、指揮者から指示が飛んだ瞬間に応えるために、備えていなければならないから。（四十八字）

(4)　〔解答例〕
演奏中は心も身体も音楽の中に吸い取られ、何か大きなものに包まれるような感覚の中にいるが、演奏が終わると我に返り、ただの中学生に戻るという瞬間。

(5)　〔解答例〕
有木と目が合ったのは、ベンちゃんと考える方が自然である。なぜなら、「有木と目が合う」前後がベンちゃんの様子や行動を捉えた描写だからである。この場面は、指揮者が指揮台に上がり、今まさに演奏が始まろうとしている瞬間であり、「息を整え」て「指揮台に上がった」ベンちゃんが、「指揮棒が振り上げられ」る直前に有木と目を合わせたのは、おそらく曲の出だしのクラリネットを吹くのが有木だからだろう。すべてが指揮者＝ベンちゃんの動作だと考えることで、克久たちが、指揮者から送られる合図を見逃すまいとして、ベンちゃんの一挙手一投足に注目している様子が見えてくる。仮に「有木と目が合」ったのが「克久」だとすると、演奏の始まろうとする緊張の瞬間、克久も有木も指揮者に注目していないことになり、この場面の状況にふさわしくない。

解説

(2)　「ディテール」＝全体に対する小さな部分。細部。
「しかし」という逆接の接続詞から、挿入文の前には、ある大切な物事が「重要」視されない些細なもののように扱われている、という内容がくる。それは「欠くことができない重要なディテール」であるにもかかわらず、「聞き逃してしまう観客もいる」という「トライアングルの涼やかな音」のことである。

(3)　曲はどんどん進行しており、「指揮棒はたえず、音が加わるべき位置の指示を出してい」る。克久を含め、部員たちは「今、ここだという指示が……飛んだその瞬間」に応えるため、常に気を張りつめている状態であり、「小さなミス」を振り返っているような余裕はないのである。

(4) 「この……瞬間」とは、吹奏楽部の「四十七人の部員」が「ただの中学生に戻る」瞬間のことである。演奏が始まると、克久は「身体は音楽の中に吸い取られ」、「何か、大きなものに包まれる感覚」を味わい、「全身で……偉大なものに参与」する。しかし「すべての音は完全に消え失せると同時に……孔雀の姿も消えた」ように、演奏が終わるのと同時に、吹奏楽部の「四十七人の部員」として「参与すべき何かがある」身体的、感覚的な世界から現実の世界に戻る。そのように世界に対する感じ方が変わる瞬間を「不思議な瞬間」と捉えているのである。

　生徒に対して、演奏中と演奏を終えた「ただの中学生」であるときの世界の捉え方の違いを、きちんと説明できているかが鍵である。

(5) 「滑り込むようにたどりついた森勉が……息を整えた」こと、「ベンちゃんの息をきらしていた肩」が「静かになった」のを見ていること、ベンちゃんが「数秒前まで……走り回っていた」ことを「うそのようだ」と評していることなど、「有木と目が合う」の前は指揮者である「ベンちゃん」の様子を観察する視点から描かれている。また、「有木と目が合」ったあとも「指揮棒が振り上げられた」と指揮者である「ベンちゃん」の行動が述べられていることから、「目が合」ったことも含めて、一連の行動はベンちゃんのものと考える方が自然である。

　生徒に対しては、「目が合う」前後の行動の主体に着目させるだけでなく、ここがどういう場面であるかを考えて、登場人物の心理として自然な行動を考えさせたり、全体から誰のどのような視点を中心に描かれているかを押さえさせたりするとよい。

3 古文

傾向と対策

中学校志望者を対象にした問題は、有名な作品からの出題が中心で、比較的平易な問題が多い。これに対し、中高共通問題や高校志望者を対象にした問題には、馴染みの薄い作品からの出題や引用文の長い問題も見られ、前者に比べると難易度も高い問題が多い。出題頻度が高いのは、『枕草子』『徒然草』『大和物語』『源氏物語』『大鏡』などであるが、近年は『俊頼髄脳』『無名草子』などの評論、『蜻蛉日記』『紫式部日記』『讃岐典侍日記』などの日記文学からの出題も増えている。設問は、漢字の読み、文法（特に助詞・助動詞・敬語）、語句の意味、現代語訳、和歌の解釈や修辞法、筆者の考えや作中人物の心情など、大学入試でも出題されるものが大半を占める。指導法を問う問題は、全体からするとそれほど多くはないが、近年増加傾向にある。高校志望者を対象にした問題の中で問われるケースが多く、板書（説明）例の設問は古文で課せられることが多い。対策としては、有名な作品や高校古典教科書採択文を中心に、様々なジャンルの多くの古文を読み、疑問に思うところは辞書を引きながら、分かるまで読み込むことが肝心である。また、それを教材にした場合、どのような点に留意して、どのように指導するかを常に念頭に置くようにしよう。なお、古文の長文問題の中で出題されている文学史の問題については、**5 国語常識**に掲載している。

例題1　随筆・日記

父にて[1]おはせし人の、[2]八十に余りて終はり給ひしまで、何事も我が幼きより見まゐらせたりしに、かはり給ふ所のおはしまさぬは、天性うけ得給ふところの、人に[3]こえすぐれ給ひしによりしなるべけれど、また、常の行ひによりて、其の徳の衰へ給はぬが故と

【語釈】
＊険阻…けわしいこと。

ぞ覚ゆる。我が物覚えしより、教へ給ひし事ども多かるうちに、つねに思ひ出で[4]らるる事は、「人はただ事に堪ふることを習ふべきなり。これを習ふべきことは、[5]何事にもあれ、我がきはめて堪へがたく思ふことより堪へはじめぬれば、久しくしては、さのみは難事と思ふ事はあるべからざるなり。」と仰せられき。我、八九歳のころより、常にこの事によりて、力を得し事も多けれど、もとより我、性急に生まれ得[6]しかば、怒りの一つのみぞ堪へ難き事どもありき。されど、それも、幸ひに世の中の*険阻の中をわたりて、すでに年と共に力衰へたりしかば、[7]今は昔のごとくにはあらぬにや。我が後の人々、この事父祖の家訓なりと思ひて、よろづのことに[8]この心得あらんこそ願はしきことなれ。

（新井白石『折たく柴の記』より）

(1)　傍線部1・3の活用の種類と活用形を答えよ。

解説

1．「おはす」はサ行変格活用動詞で、「せ・し・す・する・すれ・せよ」と活用する。ここでの「おはす」は「あり」の尊敬語で、直後の「し」は過去の助動詞「き」の連体形。通常、過去の助動詞「き」は連用形接続だが、その連体形「し」と已然形「しか」がサ変動詞に付く場合は、未然形に接続し、「せし」「せしか」となることに注意する。

3．「こえ」の終止形は「こゆ（越ゆ）」。ヤ行下二段活用は「え・え・ゆ・ゆる・ゆれ・えよ」と活用する。未然形と連用形が同じだが、直後の「すぐれ（優れ）」が動詞なので、連用形と判断できる。

解答

1．サ行変格活用・未然形

3．ヤ行下二段活用・連用形

(2)　傍線部4・6の文法的な意味と活用形を答えよ。

解説

4．「思ひ出す」「思ひ嘆く」などの知覚・心情の動詞に接続する助動詞「らる」は、ほとんどの場合が自発の意と考えてよいだろう。「られ・られ・らる・らるる・らるれ・られよ」と活用する。なお、自発と可能には命令形はない。

6．過去の助動詞「き」は、「(せ)・○・き・し・しか・○」と活用する。

解答

4．自発・連体形　6．過去・已然形

(3) 傍線部2・5を現代語訳せよ。

解説

2．「終はる」には、①終わる・済む、②死ぬの意味があるが、「八十」が年齢であることから②の意。「給ひ」は尊敬の補助動詞。

5．「より」は格助詞で、ここでは起点の意を表す。「ぬれ」は完了の助動詞「ぬ」の已然形。已然形＋接続助詞「ば」は通常、順接の確定条件を表すが、室町時代後期以降の文章では、已然形が現代文法の仮定形に近づき、順接の仮定条件を表すことが少なくない。本問もこれに該当する。

解答

2．八十歳余りでお亡くなりになるまで

5．どのようなことであっても、自分が最も耐え難いと思うことから我慢し始めたならば

(4) 傍線部7「今は昔のごとくにはあらぬにや」とあるが、作者は「今の自分」はどうである、と言っているか。

解説

幼少の頃の自分は、「性急」で、「怒りの一つのみぞ堪へ難き事どもありき（怒りだけは我慢することができなかった）」と述べている。しかし、その「怒り」も「年と共に力衰へたり」となったのである。

解答

短気で怒りっぽくはない

(5) 傍線部8「この心得」とは、何を指すか。

解説

順にさかのぼっていくと、「この心得」→同文の「この事」→さらに二つ前の文の「この事」→「(父が) 仰せられた「事」、に行き着く。よって、父が作者に言ったことで、「心得」に該当する部分が指示内容となる。

解答

物事に耐えるということを習うべきだということ。

(6) 本文中に用いられている「謙譲の補助動詞」を一語抜き出し、終止形に直して答えよ。

解説

作者は、「父」の動作に尊敬の補助動詞「給ふ」を用いていることから、「謙譲の補助動詞」は、作者の動作を低めることで、受け手である父を高めるために使われていると推測できる。冒頭文の「見まゐらせ」の「まゐらせ（連用形）」で、一語の補助動詞。「まゐる」に補助動詞はない。

解答

まゐらす

(7) 本文中の「父」は、作者の幼少時より終生その人格が変わることがなかった、と作者は回顧しているが、その理由を二点答えよ。

解説

「かはり給ふ所のおはしまさぬ」理由として、①「天性うけ得給ふところの、人にこえすぐれ給ひしにより」、②「常の行ひによりて、其の徳の衰へ給はぬが故」の二つが挙げられている。①と②の間に「また」とあることに着眼する。

解答

・生まれつき他の人より優れていたから。
・日常の努めによって、徳性が衰えなかったから。

【現代語訳】

父親でいらっしゃった人が、八十歳余りでお亡くなりになるまで、何事も（私は）自分が幼少の頃から見申し上げてきたが、少しもお変わりになるところがおありにならなかったのは、もって生まれたものが、人より優れておられたためであろうけれども、また、日常の行いによって、その徳が衰えにならなかったためだと思われる。私が物心ついてから、教えて下さったことなどは多くあるが、その中でも、いつも思い出されることとは、「人はただ物事に耐えるということを習うべきである。これを習うべきであるということは、どのようなことであっても、自分が最も耐え難いと思うことから我慢し始めたならば、やがては、それほど困難に思うことはなくなるはずだ」とおっしゃった。私は八、九歳の頃から、常にこの教訓のおかげで、役に立ったことも多かったけれども、もともと私は生まれつき気が短いので、怒りの一つだけは耐えられないこともあった。しかし、それも幸いに、世の中の険しい道を通って来て、既に年とともに弱って来たので、今は昔のようではなくなったようだ。私の子孫たちよ、このことを祖先の残した家訓だと思って、すべてのことにこの心がけをもつことが願わしいことだ。

〈福井県改題〉

演習問題

1 ★☆☆

次の古文を読んで、後の問いに答えよ。

＊[A]平宣時朝臣、老いののち、昔語りに、＊最明寺の入道、ある宵の間に[1]呼ばるることありしに、「[2]やがて」と[a]申しながら、[B]直垂のなくてとかく[b]せしほどに、また使来たりて、「直垂などの候はぬにや。夜なれば[3]異様なりとも、とく」と[c]ありしかば、なえたる直垂、うちうちのままにて[I]まかりたりしに、銚子に[C]土器とりそへて[d]持ていでて、「この酒をひとりたうべんが、[4]さうざうしければ、申しつるなり。肴こそなけれ。人は静まりぬらん。[5]さりぬべき物やあると、いづくまでも求め[II]給へ」とありしかば、[D]紙燭さして、くまぐまを[e]求めし程に、台所の棚に、小土器に味噌の少しつきたるを見出でて、「これぞ求め得て[III]候ふ」と、申ししかば、「こと足りなん」とて、こころよく数献《すこん》に及びて、興に入られ[IV]侍りき。[6]その世にはかくこそ侍りしかと申されき。

（『徒然草』より）

(1) 平宣時朝臣の昔語りの最初と最後の四字を抜き出して答えよ。

(2) 傍線部1〜5を現代語訳せよ。ただし、2と3は省略されている言葉を補うこと。

(3) 二重傍線部a〜eの主語を答えよ。

(4) 波線部Ⅰ〜Ⅳの、①敬語の種類と、②誰から誰への敬意を表しているかを答

【語釈】

＊平宣時朝臣…北条時政の曽孫、時頼より十一歳年下。

＊最明寺の入道…北条時頼、鎌倉幕府第五代の執権。

ここに着目

(1) 「昔語り」の「最後」の直後には、「〜と」という語があるはず。

(2) 1の主語は「最明寺の入道」である。2は、1を受けた発言である。このことから省略されている語句を考え、謙譲表現を用いて解答する。3の「とく」は「疾く」と書く。使者による入道殿からの伝言なので、命令文を補う。4の「さうざうし」は、現代語の「騒々しい」とは全く異なることに注意。

(4) 敬意の主体は敬語の種類に関係なく、地の文は作者、会話文の場合は話し手。敬意の客体は、尊敬語の場

えよ。

(5) 傍線部A～Dの読みを歴史的仮名遣いで答えよ。

(6) 傍線部6は、どのようなことを言っているのか。適当なものを次のア～エから選び、記号で答えよ。

ア．あの時代は、為政者が絶対的な権力を持っていた。

イ．あの時代は、上下関係がゆるやかだった。

ウ．あの時代は、武家がとても貧しかった。

エ．あの時代は、武家の生活は質素だった。

2

★★☆

次の古文を読んで、後の問いに答えよ。

賀茂へ参る道に、[a]田植うとて、女の、新しき折敷のやうなる物を笠に着て、いと多う立ちて、歌をうたふ。[b]折れ伏すやうに、また何事するとも見えでうしろざまに行く、[1]いかなるにかあらむ、をかしと見るほどに、（　A　）をいとなめう歌ふ、聞くにぞ心憂き。「（　A　）、*おれ、かやつよ。おれ鳴きてこそ、われは田植うれ。」とうたふを聞くも、いかなる人か、[2]「いたくな鳴きそ」とはいひけむ。*仲忠が童生ひ言ひおとす人と、ほととぎす、うぐひすに劣ると言ふ人こそ、いとつらうにく[I]けれ。

八月つごもり、太秦に詣づとて見れば、穂にいでたる田を、人いと多く見さわぐは、穂刈るなり[II]けり。「*早苗とりしかいつの間に」、まことにさいつころ、

合は動作主、謙譲語の場合は動作の受け手、丁寧語の場合は聞き手。

(6)「かく」は、本文中の「小土器に味噌の少しつきたる……興に入られ侍りき」に見られる生活ぶりを指す。

【語釈】

*おれ、かやつよ…相手を卑しめて言う語。

*仲忠が童生ひ…『宇津保物語』の主人公仲忠の幼少時代。

*早苗とりしかいつの間に…『古今和歌集』の「きのふこそ早苗とりしかいつの間に稲葉そよぎて秋風の吹く」による。

（　B　）へ詣づとて見しが、[3]あはれにもなりにけるかな。これは男どもの、いと赤き稲の、もとぞ青きを持たりて刈る。[4]何にかあらむして、もとを切るさまぞ、やすげに、せまほしげに見ゆるや。[5]いかでさすらむ、穂をうち敷きて[c]並みをるも（　C　）。庵のさまなど。

（『枕草子』より）

(1) 二重傍線部a〜cの活用の種類を答えよ。
(2) 空欄A〜Cに入る語を本文中から抜き出せ。
(3) 傍線部1・2・4・5を現代語訳せよ。
(4) 波線部ⅠとⅡの「けり」について、文法的な違いを説明せよ。
(5) 傍線部3に込められた筆者の気持ちを説明せよ。

〈長野県〉

ここに着目

(1) bは動詞「折れ」＋動詞「伏す」、cは動詞「並み」＋動詞「をり」からなる複合語なので、いずれも後の動詞の活用を考えればよい。

(2) 一つめの空欄Aの直後にある「なめう」は、「なめく」のウ音便。「なめし」は「失礼だ、馬鹿にしている」の意。何を馬鹿にし、卑しめている歌であるかを、後の記述から考える。Bは、直後の「詣づ」が大きなヒント。Cの直前の「も」は、添加を示す係助詞。

(3) 1の「いかなるにかあらむ」は直前の事実、5の「いかでさすらむ」は直後の事実に関する記述を推理する挿入句。2は「な〜そ」の用法に注意。4の「して」は手段・方法を示す格助詞。

(5) 直前の「見しが」は、「見し早苗が」である。「あはれにも」は、「まあ、こんなふうにも」という感動・感慨を表す用法。古典暦で「八月」は秋の盛り。

例題2　物語

このごろ聞けば、大宮*にさぶらひつる小式部内侍といふ人、内大臣殿の御子など持たるが、この年ごろ、滋野井《しげのゐ》の頭中将の子生みてうせに[a]けり。[1]人のいとやむごとなからぬ方こそあれ、死にざまの御事*に似たり。大宮にもいとあはれに[b]思しめして、世のはかなさ[2]いとど思し知らるるにも、[3]いかで疾くと思しいそがせたまふにも、御調度[c]どもをぞいそがせたまふ。

小式部の母和泉式部、子どもを見て、

　とどめおきて誰をあはれと思ふらん[4]子はまさりけり[5]子はまさるらん

と詠みけり。

内大臣殿の若君をば、宮の僧都[d]といふ人の坊におはしければ、和泉、「昔恋しければ、見たてまつらん。渡したまへ」と、[6]あからさまにありければ、僧都、「ただこの中川におはして、見たてまつりたまへ」とありければ、和泉、

　恋ひて泣く涙に影は見えぬるを中川までも何か渡らん

とぞいひやりける。

（『栄花物語』より）

【語釈】
*大宮…中宮彰子のこと。
*御事に似たり…大宮の妹嬉子が出産によって亡くなったことを指す。

(1)　二重傍線部a・bを文法的に説明せよ。

解説

a．完了の助動詞「ぬ」の連用形「に」は、助動詞「き」「けり」「けむ」「たり」、接続助詞「て」「して」などを伴った形で用いられる。直前の「うせ（失せ）」は、サ行下二段活用の動詞「うす」の連用形。完了の助動詞「ぬ」が連用形接続であることも判断材料になる。

b. 直前の「あはれ」は形容動詞の語幹である。

解答

a. 完了の助動詞「ぬ」の連用形

b. 形容動詞「あはれなり」の連用形活用語尾

(2)　二重傍線部c・dの漢字に、歴史的仮名遣いでふり仮名をつけよ。

解説

c. 「ヨウ」の音は、「エウ（-eu）」と表記する。「ちょう」→「てう」。

d. 例外はあるが、ダ行の「じ・ず」は、「ぢ・づ」と表記するのが原則である。「僧都」は僧正に次ぐ僧官。

解答

c. てうど　d. そうづ

(3)　傍線部1・2・6を現代語訳せよ。

解説

1. 「いと」は、下に打消の語を伴う場合は「それほど、大して」の意。ここでは、下に打消の助動詞「ず」の連体形「ぬ」がある。「人」はここでは「身分、家柄」の意で、これに伴い、形容詞「やむごとなし」は「尊い、高貴である」という意に訳すのが妥当。係助詞「こそ」＋已然形の形で文が終始せず、下に語句が続く場合、強調の逆接確定条件（～は～だけれども）を表すことがあり、本問はこれに該当する。

2. 「いとど」は、副詞「いと」を重ねた「いといと」から変化した語で、程度が一層はなはだしくなる意。「思し知る」は「思ひ知る」の尊敬語で、「理解なさる、お悟りになる」の意。助動詞「るる」は、ここでは尊敬の意。

6. 「あからさまなり」が現代語と同様の「明白だ、露骨だ」の意味で用いられるようになったのは、主に近世以降である。中古では「かりそめだ」の意で用いられることが多いが、ここでは「急だ」の意であることに留意する。「あり」はここでは「する」の意。文脈に応じて、適切な語に置き換えて訳すようにしたい。

解答

1. 身分がそれほど高くない人ではあるが

2. 一段とお悟りになる

6. 急に言ってよこしたので

(4)　直後に省略されている語句を補って、傍線部3を現代語訳せよ。

解説

「疾く」は「早く」の意。「いかで」には、「どうして」

の意で疑問・反語になる用法と、「どうにかして」の意で願望や意志を強調する用法がある。ここでは、「世のはかなさ」を一段と悟って、調度品などの支度をするという文脈から、「早く出家したい」という願望があったことが容易に推測される。

解答

何とかして早く出家したい

(5)

傍線部4・5の「子」は、それぞれ誰のことか。次のア～オから選び、記号で答えよ。

ア．小式部　イ．和泉式部　ウ．内大臣殿の御子
エ．頭中将の子　オ．大宮

解説

死んだ小式部は残された誰（＝母と子のどちら）をあわれに思うだろうか、という上の句に対して、自分は子（＝小式部）を思う気持ちがまさっているのだから、小式部も同じように子ども（＝頭中将の子）のことが気がかりに違いないだろう、と詠んでいる。

解答

4．ア　5．エ

(6)

「恋ひて泣く」の和歌に込められた和泉式部の僧都に対する気持ちを、簡潔に答えよ。

解説

和泉式部の、若宮を手元に置きたいという意図に反して、僧都は会いに来るように言ってきた。しかし、それでは甲斐がないため、会いに行くわけにはいかないと詠んでいる。

解答

亡き娘の形見である若宮をこちらへ寄こして欲しいという気持ち。

(7)

「恋ひて泣く」の和歌に用いられている修辞法について、生徒に分かりやすく説明したい。どのように指導するか、答えよ。

解説

「渡ら（ん）」が「川」の縁語である。縁語は、①ある語句に基づいて、②それと関連性のある言葉を意識的に配する表現方法である。したがって、生徒に指導するときも、①と②を押さえることが重要である。生徒にとって、縁語はとらえにくい修辞法であろう。生徒の理解のきっかけになる発問をするなどして、分かりやすく指導することが求められる。

解答

〔解答例〕「和歌の中で、意味の上で関連し合う語句を探してみよう」と発問し、「川を渡る」というように、「川」という語句を軸として、「渡らん」という語句をとらえさせる。このようにして縁語は、ある語を中心に、それと関連する語を意識的に用いる修辞法であることを理解させる。

【現代語訳】

このごろ聞けば、大宮（中宮彰子）に出仕していた小式部内侍という人、（これは）内大臣殿の御子などを産んだ人だが、この数年来、滋野井の頭中将の子を産んで亡くなったのだった。身分がそれほど高くない人ではあるが、（お産での）死に方は、（彰子の妹の嬉子の）御事に似ている。大宮におかれても、本当にいたわしくお思いになり、世の中の定めのなさを一段とお悟りになるにつけても、何とかして早く出家したいとお思い急がれて、御調度類の支度をしなさる。

小式部の母和泉式部が、（残された）子どもを見て、

（あの子は、母である私と自分の子を）残して先立ってしまったが、いったい誰を一番いたましく思っているのだろう。（私は）娘（との死別のつらさ）が何よりもまさっているのだから、（小式部も）我が子のことを思う気持ちが（親を思う気持ちより）まさっているのだろう。

と詠んだ。

内大臣殿の若宮を、宮の僧都という人の坊に預けていらっしゃったので、和泉が、「昔の人が恋しいので、お会い申し上げたい。お寄こし下さい」と、急に言ってよこしたので、僧都は、「すぐこの中川にいらっしゃって、お会い申されよ」との返事であったから、和泉は、

亡き娘を恋い慕って泣く涙の川に、その面影はよく見えましたので、どうして中川まで訪れることがありましょう、いや、ございません。

と言いおくのだった。

〈石川県改題〉

Check!

●縁語

イメージをふくらませ、統一感を強める効果がある。

例 青柳の糸縒《よ》り掛くる春しもぞ乱れて花のほころびにける

（古今和歌集）

（訳） 糸のように細い柳の枝が（風に吹かれて）縒り合わせたようにたなびいている（このうららかな）春に、（柳に負けじと）桜の花が入り乱れて、ほころびるように咲いてゆくなあ。

〔解説〕 冒頭で柳の枝を糸にたとえたのを受けて、「糸」に関連する語句を歌の中にちりばめている。

演習問題

3 ★☆☆

次の古文を読んで、後の問いに答えよ。

この場面は、良岑の宗貞の少将が、外出の途中に、五条あたりに住む女性の荒れ果てた屋敷で雨宿りをしたときの出来事を記したものである。

時は[a]正月十日のほど[I]なりけり。簾《す》のうちよりしとねさしいでたり。ひき寄せてゐぬ。簾《すだれ》も、へりは*かはほりに食はれて、ところどころなし。うちのしつらひ見入るれば、むかしおぼえて畳などよかりけれど、口惜しく[II]なりにけり。[1]日もやうやう暮れぬれば、やをらすべり入りて、[2]この人を奥にも入れず、女、くやしと思へど、制すべきやうもなくていふかひなし。雨は夜《よ》ひと夜降りあかして、また[A]のつとめてぞすこし空晴れたる。男は女の入ら[III]むとするを、「ただかくて」とて入れず。日も高うなれば、この女の親、少将のあるじすべき方のなかりければ[b]小舎人童ばかりとどめたりけるに、かたい塩、肴《さかな》にして、酒をのませて、少将《せうしやう》には広き庭に生ひたる菜をつみて、蒸し物といふ物にして、*ちやうわんにもりて、はしには梅の花のさかりなるを折りて、その花びらに、いとをかしげなる女の[B]手にて、かく書けり。

[3]君がため衣のすそをぬらしつつ春の野にいでてつめる若菜ぞ

男、これを見るに、いとあはれにおぼえてひき寄せて食ふ。女、わりなう[4]はづかしと思ひてふしたり。少将起きて、小舎人童を走らせて、すなはち、車にて[C]ま

【語釈】

＊かはほり…こうもり。
＊ちやうわん…茶碗。

ここに着目

(2)　c．直後の助動詞「む」は何形接続か。

(3)　C．「実なり・忠実なり」と書く。

(4)　Ⅰ．接続から判断できる。

(8)　女は、「君」すなわち少将のために、わざわざ野に出て若菜を摘んで来たのである。

(9)　女の和歌を見て、少将は「いとあはれに」思ったのである。

(10)　直前の「仕うまつりし君に……かはらむ世を見じと思ひ」が理由に該当する。

めなる物、さまざまにもて来たり。「迎へに人あれば、今またもまゐり来む」とていでぬ。それよりのち、たえずみづからも来とぶらひけり。よろづの物食へども、なほ五条にてありし物は、めづらしうめでたかりきと思ひいでける。

年月を経て、仕うまつりし君に、少将おくれたてまつりて、かはらむ世を見じと思ひて、法師になりにけり。

（『大和物語』より）

(1) 二重傍線部aの月の異称を平仮名三字で答えよ。

(2) 二重傍線部b・cの読みを現代仮名遣いで答えよ。

(3) 傍線部A～Cの意味をそれぞれ答えよ。

(4) 波線部Ⅰ・Ⅱの「なり」について、それぞれの違いがわかるように文法的に説明せよ。

(5) 波線部Ⅲ・Ⅳの助動詞「む」について、それぞれの文法的な意味を漢字で答えよ。

(6) 傍線部1を現代語訳せよ。

(7) 傍線部2は誰を指すか。次のア～オから選び、記号で答えよ。

ア．少将　イ．女　ウ．この女の親　エ．小舎人童　オ．君

(8) 傍線部3の和歌を解釈して、和歌に込められた「女」の思いを説明せよ。

(9) 傍線部4について、「女」はどのようなことに対して「はづかし」と感じたのか。その内容をわかりやすく説明せよ。

(10) 傍線部5の理由を具体的に説明せよ。

〈山口県改題〉

4 ★★☆

次の古文を読んで、後の問いに答えよ。

*この帝、いまだ位につかせたまはざりける時、十一月二十余日のほどに、賀茂の御社の辺に、*鷹つかひ、遊びありきけるに、賀茂の明神*託宣したまひけるやう、「この辺にはべる翁どもなり。春は祭多くはべり。冬のいみじくつれづれなるに、祭たまはらむ」と申したまへば、その時に賀茂の明神の仰せらるるとおぼえさせたまひて、「おのれは力およびさぶらはず[ア]。*おほやけに申させ[イ]たまふべきことに[a]こそさぶらふなれ」と申[ウ]させたまへば、「力およばせたまひぬ[b]べきなればこそ申せ[エ]。いたく*軽々なるふるまひ[A]させたまひそ。さ申すやうありとて。近くなりはべり」とて、かい消つやうにうせたまひぬ[c]。

いかなることにかと心得ず思し召すほどに、かく位につかせたまへりければ、臨時の祭せさせたまへるぞかし。賀茂の明神の託宣して、「祭せさせたまへ」と申させたまふ日、[1]酉の日にてはべりければ、やがて霜月のはての酉の日、臨時の祭ははべるぞかし。*東遊の歌は、敏行の朝臣のよみけるぞかし。

ちはやぶる賀茂の社の姫小松よろづ代経とも[B]は変はらじ

これは古今に入りてはべり。人皆知らせたまへる[d]ことなれども、いみじくよみたまへるぬしかな。今に絶えずひろごらせたまへる御末、帝と申すともいとかくやはおはします。

位につかせたまひて二年といふにはじまれり。使、右近中将時平の朝臣こそはしたまひけれ。

（『大鏡』による。一部改変）

【語釈】

*この帝…宇多天皇。
*鷹つかひ…鷹狩をする。
*託宣…神のお告げ。
*おほやけ…天皇。
*軽々なる…軽々しい。
*東遊…宮廷舞楽の一つ。

ここに着目

(1) 助動詞の識別は頻出するので、確実に体得しておく。特に「なり（なる・なれ）」「に」「る（れ）」は出題率が高い。今回は「ぬ」の強意用法まで問われているが、推量の助動詞（「む」、「べし」など）の上の「ぬ」は強意用法になることも必須レベル。なお「つ」の場合も同じである。

(2) 敬語問題は、(i)敬語の種類、(ii)主語（と目的語）の把握、(iii)本動詞か補助動詞か、の順に思考するのが通常の思考法である。

(4) 口語訳・現代語訳・解釈の問題は、(i)単語の語彙と(ii)文法事項を最初に

(1) 二重傍線部a～dの文法的説明の組合せとして、最も適切なものを次の①～⑤から選び、記号で答えよ。

① a 断定の助動詞　b 強意の助動詞
　 c 完了の助動詞　d 存続の助動詞

② a 断定の助動詞　b 打消の助動詞
　 c 完了の助動詞　d 尊敬の助動詞

③ a 断定の助動詞　b 強意の助動詞
　 c 打消の助動詞　d 尊敬の助動詞

④ a 完了の助動詞　b 打消の助動詞
　 c 打消の助動詞　d 存続の助動詞

⑤ a 完了の助動詞　b 打消の助動詞
　 c 完了の助動詞　d 尊敬の助動詞

(2) 波線部ア～エについて、敬意の対象の組合せとして、最も適切なものを次の①～⑤から選び、記号で答えよ。

① ア 賀茂の明神　イ 賀茂の明神　ウ 賀茂の明神　エ この帝

② ア この帝　イ 賀茂の明神　ウ この帝
　 エ 賀茂の明神

③ ア 賀茂の明神　イ おほやけ　ウ 賀茂の明神　エ この帝

④ ア この帝　イ おほやけ　ウ この帝
　 エ 賀茂の明神

確認すること。ここでは、(i)「やがて」と「はて」、(ii)「はべりければ」(丁寧語と「ば」の用法)と「はべるぞかし」をチェックすること。分かるもので選択肢を徐々に絞っていけばよい。

(5) 天皇・皇族や神仏の出ている文章では、通常これらの対象に敬意を払っているはずである。このことを古文常識として把握しておこう。

(6) 「内容合致」問題ではあるが、多くの場合と同様に趣旨(主題)から思考をスタートさせよう。

⑤ ア　賀茂の明神　イ　おほやけ　ウ　この帝　エ　この帝

(3) 空欄Aに入るものとして、最も適切なものを次の①～⑤から選び、記号で答えよ。

① つゆ　② いさ　③ ゆめ　④ え　⑤ な

(4) 傍線部1「酉の日にてはべりければ、やがて霜月のはての酉の日、臨時の祭はべるぞかし」の口語訳として、最も適切なものを次の①～⑤から選び、記号で答えよ。

① 酉の日でありましたから、いずれは十一月の最後の酉の日に、臨時の祭があるのです。

② 酉の日でありましたから、そのまま十一月の最後の酉の日に、臨時の祭があるのです。

③ 酉の日でありましたから、すぐに十一月の翌月の酉の日に、臨時の祭があるのです。

④ 酉の日でありますならば、そのまま十一月の最後の酉の日に、臨時の祭があるのです。

⑤ 酉の日でありますならば、すぐに十一月の翌月の酉の日に、臨時の祭があるのです。

(5) 空欄Bに入るものとして、最も適切なものを次の①～⑤から選び、記号で答えよ。

① 色　② 丈　③ 香　④ 人　⑤ 心

(6) 本文の内容に合致するものとして、最も適切なものを次の①～⑤から選び、記号で答えよ。

① 賀茂の明神は、近くに住む老人に頼まれて託宣を告げた。
② 宇多天皇は、賀茂の明神の託宣の真意を理解できなかった。
③ 宇多天皇の子孫は、代々天皇となり繁栄することになった。
④ 宇多天皇は、帝位につくと同時に賀茂の臨時の祭を始めた。
⑤ 敏行の朝臣は、歌を詠むとともに賀茂の祭の勅使を務めた。

〈福岡県・福岡市・北九州市〉

例題3　説話

近年の帰朝の僧の説とて、[1]ある人の語りしは、唐に賤しき夫婦あり。餅を売りて世を渡りけり。夫、道の頭《ほとり》にして餅を売りけるに、人の袋を落としたりけるを取りて見れば、銀の*軟挺《てい》六ありけり。家にもちて帰りぬ。妻心すなほに欲なき者にて、[2]「我らはあきなうてすぐれば事もかけず。この主いかばかり嘆き求むらむ。いとほしき事なり。主を尋ねて返し給へ」と言ひければ、「実に」とて、普《あまね》くふれけるに、主といふ者出来て、これを得てあまりに嬉しくて、「三をば奉らん」と言ひて、既に分かつべかりける時、思ひかへして、煩ひを出さんために、「七こそありしに、六あるこそ不審なれ。一をばかくされたるにや」と言ふ。「さる事なし。もとより六なり」と論ずる程に、はては国の守の許にして、[3]これをことわらしむ。国の守、[a]眼賢しくして、この主は不実の者、この男は[4]正直の者と見ながら、なほ不審なりければ、かの妻を召して、別の所にして、ことの子細を尋ぬるに、夫が申状にすこしもたがはず。この妻は極めたる正直の者と見て、かの主不実の事慥《たしか》なりければ、国の守の判にいはく、「この事慥の証拠なければ判じがたし。ただしともに正直の者と見えたり。夫妻又詞たがはず。主の詞も正直にきこゆれば、七あらむ軟挺を尋ねてとるべし。これは六あれば、別の人のにこそ」とて、[5]六ながら夫妻にたびけり。宋朝の人、[6]いみじき成敗とぞ、普くほめののしりける。心直ければ、おのづから天の与へて宝をえたり。心まがれるは、*冥《みやう》とがめて財を失ふ。この理すこしもたがふべからず。返す返すも心は清くすなほなるべきものなり。

（『沙石集』より）

【語釈】

＊軟挺…良質の銀をうちのばした貨幣。

＊冥…眼に見えない存在としての神仏。

(1) **二重傍線部ａの漢字の読みを答えよ。**

解説
「さかし」は、感情に流されない理性的な判断力をもっているさまを表す。その度が過ぎて他人に不快感を感じさせると、現代語の「こざかしい」になる。

解答
さかし（しく）

(2) **傍線部１「ある人の語りしは」とあるが、ある人が語った部分はどこまでか。その部分の最後の五字を答えよ。**

解説
「ある人」が語ったのは、「帰朝の僧」の話である。したがって、「宋朝の人……ののしりける。」までが「ある人」が語った部分であり、最後の「心直ければ……すなほなるべきものなり。」は、それを聞いた作者（無住）の感想・意見である。

解答
しりける。

(3) **傍線部２について、①「あきなうて」を現代仮名遣いにせよ。また、②傍線部全体を現代語訳せよ。**

解説
① 四段・ラ変・ナ変の動詞の連用形が、接続助詞「て」や助動詞「たり」に連なる場合には、音便の形をとることがある。「あきなうて」は、ハ行四段動詞「商ふ」の連用形「商ひ」＋接続助詞「て」が音便化したもの（ウ音便）である。現代語の「商う」はワ行五段活用。ワ行の場合は、促音便の「あきなって」、あるいはウ音便の「あきのうて」となるが、ここでは「あきなうて」の現代仮名遣いが問われているので後者。

② ガ行上二段動詞「すぐ（過ぐ）」には様々な意味があるが、ここでは「暮らす、生活する」の意。「すぐれ」は已然形であるから、接続助詞「ば」は順接の確定条件を表す。「事」は、お金を拾った夫との会話であることから、暗にお金を意味する。

解答
① あきのうて
② 私たちは商売をして暮らしているので、（お金に）事欠くことはない。

(4) 傍線部3の指示内容を四十字以内で答えよ。

解説

「ことわらしむ」は四段動詞「理る（＝判断する、判定する）」＋使役の助動詞「しむ」で、「判断させる」の意。軟挺を拾った夫に礼をするのが惜しくなった持ち主は、「もとは七つあったのに、六つしかない」と言い張り、一つは夫が隠したのではないかと不審がる。一方、夫は「もとから六つだった」から、自分は盗んではいない、と持ち主の言い分を否定する。この二人のうちのどちらが正しいかを、国守に判断させようとしたのである。

解答

夫が軟挺を一つ盗んだと言う持ち主と、否定する夫のどちらが正しいかということ。（三十八字）

(5) 傍線部4・5を現代語訳せよ。

解説

接続助詞「ながら」には、①動作・状態の継続（〜のまま）、②「そっくりそのまま」の意、③同時進行（〜つつ）、④逆接（〜けれども）、などの用法がある。

4.「正直の者」と見ることと、「不審」に思うこととは相反するので、④の用法。

5.②は、体言（ここでは「六」）に付く場合に多い用法である。「たび」は、「与ふ」の尊敬語「たぶ（賜ぶ・給ぶ）」の連用形。

解答

4.正直者と見抜いたけれども

5.六つを全部そのまま夫婦にお与えになった。

(6) 傍線部6の理由を六十字以内で答えよ。

解説

ここでの「いみじ」は「すばらしい、よい」、「ののしる」は「うわさする、評判になる」の意。国守の「成敗（＝裁き）」がすばらしいと褒め称えられ、評判になったのは、優れた眼力で「この主は不実の者、この男は正直の者」と見抜き、「心直ければ……宝をえたり。心まがれるは……財を失ふ。」という勧善懲悪の考え方をみごとに実践したものであったからである。しかも、その裁きは、「七こそありし」という言い分を逆手にとり、機転を利かせたものだったのである。

解答

国守が正直者と不実な者を見分け、前者には財を与え、後者には罰として、言い分をもとに財を取り上げるという英断を下したから。（六十字）

(7)

中学校第三学年あるいは高等学校第一学年を対象に、この作品を教材として授業を実施することにした。この作品の教材観を答えよ。

解説

「教材観」は、自分自身が作品をどのように鑑賞し、生徒にどのような点に着眼させ、どのような内容を読み取らせるかということと表裏一体である。人間的興味を中心とした庶民性のある説話は、古文に親しみをもたせやすく、中学生や入門期にある高校生に適した教材になる場合が多い。また、説話は、「誰が誰に何をしてこうなった結果、こういうことになった」という、いわば「落ち」のある話が多く、そこには教訓が秘められているものである。話の展開の面白さや教訓を読み取らせるには、絶好の教材になるものが多く、本文もその一つと言えよう。

解答

〔解答例〕正直者は財産を手に入れ、邪心を抱く者は財産を失うという、分かりやすい物語の展開から、国を問わず、正直に生きることが大切であるという教訓を読み取らせるのに適した教材である。国守の裁定もユーモアにあふれ、生徒の興味・関心を喚起しやすいだろう。

【現代語訳】

近年の（唐から）帰朝した僧の話として、ある人が語ったのだが、唐に身分の低い夫婦がいた。餅を売って暮らしを立てていた。夫が、道端で餅を売っていたときに、人が袋を落としたのを取って見たところ、（中に）銀の軟挺が六つあった。（それを）家に持ち帰った。妻は心が素直で欲のない者で、「私たちは商売をして暮らしているので、（お金に）事欠くことはない。この銀の持ち主はどんなに嘆いて捜していることだろう。気の毒なことである。持ち主を捜してお返しになって下さい」と言ったので、（夫も）「本当に（そうだ）」と思い、（この銀のことを）言い広めたところ、持ち主と名乗る者が出て来て、この銀を受け取ってあまりに嬉しかったので、「（このうちの）三つを差し上げよう」と言って、さあ分けようとなったとき、思い直して、面倒を引き起こそうとして、「（もとは）七つあったのに、六つしかないのは奇妙なことだ。一つはお隠しになったのか」と言う。「そのようなことはない。もとから六つである」と言い合ううちに、遂には国守のもとで、正邪の判断をつけさせる（ことになった）。国守は眼力に優れていて、この（銀の）持ち主は不実な者、この（拾った）男は正直者と見抜いたけれども、依然として不明な部分があったので、あの（拾い主の）妻を召し出して、別の場所で事の詳細を尋ねたところ、夫の言い分と少しも食い違いがない。この妻は非常に正直な者と見て、あの（もとの）持ち主が不実であることは確かだったので、国守の判決には、「この一件は確かな証拠がないので判定し難い。ただし、（持ち主も拾い主も）共に正直者のようである。夫婦の証言は一致し、持ち主の言葉も正直に聞こえるので、（持ち主は）七つあるという（別の）軟挺を捜して取り戻すとよい。これは六つなので、別人のものだろう」と言って、六つを全部そのまま夫婦にお与えになった。宋朝の人々は、すばらしい裁きだと、広く褒め称え評判になった。心が素直なので、自然と天が与えて宝を得たのである。心が曲がっている者は、冥罰を受けて財産を失う。この道理は少しも違うことがない。返す返すも心清らかに素直であるべきである。

〈広島県・広島市改題〉

Check!

●主な敬語動詞（☆印のものは補助動詞にもなる）

《尊敬語》

動詞（活用）	主な訳し方	敬意のない形
おはす☆（サ変）	いらっしゃる	あり・をり・行く・来
賜《た》ぶ・給《た》ぶ☆（四）	お与えになる	与ふ
宣《のたま》ふ（四）	おっしゃる	言ふ
仰《おほ》す（下二）	おっしゃる・お命じになる	言ふ・命ず
思《おぼ》す（四）・思《おぼ》し召《め》す（四）	お思いになる	思ふ
召《め》す（四）	お呼びになる	呼ぶ・招く
	召し上がる	食ふ・飲む
	お召しになる	着る・乗る

《謙譲語》

動詞（活用）	主な訳し方	敬意のない形
罷《まか》づ（下二）・罷《まか》る（四）	退出する	去る
	参る	行く・来
参《まゐ》らす☆（下二）	さし上げる	与ふ
賜《たま》はる・給《たま》はる（四）	いただく	受く
申《もう》す☆（四）・聞《き》こゆ☆（下二）	申し上げる	言ふ
奏《そう》す（サ変）・啓《けい》す（サ変）	申し上げる	言ふ
仕《つか》うまつる（四）	お仕えする	仕ふ
	致す	す

《複数の種類にまたがるもの》

動詞（活用）		種類	主な訳し方	敬意のない形
給ふ	（四）	尊敬☆	お与えになる・下さる	与ふ
	（下二）	謙譲☆	いただく	受く・食ふ
奉る（四）		謙譲☆	さし上げる・献上する	与ふ
		尊敬	召し上がる	食ふ・飲む
			お召しになる	着る・乗る
参る（四）		謙譲	参上する	行く・来
			してさし上げる（その場に応じた語で訳す）	
		尊敬	召し上がる	食ふ・飲む
候《さぶら》ふ（四）・侍《はべ》り（ラ変）		謙譲	お仕えする・お側に控える	仕ふ
		丁寧☆	あります・おります	あり・をり

演習問題

5 ★☆☆

次の古文を読んで、後の問いに答えよ。

ある所に強盗入りたりけるに、弓取りに法師を立てたりけるが、秋の末つ方のことにて侍りけるに、門のもとに柿の木のありける、下にこの法師、*片手矢はげて立ちたる上より、熟柿の落ちけるが、この弓取りの法師がいただきに落ちて、つぶれて、さんざんに散りぬ。この柿の冷や冷やとして当たるを、[a]掻い探るに、[1]何となく濡れ濡れとありけるを、はや射られにけりと思ひて、臆してけり。かたへの輩《ともがら》に言ふやう、「はやく痛手負ひにて、[2]いかにものぶべくもおぼえぬに、この首うて」と言ふ。「いづくぞ」と問へば、「頭を射られたるぞ」と言ふ。[b]探れば、何とは知らず濡れわたりたり。手に赤く物付きたれば、げに血なりけりと思ひて、[3]「さらむからにはけしうはあらじ。引き立てて行かむ」とて、肩に懸けて行くに、「いやいや、いかにものぶべくもおぼえぬぞ。ただ、はやく首を切れ」としきりに言ひければ、言ふにしたがひて、[c]うち落としつ。さて、その頭を包みて、大和の国へ持ちて行きて、この法師が家に[d]投げ入れて、「しかしか言ひつること」とて取らせたりければ、妻子泣き悲しみて見るに、さらに矢の跡なし。「むくろに*手ばし負ひたりけるか」と[e]問ふに「しかはあらず。この（　A　）のことばかりぞ言ひつる」と言へば、[4]いよいよ悲しみ悔ゆれどもかひなし。（　B　）。

（『古今著聞集』より）

【語釈】

＊片手矢はげて…一本の矢をつがえて。

＊手ばし…「手をばしも」の略。傷をば。

ここに着目

(1) 直後の「はや射られにけりと思ひて」がヒントになる。

(2) 品詞分解すると、「いかに・も・のぶ・べく・も・おぼえ・ぬ」となる。直後の「この首うて」から、「のぶ」の意味を考える。

(3) 「けしう」は「けしく」のウ音便。

(4) 「妻子泣き悲しみて見る」とあり、見た後に「いよいよ（ますます）」悲しみが増したのである。

(5) 「むくろに手ばし負ひたりけるか」という問いかけに対する返答である。

(6) 法師はなぜ命を落としたのか。

(1) 傍線部1を法師は何だと思ったのか。本文中の語で答えよ。

(2) 傍線部2を現代語訳せよ。

(3) 傍線部3について、次の問いに答えよ。

Ⅰ 「さらむからに」の「さ」の内容を具体的に十字以内で答えよ。

Ⅱ 「けしうはあらじ」の現代語訳として適当なものを次のア～エから選び、記号で答えよ。

ア．大したことはあるまい。　イ．とがめるようなことはあるまい。

ウ．恐ろしいことはあるまい。　エ．薄情なことはするまい。

(4) 傍線部4のように思った理由を三十五字以内で説明せよ。

(5) 空欄Aに入る適当な語を本文中の一語で答えよ。

(6) 空欄Bには編者の感想が入る。適当なものを次のア～エから選び、記号で答えよ。

ア．妻子などは持つべきではなかったよ。

イ．友人は慎重に選ばなければならない。

ウ．法師は弓取りなどしない方がよい。

エ．臆病とはなんとも情けないものだ。

(7) 波線部a～eの主語を次のア～エから選び、記号で答えよ。

ア．強盗　イ．法師　ウ．法師の輩　エ．妻子

6 ★★☆

次の古文を読んで、後の問いに答えよ。

ある所にて、この世の連歌の上手と聞こゆる人々、寄り合ひて連歌しけるに、その門の下に、A法師の、まことにあやしげなる、頭は*をつかみに生ひて、紙衣のほろほろとある、うち着たるが、つくづくとこの連歌を聞きてありければ、「何ほどの事を聞くらん」と、をかしと思ひて侍るに、この法師、やや久しくありて、うちへ入りて、縁のきはに居たり。人々、をかしと思ひてあるに、はるかにありて、「賦物《ふしもの》は何にて候やらん」と問ひければ、その中に、ちと*くわうりやうなるものにてありけるやらん、あまりにをかしく、あなづらはしきままに、何となく、「括りもとかず足もぬらさずと言ふぞ」と言ひたりければ、この法師、うち聞きて、二三反ばかり詠じて、「おもしろく候ふ物かな」と言ひければ、いとどをかしと思ふに、「さらば、おそれながら、付け候はん」とて、

名にしおふ花の*白川わたるには

と言ひたりければ、言ひ出だしたりける人をはじめて、B手を打ちてあさみけり。さて、この僧は、「いとま申して」とてぞ走り出でける。

後に、この事、京極中納言聞き給ひて、「いかなる者にかと、返す返すゆかしくこそ。Cいかさまにてもただ者にてはよもあらじ。当世は、これほどの句など付くる人はありがたし。あはれ、歌よみの名人たちは、*ぞくかうかきたりけるものかな。世の中のやうにおそろしき物あらじ。Dよきもあしきも、（　　　）あるまじき事」とぞ言はれける。

（『今物語』より）

【語釈】

＊をつかみ…久しく剃らないためにつかめるほどに伸びた髪。

＊くわうりやうなる…がさつでぶしつけであること。

＊白川…京都市左京区の地名。

＊ぞくかう…恥辱。

ここに着目

(1) 「法師の」の「の」は、同格の用法。現代語の「の」にはまれな用法だけに、いかに分かりやすく説明・指導するかがポイントである。

(2) 「あさむ」は「浅む」と書いて、「驚嘆する」の意。

① 「名にしおふ」は「名にし負ふ」と書く。「し」は強意の副助詞。古文の世界で「花」と言えば、何の花か。

② 語釈が大きなヒントになる。

(3) 傍線部Cは、法師が付け句をしたという話を聞いた中納言の発言であり、彼は「これほどの句など付くる

(1)　傍線部A「法師の、まことにあやしげなる」を生徒に現代語訳させたところ、生徒は「法師が」と訳し、うまく続かなくなってしまった。そこで、古語の格助詞「の」の働きについて触れながら指導することにした。どのように説明するか書け。

(2)　傍線部B「手を打ちてあさみけり」となった理由を次のようにまとめた。①には「名にしおふ花の」の意味を、②には「括りもとかず足もぬらさず」となった理由を書け。

「言ひ出だしたりける人」が示した下の句に対して、（　①　）白川は（　②　）、渡っても「括りもとかず足もぬらさず」なのだと、ふさわしい状況を設定した上の句を詠んだから。

(3)　傍線部C「いかさまにてもただ者にてはよもあらじ」を、そのように思った理由を補って、現代語訳せよ。

(4)　傍線部D「よきもあしきも、（　）あるまじき事」で京極中納言は戒めの言葉を述べている。どのような内容であったと考えられるか、本文の内容を踏まえて書け。

〈青森県改題〉

人はありがたし」と、法師の句を高く評価している。

(4)　当初、人々は法師のことを「をかし」と思い、その中の一人が、「あなづらはし（侮づらはし）」と思うままに、下の句を示したのである。

例題4　その他

師の風雅に、万代不易あり、一時の変化あり。この二つに究《きはま》り、その本《もと》一つなり。その一つといふは風雅の誠なり。不易を[1]知らざれば、実《まこと》に知れるにあらず。不易といふは、新古によらず、変化流行にもかかはらず、誠によく立ちたる姿なり。

代々《よよ》の歌人の歌を見るに、代々その変化あり。また、新古にもわたらず、今見る所昔見しに変《かは》らず、哀《あはれ》なる歌多し。是《これ》まづ不易と[2]心得べし。

また、千変万化するものは自然《じねん》の理なり。[a]変化にうつらざれば、風《ふう》改まらず。是に押しうつらずといふは、一旦《いったん》の流行に口質《くちぐせ》時を得たるばかりにて、その誠を責めざるゆゑなり。責めず、心をこらさざる者、誠の変化を知るといふ事なし。ただ人にあやかりてゆくのみなり。責むる者は、その地に足をすゑがたく、一歩自然に進む理なり。

行末《ゆくすゑ》幾千変万化するとも、誠の変化はみな師の俳諧なり。「[b]かりにも古人の涎《よだれ》をなむる事なかれ。[3]四時の押しうつるごとく物あらたまる、皆かくのごとし」ともいへり。

（服部土芳『三冊子』より）

(1)

次のI～IIIの問いに答えよ。

I　傍線部1の中の接続助詞「ば」の働きを説明せよ。

II　傍線部2の読みを答えよ。

III　傍線部3は何のことか、答えよ。

解説

I　**例題1・**(3)の5（210ページ掲載）と同じ用法である。

Check!（236ページ）に掲載したように、通常、古文では、未然形＋「ば」であれば順接の仮定条件、已然形＋「ば」であれば順接の確定条件と考えるが、室町時代後期以降、後者の形で順接の仮定条件を表すようになり、已然形が現代文法の「仮定形」に近づく。

II　助動詞「べし」は、（ラ変型以外は）終止形接続。「心得」はア行下二段活用の動詞で、「え・え・う・うる・

うれ・えよ」と活用する。

Ⅲ　「四時」は「しいじ」と読む。「物（が）あらたまる」ものであることを、四季の推移にたとえている。

解答

Ⅰ　活用語の已然形に付く形で順接の仮定条件を表し、「〜ならば」の意味となる。

Ⅱ　こころう　Ⅲ　四季

(2)　二重傍線部aを現代語訳せよ。

解説　前文の「千変万化するものは自然の理なり」は、いわば総論である。aは、これを俳諧の場合に置き換えて述べている箇所である。接続助詞「ば」は(1)の①と同じ用法。

解答　（俳諧も）変化を求めなければ、俳風も新しくはならない。

(3)　二重傍線部bは、どういうことをたとえたものか。十五字以内で答えよ。

解説　第三段の三つめの文にある「口質」の「口」は「言葉」、すなわち「（俳諧の）詠み方」の意。「古人の涎をなむる（なめる）」とは、古人の「詠み方」のおこぼれに預かり、それを味わうということ。「糟粕《そうはく》をなめる（＝先人の模倣や追従に終始する。「糟粕」は酒の絞りかす。）」とほぼ同じ意味で用いられている、と考えてよいだろう。

解答　古人の俳風の模倣に終わること。（十五字）

(4)　筆者は、風雅が常に変化していくためには、どのような態度が必要だと述べているか、答えよ。

解説　筆者はまず第一段で、「万代不易」と「一時の変化」という理念の根本は同じであり、それは「風雅の誠」だと述べている。これを踏まえて、第二段では「不易」について説明し、第三段で「変化」について述べている。筆者が第三段で、新しい俳風に変わっていくために必要だと主張しているのは、「誠の変化を知る」こと、「誠を責め」ること、すなわち、一時の流行にとどまることに満足せず、風雅の誠を求める姿勢である。そうすれば、「一歩自然に進む」というのである。

解答　一時の流行にとどまることなく、不断に風雅の誠を追求する態度。

【現代語訳】

師（芭蕉）の俳諧には、万代不易と一時の変化（という理念）がある。この二つ（の理念）に尽きるが、その根本は一つである。その一つというのは風雅の誠である。不易ということを知らなければ、真に（師の俳諧を）理解したことにはならない。不易というのは、新しい古いに関係なく、（あるいは）変化や流行にも関わりなく、風雅の誠に立脚した姿をいうのである。

代々の歌人の歌をみると、その時々につれて（歌風に）変化がある。また、そういう新古に関わりなく、今（の人が）見るところと昔（の人が）見たところと変わらず、あわれと感じられるような歌も多い。これらをまず不易と心得るがよい。

また、（万物が）千変万化するのは自然の摂理である。（そのように俳諧も）変化を求めなければ、俳風も新しくならない。新しい俳風に変わっていかないというのは、一時の流行に詠みぐせが合った（ことに満足している）だけのことで、（根本である）風雅の誠を求める努力を怠っているからである。誠を求めず、心を凝らすことに努めない者は、（遂に）誠に基づく変化を知るということがない。ただ人に追随していくだけである。（これに対して）誠を求める者は、同じ場にとどまることに満足できないから、自然に一歩前へ進むことになるわけである。

今後、（俳風が）どれほど変化を重ねようとも、誠に基づく変化であれば、それはみな師の志す俳諧にほかならない。「かりそめにも古人の模倣に終わってはならない。四季が（自然に）推移するように、万物は変化するものであり、（俳諧も）すべてそのようなものである」とも（師は）言った。

〈北海道・札幌市改題〉

Check!

●接続助詞「ば」

①順接の仮定条件（もし～ならば）…未然形に接続する
②順接の確定条件…已然形に接続する
a．原因・理由（～なので）
b．偶然条件（～してみたら、～したところ）
c．恒時条件（～すると必ず）

＊仮定条件とは、まだ現実となっていない状況を想定して前提にすることである。これに対し、確定条件とは、既に現実となっている状況を前提にすることである。

演習問題

7 ★★☆

次の古文を読んで、後の問いに答えよ。

*道信の中将[A]の、山吹の花をもちて、上の御局といへる所を、すぎけるに、女房達、あまたゐこぼれて、[1]「さるめでたき物を持ちて、ただにすぐるやうやある」と、いひかけたりければ、[2]もとよりや、まうけたりけむ、

口なしに*ちしほやちしほそめてけり

といひて、さし入れりければ、[3]若き人々、え取らざりければ、おくに、*伊勢大輔がさぶらひけるを、「あれとれ」と宮[B]の仰せられければ、うけ給ひて、一間が程を、ゐざり出でけるに、思ひよりて、

こはえもいはぬ花のいろかな

と（　　）、付けたりけれ。これを、上聞こし召して、「大輔なからましかば、恥がましかりける事かな」とぞ、仰せられける。これらを思へば、心疾きも、かしこき事なり。心疾く歌を詠める人は、なかなかに、久しく思へば、あしう詠まるるなり。心おそく詠み出だす人は、すみやかに詠まむとするもかなはず。ただ、もと[C]の心ばへにしたがひて、詠み出だすべきなり。

いにしへの家の風こそうれしけれかかることのはちりくと思へば

*後冷泉院の御時に、十月ばかりに、月のおもしろかりけるに、女房達あまた具して、南殿に出でさせおはしまして、[4]遊ばせ給ひけるに、かへでのもみぢを折ら

【語釈】

*道信の中将…藤原道信。平安中期の歌人。

*ちしほ…幾度も染めること。

*伊勢大輔…平安中期の女流歌人。曾祖父頼基・祖父能宣・父輔親と四代続く歌人。

*後冷泉院…後冷泉天皇。第七十代の天皇。

ここに着目

(2)「さるめでたき物」は、道信が持っていたものを指す。「すぐる」は「過ぐる」と書く。係助詞「や」の用法に注意。

(3)「より」は起点を示す格助詞。「まうく」は「設く」と書く。「けむ」は、過去の推量を表す助動詞。

(4)伊勢大輔の言動、それを聞いた天皇の反応から考える。

(7)「おのれ」は、ここでは二人称の人称代名詞。

(8)筆者の和歌に対する考えが述べら

せ給ひて、女房の中に、伊勢大輔が孫のありけるに、投げつかはして、「この中には、おのれぞせむ」とて仰せられければ、程もなく、申しける歌なり。これを聞こし召して、「歌がらはさるものにて、疾さこそ、おそろしけれ」とぞ、仰せられける。されば、なほなほ、少々の節《ふし》はおくれたりとも、疾く詠むべしとも覚ゆ。おそく詠みて、よき例は、申しつくすべからず。

（『俊頼髄脳』より）

(1) 傍線部A～Dの「の」の中で、他の三つと意味・用法の違うものはどれか。一つ選び、記号で答えよ。

(2) 傍線部1「さるめでたき物を持ちて、ただにすぐるやうやある」を、「さるめでたき物」の具体的内容を明らかにして現代語訳せよ。

(3) 傍線部2「もとよりや、まうけたりけむ」について、誰がどのようなことを「まうけ」ていたのか。「まうく」の語意を明らかにして説明せよ。

(4) 傍線部3「若き人々、え取らざりければ」について、どうして取ることができなかったのか。わかりやすく説明せよ。

(5) 本文中の空欄に入る最も適切な助詞を、次のア～エから選び、記号で答えよ。

ア．さへ　イ．の　ウ．こそ　エ．なむ

(6) 傍線部4「遊ばせ給ひける」を、次の例にならって文法的に説明せよ。

（例）大宅世継とぞ言ひはべりしかしな

ハ行四段活用動詞「言ふ」連用形＋丁寧の補助動詞「はべり」連用形＋過去の助動詞「き」連体形＋終助詞＋終助詞

れているのは、第一段の後半の「これらを思へば」に続く箇所、第二段の後半の「されば」に続く箇所である。

(9) 道信が詠んだ上の句「口なしに……そめてけり」に一つ、大輔の孫が詠んだ歌「いにしへの……と思へば」に二つ用いられている。

(7)　傍線部5「この中には、おのれぞせむ」について、院がこのように仰せになった意図を説明せよ。

(8)　文章中で、作者が述べようとしているのはどのようなことか。「和歌」、「発想」の二語を用いて説明せよ。

(9)　本文中の和歌に用いられている修辞法について説明せよ。

〈宮城県・仙台市改題〉

Check!

●格助詞「の」

※体言・準体言に接続する

①主格（～が）　②連体修飾格（～の）

③体言の代用（～のもの・～のこと）　④同格（～で）

＊同格とは、複数の連体修飾語（節）を前後に配置する用法である。現代語の「の」にはまれであるから、要注意。

例　白き扇のいたうこがしたるを……。（源氏物語）

（訳）　白い扇で香をしっかり焚《た》きしめてあるのを……。

〔解説〕現代語なら「香を焚きしめてある白い扇を……」と言う方が自然であるが、古文では、複数の修飾語を被修飾語の上に長々と積み重ねることは好まれない。

参考「の」には連用修飾格の用法（比喩）もあり、和歌の序詞に見られる。

例　瀬をはやみ岩にせかるる滝川のわれても末に逢はむとぞ思ふ（詞花集）

＊「瀬をはやみ岩にせかるる滝川の」が「われても」を導く序詞

（訳）　川瀬の流れが速いので、岩にせきとめられる急流が二手に分かれても結局はひとつになるように、今はあの人と別れていても将来はきっと結ばれることになろうと思う。

演習問題　解答・解説

1

(1) 最初…最明寺の　最後…侍りしか

(2) 1. お呼びになる　2. すぐに参上します
3. 変わった格好でもよいから、早く参りなさい
4. 何となく物足りなく寂しいので
5. 酒の肴にふさわしい物

(3) a. 平宣時朝臣　b. 平宣時朝臣
c. 最明寺の入道の使　d. 最明寺の入道
e. 平宣時朝臣

(4) Ⅰ ① 謙譲語　② 平宣時朝臣から最明寺の入道へ
Ⅱ ① 尊敬語　② 最明寺の入道から平宣時朝臣へ
Ⅲ ① 丁寧語　② 平宣時朝臣から最明寺の入道へ
Ⅳ ① 丁寧語　② 平宣時朝臣から聞き手（作者）へ

(5) A. あそん　B. ひたたれ
C. かはらけ　D. しそく

(6) エ

解説

(2) 1＝「るる」は尊敬の助動詞「る」の連体形。2＝「やがて」には、「そのまま」などの意もあるが、ここでは「すぐに、直ちに」の意。直後に謙譲表現「参らむ」などが省略されている。3＝「異様なり」は、姿や様子が普段とは違っていることを表す形容動詞。ここでは、服装が変わっていることを意味する。「とも」は、逆接の仮定条件を表す接続助詞。「とく」は「すぐに、急いで」の意。直後に「参れ」「参り給へ」などの命令が省略されている。4＝「さうざうし」は、「索漠」の「索」を重ねた「さくさくし」の音便からなった語であると考えられている。あるはずのものがなくて物足りない趣を表す形容詞。5＝「さりぬべき物」とは、「そうであるのにふさわしい物」、すなわち、「酒の肴にちょうどよい物」ということ。

(3) 現代語訳を参照。

(4) ⅠとⅣは地の文ではなく、宣時の昔語りの部分であることに注意。Ⅰ＝ここでの「まかる」は「行く」の謙譲語。Ⅱ＝「給へ」は尊敬の補助動詞として用いられている。Ⅲ・Ⅳ＝「候ふ」も「侍り」も、丁寧の意の補助動詞として用いられている。なお、最後の「申されき」の「き」は、直接体験した過去を表す助動詞であるから、この話は、作者の兼好法師が宣時から直接聞いたということになる。したがって、「聞き手」は兼好を指す。

(5) A＝「あそみ」とも読む。五位以上の貴族男子の姓または名の下に付けた敬称。B＝武士の普段着。C＝素焼きの杯や皿。D＝「ししょく」とも読む。五十センチ程の松の木の先に油を塗り、火をともす携帯用の照明具の一種。

(6) 傍線部6は、執権職にある最明寺の入道のような人物でも、わずかばかりの味噌を肴にして酒を楽しんだ、という逸話に対する宣時の感想である。

現代語訳

平宣時朝臣が年をとってからの昔話として、「最明寺入道殿が、ある夜、まだそれほど更けないときに、（私を）お呼びに

なることがあったので、（私は）『すぐに（参上します）』と申し上げはしたものの、直垂（のきちんとしたもの）がなくて、あれこれぐずぐずしているうちに、また使いがやって来て、『直垂などがないのでしょうか。夜であるから、変わった格好でも（よいから）、早く（参りなさい）』と（お言葉が）あったので、着古してよれよれになっている直垂を着て、ふだん着のままの格好で参上したところが、（最明寺入道殿は）銚子に素焼きの杯を持って出て来て、『この酒をひとりで飲むのが、何となく物足りなく寂しいので、（汝に来るように）申しつけたのだ。（酒の）肴が何もないんだよ。家人たちは寝静まっていることであろう。酒の肴にふさわしい物があるかどうかと、どこまでもお探しなさい』と（お言葉が）あったので、紙燭をともして、すみずみまで探し求めているうちに、台所の棚に小さな素焼きの皿に味噌の少しついているのを見つけ出して、『これを探し出してございます』と申し上げたところ、『（これで酒の肴は）十分であろう』と言われて、気持ちよく何回も盃を重ねて、よいご機嫌になられました。そのころはこんなふう（に質素）でした」と申された。

2

(1)　a．ワ行下二段活用　b．サ行四段活用
　　c．ラ行変格活用
(2)　A．ほととぎす　B．賀茂　C．をかし
(3)　1．何のためであろうか
　　2．あまり鳴くな
　　4．何であろうか分からない道具で
　　5．どうしてそうするのであろうか
(4)　Ⅰはク活用の形容詞「にくし」の已然形活用語尾、Ⅱは過去の助動詞「けり」の終止形である。
(5)　月日の流れの早さをしみじみと感じる気持ち。

解説

(1)　a＝ワ行下二段活用に属する動詞は、「植う」「飢う」「据う」の三つだけである。b＝「やう」という体言に接続していることから、連体形が「ウ」の段で終わる活用である。c＝「をり」「あり」「はべり」は、ラ行変格活用の代表的な動詞である。

(2)　A＝Aを馬鹿にし、卑しめている歌を聞くのは、「心憂き」ことだと述べている。同様に、ほととぎすがうぐいすに劣ると言う人を「いとつらうにくけれ」と述べている。したがって、卑しめられているのは「ほととぎす」となる。B＝前段の田植えの話と後段の稲刈りの話は、対になっている。C＝前段に、「うしろざまに行く、いかなるにかあらむ、をかしと見る」とあり、これに付け加えて、「いかでさすらむ、穂をうち敷きて並みをるも」と述べているのである。なお、最後の「庵のさまなど」の後にも、「（も）をかし」が省略されている。

(3)　1＝「いかなる」は形容動詞「いかなり」の連体形で、「どのようだ、どういうわけだ」の意。「にかあらむ」は、断定の助動詞「なり」の連用形「に」＋係助詞「か」＋ラ変補助動詞「あり」の未然形＋推量の助動詞「む」の連体形からなる連語で、「〜であろうか」の意。2＝「いたく」は「甚く」

と書き、「はなはだしく」の意。「な〜そ」は禁止の用法。4=補って訳すと、「何であろうか、使っている道具は分からないが、その道具で」となる。5=「いかで」は、ここでは疑問を表す副詞。「さ」は「そう、そのように」の意を表す副詞、「す」はサ変動詞で、「穂をうち敷きて並みをる」を指す。助動詞「らむ」は、疑問語の「いかで」があることから、現在の原因の推量を表す。

(4) Ⅰ=「にく」は、形容詞「にくし」の語幹である。係助詞「こそ」を受けて、「にくけれ」と已然形で結ばれている。Ⅱ=直前の「なり」は断定の助動詞の連用形。助動詞「けり」は連用形接続である。

(5) 『古今和歌集』の「きのふこそ早苗とりしかいつの間に……」は、「ついこの間、早苗を取って苗の植え付けをしたのに、いつの間にか稲の葉が伸びて、そよそよと音を立て、秋風が吹いていることだ」と、季節の推移の早いことを詠んだ歌である。この歌のように、作者は、自分が以前見た早苗が稲穂になっているのを見て、月日の経つのが早いことを「あはれにもなりにけるかな」と、しみじみと感じているのである。

現代語訳

賀茂(のお社)へ参詣する道で、(見ると)田(に苗)を植えるということで、女の人が新しい折敷のようなものを笠にしてかぶって、とても大勢立って、歌を歌う。(その姿を見ていると、身体を)折れ伏すようにして、特に何をする様子にも見えないで、後ろの方に(動いて)行く。(これはいったい)何のためであろうか。面白いと思って見ているうちに、(その歌に)ほととぎすのことをとても軽蔑して歌うのを聞くのは、不愉快だ。「ほととぎす、きさま、あいつよ。きさまが鳴くから、おれは田植えをする」と歌うのを聞くにつけても、どのような人が(ほととぎすを誉めて)「あまり鳴くな」と(歌に)歌ったのであろうか。(私は、『宇津保物語』に出て来る)仲忠の幼少時代を悪く言う人と、ほととぎすがうぐいすより劣ると(悪く)言う人は、ひどく情けなく憎らしい。

八月末日に、太秦(の広隆寺)に参詣するということで、(ふと)見ると、(既に稲の)穂が実った田を、人がとても大勢見て騒いでいるのは、(実は)穂を刈り取っているのであった。(あの有名な『古今和歌集』の歌に)「(ついこの間)早苗を取って田植えをしたのに、いつの間に……」と、(詠まれているように、季節の推移の早いことがよく分かったが)本当についこの間、賀茂へ参詣するということで、(途中で田植えの風景を)見たあの早苗が、こんなふうに(穂が実るほどに)なったのだなあと感慨無量な気持ちになった。(田植えの早乙女と違って)稲刈りは(屈強な)男たちが、とても赤い稲で、根元は青いのを持ったままで刈り取る。何だろうか分からない道具を使って、根元を切る様子が、楽々としていて、(私も)してみたいように見えることだ。(また)どうしてそうするのだろうか、(刈り取った稲の)穂を(地面に)敷いて(そこに皆が)並んで腰をおろしている姿も面白い。(刈り取った稲の穂を入れておく)仮小屋のありさまなど(も風流で興味深い)。

3

(1) むつき

(2) b．こどねりわらわ　c．こ
(3) A．早朝　B．筆跡　C．生活に必要な
(4) Ⅰ　断定の助動詞「なり」の連用形
Ⅱ　ラ行四段動詞「なる」の連用形
(5) Ⅲ　意志　Ⅳ　仮定（婉曲）
(6) 日もだんだん暮れて来たので
(7) イ
(8) 貧しくて大したもてなしはできないが、男のために心を込めて摘んで来た若菜をせめて食べて欲しいという思い。
(9) 貴人が口にしたこともないような、みすぼらしく粗末な食事しかふるまえないこと。
(10) 仕えていた天皇が崩御し、世の中が変わっていくのを見たくないと思ったから。

解説

(1) 「睦月」と書く。正月の異称はほかに、「孟春」「青陽」「初春月」など。
(2) b＝近衛中将・少将が召し連れた少年。c＝直後の助動詞「む」は未然形接続。「来」はカ変動詞で、「こ・き・く・くる・くれ・こよ（こ）」と活用する。
(3) C＝「まめなり」には、①誠実だ、②実用的だ、③勤勉だ、④健康だ、などの意味があるが、ここでは②。
(4) Ⅰ＝「ほど」という体言に接続しているので、断定の助動詞。
(5) Ⅳ＝仮定・婉曲の意の場合は、下に体言や「に」「には」などが来るのが普通である。
(6) 「やうやう」は「だんだん、徐々に」の意。接続助詞「ば」は已然形に付いているので、順接の確定条件を表す。
(7) 「奥にも入れず」の主語は少将。直後に「女、くやしと思へ」とあるので、「この人」は「女」を指す。
(8) 前段の屋敷の描写からも明らかなように、「女」の家は貧しく、少将に豪華な食事をふるまうことはできなかった。そこで、「女」は少将のために、庭に生えている若菜を「衣のすそをぬらしつつ」も摘んで来て、それを「蒸し物」にして、食べてもらおうとした。若菜の料理には、そのような「女」の心が込められているのである。
(9) 少将が「いとあはれに（＝本当に気の毒に）」思ったのは、庭に生えている若菜を材料にした料理しかふるまうことができない女の境遇に対してである。また、「めづらしう」とあるように、その料理は、「少将」の位にある男にとっては、口にしたことがないようなものだった。女は、そのような食事しかふるまえないことを「はづかし」と思ったのである。
(10) 「おくる」は「先立たれる」の意、「見じ」の「じ」は打消の意志の意。

現代語訳

ときは正月十日の頃であった。簾の中から敷物を差し出した。（少将は）それを引き寄せて座った。簾も、へりはこうもりに食われて、ところどころない。家の中の調度や飾りつけをのぞいてみると、（栄えた）昔の様子がしのばれて、畳など立派だった（ことが分かる）のだが、（今は）みすぼらしくなってしまっている。日もだんだん暮れて来たので、音もなくそっと（簾の

中に）入って、この女の人を奥にも入れない。女は悔しいと思うけれども、止めようにも方法がなく、どうしようもない。雨は一晩中降りあかして、翌日の早朝、少し空が晴れた。男は女が（奥に）入ろうとするのを、「ただこのままで」と言って入れない。日も高くなったので、この女の親は（貧しくて）、少将にご馳走することができる方法がなかったので、（少将のお供に）小舎人童だけを残してあったが、その子に、堅塩を肴にして酒を飲ませ、少将には広い庭に生えている菜を摘んで、蒸し物というものにして、茶碗に盛り、箸には梅の花でよく咲いている枝を折って、その花びらにたいそう美しい女の筆跡で、このように書いた。

　あなたのために、衣の裾を濡らしながら春の野に出て摘んだ若菜ですよ。

男はこれを見ると、本当にしみじみかわいそうに思われて、引き寄せて食べる。女は、どうしようもなく恥ずかしいと思ってうつ伏していた。少将は起きて、小舎人童を走らせて、すぐに車で生活に必要な物を様々持って来させた。「迎えに人が来ましたので、すぐまた参りましょう」と言って出て行った。それからのち、絶えず自分からも訪ねて来た。色々な物を食べても、やはり五条の女の家で食べた物は、珍しく美味しかったと思い出した。

少将は長い間お仕え申し上げた帝の崩御にあって、あとに残され、世が変わったなら、そのような世は見ないようにしようと思って、法師になってしまった。

4

(1) ①　(2) ③　(3) ⑤　(4) ②　(5) ①
(6) ③

解説

(1) aの「に」は下に「こそ」があるので少し分かりにくくなっているが、その下に「さぶらふ」とある。「さぶらふ」は「あり」の丁寧語である。すると「にあり」の形になっていると分かる。この形は断定の助動詞「なり」の連用形である。なお、今回の「に」は下に「あり（敬語化していることもある）」か「て」を伴うと考えておく。bcの「ぬ」はともに「たまひ」と連用形に接続しているので、完了の助動詞「ぬ」だが、bは、下に「べき」がきている。この場合、下に推量の助動詞がきているため、強意（強調、確述）用法となる。なお、同じ完了を示す助動詞「つ」も同様である。cは文末なので、そのまま完了の助動詞である。dは下に「こと」という形式名詞がきているので連体形である。そして「たまへ」に接続している。これは已然形説と命令形説があるが、どちらにしても、存続（完了）の助動詞である。したがって、この組合せになっている①が正解である。

(2) ア「さぶらふ」は丁寧語である。これは「この帝」から「賀茂の明神」に対しての発言であるから、敬意の対象は聞き手である「賀茂の明神」である。イ「申さ」は謙譲語である。これが間違えやすい。これは「この帝」の発言ではあるが、あなた様＝「賀茂の明神」が「おほやけ」に申し上げなさるべきことだと言っているので、敬意の対象は「おほやけ」である。ウ「申さ」も謙譲語である。「この帝」が「賀茂の明神」

に言っているので、敬意の対象は「賀茂の明神」である。エは「賀茂の明神」が「この帝」にしているものであるから、敬意の対象は「この帝」である。これらが正しくなっているものは、③である。

(3)　文末に終助詞「そ」があることから「な～そ」の禁止を表す呼応と考える。「ひどく軽々しい行動をしなさるな」という意味である。

(4)　口語訳（現代語訳、解釈）は、語彙と文法に則って考えるのが、大前提である。選択肢を見ると、「ければ」までは、「けれ」が過去の助動詞の已然形であるから、①②③が残る。次にその下の「やがて」だが、この語は基本語で、「すぐに」と「そのまま」の二つの意味がある。①は×である。次は「はて」だが「宇宙のはて」などと「終わり、限界」などを意味する。したがって「最後の」が正しい。この結果②が正解と分かる。文末の「ぞかし」は強調用法である。

(5)　古今和歌集に入集している和歌である。思考手順は、次の通りである。

❶音数を考える……結句の七音の部分で「は変はらじ」で五音あるので、Bは二音となる（字あまり、字足らずというものがあるが、これらを後半で使用することはめったにない）。③は「か」か「かほり」なので×、⑤も「こころ」なので×。

❷歌の主題から考える……歌には必ず主題（テーマ）があるのだが、ここでは結句が主題になっているので、解きにくい（なお、歌のテーマは、この場合「じ」でおおよそ判断できる）。

❸古文常識を基にする……これは『大鏡』の文章である。そして、（後の）宇多天皇と賀茂の明神が出ている。こういう時は、天皇もしくは神を賛美した歌になる。今回は両者が現れているので、両者への賛美となる。

これらの観点から見ると、四句目の「代経とも」とも照らし合わせて、「時代が経っても」「代々経過しても」何が「変わらないだろう」と言っているのかを考える。つまり「賀茂の明神」の変わらぬ威光はずっと続き、さらにこの明神を守護とする「天皇家」もずっと栄えていくに違いないと詠んでいる。そして、②の「丈」では身長が変わらないとなり、身体的なものになってしまい、そもそも進歩しないことになり無礼千万である。④の「人」では「明神」に該当しないので、宇多天皇が不死の存在となってしまう。①「色」（＝外に見えるもの）が変わらないが正解である。もともとこの歌の主題は「姫小松」であるので、「松」は常緑樹であり色を変えないのだから、ここから考えても「色」が成立する。

(6)　この問題は、主題から考える。「ちはやぶる……」の歌から考えることもできるし、その後の「いみじくよみたまへるぬしかな。今に絶えずひろごらせたまへる御末、帝と申すともいとかくやはおはします」から考えてもよい。つまり代々皇室が栄えたことが主題である。したがって③が正解である。なお、主題に関係している④は、「帝位につくと同時に」が最後の「位につかせたまひて二年といふにはじまれり」に合致しないので×である。

現代語訳

この天皇（＝宇多天皇）が、まだ天皇の位にお就きなさらなかった時の、（ある年の陰暦）十一月二十日過ぎの頃に、賀茂神社の付近で、鷹狩をして、遊び歩いていらっしゃった際に、賀茂神社の明神が（現れて）お告げなさったことには、「（私は）この付近に住んでいます老人です。春には祭がたくさんございます。（しかし）冬がとても退屈なので、祭りをしていただけませんか」と申し上げなさるので、（天皇は）その時に賀茂神社の明神がお告げなさ（ってい）るのだとお考えになられ、「私には（そのような祭りを挙行する）力は及んでございません（＝ありません）。天皇に申し上げなさるべきことでございましょう」と（明神に）申し上げなさると、（明神は）「（あなたの）力が必ず及びなさるにちがいないので申し上げるのです。かなり軽々しい行動をなさらないで下さい。そのように申し上げる理由がありますから。（それも）近くなってございます（＝近々のことです）」とおっしゃって、かき消すようにいなくなられた。

（天皇は）どのようなことであろうと不審に思いなさるうちに、このように即位なさっていたので、臨時の祭りをなされたのですよ。賀茂神社の明神のお告げとして、「祭りをして下さい」と申し上げなさった日が、酉の日でありましたから、そのまま十一月の最後の酉の日に、臨時の祭りがあるのです。（この祭りで詠む）東遊びの歌は、（藤原）敏行の朝臣が詠んだのですよ。

　賀茂神社の姫小松（＝かわいらしい小松）よ、何万年たっても色は変わらないでしょう

この歌は『古今和歌集』に入っています。人は皆ご存じのことであるが、とてもすばらしくお詠みなられたものですね。今も絶えることなく続いていらっしゃる（宇多天皇の）ご子孫は、（他の）天皇（家）と申し上げてもとてもこのよう（に繁栄なさっていること）ではいらっしゃいません。

（この臨時の祭りは、宇多天皇が）即位なさって二年という時に始まりました。天皇の勅使は、右近中将時平の朝臣がなさったそうです。

5

(1) 血
(2) どうにも生きのびることができそうに思われない
(3) Ⅰ 頭を射られたこと。（九字）　Ⅱ ア
(4) 法師が傷を負ってもいないのに、早合点して死んだことが分かったから。（三十三字）
(5) 頭
(6) エ
(7) a．イ　b．ウ　c．ウ　d．ウ　e．エ

解説

(1) 「はや射られにけり」と思った法師は、同輩に「頭を射られたるぞ」と言い、同輩が手さぐりしてみると、「手に赤く物付きたれば、げに血なりけりと思ひ」とある。つまり、法師は、熟れた柿がつぶれてぐちゃぐちゃに散ったのを、ぬるぬるとした手ざわりから「血」だと勘違いしたのである。

(2) 「のぶ」は「延ぶ」と書く。「べく」はここでは可能の意、「ぬ」は打消の助動詞「ず」の連体形。否定文内の助動詞「べし」は可能を第一義とする。

(3)　Ⅰ＝「からに」は、格助詞「から」に接続助詞「に」が付いてできた接続助詞で、ここでは逆接の仮定条件（～だからと言って、～だとしても）を表す。Ⅱ＝「けし」は「怪し・異し」と書き、普通の状態からかけ離れている異様な感じを表す形容詞。助動詞「じ」は、ここでは打消推量の意。

(4)　頭にも胴体にも傷がないことから、妻子は、法師が柿の果肉を血だと早合点して、命を落とすはめになったことを知ったのである。

(5)　「むくろ」は「胴体、体」の意。「しかはあらず」は、胴体に傷を負ったのではないということ。空欄直前の「この」は、輩が妻子に受け取らせた法師の「頭」を指す。

(6)　「はや射られにけりと思ひて、臆してけり」とあるように、臆病であるがゆえに命を落とした法師の話である。

現代語訳

ある所に強盗が入ったので、弓を持っての見張り番に法師を立てることにした。（それは）秋の末ごろのことだったが、門のそばにあった柿の木の下に、この法師が（弓に）一本の矢をつがえて立っていたところ、上から熟れた柿が落ちてきて、この見張り番の法師の頭上に落ちてつぶれてぐちゃぐちゃに散った。この柿が冷たく感じられ、手でさぐってみると、何となくぬるぬるした手ざわりがしたので、もはや射られてしまったと思っておじ気づいてしまった。かたわらの同輩に「すでに傷を負って、どうにも生きのびることができそうには思われないから、この首を落としてくれ」と言う。「（やられたのは）どこだ」と問うと、「頭を射られたんだ」と答える。（同輩が）手さぐりしてみると、何だかわからないがべっとりと濡れていた。（見ると）手に赤いものがついているので、なるほど血だなあと思ったが、「そうかといって、大したことはあるまい。連れて行ってやろう」と言って、肩にかついで歩きだしたが、（その法師が）「いやいや、とても助かりそうには思わないよ。ともかく早く首を切れ」と、しきりに言うので、言う通りに打ち落とした。さて、その頭を包んで大和の国へ持って行き、その法師の家に投げ入れて、「（その法師が）こういうふうに言ったのです」と言って受け取らせると、妻子は泣き悲しんで（包みを開いて頭を）見たが、まったく矢の（当たった傷）跡がない。「胴体のほうに手傷を負ったのですか」と問うので、「そうではありません。この頭のことばかり言っていました」と答えたので、（妻子は）いよいよ悲しみ悔しがったが後の祭りであった。

6

(1)　古語の格助詞「の」には、主格（～が）、連体修飾格（～の）、体言の代用（～のもの）、同格（～で）などの用法がある。ここでは、「法師の、まことにあやしげなり。」と文が終わっていれば、「法師が」と主格に訳せるが、「まことにあやしげなる、頭は……」と文が続いている。「まことにあやしげなる」人は法師であり、「まことにあやしげなる」という語句は、法師と同一人物の説明にあたる。この場合の「の」は同格の働きをしており、現代語の「～で、～であって」という意味で用いられている。

(2)　①　桜で有名な

②　実際は川ではなく地名なので

(3) 風情あるすばらしい句に仕上げたので、どのように考えても普通の者ではまさかあるまい。

(4) 外見だけで、風流など解することはできないだろうと人を侮ってはならないということ。

解説

(1) ここでの同格の「の」は、「法師で、まことにあやしげなる人で、……うち着たる人が、……」のように、下の体言を省略する形で用いられているが、体言の省略までこと細かに説明するのは望ましくないだろう。読むことの学習に役立つように指導することが重要である。

(2) 「括り」とは、指貫の裾に通してある紐。その紐を「とかず（解かない）」ということは、指貫の紐をくくり上げないということ。しかも、足も濡らさないというのである。この句に対して、桜の名所である白川を詠み込むことによって、実際は川でなく地名なので、裾を上げなくてもよいし、足も濡らさない、と応酬したのである。なお、「賦物」とは、連歌で句の中に物の名などを隠して詠み込むこと。前句の「あし」が「葦」を隠しているとすると草に、付け句の「花」が桜で木となり、賦物は「草木」になる。

(3) 「いかさまに」は形容動詞「いかさまなり」の連用形で、「どのように」の意。「よも」は、打消推量の助動詞「じ」と呼応する副詞で、「まさか」の意。(2)で見てきたように、法師は、下の句にふさわしい状況を設定した上の句をみごとに詠んだ。しかも、「白川」という歌枕を活かして、下の句の人物が桜の中でたたずむという風情ある句に仕上げたのである。

(4) いかにもみすぼらしい格好をし、まして風流など解することもありそうにない法師が、意外にもみごとな連句を付けて、人々を驚かせたという話である。空欄には「人をあなどる事」が入る。

現代語訳

ある所で、当代の連歌の名人と知られた人々が、寄り合って連歌をしたとき、その門の下で、法師で、実にみすぼらしく、髪の毛はつかめるほどに伸びて、紙衣のぼろぼろに破れたのを着たのが、じっとこの連歌を聞いていたので、「どの程度分かって聞いているのだろうか」と、おかしいと思っておりますところ、この法師はしばらくして、（門の）中に入って来て、縁の端に座った。人々がおかしいと思っていると、遠くから（法師が）、「賦物は何でございましょう」と尋ねたので、人々の中に、少々がさつでぶしつけな者だったのだろうか、あまりにおかしく、侮りやすいと思う（人がいて、その思う）ままに、何気なく、「（指貫の裾の）括り紐を解いて裾を上げないし、足も濡らさない、というのだよ」と言ったところ、この法師はじっと聞いて、二、三度ほど声に出して詠んで、「おもしろい賦物ですね」と言ったので、ますますおかしいと思っていると、「では、恐れ多いことながら、付けましょう」と言って、

　桜の花で有名な白川を渡るときには

と詠んだので、言い出した人を始めとして、（皆が）手を打って驚嘆した。さて、この僧は「おいとま申し上げます」と言って走り出して行った。

後に、このことを、京極中納言（藤原定家）がお聞きになっ

て、「どういう者だったのかと、返す返す知りたく思われることだ。どのように考えても普通の者ではまさかあるまい。今の世には、これほどの句など作る人はめったにいない。ああ、歌詠みの名人たちは、恥をかいたものだなあ。世の中ほど恐ろしいものはないだろう。よい身分の人であろうと、賤しい身分の人であろうと、人を侮ることはあってはならないことだ」とおっしゃった。

7

(1) C

(2) あなたは美しい山吹の花を持って、黙って通り過ぎることがありますか（、いやないはずです）。

(3) 「まうく」とは、「準備する」の意で、道信の中将が、女房たちから歌を詠むように言いかけられることを予想して、付句となる上の句を前もって準備していたのだろう。

(4) 若い女房たちには、道信の中将が差し入れた上の句に付ける下の句を、上手に付ける自信がなかったから。

(5) ウ

(6) バ行四段活用動詞「遊ぶ」未然形＋尊敬の助動詞「す」連用形＋尊敬の補助動詞「給ふ」連用形＋過去の助動詞「けり」連体形

(7) （院は）歌人で有名な伊勢大輔の孫にあたる人物であれば、即座に上手な返歌をできると期待したため。

(8) 和歌は、素早い発想で詠むことが大切であるということ。

(9) ・「家の風」が、「家風」と「家に吹く風」の掛詞。
・「は」が、言の「葉」と、紅葉の「葉」の掛詞。

解説

この問題のポイントは、「山吹」と「口なし」が同じような赤味がかった黄色を表すことを、各自の知識もしくは文章から理解することが必要だ。

(1) A・B・Dは主格、Cは連体修飾格。

(2) 教採の試験なので、生徒に教えることを前提として訳したい。この場合、女房から道信の中将に対しての発言なので、丁寧表現にすることが望ましい（していなくても減点はされないが）。

「ただに」は形容動詞「ただなり」の連用形で、ここでは「何もせずにそのまま」の意。係助詞「や」は、ここでは反語。有名な歌人である道信が、歌の格好の題材になりそうなみごとな山吹の花を持っているのに、何も言わずに通り過ぎることがありますか、というニュアンスである。

なお、この文末は「ある」であって、「あらむ」ではないので、「ありましょうか」と推量の意味を付加するのは好ましくない。また、昨今は「～か、いや○○ない」という訳し方は、不自然な日本語としてあまり用いない傾向にある。高校生が受験する共通テストではこのように訳していないことが証左である。本来反語は単なる否定表現ではなく、強調の否定表現なので、せめて、「～か、いや○○のはずがない」としたい。

(3) 「『まうく』の語意を明らかにして」とあるので、まず最初に語意を述べてから訳す。設問条件に合うように答えること。「まうく」は、ここでは「準備する、用意する」の意。直後で、道信が「口なしに……」と詠んでいることから、女房たちから歌を催促されるかもしれないと思って、前から用意していたのだろう、と作者は推測しているのである。

(4) 主体を補うこと。「若き人々」が取ることができなかったため、中宮に命じられた歌の名人・伊勢大輔が、上の句の「口なし」に「いはぬ（言はぬ）」、「染め」に「花の色」と、上手く付けた句を詠んだ。それを聞いた天皇は、「大輔のおかげで恥をかかずにすんだ」と言ったのである。つまり、「若き人々」は、気の利いた下の句を付ける自信がなかったのである。

(5) 「付けたりけれ」と已然形で文が結ばれている。

(6) 「せ給ふ」は二重敬語（最高敬語）である。下に尊敬の補助動詞を伴う助動詞「す」は、まれに使役を表すこともあるが、多くの場合が尊敬を表すと考えてよいだろう。

(7) 主体である「院」を補いたい。「おのれ」は大輔の孫を指す。その人は、天皇が楓の紅葉を投げ与えたことを受けて、「程もなく」、「いにしへの家の風こそ……」の歌を詠んだことから考える。そして院は、あの名高い女流歌人である伊勢大輔の孫ならば、巧妙な付け句をするだろうと期待していたことが分かるように、「上手に」「巧妙に」などの表現が必要だ。

(8) 「心疾き」は発想の素早さを意味する。第一段では、大輔にまつわる話を引用して、和歌を素早い発想で詠むことも賢明であるとし、天性の心の働きに即して詠み出すべきだと説いている。第二段では、大輔の孫にまつわる話を引用して、ゆっくり想を練って秀歌に仕上げた例も数多くあることを認めつつも、多少趣向が劣っていても、やはり素早い発想で詠むべきだと主張している。これらを考え合わせると、筆者が述べようとしているのは、両者に共通する考え、すなわち、素早い発想で和歌を詠むことの大切さである。

(9) 設問は「本文中の和歌に」とあるので、「いにしへの……」の中で答える。「口なしに……」「こはえもいはぬ……」は連歌であるので通常は和歌には含まない（広義で含むこともあるが、教採の解答なので厳格に答えたい）。「家風」は、平安中期以後、著名歌人の子孫が意識した、和歌に対する伝承意識のこと。

現代語訳

道信の中将が、山吹の花を持って、上の御局という后の御部屋の前を通ったところ、女房たちが多数、はみ出し座って、「そのような美しい花を持って、黙って通りすぎることがありましょうか。いや、（まさかそのようなことは）ないはずです」と言いかけたので、はじめから（予想して）準備していたのであろう、

　梔子《くちなし》の実のように、私はものを言えない「口なし」なので、
（その証拠に）梔子で幾重にも染めた山吹の花を持っているのです。

と詠んで、（その山吹の花を）差し入れたので、若い女房たちは、（下の句を付けられそうもなく、これを）受け取らなかったので、（部屋の）奥に伊勢大輔が近侍していたところ、「あれを取れ」と中宮がおっしゃられたので、（大輔は）承知なさって、一間くらいの間を膝行《しっこう》して出て行くうちに、考えついて、

（なるほど）これは何とも言えない美しい花の色ですね。と、（みごとに）付けた。このことを天皇がお聞きになられて、「もし（そのとき）大輔がいなかったならば、（私の后の方として）恥ずかしかったことであるよ」とおっしゃられた。これらを思い合わせると、素早い発想で詠むのも、賢明なことである。（概して）早々と思いついて歌を詠める人は、かえって、長考すると悪く詠まれる結果となる。ゆっくり想を練って詠み始める人は、早く詠もうとしても適応はしない。（したがって）ただ、（その人の）天性の心の働きに即して、（歌は）詠み出すべきであろう。

　昔から続いている家の風、すなわち、伝統こそ嬉しいことである。このような（ありがたい）お言葉（紅葉の葉）を私に寄せられると思うと。

（この歌はこうである。）後冷泉天皇の御代に、十月ぐらいのとき、月がみごとであったので、（天皇は）女房たち多数を召し連れて、紫宸殿にお出ましなさって、（月を愛でて）遊宴なさったときに、楓の紅葉したのをお折りになられて、（召し連れた）女房たちの中に、（歌人で有名な）伊勢大輔の孫（にあたる人）がいたので、（その女房にこの紅葉した楓を）投げ与えられて、「この（女房たちの）中では、（今、私がしたことの返事を）おまえがしなさい」とおっしゃられたので、そう時を隔てずに、申し上げた歌である。この歌を（天皇が）お聞きなさって、「歌の風格はほどほどのものであるが、（さすが重代の歌人だけあって）早さは並々でない」と、（感心して）おっしゃられた。したがって、（こう見てくると）やはり、少し趣向などが劣っていたとしても、早く詠むべきであるとも考えられる。（しかしながら）ゆっくり想を練って詠んで、秀歌だった実例は、申し尽くすことはできない（ほど多いのはもちろんである）。

4 漢文

傾向と対策

問題文は文章が大半を占め、漢詩の出題は少ない。文章では、『韓非子』『孟子』『列子』などの諸子百家の文章、『春秋左氏伝』『史記』『十八史略』などの歴史書のほか、『蒙求』『世説新語』『唐宋八家文読本』など、幅広い分野から出題されている。中学校志望者を対象にした問題は比較的平易であるが、中高共通や高校志望者を対象にした問題の中には、出題文の長いもの、白文や送り仮名のない文章の出題が見られるなど、前者に比べると難易度は高い。設問は、漢字の読み、訓点、書き下し文、現代語訳、筆者や登場人物の考え・心情などが中心である。漢詩は、中学校や高校の教科書にも掲載されている有名なものからの出題が多く、特に唐詩の出題頻度が高い。設問は、前述したもののほか、詩形、押韻など、基本的な事項が中心である。古文と同様に、指導法を問う問題は全体からすると多くはないが、増加傾向にあり、特に高校志望者を対象にした問題の中で問われることが多い。対策としては、まず、再読文字や重要構文、漢詩の形式・押韻などの基礎知識を習得し、文章では諸子百家を中心に、幅広い分野の文章に読み慣れること、漢詩では唐詩を中心とした学習をすることを勧める。また、漢文を読むときは、それを教材にした場合の留意点や学習活動の案を念頭に置くようにしたい。なお、漢文の長文問題の中で出題されている文学史の問題については、**5 国語常識**に掲載している。

1 文章

例題1　思想

造《ぞう》父《ほ》方ニ耨《くさぎ》ル時、有リ二子父乗リテレ車ニ過グル一者、馬驚キテ而不レ行カ。其ノ子ハ下リテレ車ヲ牽《ひ》キレ馬ヲ、父ハ下リテ推シレ車ヲ、①請フ二造父ニ助ケテレ我ヲ推セヨト㆑車ヲ。造父因リテ収メレ器ヲ、輟《や》メテ而寄二‐載シA之ニ一、援ケテ二其ノ子父ヲ一乗ラシム。aの乃チ始メテ検シレ轡《たづな》ヲ持チレ策《むち》ヲ、②未ダル二之ヲ用一ヒ也、而モ③馬咸《みな》騖《は》ス矣。④使造父而不能御、bの雖モ二尽シレ力ヲ労シレ身ヲ、助ケテレB之ヲ推スト㆑車ヲ、馬猶ホ不ラン二肯テ行カ一也。今使メテ二身ヲシテ佚《いつ》シ且ツ寄載セ一、有ルレ徳二於人ニ一者ハ、有リテレ術而御スレバレ之ヲ也。

（『韓非子』より）

【語釈】

＊耨…田で草むしりをする。
＊収器…農具を片付ける。
＊寄載…使乗、相乗りをする。
＊騖…走り出す。

(1)　二重傍線部a・bの読みを、現代仮名遣いで答えよ。

解説

a. 同訓異字に「即・則・便・輒（輙）」がある。意味の違いは次のとおり（傍線を付してあるのは、最も代表的な意味）。歴史仮名遣いでは「すなはチ」。

乃……そこで。なんとまあ。そうであるのに。
即……すぐに。そのときは。言い換えると。
則……そのときは。（最も素直な接続）
便……すぐに。たやすく。言い換えると。
輒（輙）……そのたびごとに。すぐに。たやすく。

b. 「雖」は返読文字で、ここでは「仮に～であっても」の意。歴史仮名遣いでは「いへどモ」。

解答

a. すなわ　b. いえど

(2) 波線部A・Bはそれぞれ何を指すか、答えよ。

解説

A.「寄載」、すなわち、「相乗りする」場所を指す。

B.前にある「我ヲ助ケテ」「其ノ子父ヲ援ケテ」と照応する。

解答

A.車（馬車）　B.子父（親子）

(3) 傍線部①を現代語訳せよ。

解説

「請フ」は、現代語と同様に「願い求める」の意。馬が進まないので、「子」も「父」も馬から降りたが、自分たちの力ではどうしようもなかったため、近くにいた造父に車を押してくれるよう願い求めたのである。

解答

造父に、私たちを助けて車を押して下さいと頼む。

(4) 傍線部②をすべて平仮名で書き下し文に直せ。

解説

「未」は、「いまダ〜ず」と読む再読文字である。

解答

いまだこれをもちひざるに

(5) 傍線部③にあるように、なぜ馬はみな走り出したのか。理由を答えよ。

解説

手綱を調べて鞭を持っただけで、それを使ってもいないのに、馬が走り出した理由は、第二段の一文に記されている。「佚」は、現代表記で「逸」と書く。「気ままで楽なさま」を表し、第一段の末文中の「力ヲ尽シ身ヲ労シ」とは、対照的な意味で用いられている。「之ヲ御スレバ」の「之」は、馬を指す。造父には、安々と馬を制御できる「術」があったというのである。

解答

造父は、労を費やさずに楽々と馬を操れる術に長けていたから。

(6) 傍線部④について、「造父をして御すること能はざらしめば」の読みになるように訓点を施せ。

解説

「使」は使役の助字で、「〜ヲシテ〜しム」と読む。同用法の字に「令・教・遣」がある。使役の助字を用いるときは、「使」＋使役させる対象〔造父〕＋述語〔不能〕＋補語〔御〕、の形をとる。「而」は置き字。返り点の使い方、訓読の順序は次のとおりである。

レ点……すぐ上の一字に返って読む場合に用いる。

一・二点……二字以上を隔てて上に返って読む場合に用いる。

上・下点……一・二点をはさんで上に返って読むのに用いる。

レ点・上レ点……レ点と、一・二点や上・下点とが複合する場合に用い、レ点を優先して読む。

解答

7㆓ 1 2 3 6㆑ 5㆑ 4（3は置き字）

解答

使メバ㆓造父ヲシテ而不ラ㆑能ハ㆑御スルコト

(7)

授業の中で、生徒から「助字・置き字とは何ですか」と質問された場合、どのように説明するか。本文中から例を挙げて、分かりやすく説明せよ。

解説

助字の働き、助字と置き字の関係を明確に説明することがポイントである。ここでは、置き字としても用いられている「而」や「也」を例に挙げて、説明するのが妥当である。なお、高校生に対しては、次のような説明を解答に加えてもよいだろう。

本文中の「馬驚キテ」や「輟メテ」の直後にある「而」は、上の語を連用形にして「～テ・シテ（順接）」を送り、「而」を読ませていないが、「馬咸驚ス」の上にある「而」は、接続（逆接）の意味を強調するために、「しかモ」と読ませている。

解答

〔解答例〕助字は、主として日本語の助詞・助動詞・接続詞、英語の前置詞に相当する働きをする漢字で、文末に用いる助字を「終尾詞」と呼ぶ。本文で使われている「而」のように、文中にあって語句の接続関係などを示したり、「也」のように、文末にあって断定や詠嘆などの意を表したりする。訓読の際に読まない助字を「置き字」といい、第一段の「馬驚キテ」や「輟メテ」の直後にある「而」、「未ダ之ヲ用ヒザルニ」の直後にある「也」や第一段の最後にある「也」が、これに該当する。

書き下し文

造父《ざうほ》方《まさ》に耨《くさぎ》る時《とき》、子父《しふ》車《くるま》に乗《の》りて過《す》ぐる者《もの》有《あ》り、馬驚《うまおどろ》きて行《ゆ》かず。其《そ》の子《こ》は車《くるま》を下《くだ》りて馬《うま》を牽《ひ》き、父《ちち》は下《くだ》りて車《くるま》を推《お》し、造父《ざうほ》に我《われ》を助《たす》けて車《くるま》を推《お》せよと請《こ》ふ。造父《ざうほ》因《よ》りて器《き》を収《をさ》め、輟《や》めて之《これ》に寄載《きさい》し、其《そ》の子父《しふ》を援《たす》けて乗《の》らしむ。

乃《すなは》ち始《はじ》めて轡《たづな》を検《けん》し筴《むち》を持《も》ち、未《いま》だ之《これ》を用《もち》ひざるに、而《しか》も馬《うま》咸《みな》鶩《は》す。造《ぞう》父《ほ》をして御《ぎょ》すること能《あた》はざらしめば、力《ちから》を尽《つく》し身《み》を労《らう》し、之《これ》を助《たす》けて車《くるま》を推《お》すと雖《いへど》も、馬《うま》猶《な》ほ肯《あへ》て行《ゆ》かざらん。

今《いま》身《み》をして佚《いつ》し且《か》つ寄《き》載《さい》せしめて、人《ひと》に徳《とく》有《あ》る者《もの》は、術《じゅつ》有《あ》りて之《これ》を御《ぎょ》すればなり。

〈山口県改題〉

【通釈】

（御の名人である）造父が、（ある日のこと）ちょうど田で草むしりをしているときに、親子で馬車に乗って通りかかった者がいたが、馬が（何かに）驚いて進まない。その息子は車から降りて馬を引き、父も降りて車を押しながら、造父に、私たちを助けて車を押して下さいと頼む。そこで、造父は農具を片付け、（草むしりを）止めて、馬車に乗り込み、その親子に手を貸して車に乗せさせた。なんと（造父が）手綱の具合を調べて鞭を持ったところ、まだその鞭を振りもしないのに、もう馬はみな走り出した。もし造父が（馬を）制御することができないような事情であるとしたら、（彼がいかに）力を尽くし身を労し、親子を助けて車を押したとしても、馬はやはり進もうとはしないだろう。

今、（造父がその）身を楽にして、しかも（他人の車に）相乗りさせて、人（車の持ち主）に恩徳を施すことができるのは、（彼が）術を心得ていて、その車の馬を制御することができたからである。

Check!

●再読文字の読み方・意味

未→いまダ〜ず。
まだ（今までに）〜ない。

将・且→まさニ〜ントす。
これから（今にも）〜しようとする。

当→まさニ〜ベシ。
〜しなければならない。
当然〜するべきである。

応→まさニ〜ベシ。
きっと〜だろう。※推量の意が一般的
当然〜はずである。

猶・由→なホ〜ごとシ。
ちょうど（あたかも）〜のようである。

宜→よろシク〜ベシ。
〜するのがよい。

須→すべかラク〜ベシ。
ぜひとも〜する必要がある。
必ず〜しなければならない。

盍→なんゾ〜ざル。
どうして〜しないのか、〜すればよいのに。

※文中で品詞が異なると、再読しない場合もあることに注意。例えば、「将」は接続詞なら「はタ」、前置詞なら「もっテ（「以」と同じ）」、動詞なら「ひきヰル・もちヰル」などと読む。

演習問題

1 ★☆☆

次の漢文を読んで、後の問いに答えよ。（設問の関係で、送り仮名を一部省いている。）

近《キ》二①塞上《ニ》一之人《ニ》有《リ》二②善《クスル》レ術《ヲ》者一。馬無《クシテ》レ故、a亡《ゲテ》而入《ル》レ胡《ニ》。人皆[A]《ス》レ之《ヲ》。其《ノ》父《ほ》曰《ク》、「③此《レ》何遽《ゾ》不《ラン》レ為《ラ》レ福《ト》乎《ト》。」居《ルコト》数月、其《ノ》馬b将《ヰテ》二胡《ノ》駿馬《ヲ》一而帰《ル》。人皆[B]《ス》レ之《ヲ》。其《ノ》父曰《ク》、「④此《レ》何遽《ゾ》不《ラン》レ能《ハ》レ為《ル》レ禍《ト》乎《ト》。」家富《ム》二良馬《ニ》一。其《ノ》子好《ミ》レ騎《ヲ》、墜《チテ》而折《ル》二其《ノ》髀《ヲ》一。人皆[C]《ス》レ之《ヲ》。其《ノ》父曰《ク》、「此《レ》何遽《ゾ》不《ラン》レ為《ラ》レ福《ト》乎《ト》。」居《ルコト》一年、c胡人大《イニ》入《ル》レ塞《ニ》。丁壮《ナル》者、引《イテ》レ弦《ヲ》而戦《ヒ》、近《キ》レ塞《ニ》之人、死《スル》者十《ニ》九。此《レ》独《リ》以《テ》二跛《は》之故《ヲ》一、⑤父子相《ヒ》保《テリ》。故《ニ》福之為《リ》レ禍《ト》、禍之為《ル》レ福《ト》、⑥化不レ可レ極。深不レ可レ測也。

（『淮南子』より）

(1)　二重傍線部a「亡」、b「将」、c「胡人」の漢字の読みを書け。

(2)　傍線部①「塞上」の語句の意味を書け。

(3)　空欄A～Cにあてはまる最も適当な語句を、次のア～エから一つずつ選び、記号で答えよ。（同じ語句を二回使ってもよい。）

ここに着目

(1)　aとbは、送り仮名がヒントになる。

(3)　空欄の後の「之」は、いずれも前文の内容を指す。

(4)　傍線部②は、「占いなどの方術に長けた者」の意。

(5)・(6)　「何遽～乎」の形である。

(7)　「保テリ」は、身を保つ、すなわち、無事であったということ。理由は直前に記されている。

(8)　書き下し文は、文語体を使い、旧仮名遣いで書く。

(9)　最後の三つの文が教訓にあたる。

(10)　(9)の教訓や、文中で使われている語句から考える。

ア．弔　イ．良　ウ．賀　エ．忌

(4) 傍線部②「善術者」と同じ人物を本文中から抜き出して、漢字で答えよ。

(5) 傍線部③「此何遽不為福乎」はどの文形に属するか、次のア〜エから最も適当なものを選び、記号で答えよ。

ア．疑問形　イ．反語形　ウ．強調形　エ．否定形

(6) 傍線部④「此何遽不能為禍乎」を現代語訳せよ。

(7) 傍線部⑤のようになった理由として最も適当なものを、次のア〜エから選び、記号で答えよ。

ア．若くて元気な者たちが弓を射て、北の侵入者から守ってくれたから。

イ．占いがうまい人に頼んで、わざわいを福に転ずる方法を習ったから。

ウ．良馬に乗ったので、北の侵入者からうまく逃れることができたから。

エ．馬から落ちて骨を折り、足が不自由なので戦には行かなかったから。

(8) 傍線部⑥について、すべて平仮名で書き下し文に改めよ。

(9) この話の教訓として最も適当なものを、次のア〜エから選び、記号で答えよ。

ア．人生、何が幸福で何が不幸となるかはわからないものだ。

イ．どんなことにも油断をしてはならず、慎重にすることだ。

ウ．何回失敗しても屈せず、勇気を出して立ち向かうことだ。

エ．人は誰も、考え方次第で欲を捨てることができるものだ。

(10) この話から生まれた故事成語を書け。

〈沖縄県〉

2 ★☆☆

次の漢文を読んで、後の問いに答えよ。（設問の関係で、送り仮名を一部省いている。）

陳《ちん》亢《かう》問《ヒテ》二於伯魚《ニ》一曰《ク》、①子《モ》亦有《ルカト》二異聞《》一乎。a対曰《ク》、未《ダシ》也。
b嘗独《リ》①立《テリ》。鯉趨《はしリテ》而過《グ》レ庭《ヲ》。曰《ク》、学《ビタルカト》レ詩《ヲ》乎。対曰《ク》、未《ダシト》也。②不レ学レ
詩無二以言一。鯉退《キテ》而学《ベリ》レ詩《ヲ》。他日又独《リ》立《テリ》。鯉趨《リテ》而過《グ》レ
庭《ヲ》。曰《ク》、学《ビタルカト》レ礼《ヲ》乎。対曰《ク》、③未《ダシト》也。不レ学レc礼、②無二以立一。鯉退《キテ》而
学《ベリ》レ礼《ヲ》。聞《ケリト》二斯《ノ》Ａ者《ヲ》一。陳亢退《キテ》而喜《ビテ》曰《ク》、問《ヒテ》レＢ《ヲ》得《タリ》レＣ《ヲ》。聞《キ》レ詩《ヲ》
聞《キ》レ礼《ヲ》、又聞《ケリト》三君子之《の》d遠《》二其《ノ》子《ヲ》一也。

（『論語』より）

(1)　傍線部①を現代語訳せよ。

(2)　傍線部②を書き下し文にせよ。

(3)　傍線部③は誰の言葉であるか、名前を漢字で答えよ。

(4)　波線部①の「立てり」の主語は誰か、名前を漢字で答えよ。

(5)　波線部②の具体的な意味について、最も適当なものを次のア～オから選び、記号で答えよ。

ア．効果の速やかにあらわれることを欲して順序次第を乱してしまうから、目標を立てることができない。

イ．欲を制して清貧を貫くための正しい判断ができないから、君子となる志を

【語釈】

＊陳亢…孔子の門人。

＊伯魚…孔子の子、名は鯉。

＊趨…小股で足ばやに通り過ぎること。自分より年長又は尊い人の前を通る時の作法。

＊詩…「詩経」のこと。

ここに着目

(1)　「子」は「し」と読む。

(2)　書き下し文では、日本語の助詞や助動詞にあたる漢字は、仮名書きにする。

(5)　「礼」の意味するところから、何を「立てる」のかを考える。

(6)　Aには伯魚が父から聞いたこと、Bには陳亢が伯魚に問うたこと、Cには、問うた結果、陳亢が得たことの数がそれぞれ入る。

(7)　dは重文構造で、「聞ケリ」の目的語になっているので、連体形にした上で、「～を」を送り仮名として補う必要がある。

立てることができない。

ウ．言行一致せず誠が伴っていないから、信頼がおける人物だというよい評判を立てることができない。

エ．事物のほどよい所が明らかでなく徳性がしっかり定まらないから、よく身を立てることができない。

オ．礼儀をわきまえた品位ある人格が身につかないから、富貴になる見通しを立てることができない。

(6) 文中のA～Cにあてはまる漢数字をそれぞれ答えよ。

(7) 二重傍線部a～dの本文中での読み方を、それぞれ送り仮名も含めて平仮名で答えよ。（現代仮名遣いでもよい。）

(8) 孔子はわが子に対してどのような教育をしたのか。文中から読み取って簡潔に答えよ。

〈三重県改題〉

3 ★★☆

次の漢文を読んで、あとの問いに答えなさい。（設問の関係で、訓点を省いた部分がある。）

楚王使《ム》二景鯉《ヲシテ》如《カ》レ秦《ニ》。客謂《ツテ》二秦王《ニ》一曰《ク》、景鯉《ハ》、楚王《ノ》所《ナリ》二

甚《ダ》愛《スル》一。王不レ如《カ》二留《メテ》レ之《ヲ》以《テ》市《あきなハンニハ》レ地《ワ》。楚王聴《カバ》、則《チ》不《シテ》レ用《ヒ》レ兵《ヲ》而

---

(8) 孔子の我が子に対する教育のあり方は、最後の「君子之遠其子」に集約されている。

【語釈】

＊市…あきなう。取引をする。

＊楚・秦・斉・魏…国名。

ここに着目

(1) 文型を考える。述語動詞はどの語

得レン地ヲ。楚王不レバ聴カ、則チ殺二シテ景鯉一ヲ、①更与不如景鯉者市。是レ②便計也ト。秦王乃チ留二ム景鯉一ヲ。景鯉使三メテ人ヲシテ説二カ秦王一ニ曰ク、臣③見下王之権軽二天下一、而地不上レ可レ得也。④臣之来リテ使ヒスル也、聞三ケリ[A]皆且ニ二割レキテ地ヲ以テ事一レヘント[B]二。⑤所二‐以然一者、以三テナリ秦ノ与レ楚為二ルヲ昆弟ノ国一ト。今大王留レム臣ヲ。是レ示二ス天下ニ無一レキヲ楚也。斉魏有《ま》タ何ゾ重二ンゼン於孤国一ヲ也。楚知二ラバ秦之孤一ナルヲ、不レシテ与ヘ地ヲ、而外結レビテ交ハリヲ以テ図ラン。則チ⑥社稷必ズ危フカラン。不レト如レ出サンニハ臣ヲ。秦王乃チ出レス之ヲ。

（『戦国策』より）

(1)　傍線部①「更与不如景鯉者市」の書き下し文として適切なものを、次のa〜eの中から一つ選びなさい。

a．更《さら》に景鯉に与《あた》へざるがごときは市ふ者なり。

b．更《あらた》めて景鯉に如かざる者と市へ。

c．更《か》へつて景鯉に如かざる者に与へ市ふ。

d．更に景鯉と市ふ者には与へざるがごとし。

e．更めて景鯉に与ふる者は市はざるがごとし。

(2)　傍線部②「便計」の意味として最も適切なものを、次のa〜eの中から一つ

か。

(3)　「不可得」を考える。

(4)　「臣」の会話内の用法は何か？

(6)　構文を考える。「所以○○者」は、「○○の理由は」となる構文だ。

(8)　結末はどうなっているかをまずチェックしよう。

選びなさい。

a．巧妙なはかりごと

b．素早いはかりごと

c．実行しやすいはかりごと

d．油断させるはかりごと

e．取り入るはかりごと

(3) 傍線部③「見下王之権軽二天下一、而地不上レ可レ得也」の解釈として最も適切なものを、次のa～eの中から一つ選びなさい。

a．秦王の権威で天下の諸侯を軽んじすぎると、かえって他国の反乱を招くのではないでしょうか。

b．秦王の権威が天下の諸侯に軽んぜられますので、土地をむやみに望んではならないと思われます。

c．秦王の権威が天下の諸侯に軽んぜられすぎると、秦の領土が他国に奪われるのではないかと思われます。

d．秦王の権威が天下の諸侯に軽んぜられ、恐らくご所望の土地は手に入らないと思われます。

e．秦王の権威で天下の諸侯を軽んじると、割譲されるべき土地すら手に入らなくなるのではないでしょうか。

(4) 傍線部④「臣」とは誰のことか。最も適切なものを、次のa～eの中から一つ選びなさい。

a. 斉や魏の使い

b. 景鯉が秦王を説得するように頼んだ人

c. 客

d. 秦王の側近

e. 景鯉

(5) 空欄部AおよびBに入る国名の組み合わせとして正しいものを、次のa～eの中から一つ選びなさい。

a. A 秦 B 斉魏

b. A 斉魏 B 楚

c. A 斉魏 B 秦

d. A 楚 B 斉魏

e. A 楚 B 秦

(6) 傍線部⑤「所㆓以然㆒者」に該当する部分は、本文中のどこになるか。該当する部分として正しいものを、次のa～eの中から一つ選びなさい。

a. 景鯉楚王所甚愛

b. 不用兵而得地

c. 秦王乃留景鯉

d. 秦与楚為昆弟国

e. 示天下無楚也

(7) 傍線部⑥「社稷」の意味として最も適切なものを、次のa～eの中から一つ選びなさい。

a．国家

b．臣下の財産

c．国王の権威

d．法律

e．他国との同盟

(8) 本文の内容に合致するものを、次のa～eの中から一つ選びなさい。

a．秦王は、景鯉が楚王の寵臣であるがゆえに、これを人質として、秦に有利な条件で楚の国と講和を結ぶことができた。

b．楚王は、景鯉を秦に派遣し、楚と同盟をくむことが秦にとって安全であることを説明させ、楚に対する圧力を軽減することに成功した。

c．秦の客は、景鯉は将来、秦に災いをもたらす恐れがあるので、むしろ、その命を奪うことが秦の安泰につながることを上奏した。

d．秦王は、客の上奏と景鯉の言い分とを熟慮し、どちらの説を採ることが秦の将来にとって最も良いかを考えた結果、客の進言に従った。

e．景鯉は、秦が楚を疎かにするようなふるまいを見せれば、秦は孤立し、楚をかえって他国側に走らせ、同盟を結ばせることになりかねないと諭した。

〈高知県〉

例題2 その他

左伝《ニ》曰《ク》、宋人得《テ》レ玉《ヲ》、献《ズ》二[a]諸司城《ノ》子罕《ニ》一。子罕不レ受《ケ》。①献レ《ズル》玉《ヲ》者曰《ク》、以《テ》示《スニ》二玉人《ニ》一、玉人以《テ》為《ス》レ宝《ト》、故《ニ》献《ズト》レ之《ヲ》。子罕曰《ク》、②我以不貪為宝。[b]爾以玉為宝。③若以与我、皆喪宝也。[c]不レ若人有《たもタンニハ》二其《ノ》宝《ヲ》一。

(『蒙求』より)

【語釈】
*司城…役職名の一つ。
*玉人…玉を彫刻する職人。

(1) 二重傍線部a～cの読みを、それぞれ送り仮名を含めて現代仮名遣いで記せ。

解説

a.「これ」と読む漢字には、「諸」「之」「是」「此」「爾」「焉」などがある。「諸」の中国語音は「之於」と同じ音になるためにあてられた、いわゆる「合字」。つまり本文は「献二之於司城子罕一」なのであり、置き字「於」の下は補語、上は直接目的語なので、送り仮名の「～を」を補う必要がある。なお、「諸」が文末にある場合は「之乎」の合字なので、「Aレ諸。」(これAヤ)と返読し、疑問か反語で訳す。

b.「爾」は、ここでは「我」と対になる主語として用いられているので、「なんじ」と読む。歴史仮名遣いでは「なんぢ」。同訓の漢字には「汝」「女」「而」「若」がある。

c.「若」の読みには、仮定形の「もシ」、比況形の「ごとシ」もあるが、ここでは否定詞「不」に返読しているので、比較形の「しカず」である。なお、「如」も「若」と同用法である。

解答

a. これを　b. なんじは　c. しかず

(2) 傍線部①について、「献玉者」は「子罕」にどういうことを言ったのか。具体的に説明せよ。

解説

直後の発言中に「故ニ」とあるように、玉を献上する理由について述べている。「以テ」とは、「玉を（もって）」ということ。

解答

玉を彫刻する職人が宝玉だと鑑定した（高価な）玉なので、献上するのだということ。

(3) 傍線部②を書き下し文に改めよ。

解説

「以」「不」「為」は返読文字。「為」は、ここでは「なス」と読んで、「〜とみなす」の意。訓点は次のように付く。

我ハ以テレ不ルヲレ貪ラ為スレ宝ト。

解答

我は貪らざるを以て宝と為す。

(4) 傍線部③を「宝」の具体的な内容が分かるように、現代語訳せよ。

解説

「若」は、ここでは仮定の副詞。「皆」は、「玉ヲ献ズル者」と「子罕」の二人を指す。「玉ヲ献ズル者」にとって、「玉」は「宝」である。また、「子罕」にとっては、「貪ラザル」ということが「宝」である。もし、子罕が玉を受け取ってしまうと、子罕は物を貪ることになるのである。

解答

もしあなたが宝だという玉を私にくれたならば、あなたは宝を失い、私は貪らないという宝を失って、二人とも宝を失うことになる。

(5) 本文からうかがえる「子罕」の人となりを表したものとして最も適当なものを、次のア〜オから選び、記号で答えよ。

ア．直情径行　イ．威風凜凜　ウ．温厚篤実
エ．清廉潔白　オ．小心翼翼

解説

「貪欲でない」ことを心の宝（信条）とし、宝玉を受け取ることを自ら辞していることから、「清廉潔白（心が清らかで私欲がない）」な人柄が読み取れる。ア「直情径行」は、周囲の事情などを考えずに、感情のままに行動すること。イ「威風凜凜」は、威厳があってりりしいさま。ウ「温厚篤実」は、穏やかで誠実なさま。オ「小心翼翼」は、気が小さくて、びくびくしているさま。

解答

エ

書き下し文

左伝《さでん》に曰《いは》く、宋人《そうひと》玉《たま》を得《え》て、諸《これ》を司城《しじやう》の子罕《しかん》に献《けん》ず。子《し》罕《かん》受《う》けず。玉《たま》を献《けん》ずる者《もの》曰《いは》く、以《もつ》て玉人《ぎよくじん》に示《しめ》すに、玉人《ぎよくじん》以《もつ》て宝《たから》と為《な》す、故《ゆゑ》に之《これ》を献《けん》ずと。子罕《しかん》曰《いは》く、我《われ》は貪《むさぼ》らざるを以《もつ》て宝《たから》と為《な》す。爾《なんぢ》は玉《たま》を以《もつ》て宝《たから》と為《な》す。若《も》し以《もつ》て我《われ》に与《あた》へなば、皆《みな》宝《たから》を喪《うしな》ふなり。若《し》かず人《ひと》其《そ》の宝《たから》を有《たも》たんにはと。

【通釈】

『左伝』に言うには、宋国の人が玉を手に入れ、これを司城の子罕に献上しようとした。（しかし、）子罕は受け取らなかった。玉を献上する者が言うには、「（私が）これを玉を彫刻する職人に見せたところ、その人は宝玉だと鑑定しましたので、これを献上するのです」と。子罕は（受け取らないわけを）説明した。「（私が受け取らないのは、玉の善し悪しによるのではない。）私は貪らないことを宝としている。あなたは玉を宝としている。もし（あなたの宝としている玉を）私にくれたならば、二人とも宝を失うことになるだろう。それよりも、（このままにして）二人ともその宝を持っているのに越したことはない」と。

〈岡山県〉

Check!

● 「若（如）」の用法

※①は絶対に返り点がつかず、②・③は必ず返読する。

①仮定形

〈順接〉若シ〜バ　　〈逆接〉若シ〜トモ

もシ〜バ　　もシ〜トモ

もし〜ならば　　もし〜としても

※「もシ」と読む漢字（仮定副詞）には、「若・如」のほかに「仮・設・即」などがある。

②比較形

Aハ不レ若カレBニ。　AハBニしカず。

AはBに及ばない。AよりもBの方がよい。

無シレ若クハレCニ。　Cニしクハなシ。

Cに及ぶものはない。Cが一番だ。

※返読する否定詞が「無・莫（なシ）」の場合は最上級を示している。

③比況形

Aハ若シレBノ（ガ）。

AハBノごとシ。（AハBスルガごとシ）

AはBのようである。AはBと似ている。

※Bの末尾が活用語の場合、連体形に活用させて「ガ」を送って返読する。

なお、両字に共通しない用法として「若」には二人称代名詞の「なんぢ」、「如」には動詞「ゆク」がある。

演習問題

4 ★☆☆

次の漢文を読んで、後の問いに答えよ。

或《ルヒト》問《ヒテ》二第五倫《ニ》一曰《ク》、公有《ル》レ私乎《ト》。a対《ヘテ》曰《ク》、昔《ニ》人①有与吾千里馬者。吾b雖《モ》レ不《ト》レ受《ケ》、c毎《ニ》二三公有《ル》レ所二選挙《スル》一、②心《ニ》不レ能《ハ》レ忘《ルルコト》。d而《レドモ》亦e終《ニ》不レ用《ヒ》也。吾《ガ》兄《ノ》子嘗《テ》病《ム》。一夜《ニ》十《タビ》往《クモ》、退《キテ》而③安寝《ス》。吾《ガ》子有《リ》レ④疾。雖《モ》レ不《ト》二省視《セ》一、而竟夕不レ眠《ラレ》。⑤若《キ》レ是《ノ》者⑥豈《ニ》可《ケン》レ謂《フ》レ無《シト》レ私乎《ト》。

（『小学』より）

(1) 二重傍線部a〜eの読みを、現代仮名遣いで答えよ（送り仮名は含めない）。

(2) 傍線部①について、次の書き下し文に従って、訓点をつけよ。

吾に千里の馬を与ふる者有り。

(3) 傍線部②について、次の問いに答えよ。

Ⅰ すべて平仮名の書き下し文にせよ。

Ⅱ 「何を」にあたる部分を具体的に示して現代語訳せよ。

(4) 傍線部③について、次の問いに答えよ。

Ⅰ 主語を文中より抜き出せ。

【語釈】

＊第五倫…人名。後漢時代に会稽や蜀郡の太守を務め、治績をあげた。

＊三公…太尉・司徒・司空など当時の重要な役職。

＊省視…気をつけて様子を見ること。

＊竟夕…一晩中。

ここに着目

(3) Ⅱ 直前の「選挙」は、人材を登用すること。

(4) Ⅱ 「兄ノ子」の場合と「吾ガ子」の場合を対比的に述べている。

(7) 「豈」の用法に留意する。また、二つの事例から、「私」の意味を考える。

Ⅱ　その理由を簡潔に答えよ。

(5)　傍線部④はどういう意味か。「疾」に文中の漢字一字をつけ加え、二字の熟語で答えよ。

(6)　傍線部⑤は二つの事例を指しているが、それぞれの事例の最初の三字を抜き出して答えよ。

(7)　傍線部⑥を「私」の意味を明らかにして現代語訳せよ。

〈神戸市〉

5 ★★☆

次の漢文を読んで、後の問いに答えよ。（設問の関係で、訓点を一部省いている。）

魏武常《ニ》言《フ》、人欲《スレバ》レ危《クセント》レ己《ヲ》、己輒心動。因《リテ》語《リテ》二所《ノ》レ親《シム》小人《ニ》一曰《ク》、汝懐《キテ》レ刃《ヲ》密《カニ》来《レ》二我側《ニ》一、我必《ズ》説《ヒテ》二心動《クト》一、執《とらへテ》レ汝《ヲ》使《メン》レ行《ハ》レ刑《ヲ》。汝但勿言。其《レ》使《メ》レ無《カラ》レ他、当厚相報。執《ハレシ》者信レ焉、不二以《テ》為《サ》レ懼《レヲ》。遂《ニ》斬《ル》レ之《ヲ》。此《ノ》人至《ルマデ》レ死不知也。左右以《テ》為レ実、謀《ル》レ逆《ヲ》者挫《くじケリ》レ気《ヲ》矣。

（『世説新語』より）

(1)　波線部A～Cに送り仮名も含めて、現代仮名遣いで読み仮名を付けよ。

【語釈】

＊魏武…三国時代の魏の武帝である曹操のこと。

ここに着目

(2)　a.「人（ガ）己ヲ危クセント欲」した場合に、どうなるかである。

(3)　「言ふこと勿かれ」と訓読する。この武帝の言い付けを守った結果、「逆ヲ謀ル者」は「気ヲ挫ケリ」となったのである。

(4)　「当」は再読文字である。

(5)　武帝は「此ノ人」にどのようなこ

(2) 二重傍線部a・bの意味を書け。

(3) 傍線部①「勿言」とあるが、何を「勿言」なのか。具体的に説明せよ。

(4) 傍線部②を書き下し文にせよ。

(5) 傍線部③「不知」とあるが、何を「不知」なのか、七文字以内で答えよ。

(6) 傍線部④「為実」とあるが、何を「実」としたのか、文中から抜き出して書け。

〈徳島県〉

6 ★★☆

次の漢文を読んで、後の問いに答えよ。（設問の関係で、訓点を一部省いている。）

今有リ㆓一人㆒焉、父病ミ、躬《みづから》進メテ㆑薬ヲ而不㆑嘗《なメ》。又有リ㆓一人㆒焉、父病ムモ而不㆓躬ラハ進メ㆒㆑薬ヲ。a而二父皆死ス。又有リ㆓一人㆒焉、操《とリ》㆑刃ヲ以テ殺ス㆓其ノ父ヲ㆒。①使吏治之、是ノ三人ノ者、其ノ罪同ジキ乎。曰ク、②雖庸吏猶知其不可同也。躬ラ薬シテ而不㆑嘗メ者ハ、有ルモ㆓愛スル㆑父ヲb之心㆒、而不㆑習ハ㆓於礼ニ㆒。是レ可キ㆑哀レム也。無キ㆑罪之人c爾。不ル㆓躬ラハ進メ㆒㆑薬ヲ者ハ、誠ニ不孝ナリ矣。雖モ㆑無シト㆓愛スル㆑親ヲ之心㆒、然レドモ未ダ㆑有ラ㆓弑スル㆑父ヲ之意㆒。使善治獄者蔽之、猶③当㆓与㆑操㆑刃殊㆒㆑科。④況以㆓躬薬之孝㆒、反与㆓操㆑刃者㆒同㆓其罪㆒乎。

（『文章軌範』より）

とを言ったのか。そして、実際はどのような行動をとったのかを考える。

(6)「実」は「本当」の意。

【語釈】

＊庸吏…平凡な役人。

＊蔽…判断を下す。

ここに着目

(1) a.「而」は接続の働きをする助字。順接か逆接かによって、読み方が異なる。

(2)「使」は使役の助字。

(3)「雖」「不」「可」は返読文字である。「也」は置き字。

(4)「当」は「まさニ～べシ」と読む再読文字で、「当然～するべきであ

(1) 二重傍線部a～cの読みを送り仮名も含めて、現代仮名遣いで書け。
(2) 傍線部①に訓点をつけよ。
(3) 傍線部②を書き下し文にせよ。
(4) 傍線部③と判断する理由を簡潔に書け。
(5) 傍線部④を現代語に訳せ。
(6) 波線部「是三人者、其罪同乎」とあるが、三人に対する罪について作者の考えを四十字以内で書け。

〈徳島県〉

る」の意。「与」は、ここは前置詞で「と」と読む。「科」は、法律の条文に従って該当する罪を定めること。「殊」は、別にする、同じにしないこと。

(5) 「況」があるので抑揚形である。ただし、最後の「乎」は、ここでは反語の終尾詞として用いられている点に留意する。

(6) 三人に対する罪についての作者の考えは、「曰ク」の後の「躬ラ薬シテ嘗メザル者～殊科。」で述べられている。考えの判断基準（理由）も踏まえて整理すること。

2 漢詩

例題

春暁　　孟浩然

春眠不覚暁
処処聞啼鳥
夜来風雨声
花落知多少

(1) この漢詩の形式を答えよ。

解説

漢詩は「古体詩」と「近体詩」に分けられる。唐代にできた規則に従って作られた詩を「近体詩」と呼び、それ以外のものを「古体詩」と呼ぶ。「近体詩」は、一句ごとの字数、詩の句数によって、次のような呼び方をする。

〈一句ごとの字数〉

・一句が五文字＝五言　・一句が七文字＝七言

〈詩の句数〉

・四句＝絶句　・八句＝律詩

・十句以上の偶数句＝排律

解答

五言絶句

(2) 第一句の白文に送り仮名と返り点を付けよ。

解説

五言の場合は、「○○　○○○」のように二つのかたまりに分けられる。「不」は返読文字。「覚」は述語、「暁」は目的語である。「春暁」は、中学校・高校の教科書に多く採用されている有名な漢詩なので、暗唱して訓点を付けられるようにしておきたい。

解答

春眠不レ覚エレ暁ヲ

(3) 「春暁」は四句構成の漢詩であるが、「第三句」の①別の呼び方と、②その役割を答えよ。

解説

① 絶句の場合、各句の内容が「起・承・転・結」の構成をとることが多く、第一句を「起句」、第二句を「承句」、第三句を「転句」、第四句を「結句」と呼ぶことがある。

② 各句の役割は次のとおりである。

・起句＝きっかけとして一つの素材（話題）を表現する。

・承句＝その素材（話題）を受けて、さらに詳しく述べたり、発展させたりする。

・転句＝起句と承句で述べてきた素材（話題）に対して、想を一転させて表現する。

・結句＝起句・承句と転句で示した素材（話題）を統一させてまとめる。

※「春暁」は第一・二句はまさに春の暁の時を描くが、第三句は想を転じ、時を遡って主想を導く前提を表現している。

解答

① 転句

② これまでの話題の想（とらえ方や描き方）を転換する。

(4) 第三句の意味について、その概要を答えよ。

解説

「夜来」は昨夜。「来」は語調を整える助字。また、起点を示す助字ととり、「昨夜からずっと」の意に解釈する説もある。作者は鳥の声に目を覚まされて、昨夜、雨が降り風が吹いていたことを思い出したのである。

解答

昨夜は、風や雨の音がしていた。

(5) この漢詩において、押韻に該当する語（韻をふむ語）を三つ答えよ。

解説

「韻」とは、声（語頭子音）を除いた母音を含む部分（例えば、「漢」は Kan の K を除いた an）をいい、数万にのぼる漢字は、この韻によってグループ分けされている。押韻の原則は次のとおりであるが、この詩では第一句にも韻をふんでいる。暁（げう）、鳥（てう）、少（せう）。

・五言詩＝偶数句の最後の字。
・七言詩＝第一句と偶数句の最後の字。

解答

暁・鳥・少

(6) この漢詩全体を通して分かる作者の気持ちを簡潔に答えよ。

解説

作者は、春の朝の心地よい眠りにうつらうつらしている。そのような状態で、あちこちでさえずっている鳥の声を耳にし、おぼろげな意識から次第に覚醒していく。そして、昨夜の風雨を回想し、庭の花はどのくらい散ったのであろうかと想像している。鳥も花も姿が目に見えないだけに、いっそうのどかである。なお、第四句の「知多少」の「多少」は「知」の目的語なので、通常の文章なら返読しなければならない。本作も返読して「多少を知らんや」＝「どのくらい散ったのであろうか、どのくらい散ったかわからない」と反語の意に訓読する例もある。しかし、漢詩の訓読においては、文の構造に由来する返読（目的語・補語から述語へ）をあえてしないことがある。すると、日本語の語順としては逆のまま訓読することになる。すなわち倒置表現となるのだが、詩の雰囲気を伝えるために、あえて倒置訓読をするのである。最後の書き下し文に記した「知る多少」のほか、「知りぬ多少ぞ」、「知る多少ぞ」などと訓読している書もある。また、「多少」は数量を問う疑問詞で、「どれくらい・どれほど」の意。あるいは、「少」は助字（添え字）で、「多少」で「多い・たくさん」の意を表す。いずれにしても、大意は変わらないだろう。

解答

のどかな春の朝の心地よさ。

(7)

中学校第二学年あるいは高等学校第二学年の「古典探究」の指導において、漢詩の指導を二時間で設定する。指導計画の一時間目は「『春暁』の内容を理解する」ことを、二時間目は「漢文のリズムを感じ取る」ことをねらいとした。二時間目の具体的な学習の流れを三つに分けて述べよ。

解説

漢文（漢詩）の独特のリズムや響きを感じ取るには、音読や朗読、暗唱などの言語活動を通して、生徒自らが訓読のきまりを体でリズムを感得することが不可欠であろう。その際には、理解した詩の内容を音読や朗読、暗唱に生かすことが重要である。特に、皆の前で朗読したり、暗唱したりする場合には、間違えまいとするあまり、単調になりやすいので、特有の表現に注意しながら五言詩の「二＋三」のリズムに留意させたい。学習の流れは、段階を踏んで提示することが大切である。

解答

〔解答例〕

・教師や録音教材の範読を聞き、漢詩独特のリズムに慣れる。

・一時間目で学習した作者の心情や情景を思い浮かべながら、各自で黙読や微音読をし、訓読のきまりを習得し漢詩のリズムを感じ取る。

・グループに分けて朗読会をし、自分の朗読の声を実際に聞いたり、他の生徒の朗読を参考にしたりして、漢詩独特のリズムをつかむ。

（・内容の解釈や表現の強調点などがグループごとに異なるよう工夫して群読をする活動を行い、リズムや響き、表現の深さなどを味わう。）

書き下し文

春暁《しゅんげう》

春眠《しゅんみん》暁《あかつき》を覚《おぼ》えず
処処《しょしょ》啼鳥《ていてう》を聞《き》く
夜来《やらい》風雨《ふうう》の声《こゑ》
花《はな》落《お》つること知《し》る多少《たせう》

【通釈】

春の明け方

春の心地よい眠りに、夜が明けたのも気づかずにうつらうつらしていると、あちらこちらに鳥のさえずる声が聞こえる。

（もう朝になったのだろうか。そういえば、）昨夜は、風や雨の音がしていたが、庭の花がどれくらい（多く）散ったことか、わかるだろうか。（おそらく庭一面に花びらが散り敷いて、美しいことだろう。）

〈群馬県改題〉

演習問題

7 ★☆☆

次の漢詩を読んで、後の問いに答えよ。

送ル三劉司直ノ赴クヲ二安西ニ一　王維

①絶域陽関ノ道　②胡沙ト与二塞塵一

三春時ニ有レリ雁　②万里少ナリ二行人一

苜《かん》蓿《しゅく》随ヒ二天馬ニ一　葡《ぶ》萄《どう》逐フ二漢臣ヲ一

③当令外国懼　④不三敢ヘテ覓《もとメ》二和親ヲ一

（『唐詩選』より）

(1)　傍線部①の「絶」と同じ意味で用いられているものはどれか。次のア～エか

【語釈】

＊劉司直…劉は姓、司直は刑罰を司る官名。

＊陽関…甘粛省敦煌県の西南にあり、西域に向かう時には必ず通る関所。

＊胡沙…西域の砂漠の砂煙。

＊三春…春の三カ月間。

＊苜蓿…草の名、うまごやし。

ここに着目

(1)　「絶域」は、「安西」の地を指す。

(3)　「少ナリ」は、「まれナリ」と訓読する。

ら一つ選び、記号で答えよ。

ア．隔絶　イ．絶無　ウ．拒絶　エ．絶壁

(2)　この詩の形式を漢字で答えるとともに、押韻している漢字をすべて抜き出せ。

(3)　傍線部②を現代語訳せよ。

(4)　五句・六句は、「うまごやしの草は名馬とともに中国に入って来、葡萄は漢の使いの後を追って中国に入ってきた」と訳されるが、これらの意味することは何か。適切なものを次のア～エから選び、記号で答えよ。

ア．漢の国の勢いが強大であること。

イ．道路網の整備が急がれていること。

ウ．外国からの侵略を受けていること。

エ．新しい文物を持ち帰らねばならないこと。

(5)　傍線部③は、「当然外国を恐れさせるべきである」という意味である。これにしたがって、白文に返り点を付けよ。

(6)　傍線部④に表れた作者の劉司直に対する想いを述べた文として、適切なものを次のア～エから選び、記号で答えよ。

ア．司直であれば、必ず外国と講和を結ぶことに成功するであろう。

イ．司直として、敵と親しく交わるような弱い態度を取ってはならない。

ウ．職務の重大さを考えると、私情を捨てて交渉することが大切である。

エ．敵地での交渉であるので、敵から和睦してくることは考えてはいけない。

〈兵庫県〉

---

(4)　第七句の意味を踏まえるとともに、訳の「漢の使いの後を追って」の部分に着眼すれば、答えは絞れるはず。

(5)　「当」は再読文字、「令」は使役の助字。

(6)　第七句の意味を踏まえて考える。「敢へテ～ず（じ）」は、「決して～しない（しまい）」という強い否定を表す。

8 ★★☆

次の漢詩を読んで、後の問いに答えよ。

黄鶴楼ニテ送ル三孟浩然ノ之クヲ二広陵ニ一　　李白

①　故人西ノカタ辞シ二黄鶴楼ヲ一
②　煙花三月下ル二揚州ニ一
③　孤帆ノ遠影碧空ニ尽キ
④　唯ダ見ル長江ノ天際ニ（　）

(1)　この漢詩の形式を漢字四字で答えよ。
(2)　傍線部の意味を答えよ。
(3)　③の句は、何のどのような様子を描写したものか。四十字以内で答えよ。
(4)　傍線部「故人」は、どちらの方角に旅立ったのか。次のア～エから選び、記号で答えよ。
ア．東　イ．西　ウ．南　エ．北
(5)　空欄に入る語として適当なものを次のア～カから選び、記号で答えよ。
ア．浮　イ．去　ウ．消　エ．流　オ．窮　カ．逝
(6)　④の句には、作者のどのような思いが表れているか。十五字以内で答えよ。

ここに着目

(2)　「故人」は、日・中で意味の異なる漢語である。
(3)　「孤帆」は、ぽつんと見える一そうの帆かけ舟。「碧空」は、真っ青にすみわたった空。
(4)　①の句の「西ノカタ黄鶴楼」をどのように解するかである。
(5)　押韻と意味の上から検討する。
(6)　③の句の後に残る風景を、作者はどのような思いで眺めているのか。

演習問題　解答・解説

1

(1) a. に　b. ひき　c. こひと（このひと）

(2) 砦のほとり

(3) A. ア　B. ウ　C. ア

(4) 其父　(5) イ

(6) このことが、どうしてわざわいになる原因とならないであろうか、いや、きっとなるだろう。

(7) エ　(8) かきはむべからず。

(9) ア　(10) 塞翁が馬（人間万事塞翁が馬）

解説

(1) a＝「逃亡」の「亡」。b＝動詞として用いられており、ここでは「ひきゐる」。c＝中国北方の異民族。

(2) 「塞」は（国境の）砦、「上」はほとり・かたわら。

(3) A・C＝馬が逃げてしまったという不幸な出来事、子どもが馬から落ちて骨折してしまったという不幸な出来事に対する人々の反応であるから、「慰める、気の毒に思って見舞う」の意をもつ「弔（ス）」が入る。B＝逃げた馬が駿馬を連れて帰って来たという幸いな出来事に対する人々の反応として、「喜び祝う」という意の「賀（ス）」が妥当。

(4) 「其ノ父」は、空欄A～Cを含む文に見られる「人」の反応とは対照的な発言を、そのたびごとにしている。しかし、その発言はすべてみごとに的中したのである。

(5)・(6) 「何遽～乎」は、「なんゾ～ンや」と読む反語の構文。ここでは、否定詞「不」があるので、「どうして～でないだろうか、いや、～だろう」の意。「能ハズ」は、能力的にできないこと、不可能であることを表す。

(7) 直前にある「跛ノ故」の「跛」とは、足が不自由なこと。その地域の若者は戦いに駆り出されたが、息子は落馬して骨折し、足の不自由な身であったために兵役を免れた。それで、親子とも無事だったというわけである。

(8) 「化」は「物事の変化」の意。

(9)・(10) 塞上に近い人（＝塞翁）の馬が胡に逃げたことに端を発して、相次いで起きた出来事は、禍が福の原因となり、その福が次の禍を招き、その禍は福に転じていく。この話を総括して教訓を説いているのが、最後の三文である。なお、「禍福はあざなえる縄のごとし」も同義だが、この故事成語の出典は『史記』である。

書き下し文

塞上《さいじょう》に近《ちか》きの人《ひと》に術《じゅつ》を善《よ》くする者有《ものあ》り。馬故無《うまゆゑな》くして、亡《に》げて胡《こ》に入《い》る。人皆之《ひとみなこれ》を弔《ちょう》す。其《そ》の父曰《ほいは》く、「此《こ》れ何遽《なん》ぞ福と為《な》らざらんや」と。居《お》ること数月《すうげつ》、其《そ》の馬胡《うまこ》の駿馬《しゅんめ》を将《ひき》ゐて帰《かへ》る。人皆之《ひとみなこれ》を賀《が》す。其《そ》の父曰《ほいは》く、「此《こ》れ何遽《なん》ぞ禍《か》と為《な》る能《あた》はざらんや」と。家《いへ》良馬《りょうめ》に富《と》む。其《そ》の子騎《こき》を好《この》み、墜《お》ちて其《そ》の髀《ひ》を折《を》る。人皆之《ひとみなこれ》を弔《ちょう》す。其《そ》の父曰《ほいは》く、「此《こ》れ何遽《なん》ぞ福《ふく》と為《な》らざらんや」と。居《を》ること一年《いちねん》、胡人大《こひとおほ》いに塞《さい》に入《い》る。丁壮《ていそう》なる者《もの》、弦《げん》を引《ひ》いて戦《たたか》ひ、塞《さい》に近《ちか》きの人《ひと》、死《し》する者十《ものじう》に九《く》。此《こ》れ独《ひと》り跛《は》の故《ゆゑ》を以《もつ》て、父子相《ふしあ》ひ保《たも》てり。故《ゆゑ》に福《ふく》の禍《か》と為《な》り、禍《か》の福《ふく》と為《な》る。化極《かきは》むべからず。深測《しんはか》るべからざるなり。

通釈

砦のほとり近くに住む人で、方術に優れた人が住んでいた。（その人の）馬が、理由もないのにいなくなって、胡の国に行ってしまった。（近所の）人々は皆、この事件を気の毒がった。（ところが、）その家の父親はこう言った。「このことが、どうしてよいことにならないであろうか、いや、きっとなるであろう」と。数カ月経って、その（逃げた）馬が、胡の国の足の速い馬を引き連れて戻って来た。（近所の）人々は皆、この事件を喜んで祝った。（ところが、）その父親はこう言った。「このことが、どうしてわざわいになる原因とならないであろうか、いや、きっとなるだろう」と。（さて、）その家は、良い馬が多くなった。（しかし、）その子どもは乗馬が好きで、（あるとき）落馬してももの骨を折ってしまった。（近所の）人々は皆、この事件を気の毒がった。（ところが、）その父親はこう言った。「このことが、どうしてよいことにならないであろうか、いや、きっとなるであろう」と。一年経って、胡の国の人々が盛んに砦内に侵入して来た。若く元気な者たちは、弓を引いて応戦したが、砦に近い人で戦死したのは、十人中九人にも及んだ。（しかし、）ただ足が不自由であるという理由のために、その父子はともども無事であった。つまり、幸いがわざわいとなり、わざわいが幸いとなる、その変転のありさまを理解し尽くすことはできないし、（その変転の）奥深さを予測することはできないのである。

2

(1) あなたもまた（先生から）特別な教えを聞いていますか。

(2) 詩を学ばざれば以て言ふこと無し。

(3) 伯魚（鯉）　(4) 孔子　(5) エ

(6) A．二　B．一　C．三

(7) a．こたへて（こたえて）　b．かつて
c．れい　d．とほざくるを（とおざくるを）

(8) 特別扱いはせず、そっと突き放して自発的な学習を待つという教育。

解説

(1) 「子」は二人称の代名詞で、男子の敬称。「異聞」は、衆人（門人）と異なって一人だけ聞いていること、特別に聞いた話・教え。

(2) ここでの「以」は、上の句を条件とすることを示す。「言」は、人と上手く話をすることを意味する。詩は人情の発露であり、表現が婉曲で美しい。だから、詩を学ばなければ、角が立たないように、意志を疎通する応対ができないというのである。なお、「詩を学ばずんば」と読んでもよいだろう。

(3)・(4) 最後の陳亢の発言内容から、第三文の「嘗テ独リ立テリ」～「礼ヲ学ベリ」は、「君子（孔子）」と「其ノ子（伯魚）」のやりとりを表していることが分かる。

(5) 「礼」とは、人と人が秩序正しく交際するための規範となる作法を意味する。そのような作法を学ばなければ、人としての地位や品格を確立することはできないというのである。エとオで迷うところだが、オは「富貴になる見通し」が明らかに不適切である。

(6) A＝伯魚が父から聞いたのは、「詩」を学ぶことと「礼」を学ぶことの大切さである。B＝陳亢が伯魚に問うたのは、

「異聞有ルカ」ということだけである。C＝最後の一文から、陳亢は、伯魚が聞いた「詩」と「礼」に加えて、「君子ノ其ノ子ヲ遠ザクル」ことも聞いた、と言っている。

(8) 最後の一文中の「遠ザクル」とは、特別な扱いをせずに、そっと突き放すことをいう。孔子は、「詩ヲ学バザレバ以テ言フコト無シ」、「礼ヲ学バザレバ、以テ立ツコト無シ」とヒントを与えただけで、あとは伯魚の自主的な学習に委ねているのである。

書き下し文

陳亢伯魚《ちんかうはくぎよ》に問《と》ひて曰《いは》く、子《し》も亦《また》異聞《いぶん》有《あ》るかと。対《こた》へて曰《いは》く、未《いま》だし。嘗《かつ》て独《ひと》り立《た》てり。鯉趨《りはし》りて庭《てい》を過《す》ぐ。曰《いは》く、詩《し》を学《まな》びたるかと。対《こた》へて曰《いは》く、未《いま》だしと。詩《し》を学《まな》ばざれば以《もつ》て言《い》ふこと無《な》し。鯉退《りしりぞ》きて詩《し》を学《まな》べり。他日又独《たじつまたひと》り立《た》てり。鯉趨《りはし》りて庭《てい》を過《す》ぐ。曰《いは》く、礼《れい》を学《まな》びたるかと。対《こた》へて曰《いは》く、未《いま》だしと。礼《れい》を学《まな》ばざれば、以《もつ》て立《た》つこと無《な》し。鯉退《りしりぞ》きて礼《れい》を学《まな》べり。斯《こ》の二者《にしや》を聞《き》けりと。陳亢退《ちんかうしりぞ》きて喜《よろこ》びて曰《いは》く、一《いち》を問《と》ひて三《さん》を得《え》たり。詩《し》を聞《き》き、礼《れい》を聞《き》き、又君子《またくんし》の其《そ》の子《こ》を遠《とほ》ざくるを聞《き》けりと。

通釈

（孔子の門人の）陳亢が、（孔子の子である）伯魚に、「（世間の親は自分の子を特別扱いするものだが、）あなたもまた（先生から私たちとは違った）特別な教えを聞いていますか」と尋ねた。（すると、伯魚は）「今までそのようなことはありません。（ただ、しいて言えば、）ある日、（父が）一人で（縁側に）立っているとき、私がその前を小走りして父に敬意を表しながら庭先を通り過ぎますと、（父が私を呼び止めて、）『詩経を学んだか』と言いましたので、（私は）『まだ学んでいません』と答えました。（すると、父は、）『詩経を学ばなくては、人と（上手く）話をすることができない』（と言いました）。（そこで、）私は（部屋に）退いて詩の勉強をしました。その後のある日のこと、（父が）また一人で（縁側に）立っているとき、私がその前を小走りして庭先を通り過ぎたところ、（父が私を呼び止めて、）『礼を学んだか』と言うので、私は『まだ学んでいません』と答えました。（すると父は）『礼を学ばなくては、人として身を立てることができない』（と言いました）。私は（また部屋に）退いて礼の勉強をしました。（父から特別なことは聞いていません。）この二つのことを聞いただけです」と。陳亢は（その席を）退出してから喜んで言うには、「（私は異聞はないかと）一つのことを質問して、三つ（の有益な教え）を聞くことができた。詩（の大切なこと）を聞き、礼（の必要なこと）を聞き、そして、君子は、自分の子だからといって、特別近づけたりはしないということを知ることができた」と。

3

(1) b
(2) a
(3) d
(4) e
(5) c
(6) d
(7) a

(8) e

解説

『戦国策』は、前漢の劉向《りゅうきょう》の編。戦国時代という名称はこの書籍名による。

(1) 一見厄介に見えるが、「市」には「あきなう。取引をする」と注が付いていることから、「市」が動詞と分かる。したがって、その上の部分は修飾語ということになる。また「不如」は二行目に「しかず」と出ている。この二点をクリアしているものは、bとcだが、cは「与」を動詞として読んでしまっている。これならば、「与」と「市」が連続していなくてはいけない。したがって正解はbである。ちなみに「更」は修飾語として読んでいればよいので、どの選択肢の読み方も成立する。

(2) 「便計」は、まず聞いたことのない言葉であるから、この言葉を知っていることを前提にしている出題ではないだろう。「計」はすべて「はかりごと」としているので、実際は「便」を問うていることになる。すると、「便」には「都合がよい」という意味があり、「便利」はこの意味から出来ている。すると、「(自分にとって)都合のよいはかりごと」となり、自分から見れば「巧妙な」が最も近いことになる。

(3) 解釈問題は、原則として直訳から考える。まず「臣見」でS+Vだから、「(私は)……と見ます」となるから、文末が「ないでしょうか」はありえないと分かる。前半部分は判断が難しいが、a・cの「すぎる」は該当語が本文にないので×。またa・eは、前半の「権」が「権威で」となっており、「見」の目的語部分はS+V+Oとなるはずであるから、「権威で」は主語となっておらず×。後半では「不可得」は「手に入れることができない」が直訳で、d・eしか該当語がない。この結果、正解はdと確定する。このように、部分部分を正確に見る習慣をつけていくことが大切だ。なお、「地」は「不可得」の目的語だが、否定文のため倒置となっている。

(4) 「臣」は会話内では一人称を示す。正確には諸侯が用いる一人称である。このことから、この部分の発言者である「景鯉」が「臣」である。

(5) 空欄Aの直後に「皆」とあるから、Aは複数でなくてはならないので、b・cの二つに絞れる。空欄Bは秦か楚のどちらにこの両国が仕えるかを考えるわけだが、今、景鯉は秦王を説得しているのだから、「秦」でなければ説得とはならない。この結果正解はc。

(6) 文型を考えれば明白になる。傍線部⑤は「そうである理由は」となっているから、答はこの下部にあることになる。「所以……者」はこの下が理由(根拠・原因)となっている。

(7) 「社稷」の原義は「土地の神(=社)と五穀の神(=稷)」であるが、「神」は選択肢にはない。すぐ上に「則」があるので、楚が「秦之孤」を知れば、外の国と「結交」することになり、すると(=「則」)「必危」になるのは何か、「秦」である。「秦」の意味になるのはa「国家」である。なお、「社稷」には「国家」の意味が第二義として存在する。

(8) 内容合致問題は、主題との合致から考えるのが常道である。(7)の問題とも重複するが、楚は他国と「交」を「結」ぶことになり、その結果「秦」には危機が訪れると記述されている。したがってこの内容を述べた、eが正解。「交」はeでは「同盟」となっている。この時代状況を表した四字熟語に「合従連衡」があるが、この「合従」が「同盟」のことである。強国「秦」と対抗する六国の同盟を意味している。

書き下し文

楚王景鯉《そおうけいり》をして秦《しん》に如《ゆ》かしむ。客秦王《かくしんおう》に謂《い》つて曰《いは》く、景鯉《けいり》は、楚王《そおう》の甚《はなは》だ愛《あい》する所《ところ》なり。王之《おうこれ》を留《とど》めて以《もつ》て地《ち》を市《あきな》はんには如《ゆ》かず。楚王《そおう》聴《き》かば、則《すなは》ち兵《へい》を用《もち》ひずして地《ち》を得《え》ん。楚王《そおう》聴《き》かずば、則《すなは》ち景鯉《けいり》を殺《ころ》して、更《あらた》めて景鯉《けいり》に如《ゆ》かざる者《もの》と市《あきな》へ。是《こ》れ便計《べんけい》なりと。秦王乃《しんおうすなは》ち景鯉《けいり》を留《とど》む。景鯉人《けいりひと》をして秦王《しんおう》に説《と》かしめて曰《いは》く、臣王《しんおう》の権天下《けんてんか》に軽《かろ》んぜられて、地得《ちう》べからざるを見《み》るなり。臣《しん》の来《きた》りて使《つか》ひするや、斉魏皆且《さいぎみなまさ》に地《ち》を割《さ》きて以《もつ》て秦《しん》に事《つか》へんとすと聞《き》けり。然《しか》る所以《ゆゑん》の者《もの》は、秦《しん》の楚《そ》と昆弟《こんてい》の国為《くにな》るを以《もつ》てなり。今大王臣《いまだいおうしん》を留《とど》む。是《こ》れ天下《てんか》に楚無《そな》きを示《しめ》すなり。斉魏《さいぎ》有《ま》た何《なん》ぞ孤国《ここく》を重《おも》んぜん。楚秦《そしん》の孤《こ》なるを知《し》らば、地《ち》を与《あた》へずして、外交《ほかまじ》はりを結《むす》びて以《もつ》て図《はか》らん。則《すなは》ち社稷必《しやしよくかなら》ず危《あや》ふからん。臣《しん》を出《いだ》さんには如《ゆ》かずと。秦王乃《しんおうすなは》ち之《これ》を出《いだ》す。

通釈

楚王は景鯉を秦に行かせた。食客が秦王に向かって、「景鯉は、楚王にとても愛されている人物です。秦王様はこの者〔＝景鯉〕をこの国に拘留してそして（彼と）土地との取引をするのが最適な方法です。もし楚王が（この取引を）聞き入れるならば、兵を用いずに土地を得ることができましょう。（一方）楚王が（この取引を）聞き入れないならば、景鯉を殺して、改めて景鯉に及ばない者と取引をなさって下さい。これこそがまさに巧妙な計略であります。」と言った。秦王はそこで景鯉を（この国に）拘留した。景鯉は王の部下に秦王に取次ぎをさせて、「私は秦王の権威で天下の諸侯を軽んじられると、（割譲されるべき）土地を得ることが出来なくなると、判断します。私が使いに来た時、斉魏はともに土地を割譲しそれによって秦に仕えようとしていました。そうする理由は、秦が楚と兄弟の国となっているからです。今、大王は（楚の使者である）私を拘留しました。これこそは天下に楚を無視することを示すことになります。斉と魏はそのうえさらにどうして孤立した国を重視しましょうか。楚は秦が孤立していることを知れば、土地を割譲せずに、対外的には外交関係を結んでそして（秦の包囲を）図るでしょう。（そうなると）秦国は間違いなく危機となります。私を出国させるのが望ましいのです。」と言った。秦王はそこでこの者〔＝景鯉〕を出国させた。

4

(1) a．こた　b．いえど　c．ごと
d．しか　e．つい

(2) 有リ下与フル二吾ニ千里ノ馬ヲ一者上。

(3) Ⅰ　こころにわするることあたはず。
Ⅱ　自分に駿馬をくれようとした人のことを忘れることができなかった。

(4) Ⅰ　第五倫
Ⅱ　兄の子どものことであったため、心配の度合いが低かったから。

(5)　疾病

(6)　事例一…昔人有　事例二…吾兄子

(7)　どうして、私に私心がないと言えましょうか、いや言えまい。

解説

(1)　e＝同じ読みの漢字には、「卒」「遂」「竟」などがある。

(3)　Ⅱ＝第五倫が「三公」の一人として、人材を選ぶときに忘れることができなかったことが、「何を」にあたる部分である。

(4)　Ⅱ＝直後で、自分の子どもが病気になったときには、眠れなかったことが述べられている。自分の子と兄の子では、心配の程度が異なるのである。

(5)　傍線部④を含む一文は、「吾ガ兄ノ子嘗テ病ム」と対になっている。

(6)　第五倫の発言内容は、駿馬をくれようとした人の話と、兄の子と自分の子が病気になったときの話に分けることができる。

(7)　「豈」は反語を示す助字。事例一では、人材を選ぶときに、駿馬をくれようとした人のことを忘れられず、その人を登用しようとする心がなくはなかったこと、事例二では、兄の子どもが病気のときには眠れたが、自分の子どもが病気のときには一睡もできなかったことが述べられている。これらを踏まえると、「私」は「私心、私欲」の意味で用いられている。

書き下し文

或《あ》るひと第五倫《ていごりん》に問《と》ひて曰《いは》く、公《こう》私《わたくし》有《あ》るかと。対《こた》へて曰《いは》く、昔《さき》に人《ひと》吾《われ》に千里《せんり》の馬《うま》を与《あた》ふる者《もの》有《あ》り。吾《われ》受《う》けずと雖《いへど》も、三公選《さんこうせん》挙《きょ》する所《ところ》有《あ》る毎《ごと》に、心《こころ》に忘《わす》るること能《あた》はず。而《しか》れども亦《また》終《つひ》に用《もち》ひず。吾《わ》が兄《あに》の子《こ》嘗《かつ》て病《や》む。一夜《いちや》に十《と》たび往《ゆ》くも、退《しりぞ》きて安寝《あんしん》す。吾《わ》が子《こ》疾《しつ》有《あ》り。省視《せいし》せずと雖《いへど》も、竟夕《きやうせき》眠《ねむ》られず。是《か》の若《ごと》きは豈《あ》に私《わたくし》無《な》しと謂《い》ふべけんやと。

通釈

ある人が第五倫に、「あなたには私心がありますか」と尋ねて言ったところ、（彼が）答えて言うには、「以前、ある人が自分に駿馬をくれようとした。私はそれを断ったけれども、三公（の一人）として人材を登用するたびに、（この人のことを）忘れることができなかった。しかし、結局は（この人を）採用することはなかった。（また、）私の兄の子どもが以前、病気になった。（そのとき、）一夜に十回も見舞いに行ったが、（兄のところから）退出して帰ると、心安らかに寝ることができた。（ところが、）自分の子どもが病気のときには、様子を見守ることはしなかったが、一晩中眠ることができなかった。このようなことから、どうして（私に）私心がないと言えましょうか、いや言えまい」と。

5

(1)　A．すなわち　B．ただ　C．これを

(2)　a．胸騒ぎがする　b．側近

(3)　武帝の命令に従って、刀を忍ばせて彼の近くに行ったこと。

(4)　当に厚く相報ゆべし（と）。

(5)　だまされたこと（七字）

(6)　人欲危己、己輒心動。

解説

(1) A＝**例題1**の(1)・aの解説（253ページ）を参照。B＝「ただただ黙っていなさい」のように限定の意に訳すこともできるが、「ただし」と訳す方が分かりやすいだろう。C＝**例題2**の(1)・aの解説（265ページ）を参照。

(2) a＝それとなく気づいて、心臓がどきどきと動くことをいう。b＝左右、すなわち、近くに仕える者。

(3)・(6) 男は、「刀を忍ばせて私のそばに来い」という武帝の命令に従い、しかも、そのことを「他言するな」という言い付けも守ったが、処刑された。その結果、武帝と男のやりとりを知らない側近たちは、「人が危害を加えようとすると、胸騒ぎがする（事前に察知できる）」という武帝の言葉を本当だと思い込み、反逆を企てようとする者は皆、男の二の舞を演じたくないとおじけづいて、いなくなったという話である。

(4) 「当」は「まさニ〜ベシ」と読む再読文字。助動詞「ベシ」の前にくる動詞「報」は、文語の決まりに沿って終止形にする。

(5) 男は、「処刑はせず、手厚く褒美をやる」という武帝の言葉を信じて、命令どおりにしたが、結局は武帝に斬られてしまった。つまり、男は、側近に反逆を企てさせないようにするために、武帝に利用され、だまされたのである。

書き下し文

魏《ぎ》武《ぶ》常《つね》に言《い》ふ、人己《ひとおのれ》を危《あやふ》くせんと欲《ほつ》すれば、己輒《おのれすなは》ち心動《こころうご》くと。因《よ》りて親《した》しむ所《ところ》の小人《せうじん》に語《かた》りて曰《いは》く、汝刃《なんぢやいば》を懐《いだ》きて密《ひそ》かに我《わ》が側《かたはら》に来《きた》れ、我必《われかなら》ず心動《こころうご》くと説《い》ひて、汝《なんぢ》を執《とら》へて刑《けい》を行《おこな》はしめん。汝但《なんぢた》だ言《い》ふこと勿《な》かれ。其《そ》れ他無《たな》からしめ、当《まさ》に厚《あつ》く相報《あひむく》ゆべしと。執《とら》はれし者焉《ものこれ》を信《しん》じ、以《もっ》て懼《おそ》れを為《な》さず。遂《つひ》に之《これ》を斬《き》る。此《こ》の人死《ひとし》至《いた》るまで知《し》らざるなり。左右《さいうもつ》以て実《まこと》と為《な》し、逆《ぎやく》を謀《はか》る者気《ものき》を挫《くじ》けり。

通釈

魏の武帝はいつもこう言っていた。「人が自分に危害を加えようとすると、自分はすぐに胸騒ぎがする」と。そこで、身近に仕えている召使に言った。「おまえ、刀を忍ばせてこっそりと私のそばに来い。私は必ず胸騒ぎがしたと言って、おまえを捕らえて処刑させることにしよう。おまえは、ただし（このことを）人には言うな。別条がないようにさせて、きっと手厚く褒美をやろうぞ」と。（このようにして）捕らえられた男は、武帝の言葉を信じて、心配していなかった。（しかし、武帝は）そのまま（その男を）斬ってしまった。この男は死ぬまで（だまされたことに）気づかなかったのである。側近は、（これを）本当だと思い、反逆を企てようとする者も（すっかり）おじけづいてしまった。

6

(1) a. しこうして　b. の　c. のみ

(2) 使メバ二吏ヲシテ治メレ之ヲ

(3) 庸吏と雖も猶ほ其の同じくすべからざるを知らん。

(4) 薬を飲ませないのは親不孝ではあるが、父を殺すほどの意志はないから。

(5) まして、自分から薬を飲ませたほどの孝行者が、刃物で父を殺した者と同罪になることがあろうか、いやそんなはずはないことは、なおさらだ。

(6)　薬を飲ませた者は無罪で、薬を飲ませない場合は殺意の有無によって罪状は異なる。（三十八字）

解説

(1)　a＝順接の助字として用いられているので、「〜シテ」を送る。c＝「爾」には、「のみ」「なんぢ」「しかり」「これ」「それ」などの読み方があるが、ここでは、強い断定の意を表す終尾詞として用いられており、「のみ」と読む。

(2)　「使」は、「AヲシテB（セ）しム」と読む。ここでは、Bが「述語＋目的語」であることに留意して、訓点を付ける。

(4)　傍線部③では、自分から薬を飲ませなかった者と、刃物で父を殺した者とは罪状を別にすべきであることを述べている。そのように判断する根本的な理由は、「父ヲ弑スルノ意」がなかったことにある。

(5)　前文中に「猶」があり、「(A) 猶B。況C。」の形である。「(だから、) ましてCがBであることは、なおさらだ」と重要な方を揚げる言い方である。本文では、Aに該当する「躬ラハ薬ヲ進メザル者」は省略されている。また、「同其罪乎」は、Bに該当する「殊科」と同義になるはずであるから、「乎」は反語の意を表す。

(6)　作者の考えをまとめると、次のようになる。

・自分から薬を飲ませた者は無罪。
　理由…礼儀についてよく知らなかっただけで、父を愛する気持ちはあったから。

・自分から薬を飲ませなかった者と、刃物で父を殺した者とは罪状を別にすべき。
　理由…前者には父を殺す意志はなかったが、後者にはあったから。

書き下し文

今一人《いまいちにん》有《あ》り、父病《ちちや》み、躬《みづか》ら薬《くすり》を進《すす》めて嘗《な》めず。又一人《またいちにん》有《あ》り、父病《ちちや》むも躬《みづか》らは薬《くすり》を進《すす》めず。而《しかう》して二父皆死《にふみなし》す。又一人《またいちにん》有《あ》り、刃《やいば》を操《と》り以《もつ》て其《そ》の父《ちち》を殺《ころ》す。吏《り》をして之《これ》を治《をさ》めしめば、是《こ》の三人《さんにん》の者《もの》、其《そ》の罪同《つみおな》じきか。曰《いは》く、庸吏《ようり》と雖《いへど》も猶《な》ほ其《そ》の同《おな》じくすべからざるを知《し》らん。躬《みづか》ら薬《くすり》して嘗《な》めざる者《もの》は、父《ちち》を愛《あい》するの心有《こころあ》るも、礼《れい》に習《なら》はず。是《こ》れ哀《あは》れむべきなり。罪無《つみな》きの人《ひと》なるのみ。躬《みづか》らは薬《くすり》を進《すす》めざる者《もの》は、誠《まこと》に不孝《ふかう》なり。親《おや》を愛《あい》するの心無《こころな》しと雖《いへど》も、然《しか》れども未《いま》だ父《ちち》を弑《しい》するの意有《いあ》らず。善《よ》く獄《ごく》を治《をさ》むる者《もの》をして之《これ》を蔽《さだ》めしめば、猶《な》ほ当《まさ》に刃《やいば》を操《と》ると科《とが》を殊《こと》にすべし。況《いは》んや躬《みづか》ら薬《くすり》するの孝《かう》を以《もつ》て、反《かへ》りて刃《やいば》を操《と》る者《もの》と其《そ》の罪《つみ》を同《おな》じくせんやと。

通釈

ここに一人の人がいる。父が病気にかかり、自分から薬を（煎じて）飲ませたが、毒見はしなかった。また一人の人がいる。父が病気にかかったが、自分から薬を飲ませなかった。そのため、二人の父はどちらも死んだ。また一人の人がいる。刃物を持ってその父を殺した。小役人にこれを審理させたならば、この三人の者は、罪が同じになるだろうか。（私は）こう答えた。「いくら小役人でも、同じ罪にはできないことは分かるだろう。自分から薬を飲ませながら毒見をしなかった者は、父を愛する心は持っているが、礼儀についてよく知らなかった。（だから、）これは哀れむべきであり、無罪の人だ。自分から薬を飲ませなかった者は、実に親不孝である。親を愛する心はないけれども、まだ父を殺すほどの意志はなかった。刑事事件の審理の上手な人に判断を下させたならば、やはり当然、刃物で父を殺した者とは罪状を別にするべきである。まして、自分から薬を飲ませたほどの孝行者が、刃物で父を殺した者と同罪になることがあろうか、いやそんなはずはないことは、なおさらだ」と。

7

(1) ア

(2) 形式…五言律詩　押韻…塵・人・臣・親

(3) 遠い道のりで行き交う人もめったにいないだろう。

(4) ア

(5) 当レ令二外国懼一

(6) イ

解説

(1) 「絶」の漢字には、a．中途でたちきる（断絶）、b．なくなる（絶望）、c．止める（絶交）、d．断る（拒絶）、e．大きく隔たる（隔絶）、f．非常に（絶無・絶壁）、などの意がある。傍線部①の「絶」はeの意で、「絶域」はかけ離れた地を表す。

(2) 五言詩では、偶数句の最後の字が韻をふむ。

(3) 「万里」は、首都から遠く離れた所・距離をいい、はるか遠い安西の地へと続く道を指す。道を行けども行けども、すれ違う人はめったにいないくらい、安西は辺境の地であることを表している。なお、雁は暖かくなると北に帰るものであるが、「春であるというのに時おり雁を見かける」という第三句は、西域の春の寒さを示している。

(4) 昔、漢の時代に、名馬の産地であった西域の地を平定したことによって、名馬とうまごやしが中国にもたらされた。また、西域諸国が漢になびき伏したため、漢の使者の後から付いて来るように、中国に葡萄が入って来た。つまり、漢の国の勢いが強大なことを表しているのである。

(6) 「和親」は、戦いを止めて講和を結び、親しく交わること。外国に和親を求めるということは、中国にとっては外国（敵）に降伏することを意味する。そのような弱い態度を決してとってはならない、という想いを述べている。国力の最盛期であった盛唐の詩人たちは、国威が海外に輝くのを誇りとしていたのである。

書き下し文

劉司直《りゅうしちょく》の安西《あんせい》に赴《おもむ》くを送《おく》る

絶域陽関《ぜつゐきやうかん》の道《みち》　胡沙《こさ》と塞塵《さいぢん》と
三春《さんしゅん》時《とき》に雁《がん》有《あ》り　万里行人少《ばんりかうじんまれ》なり
苜蓿天馬《かんしゅくてんば》に随《したが》ひ　葡萄漢臣《ぶどうかんしん》を逐《お》ふ
当《まさ》に外国《がいこく》をして懼《おそ》れしむべし　敢《あ》へて和親《わしん》を覓《もと》めじ

通釈

劉司直が安西に向かうのを見送る

はるか遠くかけ離れた安西の地に向かって、君は陽関の道を経て行く。そこには、西域の砂漠の砂煙や辺地の砦の黄塵が巻き起こっていることだろう。春の三カ月の季節といっても（なお寒く）、時おり空には雁も見られるだろうし、遠い道のりで行き交う人もめったにいないだろう。（この道を通って、）うまごやしの草は名馬とともに中国に入って来たし、葡萄は漢の使いの後を追って中国に渡って来たのだ。（君がこのたび安西に赴いたなら、）当然、外国を恐れさせるべきである。和親を求めるような弱い態度を決してとってはなるまい。

8

(1) 七言絶句　(2) 古くからの友人

(3) 孟浩然の乗った舟がしだいに遠ざかり、その影が青空の彼方に消えていく様子。（三十六字）

(4) ア　(5) エ

(6) 別離の悲しみをかみしめる思い。（十五字）

解説

(2) 「故人」は、中国では「旧友・昔なじみ」の意。ここでは孟浩然を指す。

(3) 「碧空ニ尽キ」とは、舟の帆影が青空の彼方、すなわち、水平線に吸い込まれるように消え失せていくさまをいう。

(4) これから行く広陵（揚州）から見て、黄鶴楼が西の方にあるということ。したがって、旅立った方角はその反対である。

(5) 七言詩では、第一句と偶数句の末字を押韻するのが原則である。この漢詩では、楼（ろう）・州（しゅう）という韻をふんでいる。また、空欄に入るのは、旧友の乗った舟が水平線に消えた後の、長江の光景を表す語である。以上から、「流（りゅう）」が妥当。

(6) 旧友を乗せた舟が見えなくなるまで見送り、その後もそこにたたずんで、長江を眺めている作者の胸のうちを考える。「天際」は空の果て、地平線。目に見える風景だけでなく、作者の寂しい心までが、ぐんと広まっていくかのようである。

書き下し文

黄鶴楼《くわうかくろう》にて孟浩然《もうかうねん》の広陵《こうりょう》に之《ゆ》くを送《おく》る

故人《こじん》西《にし》のかた黄鶴楼《くわうかくろう》を辞《じ》し

煙花《えんか》三月《さんがつ》揚州《やうしゅう》に下《くだ》る

孤帆《こはん》の遠影《えんえい》碧空《へきくう》に尽《つ》き

唯《た》だ見《み》る長江《ちょうこう》の天際《てんさい》に流《なが》るるを

通釈

黄鶴楼で孟浩然が広陵へ旅立つのを見送る

私の旧友は西方の黄鶴楼に別れを告げて、花がすみ立ちこめる春三月、揚州へと下ってゆく。ただひとつ遠くに浮かんだ帆影は、しだいに青空の彼方に見えなくなり、あとにはただ長江の水が天の果てまで流れるのが見えるばかりである。

5 国語常識

傾向と対策

国語常識では、漢字（読み書き・部首名・画数・筆順）、慣用句・ことわざ・四字熟語、文法（語の識別・敬語）、文学史の出題頻度が圧倒的に高く、和歌・俳句（修辞法・季語）がこれに続く。また、文章を提示して、その中で使われている語句の意味や用例を記述させる問題を出す自治体もある。さらに、現代文などの長文読解とは別に、総合的な国語常識の問題を設けている自治体があり、その中には難問もみられるが、大半の問題は大学受験レベルである。文学史については、現代文・古文・漢文の長文問題の中で出題されることも多い。現代文では、出題した小説・詩歌の作者やその作品を問う形で出題される場合が多く、川端康成・芥川龍之介・夏目漱石・志賀直哉・正岡子規らがよく出題される。古文では、出題した作品（特に説話集）と同時代・同ジャンルの作品を答えさせる問題、日記文学・歌物語などの流れを示した文章の空欄を補充する問題が多い。漢文では、諸子百家や四書に関する問題が大半を占める。現代文と古文では、『大鏡』や『源氏物語』などを取り上げて、その文学的特徴を記述させる問題もみられる。対策としては、漢字や慣用句などの語彙に関しては、長文読解の学習の中で分からない語がある場合や、新聞・雑誌等で気になる表現がある場合には、辞書で調べる習慣を身に付けるようにしたい。文法・文学史・和歌・俳句に関しては国語便覧を通読し、まずは基本的な知識を身に付けることが肝心である。その上で、多くの問題にあたり、知識を広げるとともに、応用が利くようにしていくことが得策だろう。

演習問題

1 ★☆☆

次の各問いに答えよ。

(1) 次の傍線部の読みを平仮名で書け。

① 薫風かおる季節となる。　② 速やかな回答を望む。

③ 大臣が更迭される。　④ コースにより人数に偏りがある。

⑤ これは既知の事実だ。　⑥ 大急ぎで仕事を完遂する。

⑦ 急ぎ足で帰途につく。　⑧ 記念品を全員に頒布する。

⑨ 念願が成就する。　⑩ 決定に潔く従う。

(2) 次の傍線部を漢字に直して書け。

① 散歩をしてスコやかな身体を保つ。　② 方向のケントウをつける。

③ ソッセンして仕事をする。　④ 校内放送の番組をヘンセイする。

⑤ 胡蝶蘭のテンラン会を見に行く。　⑥ オダやかな天気に恵まれる。

⑦ 来賓席を最前列にモウける。　⑧ 大学での研究にセンネンする。

⑨ 混乱をシュウシュウする。　⑩ 困っている人をキュウサイする。

(3) 次の表で、漢字の欄にあるア～オの漢字を漢和辞典を用い、①と②のひき方で引くことにした。例にならい、それぞれの漢字について空欄を埋めよ。

Check!

ここに着目

(1) ⑥は読み方を誤りやすい。

(2) ②・④・⑨は同音異義語に注意する。

(3) イの部首の画数は誤りやすい。

漢字	①部首でひくとき 部首	①部首でひくとき 部首名	①部首でひくとき 部首の画数	②総画数でひくとき 総画数
(例)訓	言	ごんべん	7	10
ア 匿				
イ 建				
ウ 独				
エ 登				
オ 被				

〈(1)～(3) 鳥取県改題〉

(4) 次の熟語の中から、湯桶読みの熟語を選べ。

① 札束　② 消印　③ 座敷　④ 役割　⑤ 仕事

〈福岡県・福岡市・北九州市改題〉

2 ★☆☆

次の各問いに答えよ。

(1) 次の（　）に適切な漢字を入れ、下の意味になるようにせよ。なお、漢字は一字とは限らない。

①（　）が立つ＝文章を書くのがうまいこと

②（　）が立つ＝話が論理的でうまいこと

③（　）が立つ＝ものごとが起こること

〈福島県〉

(2) 次のことわざの組合せのうち、類義にあたるものはどれか。次のア～オから

ここに着目

(4) 「湯桶《ゆとう》読み」とは、どのような読み方か。「湯」と「桶」は、それぞれ音読みか、訓読みか。

(1) ①は「文章を書く」こと、②は「話」をすることを意味する語が入る。③は「もめごと」の比喩に用いられる語が入る。

一つ選び、記号で答えよ。

ア．医者の不養生 ― 紺屋の白ばかま

イ．瓜のつるに茄子はならぬ ― とびが鷹を生む

ウ．せいては事をし損じる ― 善は急げ

エ．案ずるより産むが易し ― 石橋を叩いて渡る

オ．好きこそ物の上手なれ ― 下手の横好き

〈愛知県改題〉

(3) 次の四字熟語の中ですべて正しく書かれているものを、次のア～オから選び、記号で答えよ。

ア．暗中模索　感慨無量　雲散霧消　乾坤一擲　経世在民

イ．日進月歩　不言実行　有命無実　朝三暮四　危機一髪

ウ．偏言隻語　不惜身命　支離滅裂　一期一会　一朝一夕

エ．異口同音　半信半疑　絶体絶命　厚顔無恥　無我夢中

オ．臨機応変　粉骨砕心　東奔西走　以心伝心　曖昧模糊

〈神奈川県・横浜市・川崎市改題〉

---

(3) 四字熟語の意味から、漢字を考えること。

3 ★☆☆

(1) 次の各問いに答えよ。

① 次のア～エの傍線部の「から」の中で、接続助詞はどれか。一つ選び、記号で答えよ。

ア．もうここから先へは進めません。
イ．ここ二、三日の疲れから熱を出す。
ウ．この部品は鉄と銅からできています。
エ．あまりにも暑いから冷房を入れよう。

② 次のア～エの傍線部の「さえ」の中で、意味・用法の違うものはどれか。一つ選び、記号で答えよ。

ア．弟はひまさえあれば、テレビゲームに夢中になっています。
イ．彼女は才能もあり、努力さえ惜しまなければきっと成功するでしょう。
ウ．社長の承認が得られさえすれば、今日のうちにも伺うことは可能でしょう。
エ．友人はどんなに多忙な時でさえ、周囲の人への心遣いを忘れません。

③ 次のア～エの傍線部の「で」の中で、助動詞はどれか。一つ選び、記号で答えよ。

ア．これは私の本で、あれが君の本でしょう。
イ．今日は雨なので、外出はしませんでした。
ウ．休み時間に友人と校庭で、サッカーをして遊びました。

ここに着目

(1) ① 接続から判断できる。
② 副助詞「さえ」には、他を類推させる用法、限定を示す用法、添加を示す用法がある。
③ 助動詞ならば活用するはず。
④ 自立語か付属語か。活用があるかないかをまず考える。

エ．五十人で教室はいっぱいになりました。

④　次の文の傍線部の単語の品詞名を答えよ。

これはあらゆることに共通します。

〈埼玉県・さいたま市〉

(2)　敬語の使われ方として最も適するものを、次のア～カから選び、記号で答えよ。

ア．（先方に対し）「しばらくいたしましてから、またお電話ください。」

イ．（観客に対し）「当会場では、どうかお静かに拝見なさってください。」

ウ．（患者に対し）「薬局からまだ呼ばれていない方は、申し出てください。」

エ．（顧客に対し）「ご用件は承りました。必ず上司に報告いたします。」

オ．（知人に対し）「つまらないものですが、どうぞご一緒にいただいてください。」

カ．（上司に対し）「部長、お願いです。A社まで私と一緒にお伺いしてください。」

〈神奈川県・横浜市・川崎市改題〉

4 ★☆☆

文化審議会が平成十九年二月に答申を行った「敬語の指針」では、敬語の種類を五種類に分けて説明している。従来の学校教育等で行われている三種類の分類との関係を整理した次の表のうち、A～Eにあてはまる語句を書け。また、それぞれの用法として正しいものを①～⑤から一つずつ選べ。

---

(2)　敬語の誤用で最も多いのは、敬意を表すべき相手の動作に尊敬語を用いずに、謙譲語を用いることである。

従来の学校教育等での分類	「敬語の指針」の分類
尊敬語	A
謙譲語	B
	C
丁寧語	D
	E

① すっかり夏らしくなって参りました。
② 先生は、お忙しいようですね。
③ 明日は、雨が降るそうです。
④ 彼女は、お料理が得意です。
⑤ お客様を御案内しました。

〈奈良県〉

Check!

●紛らわしい語の識別

語	用例	品詞・用法と識別の方法
ある	①今日は試験がある。	動詞。存在を示す「ない」に対応する。
	②彼は若者である。	補助動詞。存在を示す「ない」に対応しない。
	③昔々、ある所に～。	連体詞。体言を修飾し、活用しない。

から	①一時から会議だ。 ②不注意からの事故。 ③米から作った酒。 ④寒いから出かけない。	格助詞（起点）。体言に付き、初めの位置を示す。 格助詞（原因・理由）。体言に付き、「～のため」の意味に置き換えられる。 格助詞（原料）。体言に付き、「～を用いて」の意味に置き換えられる。 接続助詞（原因・理由）。終止形に付き、「～ので」の意味に置き換えられる。
だ	①気候が穏やかだ。 ②それは間違いだ。 ③雨が止んだ。 ④頭が割れるようだ。 ⑤明日は暖かいそうだ。	形容動詞の活用語尾。「穏やかな」となる。 断定の助動詞。「間違いな」とならない。 過去の助動詞。撥音便に付く。「た」が濁音になったもの。 比況の助動詞「ようだ」の一部。 伝聞の助動詞「そうだ」の一部。
で	①公園で遊ぶ。 ②名前を呼んでもらった。 ③とても静かである。 ④私は受験生である。	格助詞（場所）。体言に付く。 接続助詞。用言の音便に付く。「て」が濁音になったもの。 形容動詞の活用語尾。「静かな」となる。 断定の助動詞。「受験生な」とならない。
な	①彼は立派な人だ。 ②彼はおかしな人だ。 ③彼は友人なのに冷たい。 ④彼は楽しそうな人だ。	形容動詞の活用語尾。「立派だ」となる。 連体詞の一部。「おかしだ」とならない。 断定の助動詞。体言に付く。 様態の助動詞「そうだ」の連体形の一部。
ない	①勝つ自信がない。 ②すべてが面白くない。 ③詳細は知らない。 ④胸がせつない。	形容詞。前に「ネ」が入り、「ある」に対応する。 形式形容詞。前に「ネ」が入るが、「ある」に対応しない。 打消の助動詞。「ぬ」に置き換えられる。 形容詞の一部。「ぬ」に置き換えられない。

に	①学校に行く。 ②私は教師になった。 ③既に結果は出た。 ④静かに勉強をする。	格助詞（場所）。体言に付き、場所を示す。 格助詞（変化の結果）。体言に付き、「と」に置き換えられる。 副詞の一部。「に」の直前の部分と共に、主に用言を修飾する。 形容動詞の活用語尾。「静かな」となる。
れる	①先生に叱られる。 ②先生が話をされる。 ③一人でも行かれる。 ④昔が偲ばれる。	助動詞（受身）。「〜に〜れる」の形になる。 助動詞（尊敬）。目上の人の動作に用いる。 助動詞（可能）。「〜できる」の意味。 助動詞（自発）。「自然に〜する」の意味。

●主な敬語動詞

普通語	尊敬語	謙譲語
する	なさる	いたす
行く・来る	いらっしゃる・見える	参る
言う	おっしゃる	申す・申し上げる
見る	ご覧になる	拝見する
聞く		うかがう・承る・拝聴する
食べる	召し上がる	いただく
やる		（差し）上げる
くれる	くださる	
思う・知る		存じる
訪問する・尋ねる		うかがう

※尊敬語＝「お〜になる」の形。〈例〉お聞きになる。
謙譲語＝「お〜する」の形。〈例〉お聞きする。

5 ★☆☆

次の各問いに答えよ。

(1) 次の作家と作品の組合せのうち、すべて正しいものはどれか。一つ選び、記号で答えよ。

ア．太宰治（斜陽　津軽　人間失格　晩年　富嶽百景）
イ．三島由紀夫（豊饒の海　仮面の告白　潮騒　金閣寺　楡家の人びと）
ウ．芥川龍之介（地獄変　奉教人の死　門　河童　芋粥）
エ．志賀直哉（暗夜行路　城の崎にて　小僧の神様　黒い雨　清兵衛と瓢箪）
オ．川端康成（雪国　伊豆の踊子　山の音　古都　檸檬）

(2) 次の用語と内容の組合せのうち、正しくないものが含まれているものはどれか。一つ選び、記号で答えよ。

ア．古今和歌集撰者（紀貫之　紀友則　壬生忠岑　凡河内躬恒）
イ．芭蕉七部集（冬の日　春の日　曠野　ひさご　猿蓑　鶉衣　続猿蓑）
ウ．四書五経（大学　中庸　論語　孟子　易経　詩経　書経　礼記　春秋）
エ．六歌仙（小野小町　文屋康秀　喜撰法師　僧正遍昭　在原業平　大伴黒主）
オ．八代集（古今和歌集　後撰和歌集　拾遺和歌集　後拾遺和歌集　金葉和歌集　詞花和歌集　千載和歌集　新古今和歌集）

ここに着目

(1)〜(3) 誤りとして含まれているのは、比較的有名な作品である。一つ一つ丁寧に見ていけば、答えは容易に分かるだろう。

(3) 次の作家と作品の組合せのうち、正しくないものが含まれているものはどれか。一つ選び、記号で答えよ。

ア．司馬光（資治通鑑）　曾先之（十八史略）　白居易（白氏文集）

イ．ボードレール（悪の華）　カミュ（変身）　サガン（悲しみよこんにちは）

ウ．ゲーテ（ファウスト）　ヘルマン・ヘッセ（車輪の下）
　トーマス・マン（魔の山）

エ．ドストエフスキー（罪と罰）　ツルゲーネフ（初恋）
　トルストイ（戦争と平和）

オ．トウェイン（トム・ソーヤの冒険）
　ヘミングウェイ（誰がために鐘は鳴る）　パール・バック（大地）

〈(1)〜(3)　愛知県改題〉

(4) 次の文章の空欄A〜Cにあてはまる語句を書け。

二歳で東京の祖父母に引き取られ愛育された志賀直哉は、十七歳で内村鑑三の教えを受け、東京帝大に入学した後、武者小路実篤・有島武郎らと雑誌『（　A　）』を創刊し、「網走まで」などの短編を発表し注目された。また、足尾銅山鉱毒被災地の視察を発端とする父との対立は、その後結婚問題なども絡み十数年続いたが、その間の軋轢から数々の作品の題材を得ている。

大正六年に発表された「（　B　）」は、小動物の死を通して、自らの生と死を見つめた心境小説であり、昭和になって弾圧の中で転向した小説家・島木健作が、死の直前の澄明な心境を示した短編「赤蛙」と共通するところがあると

---

(3) アは中国文学、イはフランス文学、ウはドイツ文学、エはロシア文学、オはアメリカ文学である。

(4) 志賀直哉・武者小路実篤・有島武郎の文学流派は、Aの雑誌名に由来する。B・Cは、いずれも志賀の代表作。

言われる。

唯一の長編小説「（　Ｃ　）」は、大正十年に前編が発表され、完結したのは昭和十二年であった。晩年は穏やかな短編小説や随筆が中心となっている。

〈岩手県改題〉

(5)　次の文章の空欄Ａ、Ｂに作品名、Ｃに人物名を入れよ。

女性日記文学の嚆矢と言われるのは、平安期の（　Ａ　）である。この作品で右大将藤原道綱母は、一夫多妻制下の貴族女性の苦悩を書き綴った。

また鎌倉幕府が開かれて、京都と鎌倉との間を往来する人々が多くなり、「海道記」等、東海道の紀行文が現れた。（　Ｂ　）は、（　Ｃ　）が夫の藤原為家の没後に実子の訴訟のために、鎌倉へ下った時の日記的紀行文である。

〈福島県改題〉

(6)　韓非子について、次の問いに答えよ。

Ⅰ　次のどの思想集団に属しているか。

ア．墨家　　イ．儒家　　ウ．法家　　エ．道家

Ⅱ　韓非子の思想を最も特徴づける言葉は何か。

ア．無為自然　　イ．小国寡民　　ウ．合従連衡　　エ．信賞必罰

〈佐賀県改題〉

---

(5)　空欄Ａの直前にある「嚆《こう》矢《し》」とは、「物事の初め・最初」の意。

(6)　韓非子は、徳治主義とは対照的な思想を唱えた。

6 ★★☆

次の各問いに答えよ。

(1) 次の和歌は小倉百人一首である。（　　）に適切な言葉を補え。

① 春過ぎて夏来にけらし白妙の衣ほすてふ（　　）

② ひさかたの光のどけき春の日に（　　）花の散るらむ

③ 人はいさ心も知らず（　　）花ぞ昔の香に匂ひける

〈福島県〉

(2) 次の俳句の中で季節が秋でないものを選び、記号で答えよ。

ア．金柑もくすりのひとつ鉢に買ふ　（石川　桂郎）

イ．木瓜の実のころがる草に月しみぬ　（山口　青邨）

ウ．向日葵の大声で立つ枯れて尚　（秋元不死男）

エ．牡丹見てゐる間も人は老いゆくか　（安住　敦）

オ．即答を避く胡桃の実握りゐて　（鷹羽　狩行）

カ．世界病むを語りつゝ林檎裸となる　（中村草田男）

〈神奈川県・横浜市・川崎市改題〉

ここに着目

(1) ① いずれも有名な和歌である。「衣」を「ほす」場所（地名）が入る。

② 「のどけき」とは対照的な言葉が入る。

③ 昔なじみの里で詠んだ歌である。

(2) 季語は旧暦をもとにしているので、現代の感覚と多少異なることに留意する。本問ではすべて植物が季題になっているが、植物の場合は、花か実かによって季節が異なるものが多い。また、ある季節の季語となる植物でも、句に描かれている状態によって、必ずしもその季節を詠んだ句になるとは限らないことにも注意したい。

演習問題　解答・解説

1

(1) ① くんぷう　② すみ　③ こうてつ
④ かたよ　⑤ きち　⑥ かんすい
⑦ きと　⑧ はんぷ　⑨ じょうじゅ
⑩ いさぎよ

(2) ① 健　② 見当　③ 率先　④ 編成
⑤ 展覧　⑥ 穏　⑦ 設　⑧ 専念
⑨ 収拾　⑩ 救済

(3)

	部首	部首名	部首の画数	総画数
ア．匿	匚	はこがまえ	2	10
イ．建	廴	えんにょう（いんにょう）	3	9
ウ．独	犭	けものへん	3	9
エ．登	癶	はつがしら	5	12
オ．被	衤	ころもへん	5	10

(4) ②

解説

(1) ⑥は「かんつい」ではないことに注意。

(2) ②は「検討」、④は「編制」、⑨は「収集」と間違えないようにする。④「編成」は、個々のものをまとまりのある全体に組織化すること。「編制」は、団体の任務達成に適する組織を定めること。用例…十人ずつで班を編制する。③は「卒先」、⑥は「隠」の字と誤りやすい。

(3) 部首名や総画数のほか、筆順も問われることが多いので、必ず漢和辞典で確認をしておこう。

(4) 「消印」「夕刊」「野宿」などのように、漢字二字で表される語の先の字を訓読み、後の字を音読みする読み方を「湯桶読み」と言う。これとは反対に、「札束」「座敷」「役割」「仕事」などのように、先の字を音読み、後の字を訓読みする読み方を「重箱《じゅうばこ》読み」と言う。

2

(1) ① 筆　② 弁　③ 波風

(2) ア

(3) エ

解説

(1) ③は「角が立つ」も考えられるが、「荒だって穏やかでなくなる」という意なので、「もめごとが起こる」というよりも、その一歩手前の状態を表す。したがって、解答としては、「波風」が最適である。

(2) イ・ウ・オは対義にあたる。イの「瓜のつるに茄子はならぬ」＝平凡な親から非凡な子は生まれないことのたとえ。「とびが鷹を生む」＝平凡な親から優れた子どもが生まれることのたとえ。ウの「せいては事をし損じる」＝物事はあまり焦ると、かえって失敗しやすいということ。「善は急げ」＝よいと思ったことは、ためらわずに直ぐに実行せよという教え。エの「案ずるより産むが易い」＝物事は実際にやってみると、心配していたよりは案外たやすくできるものだということ。「石橋を叩いて渡る」＝用心を重ねて、慎重に物事を行うこと。オの「好きこそ物の上手なれ」＝好きなことは熱心に努力するので、上達も早いということ。「下手の横好き」＝下手なくせに、そのことが好きで熱心であること。

(3) ア＝「経世済民」が正しい。世の中を治め、人民の苦しみを救うこと。「経」は治める・統治する、「済」は救う・助けるの意。「世を経《おさ》め、民を済《すく》う」と読む。イ＝「有名無実」が正しい。名ばかりで、実質が伴わないこと。ウ＝「片言隻語」が正しい。ちょっとした短い言葉。「片言」も「隻語」も、わずかな言葉の意。オ＝「粉骨砕身」が正しい。骨を粉にし身を砕くように、我が身を捧げて力を尽くすこと。

3

(1) ① エ　② エ　③ ア　④ 連体詞

(2) エ

解説

(1) ① 接続助詞の場合は終止形に付き、格助詞の場合は体言に付く。ア＝起点を示す格助詞。イ＝原因を示す格助詞。ウ＝原料を示す格助詞。エ＝順接の確定条件を示す接続助詞。

② 副助詞「さえ」には、A．他を類推させる用法、B．限定を示す用法（仮定条件を表す句の中で用いられる）、C．添加を示す用法（用例…雪が降る上に、風さえ吹き出した。）がある。ア〜ウ＝仮定条件を示す接続助詞「ば」を伴って用いられているのでB。エ＝「多忙な時」を挙げることによって、他の時（忙しくない時）はもちろんそうであることを類推させているのでA。

③ ア＝断定の助動詞「だ」の連用形。イ＝順接の確定条件を示す接続助詞「ので」の一部。ウ＝場所を示す格助詞。エ＝状態・範囲を示す格助詞。

④ 自立語で活用せず、「こと」という体言を修飾しているので、連体詞である。

(2) ア＝「いたす」は「する」の謙譲語。敬意を表すべき先方の動作に関連する事柄について、謙譲語を用いるのは適切ではない。「しばらくしましてから」と改める。なお、「お〜ください」は尊敬語なので「お電話ください」という言い方は適切であるが、先方に対してやや乱暴な印象を与えるので「お電話くださるようお願いします」と言えばより丁寧になる。

イ＝「拝見する」は「見る」の謙譲語、「なさる」は尊敬の補助動詞で、両者を混用している。「見る」の尊敬語を用いて、「ご覧になってください」と改めるべきである。

ウ＝ここでの「呼ばれ」は受身の意である。また、「申し出る」は、希望・意見・要求などを「進んで言って出る」という意で、ここで使うのは適切ではない。「薬局でまだお呼びしていない方は、おっしゃってください（お申し付けください）」とする方が妥当である。

オ＝「いただく」は「食べる」の謙譲語。尊敬語を用いて、「召し上がってください」と改めるべきである。

カ＝「お〜する」は謙譲表現で、「伺う」も「訪問する」の謙譲語である。上司に対する言葉であるから、A社を敬うために上司の動作に謙譲表現を用いるのは不適切である。「A社まで私と一緒にご訪問ください」と言うのが適切である。

4

A．尊敬語・②
B．謙譲語（謙譲語Ⅰ）・⑤
C．丁重語（謙譲語Ⅱ）・①
D．丁寧語・③
E．美化語・④

解説

この「敬語の指針」では五種類の分類について、以下のように定義されている。

・尊敬語…相手側又は第三者の行為・ものごと・状態などについて、その人物を立てて述べるもの。
・謙譲語（謙譲語Ⅰ）…自分側から相手側又は第三者に向かう行為・ものごとなどについて、その向かう先の人物を立てて述べるもの。
・丁重語（謙譲語Ⅱ）…自分側の行為・ものごとなどを、話や文章の相手に対して丁重に述べるもの。
・丁寧語…話や文章の相手に対して丁寧に述べるもの。
・美化語…ものごとを、美化して述べるもの。

5

(1) ア　(2) イ　(3) イ
(4) A．白樺　B．城の崎にて　C．暗夜行路
(5) A．蜻蛉日記　B．十六夜日記　C．阿仏尼
(6) Ⅰ ウ　Ⅱ エ

解説

(1) イ＝『楡家の人びと』は北杜夫の小説。
ウ＝『門』は夏目漱石の小説。
エ＝『黒い雨』は井伏鱒二の小説。
オ＝『檸檬』は梶井基次郎の小説。

(2) イ＝『鶉衣』は、江戸天明期の俳人・横井也有の俳文集。芭蕉七部集（芭蕉の『俳諧七部集』）に含まれるのは、『炭俵』である。ウ＝選択肢の前の四つが「四書」、後の五つが「五経」であり、いずれも儒教の基本的文献。なお、『大学』『中庸』は、もともとは『礼記』の中の二編である。エ＝「六歌仙」とは、平安時代初期の優れた六人の歌人をいう。

(3) イ＝『変身』はカフカの小説。カミュの代表作は『ペスト』『異邦人』など。

(4) A＝志賀直哉・武者小路実篤・有島武郎らは、雑誌『白樺』を拠点に活躍したことから、「白樺派」と呼ばれる。B＝『城の崎にて』は、交通事故の後養生のために赴いた城の崎で、実際に遭遇した鼠やイモリの死の描写を通して、自らの死生観を暗示した作品。C＝『暗夜行路』は、準備期間も含め、二十六年間もかけて完成した作品。有島武郎の『或る女』とともに、白樺派文学を代表する長編小説である。

(5) A＝「日記文学」の先駆は紀貫之の『土佐日記』だが、これは、貫之が女性を装って書いたものである。『土佐日記』の流れを継いで、藤原道綱母が自伝的な『蜻蛉日記』を書き、女流日記文学の先駆となった。これに続いて、『和泉式部日記』『紫式部日記』『更級日記』（菅原孝標女の作）などが書かれた。B＝平安時代に続き、鎌倉時代にも女流日記は書かれたが、この時代の特色は旅日記（紀行）の流行であった。その代表作が『十六夜日記』であり、書名は十六日に京都を出発した

ことによる。

(6) 韓非子は法家思想の完成者。法至上主義で、信賞必罰（功績のある者には必ず賞を与え、罪を犯した者は必ず罰する）の考え方を主張した。

Ⅰ ア＝墨子の説を重んずる学派。節約・非戦平和・無差別平等の博愛などを主張した。イ＝孔子・孟子らを中心とする学派で、礼儀・道徳によって平和な社会を築くことを理想とした。徳治主義。エ＝老子・荘子を中心とし、儒家の主張する礼儀・道徳を否定して、無為自然を理想とした学派。

Ⅱ ア＝人知人為を遠ざけ、宇宙万物の根源に従って自然のままに生きていくべきだとする老子の思想。イ＝小さな国で人民も少ないこと。老子が理想とする国のあり方。ウ＝戦国時代の七雄の間に展開された外交戦術。「従」は縦、「衡」は横の意。巧みな弁説によって外交折衝を進めた縦横家は、ここから名づけられた。

6

(1) ① 天の香具山　② しづ心なく

③ ふるさとは

(2) エ

解説

(1) ①＝持統天皇の作。『万葉集』の「春過ぎて夏きたるらし白妙の衣ほしたり天の香具山」を改めたもの。「香具山」は、大和三山の一つ。②＝紀友則の作。「しづ心（静心）」は、落ち着いた気持ち。うららかな春の日と散り急ぐ桜との対比を中心に置いて、のどけさの中にある哀愁を詠んだもの。③＝紀貫之の作。貫之が長谷寺に参詣するたびに宿にしていた家に、久しぶりに立ち寄ったとき、主人に「私の家はこの通りなのに、長くおいでになりませんでしたね」と皮肉を言われたのに対して、巧みに切り返した歌である。

(2) エの「牡丹」は夏の季語。残りはすべて秋を詠んだ俳句である。ア＝「金柑《きんかん》」は秋の季語。なお、「金柑の花」は夏の季語である。イ＝「木瓜《ぼけ》の実」も「月」も、秋の季語。なお、「木瓜の花」は夏の季語である。ウ＝「向日葵《ひまわり》」は夏の季語だが、その立ち枯れの姿を詠んでいるので、季節は秋。季語は「向日葵枯れ」。オ＝「胡桃《くるみ》」は秋の季語。カ＝「林檎《りんご》」は秋の季語。

6 実践問題

1 ★☆☆

〈中学校〉

平成二十九年に告示された中学校学習指導要領「国語」の目標には、「伝え合う力を高める」という文言が使われている。「伝え合う力」について、具体的に六十字以内で説明せよ。

〈岡山県改題〉

2 ★☆☆

〈中学校〉

次の文は、平成二十九年に告示された中学校学習指導要領「国語」に示されている各学年の目標である。（　A　）～（　I　）にあてはまる語句を書け。

〔第1学年〕

1　目標

(1)（　A　）に必要な国語の知識や技能を身に付けるとともに、我が国の言語文化に親しんだり理解したりすることができるようにする。

(2) 筋道立てて考える力や（　B　）に感じたり想像したりする力を養い、日常生活における人との関わりの中で（　C　）を高め、自分の思いや考えを確かなものにすることができるようにする。

(3) 言葉がもつ（　D　）に気付くとともに、進んで（　E　）をし、我が国の言語文化を（　F　）にして、思いや考えを伝え合おうとする（　G　）を養う。

〔第2学年〕

1　目標

(1)（　A　）に必要な国語の知識や技能を身に付けるとともに、我が国の言語文化に親しんだり理解したりすることができるようにする。

(2) 論理的に考える力や共感したり想像したりする力を養い、社会生活における人との（　H　）の中で（　C　）を高め、自分の思いや考えを広げたり深めたりすることができるようにする。

(3) 言葉がもつ（　D　）を認識するとともに、（　E　）を生活に役立て、我が国の言語文化を（　F　）にして、思いや考えを伝え合おうとする（　G　）を養う。

〔第3学年〕

1　目標

(1)（　A　）に必要な国語の知識や技能を身に付けるとともに、我が国の言語文化に親しんだり理解したりすることができるようにする。

(2) 論理的に考える力や深く共感したり（　B　）に想像したりする力を養い、社会生活における人との（　H　）の中で（　C　）を高め、自分の思いや考えを広げたり深めたりすることができるようにする。

(3) 言葉がもつ（　D　）を認識するとともに、（　E　）を通して自己を（　I　）させ、我が国の言語文化に（　H　）、思いや考えを伝え合おうとする（　G　）を養う。

3

★☆☆

〈中学校〉

次の文は平成二十九年に告示された中学校学習指導要領「国語」に示されている各学年の内容の一部である。それぞれの内容が第何学年のものか書け。

① 資料や機器を用いるなどして、自分の考えが分かりやすく伝わるように表現を工夫すること。

② 進行の仕方を工夫したり互いの発言を生かしたりしながら話し合い、合意形成に向けて考えを広げたり深めたりすること。

③ 音読に必要な文語のきまりや訓読の仕方を知り、古文や漢文を音読し、古典特有のリズムを通して、古典の世界に親しむこと。

④ 必要に応じて記録したり質問したりしながら話の内容を捉え、共通点や相違点などを踏まえて、自分の考えをまとめること。

⑤ 伝えたいことが分かりやすく伝わるように、段落相互の関係などを明確にし、文章の構成や展開を工夫すること。

4

★☆☆

〈中学校〉

次の文のうち、中学校学習指導要領（平成二十九年告示）「国語　第3　指導計画の作成と内容の取扱い」で示されている教材の配慮すべき観点に該当しないものを選べ。

ア．国語に対する認識を深め、国語を尊重する態度を育てるのに役立つこと。

イ．伝え合う力、思考力や想像力を養い言語感覚を豊かにするのに役立つこと。

ウ．公正かつ適切に判断する能力や創造的精神を養うのに役立つこと。

エ．科学的、論理的な見方や考え方を養い、視野を広げるのに役立つこと。

オ．人生について考えを深め、豊かな人間性を養い、たくましく生きる意志を育てるのに役立つこと。

5

★★☆

〈高校〉

次のア～カは、高等学校学習指導要領（平成三十年告示）「国語」の各科目の特徴を示した文である。それぞれ後の問いに答えよ。

ア．実社会・実生活に生きて働く国語の能力を育成する科目

イ．多様な文章等を多面的・多角的に理解し、創造的に思考して自分の考えを形成し、論理的に表現する能力を育成する科目

ウ．古典を主体的に読み深めることを通して、自分と自分を取り巻く社会にとっての古典の意義や価値について探究する科目

エ．小説、随筆、詩歌、脚本等に描かれた人物の心情や情景、表現の仕方等を読み味わい評価するとともに、それらの創作に関わる能力を育成する科目

オ．上代（万葉集の歌が詠まれた時代）から近現代につながる我が国の言語文化への理解を深める科目

カ．表現の特徴や効果を理解した上で、自分の思いや考えをまとめ、適切かつ効果的に表現して他者と伝え合う能力を育成する科目

(1) ア～カの科目名を答えよ。

(2) アの科目の〔思考力、判断力、表現力等〕の「三領域」の指導に関して、留意しなければならないことを説明せよ。

6

★★☆

〈高校〉

平成三十年に告示された高等学校学習指導要領「国語」に関する次の各問いに答えよ。

(1) 各科目の目標に関する記述として適切なものは、次の①～④のうちのどれか。

①「現代の国語」「言語文化」「国語表現」の目標には共通して、「実社会に必要な国語の知識や技能を身に付けるようにする」という表現がある。

②「文学国語」の目標には、「生涯にわたる社会生活に必要な国語の知識や技能を身に付けるとともに、」という表現はない。

③「我が国の言語文化の担い手としての自覚を深め、」という表現は、全ての科目の目標に含まれている。

④「論理国語」の目標には、「論理的に考える力や深く共感したり豊かに想像したりする力を伸ばし、」という表現がある。

(2) 「言語文化」の指導事項について、内容及び内容の取扱いに関する記述として適切なものは、次の①～④のうちのどれか。

①外国の文化には触れず、我が国の言語文化の特質や我が国の文化について理解すること。

②古典の世界に親しむために、作品や文章の歴史的・文化的背景などを理解すること。

③時間の経過による言葉の変化や、古典が現代の言葉の成り立ちにもたらした影響について理解を深めること。

④我が国の言語文化への理解につながる国語の本質について理解を深めること。

7

★★☆

〈高校〉

次の問いに答えよ。

(1) 文学国語における文章の指導で、特に避けたいとされているのはどのような指導か、書け。

(2) 次の文は、「古典探究」の内容の取扱いから教材に関する配慮事項について述べた箇所の抜粋である。（ A ）～（ C ）に当てはまる語句を書け。

内容の〔思考力、判断力、表現力等〕の「A読むこと」の教材は、古典としての古文及び漢文とし、日本漢文を含めるとともに、（ A ）に考える力を伸ばすよう、古典における（ A ）な文章を取り上げること。また、必要に応じて、（ B ）や漢詩文、古典についての（ C ）などを用いることができること。

8

★☆☆

〈中学校・高校〉

国際社会における古典学習の意義について述べよ。

9

★★☆

〈中学校・高校〉

「読むこと」の学習指導において、インターネットなどから集めた情報を活用する場合、留意点を百字程度で述べよ。

10 ★★☆

〈中学校・高校〉

作文を書くことが嫌いな生徒に、どのように指導するか。具体的な指導法を四つ挙げよ。

11 ★★☆

〈中学校・高校〉

次は、文化庁が発表した「国語に関する世論調査」に基づき、慣用句の理解に関して作題したものである。後の問いに答えよ。

(1) 次の慣用句の本来の意味を答えよ。

① 流れに棹さす

② 気が置けない

(2) この調査において、これらの慣用句を正しく理解している割合は低かった。このような状況を改善し、慣用句に対する意識を高める授業を行う場合に、どのような工夫が考えられるか、次の留意事項を踏まえて書け。

〈留意事項〉

・二時間分の授業とし、一時間目と二時間目の内容につながりをもたせること。

・生徒が互いにかかわり合う活動が含まれていること。

〈長崎県〉

12　★★★

〈中学校〉

中学校第二学年を対象に、読書をテーマにした「討論」の学習活動を行いたい。授業時数三〜四時間で、単元の指導計画を立てよ。単元名、単元の目標、話題（題材）や教材、活動内容については、自由に考えてよい。

〈福岡県・福岡市・北九州市改題〉

13　★★★

〈高校〉

「国語表現」の授業で生徒に、相手や目的に応じて適切に表現することの大切さを理解させるため、「私たちが通う高校を小学校低学年の児童に紹介する」というテーマを設定し、「話合い」（一時間）と「話合いの結果を発表する学習」（一時間）を行うとき、あなたは、どのように指導するか、指導案を簡潔に書け。ただし、指導案は「話合い」（一時間）について作成すること。

〈北海道・札幌市改題〉

14

★★☆

次の文章を読んで、後の問いに答えよ。

日常生活においてわれわれが時計から時間を読み取る場合、現在の時刻そのものを客観的に知ろうとするよりはむしろ、時間がもうどれだけ経ったのか、あとどれだけ残っているのかなどという形で、時間の推移を見ている（略）。時間の推移と言っても、それは「時間」という目に見えないなにものかが私の外部のどこかで流れ去っているという意味ではない。それはむしろ、それぞれのいまが以前と以後、いままでといまからの両方向へと開かれた拡がりとしての私自身であることによって、時間の推移というよりは、私自身の推移として理解しなくてはならないものである。①そのかぎりにおいて、時間の推移ということは私的・個人的な自己存在の時間性と密接な関係をもっている。

しかし、だからといって②現在の時刻の表示ということが、時計の役目として二次的あるいは従属的なものだということはできないだろう。われわれの身辺をすこし見わたすだけでも、目覚まし時計、学校や職場での始業終業の合図、テレビやラジオの時報、列車の発車ベルなど、どうしても知らねばならない現在時刻の表示の実例が数多く見出される。われわれがこどもだったころには、どこの家にも柱時計があって、一時間ごとにのんびりした古ぼけた音を聞かせてくれていた。外国に住んでいると、日に何回か、決まった時刻に[a]賑やかな教会の鐘の響きが心を慰めてくれる。我が国でも、昔は寺の鐘が時刻を報せてくれていたのだろう。

こういったさまざまな形での時刻の合図には、二つの共通点が見られるようである。まず、これらの合図には[b]ガイして大きな音が用いられていて、多くの人がそれを同時に知覚しうるようになっている。そして第二に、これらの合図は元来、その音を聞く人たちをなんらかの共通の行動に向かってうながすという意味を持っている。この二つの特徴は、時計による、あるいは時計を基準にした現在の時刻の告示が、個人に向けられるよりもむしろ、何らかの意味での共同体に向けられることをその本質としているということと、密接な関係をもっている。つまり、ここで告示される時間は、私的・個人的な時間ではなくて、いわば制度的時間とも言うべき公共の時間なのである。

ごく限られた数の人間が単一の生活様式で集団生活をいとなんでいる原始的な共同体においては、おそらく時計などの手段で時間を制度化する必要はまったくなかっただろう。そのような集団では、せいぜい太陽の動き、鳥の啼き声、家畜その他の身近な動物の習性などを共同体全体の行動の目安としていればよかったはずである。このような原始共同体が、自分たち以外の共同体と接触をもつようになったとき、あるいは共同体内部で分業が生じて全体の生活様式が単一性を失い、複数の部分共同体をなんらかの形で統合する必要が生じたとき、③倫理的な意味での行動のルールが制定されたり、縄張りとしての固有空間が[c]カクテイされたりするだけではなく、生活の時間的秩序の枠組みとしての共通の時刻が制度化されなくてはならなかったであろうことは、容易に考えられる。古代国家においては統一時間の制定が重要な統治行為の一つになっていた。それぞれの共同体成員や部分共同体はこの統一的な制度時間を自らの行動の規準として内面化することを強く[d]ヨウセイされたはずである。国際標準時を基準にして調整された現代の時計や、それに[e]依拠する時刻の告示が、その延長線上にあることは言うまでもない。

目覚まし時計のような完全に私的な時計による現在時刻の告示でも、少し考えてみればわかるように、結局は学校や職場などの公共の時計やそれに基づく統一的な行動に自己の時間や行動を統合するという目的をもっている。共同体の制度的時間や行動よりも自己の固有の時間や行動を優先させる人にとっては、目覚まし時計の音は有害無益な騒音以外のなにものでもないだろう。しかしそのような人でも、例えば旅行に出かけようと思えば時刻表に載っている列車の発車時刻やそれを報せるベルの音を無視することはできないし、外国に出かけるときには、土地土地の時刻に合わせて自分の時計を動かさなければならないだろう。そういった制度的時間を認知することなしには、われわれはもはやなんらの社会的行動をもいとなむことができないのである。

このように考えると、われわれの大多数が外出するときに時計を忘れずに持って出かけ、一日に何回となくそれに目をやるということの意味も、もう一度考え直さなくてはいけなくなる。時計を見て、もうどれだけの時間が過ぎたかとか、まだどれだけの時間が残っているかということが切実な問題になるのは、実は時計の示す時間が私的で個人的な時間であるよりも、[イ]公共的な共同体時間だからなのではないのか。われわれが、時計を見なければならないのは、人間が社会的な動物であって、共同体の制度を内面化することによってしか個人の生活をいとなむことが[ロ]できないからなのではあるまいか。

（木村敏『時間と自己』より）

(1) 二重傍線部a〜eの漢字の読み方を平仮名で書き、カタカナを漢字に直して楷書で書け。
(2) 破線部イの文を文節に区切り、線を書け。
(3) 破線部ロの文を単語に分けて、その数を書け。また、助動詞をすべて抜き出せ。
(4) 傍線部①「そのかぎりにおいて」とあるが、「その」が指し示す内容を二十字以内で答えよ。
(5) 第一段落の文章構成上の役割として、次のア〜オのうちどれが最も適切か、記号で答えよ。
ア．これから展開する内容の最終的な結論を述べている。
イ．これから展開する内容の問題点を前もって指摘している。
ウ．これからあとに特殊な事例を取り上げるため、まず一般的な事例を説明している。
エ．ひとつの事例を分析するためにあらかじめ特異な事例を紹介している。
オ．ひとつの事例を他方面から分析するためにまず基本的な分析を確認している。
(6) 傍線部②「現在の時刻の表示ということが、時計の役目として二次的あるいは従属的なものだということはできないだろう」と述べているが、人間が時計を見る行為の主たる目的を四十字以内で抜き出し、始めと終わりの六字を書け。
(7) 傍線部③「倫理的な意味での行動のルール」とは、どのようなことか、日常生活から具体例を考えて十字以内で書け。
(8) この文章の要旨を、「自己存在」「制度的時間」「内面化」の三語を使い、六十字以上八十字以内で書け。

〈長野県〉

15

★★☆

次の文章を読んで、後の問いに答えよ。

言語学という学問の性格を考えるたびに、よく思い出されることがある。それは、哲学者の中村雄二郎さんがある座談会で、「言語論というのは、だれでも発言できるという妙なものですね」と言ったことばだ（川本茂雄編『ことば』）。もしかして中村さん御本人は、何気なく気軽に言ったことなので、そんなにしつこくこだわってほしくないと言われるかもしれないが、これは案外、言語学（ここでは注意深く言語論と言ってあるのだが、そのことについてはあとで述べる）の性格の一面をうまく語っているのではないかと思われる。

まず、中村さんの専門の哲学についていえば、アリストテレスやカントだのヘーゲルだのの著作を読んで、その内容を頭に叩き込んでおかないと、話の仲間には入って行けないのである。その人がもしかして、あまり考えない職業的哲学者よりも、もっと深く考える人であったとしてでもである（モンゴル語ではフィロソフィアのことを「深い知恵」と訳している）。歴史に至っては、哲学どころではない。自分では一度も見たことのない、大昔のできごとを、まるで実際に見たかのように、はっきりと年月日までつけて書いたり、話したりするのである。

それに比べて、「言語的知識」は、こうした、自分では確かめることのできない紙の上だけの知識には全く依存せず、自分の中から、誰でも自信をもって引き出せるのである。たとえば、もう幼稚園に行くくらいになった子どもだったら、①「今日はずいぶん雨を、降るなあ」というのを聞いたら、それはおかしい「雨が降る」だよと訂正するだろう。言語学で言う「言語的知識」とはこのようなもので、「あの人はたくさんことばを知っている」というばあいのことばとはちがう。このばあいは百科事典に書いてあるような、ことば以外のモノゴトについての知識のことを言っている。それは自分の外からのかりそめの知識だが、②言語的知識は自分自身の中にある。

言語的知識は、ある言語共同体に属する者なら、年齢、性別、それに教養の区別なく、誰でもが身につけているのであって、他の知識とは全く異なるのである。その知識には間違いということがない。むしろ間違う方がむつかしい。なぜなら、間違うためには、そのための意識的な努力をしなければならないからである。それはしかし、知識ではあるが、その知識の全体を図にでもして示してほしいと言われても、ほとんど誰にもできないような知識であり、そういうことを企てる方がおかしいくらいの自明の知識なのである。自明なことをまじめくさって問う人は、どこかヘンなところがあると思われやすい。そのような人は暗に世間の平和を乱す者だと見なされるからだ。

さて、このような知識はどのようなものかと言えば、チョムスキー*が言う「文法」がだいたいそれにあたるのだが、この文法は本屋さんで売っている「　③　」の文法とはちがって、文字以前にすべての人間が持っているものだ。この文法には間違いというものがない。もし書物にした文法と照らしあわせてみて、頭の中の文法との間に違いがあれば、それは書物の方が間違っているのである。なぜなら、文字や書物は、ほんものの（人間の中に生きている）文法のうつしにしかすぎないのだから。

　このように言語的知識というものは、辞書の中にあるのではなくて、一人一人のココロの中にあるのだから、ことばについて誰かが話しているのを聞いていて、それが自分の気持ちにあわないときは、それはちがうとか、おかしいとかと言えるのである。このような本源的知識を扱う言語学には、本源的でない、付け加え的な文字の知識をひどく憎む、知識憎悪のようなものが見られる。中村さんが「だれでも発言できる妙なもの」と言ったのは、このことと関係がある。それを「妙なもの」と言った、この「妙な」には、「不思議な」、「独特な」ものというポジティブな（ほめた、少なくともけなしていない）気持ちがあると見ていいだろう。

　しかしそうばかりとも言えない。学問なのだから、だれにでも勝手に発言してほしくない。それなのに、だれでも口出しする、困ったものだという、ネガティブな気持ちもいくぶん入っているような感じもする。私は中村さんに、一方では反発し、一方では、いやいやながら同意せざるを得ない。

　というのは、ことばの議論でもったいぶってしゃべっている人たちは、「文法」のように、自らの内なる自然にもとづいてしゃべっているのではなく、どこかで④チュウトハンパに読みかじった、言語学だか、言語論だかの不純な知識のはしくれから、自分の論に都合のいいところだけを持ってきて並べたてているだけのことだからだ。ということに気がついていたらまだいい方で、じつは学問の権威のもとにひろめられた通俗的な知識をいつの間にか、自分の常識だと思い込んでしまっただけのことだ。それはちょうど、ファシズムのスローガンを毎日聞かされているうちに、そのスローガンがおのずと口から流れ出し、それがまるで自分自身の考え出したものであるかのように思い込んでしまった⑤オウジの文化人と同じようなものである。よく作家や評論家たちが、「ことばは自然なもの、外から手を加えてまげてはいけない」などと言っているのは、もとはまことに⑥真摯に追究された、ことばの性質についての認識だったものが、ことばの切れはしだけ集められて、通俗的デマゴーグの口に乗って出てきただけのものにすぎない。だから、この同じ人が、⑦「ことばは自然だから文字をいじくって、漢字制限などやるのは許せない」などと言えるのである。

　中村さんが、言語学とは言わず言語論と言っているのは、じつはこうした通俗論議のことをさして言っているのであろう。私がここで言う通俗とは、すなおな子どもの論議ではなく、学問めかした入れ知恵によって、しゃべらされているある種の文化人の態度のことを言っているのである。

（田中克彦『言語学とは何か』より）

〔注〕チョムスキー…アメリカの言語学者。

(1) 傍線部④、⑤、⑥のカタカナは漢字に、漢字は平仮名に直せ。

(2) 次のうち、［　③　］に入れるのに最も適していることばはどれか。次のア～オから選び、記号で答えよ。

ア．紙　　イ．言語　　ウ．哲学　　エ．頭の中　　オ．内なる自然

(3) 傍線部①について、なぜ「雨を降る」はおかしくて「雨が降る」はおかしくないのかを「降る」という動詞の性質にふれて生徒に文法的に説明したい。わかりやすく説明せよ。

(4) 傍線部②は、ここではどういうことをいっているか。わかりやすく説明せよ。

(5) 傍線部⑦は、筆者が通俗論議の例としてあげたことばである。筆者が感じているこのことばの内容上不適切な点を生徒にわかるように説明せよ。

〈大阪府・大阪市〉

16 ★★★

次の文章を読んで、後の問いに答えよ。

人間は言語を媒介にした意味の世界に生きる存在であり、他の生物とは比べものにならないほど外界に開かれた認知構造に支えられている。固定した本能に縛られていないおかげで人間は文化という複雑な意味体系を生み出した。

ところで、生物はすべて必ず何らかの閉鎖回路の内部で[a]しか安定した生を営むことはできない。体温、水分の割合、カリウムなどの無機物含有量が一定の範囲以上に変化しないように生物は自らの内部環境を絶えず調節しているが、この一定に保たれた内部環境のおかげで、変化に富んだ外界に随時適応しながら生存できている。

同様に、認知的に外に開かれているからこそ、外部に拡大した自己を閉じるための装置が人間にはよけいに必要になる。そしてそれがまさしく文化に他ならない。文化とはすなわち体外に創出された〈内部〉であり、したがって、社会制度に対して人間が強く依存するのは論理的な必然性に則っている。諸個人が文化からの影響を免れることが難しいのは、①生物学的な本能から自律するようになった事態の見返りとして支払わねばならない、当然の代償なのである。

②文化は様々な規範・価値を通して我々の思考・行動に制限を加える。その意味において、人間の自由は限定を受けるが、しかしまたその社会規定性のおかげで日常生活の様々な場面での行為が可能になっている。相手に対して攻撃するつもりがないことを示すために犬ならば尻尾を振る。この行動は遺伝子的にほぼ決定されている。しかし生物としての所与に対して人間はもっと自由であり、好意を示すという同じ目的のために多様な表現が形成されている。したがって社会制度が我々の思考や行動に制限を加えなかったならば、相手に好意を示すためにどのような表現をすべきかの決定さえ困難になる。また相手の方としても、示された表現がどういった意味を持つのかを判断できない。生物学的所与から多大の自由を獲得しつつも安定した生を人間が営めるのは、その補償作用として社会が人間の自由を制限しているおかげなのである。

人間の思考や行動が社会制度によって規制されることはしたがって、人間の生を可能にする必要条件を成す。かといって、人間の作り出す規則の恣意性がそのまま露わであるうちは、他者が行使する強制力として規則が感じられてしまい、社会生活が円滑に営まれない。したがって、社会環境が行使する規制に何らかの正当性が付与されなければならない。言い換えるならば、集団が及ぼす力は、外部から強制する暴力としてではなく、内面化された規範の形を取って自然な感情の下に服従を促すのが望ましい。そしてそのためには社会秩序が人間全体から超越した相において我々の前に現れる必要がある。社会制度は人間が決めた慣習にすぎないが、その根本的な恣意性が人間自身に対して隠蔽され、さも自然の摂理であるかのように[b]ヒョウショウされて初めて正常に機能する。

③支配という概念を例にとってこの点をみておこう。支配と言うと通常は悪いものとして理解され、打倒すべきものと思われがちだが、それは浅薄な見方にすぎない。マックス・ヴェーバー*によれば支配とは次のような関係をいう。すなわち、少なくとも二人の個人あるいは二つの集団の間に上下序列制度のような非対称的な相互関係が存在しており、ある個人・集団Aがもう一方の個人・集団Bに発した命令あるいは示唆に適合した行動をBが取り、かつ、Aからの命令あるいは示

唆がなければBはその行為を実行しなかったであろうという場合に、「AはBを支配している」と形容される。

ここで問題になるのは支配を可能にする手段・方法が何であるかだが、物理的な強制力や拘束力、すなわち殺傷したり飢餓状態においたりして直接的にまたは間接的に苦しみを与える能力だけが支配形態の発生と存続とを可能にするのではない。それどころか反対に、継続する安定した支配はこのようなむき出しの強制力によってはもたらされない。「一定最小限の服従意欲、すなわち服従することに対して外的あるいは内的な利害関心のあることが、あらゆるシンセイな支配関係の要件である」とヴェーバーが述べるように、真の支配においてはその命令意志を根拠のあるものとして現象させ、この支配関係に対する被支配者自身の合意を前提としている。

そしてこの合意が強制力の結果として現れずに自然な感情としてヒョウショウされればされるほど支配は強固なものになる。言い換えれば、支配が理想的な状態で保たれているとき支配はその真の姿を隠蔽し、自然の摂理の表現であるかのごとく作用するのである。正当性の感覚を生み出す源泉としての信頼関係の性質によって、「伝統的支配」「合法的支配」「カリスマ的支配」という三つの理念型をヴェーバーは提唱したが、いずれの場合にせよ支配の本質が正当性の合意にあることには変わりない。

このように根源的な意味で理解された支配は、安定した社会秩序を維持するために必要不可欠な条件である。支配から自由な社会というようなものは空想の産物にすぎず、そのようなユートピアは、「どこにもない場所」というギリシャ語の原義通り、建設しようがない。それは人類の努力がまだ足りないから、支配から解放された世界が実現していないというようなことではない。支配は社会および人間の同義語だと言ってもよいほど我々の生活の根本的部分を成している。したがって支配関係が消失することは原理的にあり得ない。

（小坂井敏晶『民族という虚構』より）

〔注〕マックス・ヴェーバー…ドイツの社会学者・経済学者。

(1) 二重傍線部a「で」と同じ用法のものを次のア～オから選び、記号で答えよ。

ア．彼女は聡明で明朗な人柄が認められ、代表に推薦された。

イ．その頬を伝う涙は真珠のようで、きらきらと光り輝いている。

ウ．山の頂上で隊員達は握手をし、登頂の喜びを分かち合った。
エ．幼い子どもが仲良く遊んでいて、とてもほほえましい光景だ。
オ．彼は立派な監督であり、選手から信望を集めている。

(2) 二重傍線部b、cの次の部分と同じ漢字を用いる熟語を、ア～オから一つずつ選び、記号で答えよ。

b ヒョウショウ
ア．雲散霧ショウ
イ．意気ショウ天
ウ．信ショウ必罰
エ．森羅万ショウ
オ．針ショウ棒大

c シンセイ
ア．起死回セイ
イ．セイ廉潔白
ウ．公明セイ大
エ．大器晩セイ
オ．セイ人君子

(3) 傍線部①「生物学的な本能から自律するようになった」とあるが、この説明として最も適当なものを次のア～オから選び、記号で答えよ。

ア．生物は内部環境の調節により外界に適応して生きているが、人間は他の生物より高度な文化の中に生きているため本能と無縁な世界に生存するようになった。
イ．生物は何らかの閉鎖回路の内部でしか安定した生を営めないが、人間は生物学的所与から多大の自由を獲得しており内部環境の調節から解放されるようになった。
ウ．生物は内部環境を調節することで外部に拡大する自己を抑制しているが、人間は認知的に外に開かれているため自己を閉じるための装置を必要とするようになった。
エ．生物は内部環境の変化によって外界に随時適応しながら生きているが、人間は文化を創り出したことによって外界への適応から解放され自由な存在となった。
オ．生物は内部環境を一定に保つことで外界に適応しているが、人間は言語を媒介とした意味の世界に生きることにより認知的に外界に開かれた存在となった。

(4) 傍線部②「文化」の内容を表すものとして適当な語群をア～オから選び、記号で答えよ。（語群の語には本文中に傍線が施してある。）

ア．社会規定性・社会制度・支配
イ．社会制度・社会秩序・生物学的所与
ウ．自然の摂理の表現・社会制度・生物学的所与
エ．社会規定性・社会秩序・社会生活
オ．自然の摂理の表現・社会生活・支配

(5) 傍線部③「支配という概念を例にとって」とあるが、この「例」の果たす役割は何か。その説明として最も適当なものを次のア～オから選び、記号で答えよ。

ア．人間には外部に拡大した自己を閉じこめる装置が必要で、それは我々の生活の根本的部分をなしているため決して消失しないということを示す役割をしている。
イ．支配は、人間が生きる上での必要条件として人間と他の生物との違いを決定づけるものであり、支配関係は知的な営為であることを示す役割をしている。
ウ．支配に代表される概念は我々の生活の根本を成しており、価値の多様化する現代においても一定最小限の服従関係が不可欠であることを示す役割をしている。
エ．外部からの制約がなければ我々の生活は成り立たないので、その是非に関わらずいつの時代でも制約そのものが消失することはないことを示す役割をしている。
オ．人間の安定した生は規則の上に成り立ち、円滑な社会生活の営みのためには正当性が付与されている規則が必要不可欠であることを示す役割をしている。

(6) 本文の内容に合致しているものを次のア～オから選び、記号で答えよ。

ア．人間は生物学的所与から解放され文化という複雑な意味体系を生み出したが、文化に順応するための様々な規制によってかえって自由を束縛される結果となった。
イ．閉鎖回路の中で安定した生を営んでいる生物の中でも、人間は外部に開かれた認知構造に支えられて生きているの

で文化という装置を必要としている。
ウ．人間の生は自らが獲得した文化の上に成り立つが、その文化を自然から与えられた摂理とみなすことにより初めて人間は社会生活を円滑に営むことができる。
エ．支配形態の発生と存続とを可能にするのは支配者と被支配者の相互の合意であり、強制力や拘束力による支配も合意に基づいていれば存続が可能である。
オ．社会的存在である人間が社会制度による拘束の中で生きるのは自然の摂理にかなっており、支配は否定すべきものではなくむしろ守るべきものである。

〈愛知県〉

17

★★☆

次の文章を読んで、後の問いに答えよ。

われわれ現代人に著しく弱まっている人間的能力はなにかといえば、なによりも記憶力であろう。現在ひとは、なにごとにつけても自分で覚えていようとせずに、システム手帳や電子機器に任せようとする。これらは〈記憶の外化〉の趨勢[a]の表われである。昔から人間は、自己の技術的な能力や器官を道具や機械として次々に外化してきた。その道具や機械が神経系統や予知能力に類するものまで持つようになって、情報機器による〈記憶の外化〉が本格的に行なわれるようになった。

（　Ａ　）、いちばんの問題は、われわれ人間が記憶を単にさまざまな機器に委ねることではない。そうではなくて、機器に委ねられないような種類の記憶力までも、記憶の外化とともに衰弱させていることである。では、機器に委ねられないような種類の記憶力とはなにか。それは〈想起〉し〈再認〉する能力である。『物質と記憶』のなかでＨ・ベルクソンが〈純粋記憶〉と呼んだのは、人間の持つそのような想起・再認の能力のことであった。

コンピュータ時代において、この想起的記憶は人間にとって特別な意味を持っている。そのことをよく表わしているのは、フィリップ・K・ディックの原作になるSF映画「ブレードランナー」の一場面である。破壊と乗っ取りを目的として地球に潜入した複製人間の正体をテストする場面である。知力にすぐれた複製人間は、いろいろな知能テストにパスしたものの、結局最後に、昔の思い出、幼いときの思い出を想起できるかどうかが決め手になって、①正体があらわれるのである。

ベルクソンの記憶論に戻っていえば、彼は、こう言っている。記憶には二つの種類のものがある。一つは身体運動の反復によって得られる〈習慣的記憶〉であり、この場合には経験は表象されない。もう一つは、自発的な〈純粋記憶〉であり、この場合には、精神が過去を表象として想起する。このように習慣的記憶と純粋記憶とを分類した場合に、後者を機器に委ねることは不可能であろう。想起的な純粋記憶は、思い出されるのは個々の事物であっても、イメージ的全体としての世界にかかわっているからである。

基本的にベルクソンのこの想起的記憶の考えにのっとりつつ、思い出の持つ意味をいっそう鮮やかに示しているものに、小林秀雄の次のことばがある。《思ひ出が、僕等を一種の動物である事から救ふのだ。記憶するだけではいけないのだらう。思ひ出さなくてはいけないのだらう。多くの歴史家が、一種の動物に止まるのは、頭を記憶で一杯にしてゐるので、心を虚しくして思ひ出す事が出来ないからではあるまいか。／上手に思ひ出す事は非常に難しい。》（「無常といふ事」）

ここには、思い出が精神的な純粋記憶として、動物的・機械的な記憶と対比されて鋭くとらえられている。ベルクソンの純粋記憶もそうなのだが、これらの場合、想起的記憶だけが精神の記憶とされ、そこから身体的なものはまったく排除されている。が、想起的記憶はまったく身体から切り離せるものであろうか。いうまでもなく、人間は心身の高次の統合体であり、いまや人間において、精神とは、活動する身体のことだと見なされている。そして、記憶が担うイメージ的な表象は、つまりは、身体的なものを基盤とした感性的なものだからである。

記憶の働きは近代の知から排除されたが、それには、それなりの理由があった。それまでの歴史の拘束や重圧から逃れ、共同体から個人が独立するためには、どうしても過去との繋がりを断ち切る必要があった。そのとき新しく要請されたのが、デカルト的な意味での〈方法〉であった。方法とは、記憶や習慣によらずにわれわれを真理に導くものでなければならなかった。〈方法〉をそのように位置づけるヒントを私が得たのは、フランシス・A・イエイツの『記憶術』からである。

イエイツはデカルト的な意味での〈方法〉について立ち入って述べてはいないが、面白いのは、デカルト自身が〈記憶力〉の弱さをたいへん気にしていたことである。彼は《私はつねに、他の何人かと同じように、……豊かで、なんでもすぐに思い出せる記憶力を持ちたいものだと願った》と『方法序説』の初めのところで書いている。デカルトはそのため、〈記憶術〉に代わって、確実な前提から出発し、論理的な連鎖によって物事をその原因から演繹的にとらえていく〈方法〉を打ち立てたのである。

だからこそ、〈方法〉は科学的思考や科学に基づくテクノロジーと結びつくのである。その意味で、近代とは、まさしく〈方法の時代〉であった。ところが、P・ヴァレリーのいう〈方法的制覇〉が進み、[b]カンテツして、自然的・文化的環境を破壊したため、人びとは自己の存立基盤の喪失を痛切に感じるようになった。そのため、生存の基盤と密接に結びついた記憶の問題をもう一度考え直さざるを得なくなったのである。そして記憶とは、過去の言語化であり、ことばによる過去の意識化である。ここから、古代ギリシア・ローマ以来の西洋の修辞学の伝統のなかで、なぜ〈記憶術〉が重要な意味を持ってきたのかがわかる。

この〈記憶術〉というのは、弁論家が記憶を強化し、長い演説を行なうための術（アート）のことであり、古典修辞学の本質的な一部をなしていた。そしてすでにアリストテレスは、想起的記憶についてはっきり目を向けていた。彼は言っている。何かを思い出そうとするとき、（　B　）すぐには思い出せなくとも、ひとはいろいろな刺激を自分に加えて、やがては探すものが現われるようにすることができる。とはいえ、思い出すには、何か手がかりになるものがなければならない。そこでひとは、しばしば、想起のために場所（トポス）を使うのである。

この記憶と場所の密接な関係については、記憶術の祖シモニデスに、興味深いエピソードがある。キケロが『弁論家について』のなかで伝えているものだ。すなわち、貴族スコパスが催した宴で、詩人シモニデスは主催者をたたえる叙情詩を朗詠した。その詩のなかにカストールとポルックス（ギリシア神話の双子の神）をたたえる一節が入っていた。スコパスは謝礼をけちって、この讃辞に見合う半額しか君には上げられない、残りの半額は詩の半分を[c]ササげられた双子の神からもらうべきだとシモニデスに言った。

間もなくして、二人の若者がお会いしたいと言って門外で待っています、という伝言がシモニデスにあった。彼は外へ出たが、そこには誰もいなかった。すると、彼のいない間に宴会場の天井が落っこちて、スコパスも客の全部も圧しつぶされて死んだ。誰が誰だか判別できない状態になってしまった。ところがシモニデスは、彼らのいたテーブルの場所を思い出し、彼らすべてを同定することができたのである。姿なき来訪者たる双子の神は、倒壊の寸前にシモニデスを外へ呼び出して、自分たちへの讃辞の分の②謝礼をみごとに支払ったのであった。

この経験を通して、シモニデスは、記憶力を訓練しようとする者に対して、まず場所を選んで、記憶したい物事の心的イメージを形づくること、次いで、場所のうちにイメージを蓄えて、場所の順序がものの順序を保ち、もののイメージがそのもの自体を示すようにせよ、と教えたのである。記憶術のみならず、③記憶の本質をよく示している。

（中村雄二郎『術語集Ⅱ』より）

(1)　二重傍線部a～cの漢字は平仮名に直し、カタカナは漢字に改めよ。

(2)　（　A　）・（　B　）に入る語の組合せとして最も適当なものを、次のア～エから選び、記号で答えよ。

ア（A．それゆえ　B．もし　）　イ（A．つまり　B．たちまち）

ウ（A．だが　B．さらに）　エ（A．しかし　B．たとえ　）

(3)　ベルクソンの記憶論について、次の問いに答えよ。

Ⅰ　傍線部①のような結果となった理由について、ベルクソンの記憶論を踏まえ、筆者はどのように考えているか。六十字以内で答えよ。

Ⅱ　ベルクソンの記憶論に対する筆者の考えを、八十字以内で答えよ。

(4)　傍線部②について、シモニデスのもらった「謝礼」は二つあると考えられる。その「謝礼」の具体的な内容を、それぞれ三十字以内で答えよ。

(5)　傍線部③について、筆者の考える「記憶の本質」とはどのようなことか。その考え方にあたる最も適当な部分を、本文より三十字以内で抜き出して答えよ。

(6)　本文の一部をもとに次のように板書計画を立てた。（　ア　）・（　イ　）にあてはまる最も適当な部分を、本文より抜き出せ。また（　ウ　）には生徒の理解をより一層深めるために具体例を挙げたい。あてはまる適当な例を、自分の言葉で答えよ。

○ベルクソンの記憶論

記憶
- 習慣的記憶 ―（　ア　）によって得られる記憶 → （　イ　）
  - 例　野球のボールの投げ方
- 純粋記憶 ― 想起・再認の能力 → 精神が過去を表象として想起する
  - 例（　ウ　）

〈鹿児島県〉

18

★☆☆

次の文章を読んで、後の問いに答えよ。なお、本文を一部省略している箇所がある。

鼻は——あの顋《あご》の下まで下っていた鼻は、殆《ほとんど》嘘のように萎縮して、今は僅《わずか》に上唇の上で意気地なく[a]残喘を保っている。所々まだらに赤くなっているのは、恐らく踏まれた時の痕であろう。こうなれば、もう誰も[b]哂うものはないのにちがいない。——鏡の中にある内供《ないぐ》の顔は、鏡の外にある内供の顔を見て、満足そうに眼をしばたたいた。

しかし、その日はまだ一日、鼻が又長くなりはしないかと云《い》う不安があった。そこで内供は[c]誦経する時にも、食事をする時にも、暇さえあれば手を出して、そっと鼻の先にさわって見た。が、鼻は行儀よく唇の上に納まっているだけで、格別それより下へぶら下って来る気色もない。それから一晩寝て、あくる日早く眼がさめると内供は先《まず》、第一に、自分の鼻を撫でて見た。鼻は依然として短い。内供はそこで、幾年にもなく法華経書写の功を積んだ時のような、①のびのびした気分になった。

ところが二三日たつ中に、内供は意外な事実を発見した。それは折から、用事があって、池の尾の寺を訪れた侍が、前よりも一層可笑《おか》しそうな顔をして、話も碌々《ろくろく》せずに、じろじろ内供の鼻ばかり眺めていた事である。それのみならず、嘗《かつて》、内供の鼻を粥の中へ落した事のある中童子なぞは、講堂の外で内供と行きちがった時に、始めは、下を向いて可笑しさをこらえていたが、とうとうこらえ兼ねたと見えて、一度にふっと吹き出してしまった。用を云いつかった下法師たちが、面と向かっている間だけは、慎んで聞いていても、内供が後さえ向けば、すぐにくすくす笑い出したのは、一度や二度の事ではない。（A）

内供は始《はじめ》、これを自分の顔がわりがしたせいだと解釈した。しかしどうもこの解釈だけでは十分に説明がつかないようである。——勿論、中童子や下法師が哂う原因は、そこにあるのにちがいない。けれども同じ哂うにしても、鼻の長かった昔とは、哂うのにどことなく容子《ようす》がちがう。見慣れた長い鼻より、見慣れない短い鼻の方が滑稽に見えると云えば、それまでである。（B）

——前にはあのようにつけつけとは哂わなんだて。

内供は、誦しかけた経文をやめて、禿げ頭を傾けながら、時々こう呟く事があった。愛すべき内供は、そう云う時になると、必《かならず》ぼんやり、傍《そば》にかけた普賢の画像を眺めながら、鼻の長かった四五日前の事を憶い出して、②「今はむげにいやしくなりさがれる人の、さかえたる昔をしのぶがごとく」ふさぎこんでしまうのである。——内供には、遺憾ながらこの問に答を与える明が欠けていた。（C）

——人間の心には互に矛盾した二つの感情がある。勿論、誰でも他人の不幸に同情しない者はない。ところがその人がその不幸を、どうにかして切りぬける事が出来ると、今度はこっちで何となく物足りないような心もちがする。少し誇張して云えば、③もう一度その人を、同じ不幸に陥れて見たいような気にさえなる。そうして何時《いつ》の間にか、消極的ではあるが、或敵意をその人に対して抱くような事になる。——内供が、理由を知らないながらも、何となく不快に思ったのは、池の尾の僧俗の態度に、この傍観者の（　④　）主義をそれとなく感づいたからに外ならない。（D）

内供はなまじいに、鼻の短くなったのが、d反て恨めしくなった。

（芥川龍之介『鼻』より）

(1)　二重傍線部ａ～ｄの読みを平仮名で書け。

(2)　傍線部①「のびのびした気分になった」とあるが、その理由を、三十字程度で述べよ。

(3) 傍線部②「今はむげにいやしくなりさがれる人の、さかえたる昔をしのぶがごとく」を現代語訳せよ。

(4) 傍線部③「もう一度その人を」を例にならって単語に分け、それぞれの品詞名を答えよ。

例　希望（名詞）を（助詞）もつ（動詞）

(5) 文章中の（　④　）にあてはまる最も適当な語を漢字二字で書け。

(6) 本文中（A）～（D）のいずれかに『が、そこにはまだ何かあるらしい。』という一文が入る。適当な箇所はどれか、記号で答えよ。

(7) 破線部「この解釈だけでは十分に説明がつかない」とあるが、「この問に答を与える明がない」という内供に対して、あなたならどのように説明するか、八十字以内で書け。

(8) 次の（　①　）（　②　）にあてはまる最も適当な語を後のア～コから選び、記号で答えよ。

芥川龍之介は東京大学英文科在学中に第四次（　①　）に「鼻」を発表し、「ああいふものを是から二三十並べて御覧なさい。文壇で類のない作家になれます」と（　②　）の激賞を受けたことはよく知られている。

ア．白樺　イ．新思潮　ウ．アララギ　エ．ホトトギス

オ．明星　カ．森鷗外　キ．夏目漱石　ク．川端康成

ケ．永井荷風　コ．谷崎潤一郎

(9) 次のア～オの中から、芥川龍之介の作品でないものを一つ選び、記号で答えよ。

ア．闘鶏　イ．蜃気楼　ウ．蜜柑　エ．歯車　オ．秋

〈千葉県・千葉市改題〉

19

★★☆

次の文章を読んで、後の問いに答えよ。

客は利休ひとりである。彼の大きな眼は、秀吉の操作のすべてをじっと見守った。それも大きい口の厚い唇は、頬の片側に窪みをつくって閉じていた。利休は瞬きもしなかった。なにかの注意や指図がなされることもなかった。黒い十徳の膝には、大きいからだ、大きい眼口に釣りあって大きい皺のよった両手が、彫りつけられたようにのっている。むしろ彼そのものが、釜の発する、なにか遠い山野からのような[a]幽かなさわやいだひびきの中に、（　A　）のごとく寂寞《じゃくまく》と[b]オゴソかに見えた。

秀吉が一種えたいの知れない気おくれに捉えられるのは、この瞬間である。自分の輝きが急にきえ、影のうすい、見すぼらしいものになった気がする。そこにただ黙って坐っているものから来る、抵抗しがたい威圧であった。

しかしたて終った茶を型通り利休のまえに運び、それが飲みほされ、茶碗がひかれ、後始末がすむといっしょに、秀吉は失われた権威をようやく取り戻す。利休はいち早く身をおこし、錦の小型のしとねを上座において彼を迎える。①秀吉はもうにこやかな笑顔である。戦塵からしばらく遠ざかっているためにひろい額は白く、やや張った頬の下部も健康そうな肉づきで、信長が渾名した『禿げ鼠』の面影はみじん残っていない。ただ昔ながらの、切れこみの深いふた皮瞼《かわめ》の眼尻に皺が見えても、惣髪で、頭蓋の中央に、短い棒のごとくに結いあげた髪の毛はまだ黒い。立身するほど身だしなみに気をつかい、派手好みのお洒落になった秀吉は、白髪は伸びないように抜かせるのである。それに小柄な中肉で年齢よりは活き活きとしていた。ことに法体で黒ずくめの利休にくらべると[c]カビな装いも手伝い、一とまわりになお二つ上ちがうふたりは、老いたる伯父と甥くらいにしか見えかねないが、通い口に位置をかえた利休へ投げる秀吉の視線にも、その間柄に似たようなどこか甘えた親愛があった。

②秀吉はわざとなに気ないふうにきりだす。

「あんな工合でよかったかな。」

利休は大きな眼いっぱいに微笑を浮かべる。秀吉の点前を見守っていた顔つきとはがらりと変って、こんな時の利休はなかなか愛嬌者に見える。が、答えはほんの一音であった。

「まあ。」

でない時でも「まあ、まあ」で、それ以上くさしもしない代り、賞めもしなかった。利休はつねにこれで通したのだから、どんな批評をされるかは、秀吉にも前もってわかっていたはずである。にもかかわらずやっぱりたずねて見ないではいられないのは、ほかの茶頭たちなら、津田宗及にしろ、今井宗久にしろ、惜しみなく浴びせるであろう賞讃はへつらいに過ぎないのを知っており、それ故にこそ、ほんのかりそめにでも満足のいく言葉を、利休の口からききたいのであった。稽古ごとでは誰にもおきる子供っぽい気持も、秀吉の場合は、得がたいものほど無理にも得ようとする権威者の我意に裏づけられているので、「まあ」や、「まあ、まあ」でかたづけられるのが口惜しかった。

つづいて秀吉が客になり、利休にたてさせる。もう一度学ぼうとするより、この命令にはいく分あら探しが隠されていなくはない。利休のほうは知らぬふりではじめる。たった今まで秀吉が行った通りの仕方と手順で、道具もそのままなのはいうまでもない。ただ違うのは、釜でも、柄杓でも、茶碗でも、茶入でも、茶杓でも、ただその場所にあるのではなかった。一つ一つが利休の手の触れるのを待っており、彼が取りあげたり、湯をいれたり、すすいだり、拭いたりするというより、道具の方からそれぞれに動いて、運びをつくって行く。たえず淀みなく流れる水を、あの水、この水、と指し示すのはむずかしいように、どんな仕方で、なにの後になにがなされたか、眼をこらしていても、とんとわからない。利休はちょうど軽い小舟が水のまにまに浮き、流れるに似て、眼に見えない自然な作用に淡々と身をまかせているに過ぎず、秀吉がよく使う乾潮《ひしお》いろの分厚な茶碗で、それも彼の好みをこころえて大服にたてる茶さえ、ただの緑いろの液ではなく、ほの暖かいいのちの香気にみちた飲みものが、茶碗の底からひとりでに膨れあがる感じであった。

利休のこうした点前にくらぶれば、他の茶頭たちは真似ごとをしているに近かった。秀吉の[3]ひそかな監視は、しだいに純粋な感嘆、満足にかわって行く。これほどの男を勝手にできる誇りが、あらたに強まるのもこんな時である。またそれが烈しい所有感である点では、たとえば、楊貴妃の香油入れであったと伝えられる初花の肩衝《かたつき》、四十石の茶、蕪なしの花入れ等、等の、名物のうちでの名物を手にいれている悦びに等しかった。しかし、もろもろの名器はその[d]稀有さ、美しさでいかに秀吉を捉え、賞讃させようが、彼への[e]レイゾクから食みだしはしない。しかし利休はそこから別種のものになる。

智恵、技能、勇気、その他なんであろうと、自分に仕えるものが自分を超えることには、強力な土権者ほど我慢ならない。秀吉は利休を愛し、重んじ、かけがえのない男とするおもいは年とともに深まっても、減じはしなかった。④それでいて時に彼を憎んだ。利休は秀吉のこの気持を知っていた。秀吉は利休が知っていることを知っており、利休はまた秀吉に知られているのを知っていた。

（野上弥生子『秀吉と利休』より）

(1)　二重傍線部a～eのカタカナの部分は漢字に直し、漢字はその読みを答えよ。

(2)　空欄Aにあてはまる最も適切な語句を、次のア～エから選び、記号で答えよ。

ア．一幅の絵画　イ．一箇の木像　ウ．一瞬の閃光　エ．一振りの刀

(3)　傍線部①「秀吉はもうにこやかな笑顔である」とあるが、秀吉がこのような様子になったのはなぜか。秀吉の心情の変化がわかるように、四十字以内で答えよ。

(4)　傍線部②「秀吉はわざとなに気ないふうにきりだす」とあるが、これはなぜか。四十字以内で答えよ。

(5)　傍線部③「ひそかな監視」と同じ意味の言葉を本文中から五文字以内で抜き出せ。

(6)　傍線部④「それでいて時に彼を憎んだ」に表現された秀吉の心情を八十字以内で説明せよ。

(7)　破線部で示した「たった今まで……感じであった。」の部分の表現の特徴の説明として、最も適切なものを次のア～エから選び、記号で答えよ。

ア．利休の点前の手順を冷静に分析して描写することにより、利休の茶人としての偉大さを見せつけ、文章に格調の高さをあたえている。

イ．茶道における専門的な用語を印象的に散りばめることにより、特権階級の趣味的世界を映し出し、文章にはなやぎをあたえている。

ウ．比喩を有効に用いて描くことにより利休の点前の見事さをきわだたせ、陶然とした雰囲気を醸し出し、文章に潤いをあたえている。

エ．一文が短く畳みかけるような表現を多用することにより、登場人物の人間関係をたくみに描き出し、文章に緊迫感

をあたえている。

(8) 本文を、高等学校「文学国語」の授業で取り上げ、利休が発する「抵抗しがたい威圧」はどこから来るものかを生徒に考えさせたい。あなたなら、まずどのように発問するか。発問の意図も合わせて簡潔に記せ。

〈栃木県改題〉

20

★★☆

次の文章を読んで、後の問いに答えよ。

私は、吸い物椀を前にして、椀が微かに耳の奥へ沁むやうにジイと鳴つてゐる、あの遠い虫の音のやうなおとを聴きつゝ此れから食べる物の味はひに思ひをひそめる時、いつも自分が[a]三昧境に惹き入れられるのを覚える。茶人が湯のたぎるおとに尾上の松風を連想しながら無我の境に入ると云ふのも、恐らくそれに似た心持なのであらう。①日本の料理は食ふものでなくて見るものだと云はれるが、かう云ふ場合、私は見るものである以上に瞑想するものであると云はう。そうして②それは、闇にまたゝく蝋燭の灯と漆の器とが合奏する無言の音楽の作用なのである。嘗て（　Ａ　）先生は「草枕」の中で羊羹の色を讃美してをられたことがあつたが、さう云へばあの色などは矢張瞑想的ではないか。玉のやうに半透明に曇つた肌が、奥の方まで日の光りを吸ひ取つて夢みる如きほの明るさを啣んでゐる感じ、あの色あひの深さ、複雑さは、西洋の菓子には絶対に見られない。クリームなどはあれに比べると何と云ふ浅はかさ、単純さであらう。だがその羊羹の色あひも、あれを塗り物の菓子器に入れて、肌の色が辛うじて見分けられる暗がりへ沈めると、ひとしほ瞑想的になる。人はあの冷たく滑かなものを口中にふくむ時、③恰も室内の暗黒が一箇の甘い塊になつて舌の先で融けるのを感じ、ほんたうはさう旨くない羊羹でも、味に異様な深みが添はるやうに思ふ。[b]蓋し料理の色あひは何処の国でも食器の色や壁の色と調和するやうに工夫されてゐるのであらうが、日本料理は明るい所で白ッちやけた器で食べては慥《たし》かに食慾が半減する。たとへばわれわれが毎朝たべる赤味噌の汁なども、あの色を考へると、昔の薄暗い家の中で発達したものであることが分る。私は或る茶会に呼ばれて味噌汁を出されたことがあつたが、いつもは何でもなくたべてゐたあのどろどろの赤土色をした汁が、覚束ない蝋燭のあかりの下で、黒うるしの椀に澱んでゐるのを見ると、実に深みのある、うまさうな色をしてゐるのであつた。その外醤油などにしても、上方では刺身や漬物やおひたしには濃い口の「たまり」を使ふが、あのねつとりとしたつやのある汁がいかに陰翳に富み、闇と調和することか。また白味噌や、豆腐や、蒲鉾や、とろゝ汁や、白身の刺身や、あゝ云ふ白い肌のものも、周囲を明るくしたのでは色が引き立たない。第一飯にしてからが、ぴかぴか光る黒塗りの飯櫃に入れられて、暗い所に置かれてゐる方が、見ても美しく、食慾をも刺戟する。④あの、炊きたての真っ白な飯が、ぱつと蓋を取つた下から煖かさうな湯気を吐きながら黒い器に盛り上つて、一と粒一と粒真珠のやうにかがやいてゐるのを見る時、日本人なら誰しも米の飯の有難さを感じるであらう。かく考へて来ると、われわれの料理が常に陰翳を基調とし、（　B　）と云ふものと切つても切れない関係にあることを知るのである。

（谷崎潤一郎『陰翳礼讃』より）

(1) 二重傍線部ａ「三昧境」、ｂ「蓋し」の読み方を平仮名（現代仮名遣い）で書け。また、その意味も書け。
(2) 傍線部①「日本の料理は食ふものでなくて見るものだ」とは、どういうことか、簡潔に説明せよ。
(3) 傍線部②「それは、闇にまたゝく蝋燭の灯と漆の器とが合奏する無言の音楽の作用なのである」とはどういうことか、本文中の語句を適宜用いて、簡潔に説明せよ。
(4) 傍線部③「恰も」という語の、品詞と呼応について説明せよ。
(5) 傍線部④で、用いられている修辞法、または効果的な表現を三つ指摘し、説明せよ。
(6) 空欄Ａには作家名が入る。その氏名を漢字で正しく書け。
(7) 空欄Ｂに入るべき語（一字）を本文中から探し、書け。

〈山梨県〉

21

★★☆

次の文章を読んで、後の問いに答えよ。

俳句の鑑賞において、対象は飽くまでも作品であって背後の事実ではない。だが、背後の事実を前提条件として据えた方が、豊かな鑑賞にさそう場合もあり得るわけである。というよりも、作品にこめられた深い感動の由来するところを、作者の外的経験によって、納得するいとぐちを得るのだ、と言った方が正解かも知れない。例えば、

①命《めい》盡きて藥香さむくはなれけり　蛇笏

という句には、或る人の死に遭って、②作者の深い悲しみの思いが惻々として掻き立てられていることがaニョジツに表現されているが、これほどの悲しみは、それが肉親かよほど親しい知人であったことが想像されるだろう。さらにこのひきしまるような、おごそかな調子は、それが長上の人の死ではないかということも、さぐり入れられるのである。

ところでこの句には、③「家嚴長逝」という前書がついているのだ。してみると、この句でbアイトウされた故人が、肉親の長上であろうという推定は、間違ってはいなかったわけである。と言うことは、この句がはっきり作者の感動を捉え得ているということであって、前書がなければ表現が完結していないということにはならない。④表現されるべきものは、背後の事実そのものであって、感動ではないのである。

行く春や鳥啼き魚の目は泪　芭蕉

についても同じことが言えよう。だがこの場合、背景の事実を限定する言葉は、いっそうcキハクである。言葉の表面通りに受取ると、惜春の悲しみに違いないが、唯それだけのことと受取るには、「鳥啼き魚の目は泪」という表現に、あまりに激しい思いがこもっている。これは非常に力のこもった、しみじみとした言いとり方であり、芭蕉独特の不可思議なdカンメイをさそう表現法である。何かあるなという感じが、一読して受取れるのである。私はこれを芭蕉独特の暗喩《メタファー》に富んだ表現だと思っている。

周知のように、これは芭蕉が、『奥の細道』の旅に出立した時の⑤留別の句だ。細道の本文には、「千住といふ所にて船をあがれば、（　A　）のおもひ胸にふたがり、幻のちまたに離別の泪をそそぐ」とある。生死もはかり知れぬ長途の旅に

上る時の、ふたがるような胸の思いが託されている。それで一応「鳥啼き魚の目は泪」の句を事実の背景にまでeカンゲンすることが出来るだろう。だがそれだけではない。ここには見事な移調がfジョウジュされている。⑥それは⑦生《なま》の事実を拒絶することによって、高次の次元に属する世界が創り出されているということだ。芭蕉自身「幻のちまた」と言った時、意図せずして、この句の事実から完全に昇華された世界に対する註釈を与えているわけなのである。

　この句の感動は、飽くまでも芭蕉の現実体験から得たものである。だがその感動の的確さが、外ならぬこの句の暗喩的な世界を生み出すのだ。（　　B　　）千住に魚市場があって、その時芭蕉が悲しく潤んだいろくずどもの目を見たのだとしてもいい。だが、そのような現実体験から芭蕉が得たものであっても、いや得たものであればいっそう、「鳥啼き魚の目は泪」という表現が、芭蕉の「幻」のうちに住むものであることを感じ取ることができる。雲雀とか鯛とかいった具体的な生類ではなく、それはただ「鳥」であり「魚」である。雲雀とか鯛とかであることによって、それはいっそう事実に近づくことも出来るだろう。だがそれはただ「鳥」であり「魚」であることによって事実を脱し、それ以上の一つの物を生き生きと、いっそうリアルに表現し得ているのである。「目は泪」という象徴的表現には、作者の激しい思いが籠っている。感動し、啼泣し、涙をそそいでいるのは、実は芭蕉の心である。

（山本健吉『俳句の世界』より）

(1)　二重傍線部a～fのカタカナを漢字に直せ。

(2)　傍線部①「命盡きて藥香さむくはなれけり」の句意（大意）を答えよ。

(3)　傍線部②「作者の深い悲しみの思いが惻々として掻き立てられていることがニョジツに表現されている」と書かれているが、このことを最もよく表している語句を、次のア～オから選び、記号で答えよ。

ア．命　　イ．命盡きて　　ウ．藥香　　エ．さむく　　オ．さむくはなれけり

(4)　傍線部③「家嚴長逝」の意味を答えよ。

(5)　傍線部④「表現されるべきものは、背後の事実そのものであって、感動ではないのである。」という表現があるが、この表現は文脈に合わない表現になっている。文脈に合うように訂正して書き直せ。

(6)　空欄Aにあてはまることばを漢字五字で答えよ。

(7)　傍線部⑤「留別」の意味を答えよ。

(8)　傍線部⑥「それ」は何を指すか答えよ。

(9)　傍線部⑦の「生の事実」に該当する最も適切な部分を、最後の段落から十五字以上十八字以内で抜き出せ。（句読点も字数に含む。）

(10)　傍線部⑦と同じ趣旨を表している一文を文章中より抜き出して、最初と最後の五字を答えよ。（句読点も字数に含む。）

(11)　空欄Bにあてはまる文として最も適切なものはどれか、次のア～エから選び、記号で答えよ。

ア．あまりに仮構《フィクション》であるがゆえに、象徴的たらざるを得ないのである。

イ．あまりに真実であるがゆえに、具象的たらざるを得ないのである。

ウ．あまりに仮構《フィクション》であるがゆえに、現実的たらざるを得ないのである。

エ．あまりに真実であるがゆえに、仮構《フィクション》たらざるを得ないのである。

(12)　『奥の細道』の旅における芭蕉の同行者を、次のア～オから選び、記号で答えよ。

ア．北村季吟　　イ．鈴木清風　　ウ．榎本其角　　エ．森川許六　　オ．河合曾良

〈三重県〉

22

★★☆

次の詩と文章を読んで、後の問いに答えよ。（詩A・B・Cはいずれも、まど・みちおの詩である。）

A.　にじ

にじ
にじ
にじ

ママ
あの　ちょうど　したに
すわって
あかちゃんに
おっぱい　あげて

B.　イナゴ

はっぱにとまった
イナゴの目に
一てん
もえている夕やけ

でも　イナゴは
ぼくしか見ていないのだ
エンジンをかけたまま
いつでもにげられるしせいで…

ああ　強い生きものと
よわい生きもののあいだを
川のように流れる
イネのにおい！

C.　アリ

アリは
あんまり　小さいので
からだは　ないように見える

いのちだけが　はだかで
きらきらと
はたらいているように見える

ほんの　そっとでも
さわったら
火花が　とびちりそうに…

（詩A）お母さんと赤ん坊と、やや年長の子（多分、三、四歳ぐらいの女の子と思われる）――の頭上にかかった虹《にじ》。その下の母子像が、実に美しいメルヒェンに[a]ショウカされている。

この母子は、家の中から虹を見ているのではあるまい。家の中から、という想定も成り立たないことはないが、私は、この母子を空の下に置きたい。畑か田圃《たんぼ》に出ている母親が赤ん坊に乳を含ませようとして一息入れた時の様子と考えたほうが、ふさわしいように思う。そのほうが、今いるところから少し歩けば虹の真下まで行けるだろうと思っている子の、（　A　）望みに叶《かな》っているような気がする。

①〈あの　ちょうど　したに／すわって〉というところが、この詩の生命だ。大人の言葉なら〈あの　真下に　すわって〉と来るところだろうが、言葉の不足な幼児が、精いっぱいの努力で〈ちょうど　したに〉と正確を[b]キした――その言葉の選びかたが、心憎いほど適切に表現されている。

田圃の畦《あぜ》などに腰を下ろした母親が、陽灼《ひや》けのした、はちきれそうなおっぱいを赤ん坊に含ませた、ちょうどその時、虹がかかったのであろう。そして、それまで赤ん坊のお守りをしていた小さな姉が、その虹を見て、一瞬思ったのだ。あの虹の真下でお乳をのませてほしいと。母親の驚きと微笑が、この詩の書かれていない部分に、鮮やかに浮かんでくる。

虹の真下に母親を坐《すわ》らせることで、虹と乳房との距離が近づき、その両者の間に、ある交流の生じることを私は感じる。この赤ん坊が、母親の乳房に溶けこんだ虹を呑《の》むような幻想をさえ、読者は抱いてもいいのではあるまいか。

この詩の母子像と虹は、おそらく作者が見かけた実景であろうが、やや遠い虹の真下に母子を、想像の中で移動させたことが、この詩に、あたたかなふくらみを持たせている。

（詩B）これも、すばらしい詩だと思う。このごろは田圃にもイナゴが少なくなったらしいが、少し前は、ごく（　B　）昆虫だった。私事を持ち出すようで恐縮だが、私の郷里・酒田は庄内米の産地で、町はずれが田圃だった。子供のころ、友達と連れだって、このイナゴを取りに田圃に出かけていったものだ。

稲の[c]ホサキにとまっているイナゴにそっと近づいて行くと、イナゴはクルリと身体の向きを変え、人と正面に向き合う[d]クセがある。その用心深い動作を私たちは面白く眺めたものだが、少し出っぱったイナゴの眼に自分がどう見えているのかと、よく思った。②その眼が、この詩で、すてきな役目をはたしている。

〈イナゴの目に／一てん／もえている夕やけ〉

大きな夕やけが、小さなイナゴの目に赤くe凝縮して輝いている。それを見たときの作者の驚きが察せられるようだ。二連目は〈ぼく〉をじっと見つめているイナゴの様子だが、〈エンジンをかけたまま／いつでもにげられるしせいで…〉にイナゴの生命感が溢れている。人とイナゴの緊迫した睨み合い。

三連目がもっと見事だ。〈強い生きものと／よわい生きもののあいだを／川のように流れる／イネのにおい！〉

自然界に、強いものとして、また弱いものとして生をうけた運命の対比が、この表現の中にある。そして、イナゴをつかまえることのできる〈ぼく〉の、つかまえる前のためらい、とまどいのようなやさしさがある。ここが、たまらなくいい。しんとするような、その短い時間の後、〈ぼく〉は強いイネのにおいに気付く。〈ぼく〉という③少年の日の香ばしい感傷が、夏の陽に灼けているような美しい詩だ。

（吉野弘『まど・みちおの詩』より）

(1) 二重傍線部a～dのカタカナを漢字に直せ。また、eの漢字の読みを答えよ。
(2) Aの詩の第一連「にじ／にじ／にじ」という表現の効果を述べよ。
(3) 空欄A・Bにあてはまる最も適切な語句を次のア～エから選び、記号で答えよ。

A　ア．平凡な　イ．あどけない　ウ．ふさわしい　エ．あさはかな

B　ア．まれな　イ．貴重な　ウ．目新しい　エ．ありふれた

(4) 傍線部①について、「この詩の生命だ。」とあるが、どういうことか、説明せよ。
(5) 波線部「さえ」とあるが、①この品詞名を答えよ。また、②この言葉を用いることによる効果を本文に即して説明せよ。
(6) 傍線部②について、「すてきな役目」とはどんな役目か、説明せよ。
(7) 傍線部③について、どのようなことを表しているのか。具体的に説明せよ。
(8) Cの詩を教材にして、中学生に対し、一時間で授業を仕組む際の指導の流れを、主な発問も含めて書け。

〈山口県〉

23 ★★★

次の古文を読んで、後の問いに答えよ。

*高欄のもとにあをき瓶のおほきなるをすゑて、桜のいみじうおもしろき、枝の五尺ばかりなるを、いと多くさしたれば、高欄の外まで咲きこぼれたるひるつかた、大納言殿、桜のa直衣のすこしなよらかなるに、こきむらさきのb固紋《かたもん》の指貫、しろきc御衣ども、うへにはこき綾のいとあざやかなるをいだして、まゐり給へるに、①上のこなたにおはしませば、戸口のまへなるほそき板敷にゐ給ひて物など申し給ふ。

d御簾の内に、女房、桜のe唐衣ども、くつろかにぬぎたれて、藤、山吹などいろいろこのましうて、あまたf小半蔀の御簾よりもおしいでたるほど、日の御坐《おまし》のかたには、御膳《おもの》まゐるあしおとたかし。*警蹕《けいひち》など「おし」といふこゑ聞ゆるも、うらうらとのどかなる日のけしきなど、いみじうをかしきに、はての御盤取りたる蔵人まゐりて、②御膳奏すれば、なかの戸よりわたらせ給ふ。御ともに、g廂より③大納言殿、御送りにまゐり給ひて、ありつる花のもとにかへりゐ給へり。

④宮の御前の御几帳おしやりて、h長押のもとに出でさせ給へるなど、何となくただめでたきを、さぶらふ人もおもふことなきここちするに、⑤「月も日もかはりゆけどもひさにふる、三室の山の」といふことを、いとゆるやかにうちいだし給へる、いとをかしう覚ゆるにぞ、げに千歳もあらまほしき御ありさまなるや。

（『枕草子』より）

〔注〕高欄…建物の外回りにめぐらしてある欄干。
警蹕…天皇の御膳を運ぶ時に、声をかけて人々をいましめたり、先払いしたりすること。

(1) 波線部a～hの読みを現代仮名遣いで答えよ。
(2) 傍線部①～③を現代語訳せよ。
(3) 傍線部④「宮の御前の御几帳おしやりて、長押のもとに出でさせ給へる」とあるが、これは、だれが、何のためにしたことか、説明せよ。
(4) 傍線部⑤は、万葉集の「月も日も変りゆけども久に経る三室の山の外つ宮所」の歌の一部である。この歌意を答えるともに、ここでこの歌を引用した心情を説明せよ。

(5)　この文章から、筆者のどのような心情が読み取れるか、答えよ。

(6)　中学校志望者はⅠ、高等学校志望者はⅡに答えよ。

Ⅰ　あなたがこの文章を授業で扱う場合、生徒の古典に親しむ態度を養うために、どのような指導をするか。具体的に答えよ。なお、現代語訳は配布するものとする。

Ⅱ　学習指導要領では、指導に当たり、言語活動を通して指導することとしている。あなたがこの文章を授業で扱うとしたら、どのような言語活動を取り入れるか。生徒に身に付けさせたい言語能力を明らかにした上で、具体的に答えよ。

〈群馬県改題〉

24

★★☆

次の古文を読んで、後の問いに答えよ。

左衛門の内侍といふ人はべり。あやしうすずろによからず思ひけるも、え知りはべらぬ、①心憂きしりうごとの、おほう聞こえはべりし。

*内裏のうへの、源氏の物語人に読ませたまひつつ聞こしめしけるに、「この人は日本紀をこそ読みたるべけれ。まことに才あるべし」と、のたまはせけるを、ふと推しはかりに、「いみじうなむ才がある」と、殿上人などにいひ散らして、日本紀の御局《みつぼね》とぞつけたりける、Aいとをかしくぞはべる。このふる里の女の前にてだに、つつみはべるものを、②さるところにて才さかし出ではべらむよ。

この*式部の丞といふ人の、童にて書読みはべりし時、聞きならひつつ、かの人はおそう読みとり、忘るるところをも、あやしきまでぞさとくはべりしかば、書に心入れたる親は、「口惜しう、男子にて持たらぬこそ幸ひなかりけれ」とぞ、つねに嘆かれはべりし。

それを、「をのこだに才がりぬる人は、いかにぞや、はなやかならずのみはべるめるよ」と、やうやう人のいふも聞きとめて後、[B]一といふ文字をだに書きわたしはべらず、いと*てづつに、あさましくはべり。読みし書などいひけむもの、目にもとどめずなりてはべりしに、いよいよ、[C]かかること聞きはべりしかば、いかに人も伝へ聞きてにくむらむと、恥づかしさに、御屏風の上に書きたることをだに読まぬ顔をしはべりしを、*宮の、御前にて、文集のところどころ読ませたまひなどして、さるさまのこと知ろしめさまほしげにおぼいたりしかば、いとしのびて、人のさぶらはぬもののひまひまに、をとどしの夏ごろより、楽府といふ書二巻をぞ、しどけながら教へたてきこえさせてはべる、隠しはべり。宮もしのびさせたまひしかど、*殿もうちも[D]けしきを知らせたまひて、御書どもをめでたう書かせたまひてぞ、殿はたてまつらせたまふ。まことにかう読ませたまひなどすること、はた、かのものいひの内侍は、え聞かざるべし。知りたらば、いかにそしりはべらむものと、すべて世の中ことわざしげく憂きものにはべりけり。

（『紫式部日記』より）

〔注〕内裏のうへ…一条天皇。　式部の丞…作者の弟。藤原惟規。
てづつに…不器用でつたないさま。　宮…一条天皇の中宮彰子。
殿…中宮彰子の父。藤原道長。

(1) 傍線部①・②を現代語訳せよ。ただし、②については、「さる」の指示内容を明らかにするとともに、省略されている言葉を補うこと。

(2) 傍線部Aの言葉には、作者のどのような気持ちが込められているか。次のア～オから最も適当なものを選び、記号で答えよ。

ア. 立派なあだ名をつけられたことを誇りに思う気持ち。
イ. あだ名をつけられたことを畏れ多く思う気持ち。
ウ. 思ってもみないあだ名をつけられて驚く気持ち。
エ. 「日本紀の御局」という命名の妙に感心する気持ち。
オ. あだ名をつけられたことを不愉快に思う気持ち。

(3) 傍線部Bは、どのようなことを言おうとしたものか。簡潔に答えよ。

(4) 傍線部Cはどのようなことか。次のア～オから最も適当なものを選び、記号で答えよ。

ア．一条天皇から学識があるとほめられたこと。
イ．左衛門の内侍が「日本紀の御局」というあだ名をつけたこと。
ウ．幼いころから弟の方がもの覚えがよくなかったこと。
エ．自分が男の子でなかったことを親が嘆いていること。
オ．学問をひけらかす者は出世しないといううわさ。

(5) 傍線部Dは、具体的に何を意味するか。簡潔に答えよ。

(6) 清少納言の『枕草子』は「をかしの文学」と称されるが、これと対比される紫式部の『源氏物語』は、何の文学と称されるか。歴史的仮名遣いで答えよ。

25 ★★★

次の文章は、『和泉式部日記』の一節である。ある日、作者のところへ交際している「宮」から和歌の代作を依頼する手紙が来た。これを読んで、後の問いに答えよ。

かくて、*晦日がたにぞ御文ある。日ごろのおぼつかなさなど言ひて、「あやしきことなれど、①日ごろもの言ひつる人なむ遠く行くなるを、あはれと言ひつべからむことなむひとつ言はむと思ふに、*それよりA のたまふことのみなむさはおぼゆるを、ひとつのたまへ」とあり。あな a したり顔と思へど、「さはえ聞こゆまじ」とB 聞こえむも、いとさかしければ、②「のたまはせたることはいかでか」とばかりにて、

「Ⅰ　惜しまるる涙にかげはとまら b なむ心も知らずあきは行くとも

まめやかには c かたはらいたきことにもC はべるかな」とて、端に、「さても、

Ⅱ　君をおきていづち行くらむわれだにも憂き世のなかに③しひてこそふれ」

とあれば、「思ふやうなりと聞こえむも、見知り顔なり。あまりぞおしはかり過ぐいたまふ、憂き世の中とはべるは。

Ⅲ　うち捨てて旅行く人はさもあらばあれまたなきものと君し思はば

ありぬべくなむ」とのたまへり。

〔注〕晦日がた…陰暦九月の末のころ。　それ…あなた。

(1)　二重傍線部a「したり顔」、c「かたはらいたき」の意味を書け。

(2)　二重傍線部b「なむ」の文法的説明として正しいものを次のア～オから選び、記号で答えよ。

ア．強意の意味を表す係助詞

イ．願望の意味を表す終助詞

ウ．四段活用の動詞「なむ」の連体形

エ．完了の助動詞「ぬ」の未然形に推量の助動詞「む」がついたもの

オ．ナ行変格活用の動詞の未然形活用語尾に意志の助動詞「む」がついたもの

(3)　次の表は、波線部A「のたまふ」、B「聞こえ」、C「はべる」の敬語についてまとめたものである。このことについて、後の問いに答えよ。

語句	種類	敬意の流れ
A　のたまふ	（1）	（4）から（5）に対する敬意
B　聞こえ	（2）	（6）から（7）に対する敬意
C　はべる	（3）	（8）から（9）に対する敬意

①　（1）～（3）に、それぞれの敬語の種類を漢字で書け。

②　A～Cの語句は、それぞれ誰から誰に対する敬意の表現か。（4）～（9）にあてはまる人物を、次のア～エから選び、記号で答えよ。

ア．作者　イ．宮　ウ．旅ゆく人　エ．読者

(4) 傍線部①「日ごろもの言ひつる人」の解釈として最も適切なものを次のア～オから選び、記号で答えよ。

ア．普段、話を交わす仲だった人
イ．数日間、文句ばかり言い続けた人
ウ．かつて用事を頼んであった人
エ．いつも気の利いたことを言っていた人
オ．以前、口を利いたことのある人

(5) 傍線部②「のたまはせたること」とは何か。本文中からその内容にあたる箇所を抜き出して書け。

(6) Ⅰの歌に使われている修辞について授業で説明するために、次のような板書案を作った。このことについて、後の問いに答えよ。

修辞の名前	対象となる言葉	二つの意味		解釈のポイント	「心も知らずあきは行くとも」の解釈
掛詞	あき	（　1　）	（　2　）	解釈の上で二つの意味が明らかになるようにすること	（　3　）

① （　1　）、（　2　）にあてはまる言葉をそれぞれ書け。
② 「解釈のポイント」を踏まえて、（　3　）に「心も知らずあきは行くとも」の解釈を書け。

(7) 作者の心情に即して、傍線部③「しひてこそふれ」の現代語訳を書け。

(8) Ⅲの歌は、宮のどのような心情を述べたものか。次の文の空欄に合うように、適切な言葉を書け。

作者の作ったⅡの和歌には、

（　　　　1　　　　）

という気持ちが込められている。それを感じ取った宮が、それは考えすぎで、（　　2　　）という心情を述べている。

(9) 次の文章は、中古の日記文学について説明したものである。文中の（ 1 ）～（ 3 ）にあてはまることばをそれぞれ漢字で書け。ただし、1には時代名、2には人名、3には作品名が入る。

日記は、もともと貴族の男性が備忘と行事記録のために漢文で書き記した実用的なものであった。しかし（ 1 ）時代に入ると、かな文字による和文体の発達とともに、自己表現の手段としての日記が出現した。その最初は、（ 2 ）が女性を装って書いた『（ 3 ）』という作品で、以後女性の手になる日記が次々と書かれ、一つの文学形式となった。

〈香川県〉

26

★☆☆

次の古文を読んで、後の問いに答えよ。

*筑紫にありける*檜垣《ひがき》の御《ご》といひけるは、いと*らうあり、をかしくて世を経たる者になむありける。年月かくてありわたりけるを、*純友がさわぎにあひて、家も焼けほろび、物の具もみなとられはてて、(a)いみじうなりにけり。かかりとも知らで、*野大弐《やだいに》、討手《うて》の使に下りたまひて、それが家のありしわたりをたづねて、「檜垣の御といひけむ人に、(b)いかであはむ。いづくにかすむらむ」とのたまへば、「このわたりになむすみ(c)はべりし」など、ともなる人もいひけり。「あはれ、かかるさわぎに、いかになりにけむ。たづねてしかな」とのたまひけるほどに、かしら白きおうなの、水くめるなむ、前より(d)あやしきやうなる家に入りける。ある人ありて、「これなむ檜垣の御」といひけり。いみじうあはれがりたまひて、よばすれど、(e)恥ぢて来で、かくなむいへりける。

A　むばたまのわが黒髪は*白川のみづはくむまでなりにけるかな

とよみたりければ、あはれがりて、着たりける(f)*衵《あこめ》ひとかさねぬぎてなむやりける。

（『大和物語』より）

〔注〕筑紫…ここでは、九州の総称の意。　檜垣の御…承平・天慶の頃の名の知れた女性。
らうあり…世慣れて情趣をよく解すること。　純友がさわぎ…藤原純友の乱。　野大弐…小野好古のこと。

白川…熊本県中北部を流れ、有明海に注ぐ川。　衵…単と下襲の間に着るもの。

(1) 傍線部(c)「はべり」について、敬語の種類や敬意の方向について説明したものとして正しいものを、次の①～⑤のうちから一つ選び、番号で答えよ。

① 謙譲語で、作者から「野大弐」に対して敬意を払う。
② 謙譲語で、作者から「檜垣の御」に対して敬意を払う。
③ 丁寧語で、作者から「野大弐」に対して敬意を払う。
④ 丁寧語で、「ともなる人」から「檜垣の御」に対して敬意を払う。
⑤ 丁寧語で、「ともなる人」から「野大弐」に対して敬意を払う。

(2) 傍線部(d)「あやしき」の解釈として最も適切なものを、次の①～⑤のうちから一つ選び、番号で答えよ。

① 心ひかれる　② 何かが起こりそうな　③ みすぼらしい　④ 不思議な　⑤ 不快な

(3) 傍線部(a)「いみじうなりにけり」の説明として最も適切なものを、次の①～⑤のうちから一つ選び、番号で答えよ。

① 檜垣の御はたいそうみじめな様子になってしまったということ。
② 檜垣の御はたいそう気だかい存在になってしまったということ。
③ 檜垣の御はいまや世捨て人のようになってしまったということ。
④ 檜垣の御は既に魂の抜け殻のようになってしまったということ。
⑤ 檜垣の御はまったくの行方知れずになってしまったということ。

(4) 傍線部(b)「いかであはむ」の解釈として最も適切なものを、次の①～⑤のうちから一つ選び、番号で答えよ。

① どうしても会えない　② どうしたら会えたのか　③ どこかでは会えるはずだ
④ どうにかして会いたい　⑤ どこで会えるのか

(5) 傍線部(e)「恥ぢて来で」の理由の説明として最も適切なものを、次の①～⑤のうちから一つ選び、番号で答えよ。

① 自らの犯した罪深い行為を後悔していたから。
② 詠み出す和歌に自信がなく不安を感じたから。
③ 初恋相手の討手の使に合わせる顔がないから。
④ お尋ね者となったことに負い目を感じたから。
⑤ 自分の見た目の変化を意識し気後れしたから。

(6) Aの和歌について、「むばたまの」は枕詞だが、「むばたまの」はどの語を修飾しているか。正しいものを、次の①～⑤のうちから一つ選び、番号で答えよ。

① わが　② 黒髪　③ 白川　④ みづ　⑤ くむ

(7) 傍線部(f)「祖ひとかさねぬぎてなむやりける」とあるが、次の会話文は、この時の「野大弐」の心情をどのように解釈するかというテーマで、授業中、グループごとに話し合ったときのものである。会話文中の空欄gにあてはまるものとして最も適切なものを、後の①～⑤のうちから一つ選び、番号で答えよ。

Aさん 「『祖ひとかさねぬぎてなむやりける』という行動は、檜垣の御の歌を聞いたことがきっかけになっていますね。」
Bさん 「私がこの歌について調べたところ、『みづはくむ』のところは『水は汲む』と『瑞歯ぐむ』の意味が掛けられているそうです。『瑞歯ぐむ』は『老人の歯が抜け落ちてから再び生えてくること』で、『ひどく年老いたこと』を意味しているそうです。」
Cさん 「掛詞による、ずいぶん大げさな表現と言えますね。それに加え『なりにけるかな』と続くので、『不本意にもなり果ててしまった』というニュアンスが強調されていますね。」
Aさん 「地の文に『あはれがりて』とあるので、野大弐が檜垣の御を『気の毒に思った』という解釈ができると思います。」
Bさん 「そうですね。和歌全体を丁寧に見ていくと、野大弐は（ g ）には気付いたでしょうから、そんな檜垣の御の今の様子をより一層気の毒に感じたのではないでしょうか。」
Cさん 「確かにそうですね。以上を踏まえて私たちのグループの発表原稿を作りましょう。」

先生「よく調べてよく議論し、よい解釈に至りましたね。わかりやすい説明になるよう説明の仕方を工夫したうえで、発表してみてください。」

① 老いぼれたことを逆手にとって、相手の笑いを引き出したこと
② 巧みな技法を用いながら、自らの落ちぶれた姿を表現したこと
③ 優雅さに欠けた言葉から、以前の豪奢な詠みぶりではないこと
④ 色の対照性を用いることで、往年の美貌を自慢したかったこと
⑤ 老婆になり果ててしまったのに、求愛の情を示そうとしたこと

〈宮城県・仙台市〉

27

★★★

次の古文を読んで、後の問いに答えよ。

さてその日になりて、むつびたまふ[a]上達部など、参り集まりたる。大納言殿は、少し日暮れ方に参りたまへり。官ある人あまた参りて、いとゆゆしきさまなり。[b]時酉になりぬれば、大納言の直衣の袖を引きて、内へ入れたてまつる。母屋の御簾の前に褥《しとね》敷きて、すゑたてまつる。姫君、侍従、几帳の隙よりのぞきたまへば、老い衰へ、まなこも涙に洗はれて、光少なくなりたまへるを見たまひて、臥しまろび嘆きたまふこと限りなし。

さても大納言殿は、若君、姫君の御袴の御腰を結ひたまふ中に、姫君の御腰を結ひたまはんとて、袖を顔にあて、俯しになりたまへり。やや久しくありてのたまふやう、[c]「かやうにはべれば、御祝ひの所へ参らじと申すなり。この姫君の御ありさま、失ひさぶらふ姫の、をさない時に違ふところなく見えたまへば、思ひかねてなん。許させたまへ」とありければ、このありさま見たまひて、姫君も侍従も、御祝ひなれども、つつみかねてぞ泣きたまふ。

さても、方々人々に引き出物したまひける。その中に、[d]大納言殿には、小袿のなよらかなるを奉りたれば、あやしながら、肩にかけて帰りたまひぬ。

大納言、帰るままに、継母に向かひて、「大将の、我をむつましき者におぼして、もてなしたまふ。うつくしかりつる若君、姫君かな。あはれ、あれをわが孫どもと思はば、いかにうれしからまし。田舎人の娘なれども、幸ひある人かな。さてもその姫君の、わが失ひて思ひ嘆く姫君の幼かりしに、さも似たまへるよ。あはれ、常に見たてまつらばや」とのたまへば、継母、「三の君のもとへおはせし人なれば、そのゆかりとて、むつびたまふこそ。あはれ、その君達を、三の君の中にまうけたまひたらば、ここかしこのために目やすかりなんものを。あたら人の」など言へば、むくつけ女、「関白殿は、下衆腹の子なればとて、もてなしたまはぬ」とぞ言ひける。

大納言殿は、小袿の古りたりつるを、あやしと思ひて、取り寄せて見たまへば、対の君に着せ始めし時の袿に似たり。老いのひが目やらんとて、うち返しうち返し、よくよく見たまへば、ただそれにてありける。その時に胸騒ぎて、「いかにして持ちたまへばか。我にしも得させたまへるも、あやし」とて、[e]ただ雑色一、二人ばかり具して、大将のもとへおはして、寝殿の簀子にゐたまへり。

(『住吉物語』より)

(1) 傍線部a、bの読みを答えよ。

(2) 傍線部a「上達部」は何位以上か、次のア～オから選び、記号で答えよ。

ア．大臣、もしくは大納言以上。　イ．三位以上。

ウ．中納言、参議を含め、三位以上。　エ．四位以上。

オ．蔵人頭を含め、五位以上。

(3) 傍線部b「酉」は何時頃か書け。

(4) 傍線部c「かやうにはべれば、御祝ひの所へ参らじ」とあるが、大納言は何を恐れていたのか説明せよ。

(5) 傍線部d「大納言殿には、小袿のなよらかなるを奉りたれば」とあるが、大将がこのようなことをした意図は何か。

(6) 傍線部e「ただ雑色……寝殿の簀子にゐたまへり」を現代語訳せよ。(「雑色」、「寝殿の簀子」はそのまま使ってよい)

(7) ※高等学校志望者のみ答えよ。

この教材を使って、生徒に「調べ学習」をさせたい。どのような指導をするか述べよ。

〈山形県改題〉

28

★★★

次の古文を読んで、後の問いに答えよ。

　女院は、入道殿をとりわきたてまつらせたまひて、いみじう思ひまうさせたまへりしかば、帥殿はうとうとしくもてなさせたまへりけり。帝、皇后宮をねんごろにときめかさせたまふaゆかりに、帥殿はあけくれ御前にさぶらはせたまひて、入道殿をばさらにも申さず、女院をもよからず、ことにふれて申させたまふを、①おのづから心得やせさせたまひけむ、いと本意なきことにb思し召しける、ことわりなりな。②入道殿の世をしらせたまはむことを、帝いみじうしぶらせたまひけり。皇后宮、父大臣おはしまさで、世の中をひきかはらせたまはむことを、いと心ぐるしうc思し召して、粟田殿にも、【Ⅰ】、とみにやは宣旨下させたまひし。されど、女院の道理のままの御ことを思し召し、また帥殿をばよからず思ひきこえさせたまうければ、入道殿の御ことを、いみじうしぶらせたまひけれど、「いかでかくは思し召し仰せらるるぞ。大臣越えられたることだに、いといとほしく侍りしに、③父大臣のあながちにしはべりしことなれば、dいなびさせたまはずなりにしこそ侍れ。粟田の大臣にはせさせたまひて、④これにしも侍らざらむは、いとほしさよりも、⑤御ためなむ、いと便なく、世の人もいひなしはべらむ」など、いみじう奏せさせたまひければ、【Ⅱ】、後にはわたらせたまはざりけり。されば、上の御局にのぼらせたまひて、「こなたへ」とはe申させたまはで、【Ⅲ】、我、夜の御殿に入らせたまひて、泣く泣く申させたまふ。その日は、入道殿は上の御局にさぶらはせたまふ。いとひさしく出でさせたまはねば、【Ⅳ】、御胸つぶれさせたまひけるほどに、とばかりありて、戸をおしあけて出でさせたまひける、御顔は赤み濡れつやめかせたまひながら、御口はこころよく笑ませたまひて、「あはや、宣旨下りぬ」とこそ申させたまひけれ。いささかのこと（　A　）、この世ならず侍るなれば、いはむや、かばかりの御有様は、人の、ともかくも思しおかむによらせたまふべきにもあらねども、いかでかは院をおろかにf思ひまうさせたまはまし。そのなかにも、【Ⅴ】、道理すぎてこそは報じたてまつり仕うまつらせたまひしか。御骨を（　B　）こそはかけさせたまへりしか。

（『大鏡』より）

（系図）

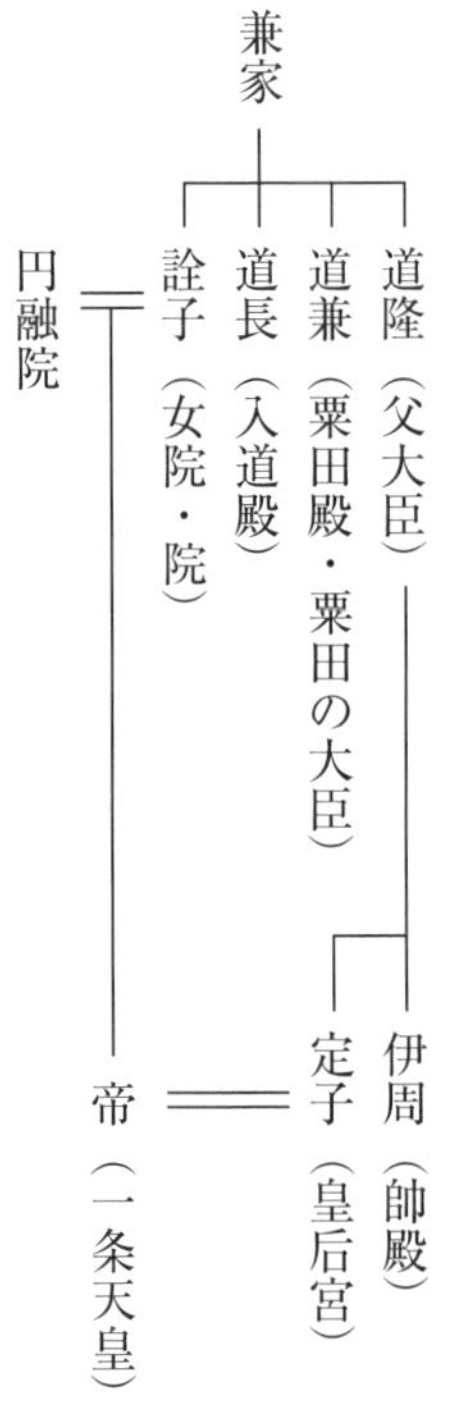

(1) 二重傍線部ａ「ゆかり」の意味として最適なものを選べ。

ア．愛情　イ．関係　ウ．本意　エ．血縁　オ．代替

(2) 傍線部①「おのづから心得やせさせたまひけむ」の現代語訳として最適なものを選べ。

ア．女院は、自然にお気づきになっていらっしゃったのであろうか。
イ．皇后宮は、自らお気づきになっていらっしゃったのであろうか。
ウ．帝は、何らかの事情で気持ちが衰えなさっていたのであろうか。
エ．女院は、何かの事情で気持ちを取り乱しなさったのであろうか。
オ．帝は、自身の混乱したお気持ちの整理をなさったのであろうか。

(3) 二重傍線部ｂの主語として最適なものを選べ。

ア．帥殿　イ．帝　ウ．入道殿　エ．皇后宮　オ．女院

(4) 傍線部②「入道殿の世をしらせたまはむことを」の現代語訳として最適なものを選べ。

ア．入道殿の時代の到来を、女院が人々に知らせなさろうとしていることを
イ．入道殿が関白となり権力を握り、天下の政治を執りなさるということを
ウ．入道殿が権力を握って、領地を自分のものになさろうとしていることを
エ．入道殿の時代の到来を、入道自ら人々に宣伝なさろうとしていることを
オ．入道殿が世間の人々を甘く見過ぎて、調子に乗っていらっしゃることを

(5) 二重傍線部cの主語として最適なものを、(3)の選択肢から選べ。

(6) 傍線部③「父大臣のあながちにしはべりしこと」とは、具体的に父大臣がどのようなことをしたと言っているのか、最適なものを選べ。

ア．父大臣が、強引に入道殿より先に、兼家を関白にするように帝に奏上した。
イ．父大臣が、強引に粟田殿より先に、帥殿を内大臣にするよう帝に奏上した。
ウ．父大臣が、強引に粟田殿より先に、帥殿を関白にするように帝に奏上した。
エ．父大臣が、強引に入道殿より先に、粟田殿を関白にするよう帝に奏上した。
オ．父大臣が、強引に入道殿より先に、帥殿を内大臣にするよう帝に奏上した。

(7) 二重傍線部d「いなび」（基本形「いなぶ」）の意味として最適なものを選べ。

ア．妥協する　イ．争う　ウ．断る　エ．承知する　オ．悲しむ

(8) 傍線部④「これにしも侍らざらむ」とはどういうことか。その具体的な説明として最適なものを選べ。

ア．帝が、父大臣に対し、関白の宣旨を下さないこと。
イ．帝が、帥殿に対して、関白の宣旨を下さないこと。
ウ．帝が、帥殿に対して、宣旨の権限を与えないこと。
エ．帝が、入道殿に対し、関白の宣旨を下さないこと。
オ．帝が、女院に対して、宣旨の権限を与えないこと。

(9) 傍線部⑤「御ためなむ、いと便なく」の現代語訳として最適なものを選べ。

ア．帝にとって、非常にすばらしいことだと
イ．帥殿にとって、とても不愉快なことだと
ウ．帝にとって、たいそう不都合なことだと
エ．帥殿にとって、とても好都合なことだと
オ．入道殿にとって、たいそう悪いことだと

(10) 二重傍線部eの敬意の対象として最適なものを、(3)の選択肢から選べ。

(11) 二重傍線部fの主語として最適なものを、(3)の選択肢から選べ。

(12) 次に示す「　」内の文を本文中に挿入する箇所として最適なものを選べ。

「むつかしうや思し召しけむ」

ア．【Ⅰ】　イ．【Ⅱ】　ウ．【Ⅲ】　エ．【Ⅳ】　オ．【Ⅴ】

(13) 文中の（　A　）に入る語として最適なものを選べ。

ア．のみ　イ．など　ウ．だに　エ．さへ　オ．ばかり

(14) 文中の（　B　）に入る語として最適なものを、(13)の選択肢から選べ。

〈福岡県・福岡市・北九州市〉

29

★★★

次の文章は『源氏物語』「紅葉賀」の一節である。「源氏の君」（中将の君）と藤壺女御（宮）との間にできた子（若宮）が宮中に参内する場面である。これを読んで、後の問いに答えよ。

（若宮は）、四月に内裏に参りたまふ。ほどよりは大きにおよすけたまひて、やうやう起きかへりなどしたまふ。あさましきまで、紛れどころなき御顔つきを、思しよらぬことにしあれば、また並びなきどちは、げに通ひたまへるにこそは、と思ほしけり。いみじう思ほしかしづくこと限りなし。源氏の君を限りなきものに思しめしながら、世の人のゆるしきこゆまじかりしによりて、坊にも据ゑたてまつらずなりにしを、あかず口惜しう、ただ人《うど》にてかたじけなく御ありさま容貌にねびもておはするを御覧ずるままに、心苦しく思しめすを、かうやむごとなき御腹に、同じ光にてさし出でたまへれば、[1]瑕《きず》なき玉と思しかしづくに、宮はいかなるにつけても、胸の隙なく、やすからずものを思ほす。

例の、中将の君、こなたにて御遊びなどしたまふに、抱き出でたてまつらせたまひて、「皇子たちあまたあれど、[2]そこをのみなむ、かかるほど明け暮れ見し。されば思ひわたさるるにやあらむ、いとよくこそおぼえたれ。いと小さきほど

は、みなかくのみあるわざにやあらむ」とて、いみじくうつくしと思ひきこえさせたまへり。中将の君、面の色かはる心地して、恐ろしうも、かたじけなくも、うれしくも、あはれにも、かたがたうつろふ心地して、涙落ちぬべし。物語などして、うち笑みたまへるが、いとゆゆしううつくしきに、わが身ながらこれに似たらむは、いみじういたはしうおぼえたまふぞあながちなるや。宮は、わりなくかたはらいたきに、汗も流れてぞおはしける。中将は、なかなかなる心地の乱るやうなれば、まかでたまひぬ。

*わが御方に臥したまひて、胸のやる方なきほど過ぐして、*大殿《おほいとの》へと思す。御前の前栽の、何となく青みわれたる中に、常夏のはなやかに咲き出でたるを、折らせたまひて、命婦の君のもとに、書き[a]たまふこと多かるべし。

「よそへつつ見るに心は慰まで露けさまさるなでしこの花
[3]花に咲かなんと思ひ[b]たまへしも、かひなき世にはべりければ」とあり。さりぬべき隙にやありけむ、御覧ぜさせて、「ただ塵ばかり、この花びらに」と聞こゆるを、わが御心にも、ものいとあはれに思し知らるるほどにて、

A 袖ぬるる露のゆかりと思ふにもなほうとまれぬやまとなでしこ

とばかり、ほのかに書きさしたるやうなるを、喜びながら奉れる、「例のことなれば、しるしあらじかし」と、くづほれてながめ臥したまへるに、[4]胸うちさわぎて、いみじくうれしきにも涙落ちぬ。

〔注〕わが御方…自分のお部屋の意。
大殿…ここでは、源氏の妻の邸である左大臣邸を指す。

(1) 二重傍線部a・bの敬語の説明として最も適当なものを次のア〜カからそれぞれ選び、記号で答えよ。

ア. 謙譲の補助動詞で、「宮」への敬意を示している。
イ. 謙譲の補助動詞で、「源氏の君」への敬意を示している。
ウ. 謙譲の補助動詞で、「命婦の君」への敬意を示している。
エ. 尊敬の補助動詞で、「宮」への敬意を示している。
オ. 尊敬の補助動詞で、「源氏の君」への敬意を示している。
カ. 尊敬の補助動詞で、「命婦の君」への敬意を示している。

(2) 傍線部1「瑕なき玉と思しかしづく」とあるが、「瑕なき玉」とは、具体的には誰の、どのような様子をたとえた表現か。「瑕」が示す内容を明らかにして四十字以内で説明せよ。

(3) 傍線部2について、次の問いに答えよ。

Ⅰ 「そこ」とは誰を指すか。本文中から抜き出して答えよ。

Ⅱ 「いとよくこそおぼえたれ」とあるが、帝は、その理由についてどのように推察しているか。該当箇所を傍線部2以外から、二十五字以内で抜き出し、初めと終わりの三字で答えよ。

(4) 傍線部3は、具体的には「源氏の君」のどういう思いを表したものか。二十五字以内で説明せよ。

(5) 和歌Aは「宮」のものであるが、この和歌の説明として最も適当なものを次のア～カから選び、記号で答えよ。

ア．自らを「やまとなでしこ」にたとえ、帝と「源氏の君」との二人に愛されている我が身をうとましく思い、露のように消えてしまいたいという悲痛な思いを表現している。

イ．自らを「やまとなでしこ」にたとえ、「源氏の君」が自らに寄せる愛情の深さを重荷に感じ、「源氏の君」との子（若宮）の存在さえもうとましく思っているという気持ちを表現している。

ウ．自らを「やまとなでしこ」にたとえ、自分を懸命に愛してくれている帝と比較して、「源氏の君」の愛情は露ほどの小さなものだと「源氏の君」をうとましく思う気持ちを表現している。

エ．「源氏の君」と自分との間にできた子（若宮）を「やまとなでしこ」にたとえ、自分の子ではないということを知りながら、我が子のように愛情を注ぐ帝への感謝の思いを表現している。

オ．「源氏の君」と自分との間にできた子（若宮）を「やまとなでしこ」にたとえ、罪深い宿業を背負ったこの子の将来を考え、悲しみに暮れているという思いを表現している。

カ．「源氏の君」と自分との間にできた子（若宮）を「やまとなでしこ」にたとえ、「源氏の君」へとつながるこの子をやはりうとましく思う気にはなれないという思いを表現している。

(6) 傍線部4について、「源氏の君」が「いみじくうれしき」と感じたのはなぜか。三十字以内で説明せよ。

〈大分県〉

30

★★☆

次の古文を読んで、後の問いに答えよ。

これも今は昔、白河法皇、鳥羽殿におはしましける時、北面の者どもに、受領の国へ下るまねせさせて、御覧あるべしとて、①玄蕃頭久孝といふ者をなして、衣冠に衣出して、その外の五位どもをば前駆させ、衛府どもをば、a胡籙負ひにして御覧あるべしとて、おのおの錦、唐綾を着て、劣らじとしけるに、左衛門尉源行遠、心殊に出で立ちて、「人にかねて見えなば、目慣れcぬべし」とて、御前近かりける人の家に入り居て、従者を呼びて、「やうれ、御前の辺にて見て来」と、見て参らせてけり。

②無期に見えざりければ、「いかにかうは遅きにか」と、辰の時とこそ催はありしか、さがるといふ定、b午未の時には、渡らんずらんものをと思ひて、待ち居たるに、門の方に声して、「あはれ、ゆゆしかりつるものかなゆゆしかりつるものかな」といへども、③ただ参るものをいふらんと思ふ程に、「玄蕃殿の国司姿こそ、をかしかりつれ」といふ。「藤左衛門殿は錦を着給ひつ。源兵衛殿は縫物をして、金の文をつけて」など語る。

怪しう覚えて、「やうれ」と呼べば、この④「見て来」とてやりつる男、笑みて出で来て、「大方かばかりの見物候はず。賀茂祭も物にても候はず。院の御桟敷の方へ、渡しあひ給ひたりつるさまは、目も及び候はず」といふ。⑤「さていかに」といへば、「早う果て候ひぬ」といふ。「こはいかに、来ては告げぬぞ」といへば、「こはいかなる事にか候らん。『参りて見て来』と仰せ候へば、目もたたかず、よく見て候ぞかし」といふ。大方とかくいふばかりなし。

さる程に、「行遠は進奉不参《しんぶふさん》、返す返す奇怪なり。たしかに召し籠めよ」と仰せ下されて、廿日余り候ひける程に、⑥この次第を聞し召して、笑はせおはしましてぞ、召し籠めはゆりてけるとか。

（『宇治拾遺物語』より）

(1)　傍線部①「玄蕃頭久孝といふ者をなして」とあるが、久孝にどのようなことをさせたのか、具体的に記せ。

(2)　二重傍線部a「胡籙」、b「午未」の読みを記せ。

(3)　二重傍線部c「ぬべし」を文法的に説明せよ。

(4) 傍線部②「無期に見えざりければ」を現代語訳せよ。
(5) 傍線部③「ただ参るものをいふらん」について、言葉を補って現代語訳せよ。
(6) 傍線部④「『見て来』とてやりつる男」にあたる人物を文中の語で記せ。
(7) 傍線部⑤「さていかに」とあるが、具体的に何を尋ねているのか、記せ。
(8) 傍線部⑥「この次第を聞し召して」とあるが、「この次第」の内容について百字程度で説明せよ。

〈和歌山県〉

31 ★★★

次の文章は、『建礼門院右京大夫集』中の一節で、作者が建礼門院を大原の寂光院にたずねたときの感慨を述べている部分である。これを読んで、あとの問いに答えなさい。

女院、大原におはしますとばかりは聞きまゐらすれど、さるべき人に知られでは参るべきやうもなかりしを、①深き心をしるべにて、②わりなくて尋ねまゐるに、やうやう近づくままに、山道のけしきより、まづ涙は先立ちて言ふ方なきに、御庵のさま、御住まひ、ことがら、すべて目も当てられず。昔の御有様③見まゐらせざらむだに、大方のことがら、いかが④こともなのめならむ。［A］、夢うつつとも言ふ方なし。秋深き山おろし、近き梢に響きあひて、懸樋の水のおとづれ、鹿の声、虫の音、いづくものことなれど、例なき悲しさなり。⑤都ぞ春の錦を裁ち重ねて候ひし人々、六十余人ありしかど、見忘るるさまに衰へはてたる墨染めの姿して、僅かに三四人ばかりぞ候はるる。その人々にも、「さてもや」とばかりぞ、我も人も言ひ出でたりし、むせぶ涙におぼほれて、すべて言も続けられず。

　今や夢昔や夢とまよはれていかに思へどうつつとぞなき
　B仰ぎ見し昔の雲の上の月かかる深山の影ぞかなしき

花のにほひ、月の光にたとへても、一方《ひとかた》には飽かざりし御面影、あらぬかとのみたどらるるに、かかる御事を見ながら、何の思ひ出なき都へとて、されば何とて帰るらむと、⑥うとましく心憂し。

山深くとどめおきつるわが心⑦やがて住むべきしるべとをなれ

（『建礼門院右京大夫集』より）

女院…建礼門院徳子。平清盛の女で安徳天皇の母。
さるべき人…女院に縁のある人物。
あらぬかとのみ…別人ではないかとばかり。

(1) 傍線部②「わりなくて」、④「なのめならむ」、⑦「やがて」のここでの意味として最も適切なものを、あとのa～eの中からそれぞれ一つ選びなさい。

②「わりなくて」
a. 無理に
b. ひっそりと
c. 我慢して
d. 短い時間
e. 少しずつ

④「なのめならむ」
a. 注意深くしよう
b. 再考してほしい
c. いい加減に思うだろうか
d. 熟慮しているだろうか
e. つらく思うに違いない

⑦「やがて」
a. そのうちに
b. すぐさま

c．きっと

d．安心して

e．そのまま

(2) 傍線部①「深き心をしるべにて」の意味として最も適切なものを、次のa～eの中から一つ選びなさい。

a．仏の慈悲の深さだけを私の心のよりどころとして

b．女院を深くお慕い申し上げるわが心をたよりとして

c．私を思ってくださる深いお気持ちをよりどころにして

d．仏に帰依する私の心の深さをたよりとして

e．世をはかなむ女院の隠遁生活をよりどころとして

(3) 傍線部③「見まゐらせざらむだに」の文法的説明として正しいものを、次のa～eの中から一つ選びなさい。

a．動詞＋動詞＋助動詞＋動詞＋副助詞

b．動詞＋補助動詞＋動詞＋助動詞＋接続助詞

c．動詞＋動詞＋助動詞＋接続助詞

d．動詞＋補助動詞＋助動詞＋助動詞＋副助詞

e．動詞＋動詞＋助動詞＋助動詞＋助動詞＋接続助詞

(4) 空欄部Aに入る言葉として最も適切なものを、次のa～eの中から一つ選びなさい。

a．いかでか

b．されば

c．たとへば

d．されど

e．まして

(5) 傍線部⑤「都ぞ春の錦を裁ち重ねて候ひし人々」とは、どのような人々のことか。その説明として最も適切なものを、

次のa〜eの中から一つ選びなさい。

a. 安徳天皇のお側近くで、数々のきらびやかな歌を詠んでいた歌人たち
b. 女院のお側近くで、美しい着物を着重ねてお仕えし、はべっていた女房たち
c. 安徳天皇のお側近くで、美しい自然に囲まれてお仕えしていた侍従たち
d. 女院のお側近くで、我が世の春を謳歌していた平家一門の公卿たち
e. 安徳天皇のお側近くで、高級な着物を着飾っていた一門の武将たち

(6) 傍線部⑥「うとましく心憂し」とあるが、作者は何についてこのように述べているのか。その内容として最も適切なものを、次のa〜eの中から一つ選びなさい。

a. 都に帰る自分自身
b. 春の錦に象徴される都
c. 零落した平家一門
d. 移ろいゆく景色
e. 盛者必衰というさだめ

(7) 傍線部Bの和歌「仰ぎ見し昔の雲の上の月かかる深山の影ぞかなしき」における「雲の上」と「月」は比喩表現になっている。これらが例えているものの組み合わせとして最も適切なものを、次のa〜eの中から一つ選びなさい。

a. 「雲の上」…女院　「月」…女房
b. 「雲の上」…安徳天皇　「月」…平家一門
c. 「雲の上」…平家一門　「月」…女房
d. 「雲の上」…宮中　「月」…女院
e. 「雲の上」…安徳天皇　「月」…右京大夫

(8) 本文の内容に合致するものを、次のa〜eの中から一つ選びなさい。

a. 作者は、大原の寂光院に住まう建礼門院のわびしい生活を見て、亡き安徳天皇の御霊を弔うだけの女院の日常に、

世の中の無常を感じ取っている。

b．作者は、あれほど権勢を誇った平家一門が今は滅びてしまったことを思い出し、盛者必衰のことわりを寂光院の生活と重ね合わせている。

c．作者は、女院の大原での暮らしぶりを見るにつけ、わびしい今が夢なのか、華やかなりし昔が夢なのか、歌を詠み感慨にふけっている。

d．作者は、建礼門院の在りし日を懐かしく思い出しながら、年老いた今はすっかり別人のように容姿が衰えてしまったことを嘆かわしく見ている。

e．作者は、鹿の声や虫の音に囲まれて暮らしている建礼門院の様子を見て、ともに女院に拝謁したお供の女房たちと涙を流して悲しんでいる。

〈高知県〉

32

★★☆

次の古文を読んで、後の問いに答えよ。（設問の都合上、本文の一部が改めてある。）

*寿永、元暦などのころの世の騒ぎは、夢とも幻とも、あはれとも何とも、すべてすべて言ふべき際にもなかりしかば、よろづいかなりしとだに思ひ分かれず、①なかなか思ひも出でじとのみぞ今までも覚ゆる。見し人々の都別ると聞きし秋ざまのこと、とかく言ひても思ひても、心も言葉も及ばれず。②まことの際は、我も人も、かねていつとも知る人なかりしかば、ただ言はむかたなき夢のみぞ、近くも遠くも、見聞く人みな迷はれし。

大方の世騒がしく、心細きやうに聞こえたりしころなどは、*蔵人頭にて、殊に心のひまなかりしうへ、あたりなりし人も、「あいなきことなり」など言ふこともありて、さらにまた、③ありしよりけに忍びなどして、おのづから、とかくためらひてぞ物言ひなどせし折々も、ただ大方のことぐさも、「かかる世の騒ぎになりぬれば、④はかなき数にただ今にてもならむことは、疑ひなきことなり。さらば、さすがに露ばかりのあはれは懸けてむや。たとひ何とも思はずとも、かやうに聞こえなれても、年月といふばかりになりぬる情けに、*道の光も必ず思ひやれ。もし命たとひ今しばしなどありとも、⑤すべて今は心を昔の身とは思はじと、思ひしたためてなむある。そのゆゑは、物をあはれとも、何のなごり、その人のことなど思ひ立ちなば、思ふ限りも及ぶまじ。心弱さも、いかなるべしとも身ながら覚えねば、何事も思ひ捨てて、人のもとへ『さても』など言ひて文やることなども、いづくの浦よりもせじと思ひとりたるを、⑥『なほざりにて聞こえぬ』などな思しそ。よろづただ今より身を変へたる身と思ひなりぬるを、なほともすればもとの心になりぬべきなむ、いと口惜しき」と言ひしことの、げにさることと聞きしも、何とか言はれむ。ただ涙のほかは言の葉もなかりしを、つひに秋の初めつかたの夢のうちの夢を聞きし心地、何にかはたとへむ。

　さすが心ある限り、このあはれを言ひ思はぬ人はなけれど、かつ見る人々も、わが心の友は誰かはあらむと覚えしかば、人にも物も言はれず、つくづくと思ひ続けて、胸にも余れば、仏に向かひ奉りて、泣き暮らす外のことなし。されど、げに命は限りあるのみにあらず、⑦様変ふることだにも身を思ふやうに心に任せで、ひとり*走り出でなど、はたえせぬままに、さてあらるるが、返す返す心憂くて、

　　またためしたぐひも知らぬ憂きことを見てもさてある身ぞ⑧うとましき

（『建礼門院右京大夫集』より）

〔注〕寿永、元暦…平安末期の年号。当時は、源平の争乱の時代であった。
　蔵人頭…作者の恋人である平資盛の当時の官位を指す。
　道の光…冥土を照らす法の光。
　走り出で…出奔すること。

(1) 傍線部①「なかなか思ひも出でじとのみぞ今までも覚ゆる」とあるが、筆者がそう思うのは、なにがどのようであったからか。その内容を四十字以内で説明せよ。

(2) 傍線部②「まことの際」とは、どういう時を指すか。それを具体的に述べている部分を、本文中から十字以内で抜き出して答えよ。

(3) 傍線部④について、次の問いに答えよ。

Ⅰ　このように確信した資盛は、自分の願いを二点筆者に話している。それぞれ二十字以内で答えよ。

Ⅱ　「はかなき数にただ今にてもならむ」と反対の状況を想定している部分を、本文中から二十字以内で抜き出して答えよ。

(4)　傍線部⑤「すべて今は心を昔の身とは思はじと、思ひしたためてなむある」とほぼ同じような気持ちを述べた部分を、本文中から二十五字以内で抜き出して答えよ。

(5)　傍線部③「ありしよりけに忍びなどして」、⑥「『なほざりにて聞こえぬ』などな思しそ」、⑦「様変ふることだにも身を思ふやうに心に任せで」を、それぞれ現代語訳せよ。

(6)　傍線部⑧の「うとましき」からうかがわれる作者の心情として適当なものを、次のア～オから二つ選び、それぞれ記号で答えよ。

ア．悲しみ　　イ．憎しみ　　ウ．自己嫌悪　　エ．疎外感　　オ．失望感

(7)　本文の地の文と会話文とでは、係り結びを構成する強調の係助詞に異なった語が使われている。それぞれの係助詞を抜き出して答えよ。

(8)　問題本文と関連の深い「平家物語」を、中学校一年生の「国語」あるいは高等学校一年生の「言語文化」において教材として扱う場合、どのような指導をするか。次の条件を踏まえて、要点を明らかにしながら百八十字以上二百字以内で書け。

（条件）

○　学習指導要領を踏まえること。

○　「平家物語」を教材として扱う単元の目標を設定すること。

〈島根県改題〉

33 ★★☆

次の漢文を読んで、後の問いに答えよ。

子列子窮《シ》、容貌有《リ》飢色。客《ニ》有《リ》言《フ》之《ヲ》鄭《ノ》子陽《ニ》者。曰《ク》、列禦寇《ハ》、蓋《シ》[a]有道之士也。居《リテ》君之国《ニ》而窮《ス》。君無《カラン》乃《チ》[b]為《スコト》不《ルヲ》好《マ》士《ヲ》乎《ト》。鄭《ノ》子陽、①即令官遺之粟。子列子出《デテ》見[c]使者《ヲ》、再拝《シテ》而辞《セリ》。使者去《ツテ》、子列子入《ル》。其《ノ》妻望《ミ》之《ヲ》、而拊《うツテ》心《むねヲ》曰《ク》、妾聞《ク》、為《ルモノハ》有道者之妻子、皆得《ト》佚《いつ》楽《ヲ》。今有《リ》飢色、君遇《シテ》而遺《ルニ》先生[d]《ニ》食《ヲ》、先生不受《ケ》。②豈《ニ》不《ラン》命《ナラ》也哉《ト》。子列子笑《ツテ》謂《ツテ》之《ニ》曰《ク》、君[e]《ハ》非《ザル》自《ラ》知《ルニ》我《ヲ》也。以《テシテ》人之言《ヲ》而遺《レリ》我《ニ》粟《ヲ》。至《ツテ》其《ノ》罪《スルニ》我《ヲ》也、③又且以人之言。此吾《ガ》所以[f]不《リシ》受《ケ》也《ト》。

（『列子』より）

〔注〕子列子…列子。姓は列、名は禦寇。戦国時代の思想家。
鄭…春秋時代の国名。　子陽…鄭の大臣の名。
粟…穀物。　拊心…胸を打つ。憤りを示す行為。
佚楽…安楽な暮らし。

(1) 二重傍線部a、b、fの読みを、現代仮名遣いの平仮名で書け。

(2) 二重傍線部cと同じ意味の「見」が用いられている熟語を次のア～オから一つ選び、記号で答えよ。

ア．発見　イ．引見　ウ．他見　エ．物見　オ．外見

(3) 二重傍線部d、eは誰のことを指すか、それぞれ本文中の語を抜き出して答えよ。

(4) 傍線部①について、次の問いに答えよ。

Ⅰ　ここでの文意が通るように書き下し文にせよ。

Ⅱ　子陽がこのような行動をとった理由を、客の発言内容に着目して書け。

(5)　次のア〜オから、傍線部②の現代語訳として最も適当なものを一つ選び、記号で答えよ。

ア．飢えた時に食料をいただくことが、それほど万物斉同の道に反したことでしょうか。

イ．あなたが食料を受け取ることは、主君の命令というわけではないではありませんか。

ウ．有道者の妻には命を捨てる覚悟で楽をさせると言ったのは、あなたではないですか。

エ．この食料なしでどうして命を長らえることができるでしょうか。（とてもできません。）

オ．あなたが今食料を受けることは、天命ではないでしょうか。（そうに違いありません。）

(6)　傍線部③について、「且」はここでは再読文字である。この場合の返り点を付けよ。

(7)　子列子が波線部のようにしたのはなぜか。子列子の発言を要約して三十字以内で答えよ。

〈静岡県・静岡市〉

34

★★★

次の漢文を読んで、後の問いに答えよ。（設問の都合上、送り仮名を一部省略している。）

武侯嘗テ謀レル事ヲ。①群臣莫二シ能ク及一ブ。罷レメテ朝ヲ而有二リ喜ベル色一。起進ミテ曰ク、昔楚ノ荘王嘗テ謀レル事ヲ。②群臣莫二シ能ク及一ブ。退レキテ朝ヲ而有二リ憂フル色一。申《しん》公問ヒテ曰ク、君有二ルハ憂フル色一、何ゾ也ト。曰ク、③寡人聞レケリ之ヲ、④世不レ絶レタ聖ヲ、国不レ乏レシカラ賢ニ。能ク得二ル其ノ師ヲ一者ハ王タリ、得二ル其ノ友ヲ一者ハ覇タリ。今寡人不才ニシテ而群臣莫二シ及一ブ者。楚国ハ其レ殆《あやふカラン》矣。此レ楚ノ荘王之所レナリ憂フル。⑤而君ハ説レブ之ヲ。臣窃《ひそかニ》懼ル矣。於レテ是ニ⑥武侯有二リ慙《はヅル》色一。

（『呉子』より）

〔注〕武侯…戦国時代の魏の諸侯の一人。　謀事…事に先だって方法を考える。
朝…朝廷での政務。　起…魏の武侯を助けた名士。
荘王…春秋時代の五覇の一人。　申公…荘王の臣下。
寡人…諸侯が自分をへりくだっていう語。

(1) 傍線部①・②の「群臣莫(シ)二能(ク)及(ブ)一」について、群臣は誰に及ぶ者がいないのか。それぞれ書け。

(2) 傍線部③「寡人聞(ケリ)レ之(ヲ)」とあるが、「之」の指している部分の初めと終わりの漢字二字をそれぞれ書け。

(3) 傍線部④「世不レ絶(タ)レ聖(ヲ)、国不レ乏(シカラ)レ賢(ニ)」とはどういうことか。四十字以内で書け。

(4) 傍線部⑤「而」は、この文脈において、どのような働きをしているか。次のア～エから最も適切なものを選び、記号で答えよ。

ア．順接　イ．逆接　ウ．限定　エ．強意

(5) 傍線部⑥「武侯有(リ)二慙(ヅル)色一」とあるが、それはなぜか。五十字以内で書け。

(6) 中学校第二学年を対象とし、書き下し文及び現代語訳を付けたこの作品を使って、「古典の世界を楽しむ」ことをねらいとする授業を実施することとする。どのような学習活動が考えられるか。具体的に書け。

〈広島県・広島市改題〉

35

★★★

次の漢文を読んで、後の問いに答えよ。

昔者鄭武公欲伐胡。故先以其女妻胡君、以娯其意。①因問於群臣、吾欲用兵。誰可伐者。大夫関其思対曰、胡可伐。武公怒而戮之曰、胡兄弟之国也。②子言伐之何也。胡君聞之、以鄭為親己、Ⓐ不備鄭。鄭人襲胡取之。宋有富人。天雨墻壊。其子曰、不築必将有盗。其隣人之父亦云。暮而果大亡其財。其家甚智其子、而疑隣人之父。③此二人説者皆当矣。厚者為

戮、薄者見疑。則④非知之難也、処知則難也。（中　略）

昔者弥子瑕有寵於衛君。衛国之法、⑤竊駕君車者罪刖。弥子瑕母病。人間往、夜告弥子。弥子⑥矯駕君車以出。君聞而賢之曰、孝哉。為母之故、忘其刖罪。異日与君遊於果園。食桃而甘、⑦不尽以其半啗君。君曰、愛我哉。忘其口味、以啗寡人。及弥子色衰愛弛、得罪於君。君曰、是固嘗矯駕吾車、⑧又嘗啗我以余桃。故弥子之行、未変於初也、而以前之所―以⑨見賢、而後獲罪者、愛憎之変也。故有愛於主、則智当而加親、有憎於主、則智不当、見罪而加疏。故諫説談論之士、⑩不可不察愛憎之主、而後説焉。

（『韓非子』より）

〔注〕鄭武公…春秋時代の鄭の君主。　胡…北方の異民族。　戮…殺すこと。
墻…土塀。　弥子瑕…衛の霊公の大夫。
刖…足切りの刑罰。　疏…「疎」と同じ。

(1) 傍線部①「因」の送り仮名を含めた読みとして最適なものを選べ。
ア．かつて　イ．よりて　ウ．はたして　エ．もとより　オ．まさに

(2) 傍線部②「子言伐之何也」の読み方として最適なものを選べ。
ア．こがうてといふはこれなんぞや。
イ．しがいふこれをうつはなんなりと。
ウ．しこれをうてといふはなんぞや。
エ．しはこれをうつのなになるかをいふなり。
オ．ここれをうつといふはなんぞや。

(3) 空欄Aに入る語として最適なものを選べ。
ア．先　イ．今　ウ．亦　エ．然　オ．遂

(4) 傍線部③「比二人一」とは誰と誰を指しているか。その組合せとして最適なものを選べ。

ア．武公と胡君　イ．武公と関其思　ウ．胡君と隣人之父
エ．関其思と隣人之父　オ．富人と其子

(5) 傍線部④「非知之難也、処知則難也」の現代語訳として最適なものを選べ。

ア．ものを知ることが難しいのではなく、知ったことにどのように対処するかが難しいのである。
イ．ものを知ること自体が難しいのではなく、どこで知ったかということが最も大切なのである。
ウ．ものを知るということはよいことではなく、むしろ知りすぎることで難題が生じるのである。
エ．難しいことを知っているというだけではなくて、それをいかに処理するかが難しいのである。
オ．ものを知ること自体容易ではないが、知り得た知識をいかに使うかはさらに難しいのである。

(6) 傍線部⑤「窃」の送り仮名を含めた読みとして最適なものを選べ。

ア．つぶさに　イ．ひそかに　ウ．にはかに
エ．たしかに　オ．わづかに

(7) 傍線部⑥「矯」は「いつはリテ」と読むが、どのようにしていつわったのか、最適なものを選べ。

ア．君主のようにふるまっていつわった。
イ．君主が危篤だと言っていつわった。
ウ．君主の命令だと言っていつわった。
エ．足が悪いふりをしていつわった。
オ．母が病気だと言っていつわった。

(8) 傍線部⑦「不尽以其半啗君」の現代語訳として最適なものを選べ。

ア．十分な配慮もしないで、その半分を君主に食べさせた。
イ．十分に試食もしないで、その半分を君主に食べさせた。
ウ．一口だけ食べ毒味して、その大半を君主に食べさせた。
エ．甘いところだけを食べ、残りを君主に渡し食べさせた。

オ．全部食べてしまわずに、その半分を君主に食べさせた。

(9) 傍線部⑧「嘗啗我以余桃」の読み方として最適なものを選べ。

ア．かつてわれにくらはすによたうをもってせり。

イ．かつてくらひてわれによたうをもってせり。

ウ．かつてわれをしてよたうをもってくらはしむ。

エ．かつてよたうをもってわれにくらはしむ。

オ．かつてわれによたうをもってくらふ。

(10) 傍線部⑨「見」と文法上同じ働きをする語として最適なものを選べ。

ア．使　イ．被　ウ．当　エ．若　オ．耳

(11) 傍線部⑩「不可不察愛憎之主、而後説焉」は、「自分は君主から愛されているか、憎まれているかをよくよく見極めた上で進言をしなければならない」という意味である。その意味をもとに、返り点を施したものとして最適なものを選べ。

ア．不レ可不レ察二愛憎之主一、而後説焉

イ．不下可中不レ察二愛憎之主一、而後説上焉

ウ．不レ可レ不下察二愛憎之主一、而後説上焉

エ．不レ可不下察二愛憎之主一、而後説上焉

オ．不レ可レ不レ察二愛憎之主一、而後説焉

〈福岡県・福岡市・北九州市〉

36 ★★☆

次の漢文を読んで、後の問いに答えよ。（設問の都合上、返り点・送り仮名を一部省略している。）

古之学《ブ》者《ニハ》、必《ズ》有《リ》レ師。師者、所二‐以伝《ヘ》レ道《ヲ》授《ケ》レ業《ヲ》解《ク》一レ惑《ヒヲ》也。人《ハ》非《ズ》二生《マレナガラニシテ》而知《ル》レ之《ヲ》者《ニ》一。孰能無惑。惑《ヒテ》而不《ンバ》レ従《ハ》レ師《ニ》、其《ノ》為《ル》レ惑《ヒ》也、終不《ㇾ》解《ケ》矣。生《マレテ》二乎吾《ガ》前《ニ》一、其《ノ》聞《ク》レ道《ヲ》也、固先《ナラバ》二乎吾《ヨリ》一、吾従《ヒテ》而師《トセン》レ之《ヲ》。生《マレテ》二乎吾《ガ》後《ニ》一、其《ノ》聞《ク》レ道《ヲ》也、［A］先《ナラバ》二乎吾《ヨリ》一、吾従《ヒテ》而師《トセン》レ之《ヲ》。吾《ハ》師《トスル》レ道《ヲ》也。夫庸《ゾ》知《ラン》三其《ノ》年之先二‐後‐生《ナルヲ》於吾《ヨリ》一乎。是《ノ》故《ニ》、無《ク》レ貴《ト》無《ク》レ賤《ト》、無《ク》レ［B］《ト》無《ク》レ少《ト》、道之所《ハ》レ存《スル》、師之所レ存《スル》也。嗟乎、師道之不《ル》レ伝《ハラ》也、久《シ》矣。欲《スル》二人之無《カラント》一レ惑《ヒ》也、難《シ》矣。

（『唐宋八家文読本』「師説」より）

(1)　二重傍線部a～cの読みを送り仮名も含めて書け。

(2)　傍線部①「孰能無惑」について、次の問いに答えよ。

Ⅰ　書き下し文に直して、すべて平仮名で書け。

Ⅱ　現代語訳せよ。

(3)　［A］にあてはまる最も適切な語を、次のア～エから選び、記号で答えよ。

ア．又　　イ．亦　　ウ．復　　エ．還

(4)　［B］にあてはまる最も適切な語を、次のア～エから選び、記号で答えよ。

ア．先　　イ．後　　ウ．長　　エ．老

(5)　本文を二段落に分けるとすると、どこで分かれるか。第二段落の初めの二字を書け。

(6)　筆者は、「師」をどのようなものであると言っているか。五十字以内で書け。

(7)　※高等学校志望者のみ答えよ。

「古典探究」の授業で、この作品を教材として取り上げ、言語活動を取り入れた学習を行うこととする。あなたは、この作品の主題とかかわらせて、どのような言語活動を生徒に行わせるか、書け。

〈広島県・広島市改題〉

37

★★★

次の漢文を読んで、後の問いに答えよ。

鄭《てい》人游《あそビ》㆓于郷校《ニ》㆒、以《テ》論《ズ》㆓執政《ヲ》㆒。然明謂《ヒテ》㆓子産《ニ》㆒曰《ク》、「①毀《こぼタバ》㆓郷校《ヲ》㆒如何《ト》。」子産曰《ク》、「②何《ゾ》為《サン》。夫《ひと》人《びと》朝夕《シテ》退《キテ》而游《ビ》焉、以《テ》議《ス》㆓執政之善否《ヲ》㆒。其《ノ》所《ノ》㆑善《シトスル》者《ハ》、吾則《チ》行《ヒ》㆑之《ヲ》、其《ノ》所《ノ》㆑悪《シトスル》者《ハ》、吾則《チ》改《メン》㆑之《ヲ》。是《レ》吾《ガ》師也。ａ若㆑之何毀㆑之。我聞《ク》㆓忠善以《テ》損《スルヲ》㆑怨《ミヲ》。不㆑聞《カ》㆓作《なシテ》㆑威《ヲ》以《テ》防《グヲ》㆑怨《ミヲ》。③豈《ニ》不《ランヤ》㆓遽《にはカニ》止《メシメ》。④然《レドモ》猶《ホ》《シ》㆑防《グガ》㆑川《ヲ》。大決《ノ》所《ハ》㆑犯《ス》、傷《ツクルコト》㆑人《ヲ》必《ズ》多《シ》。吾不《ル》㆑克《あたハ》㆑救《フコト》也。不㆑如《カ》㆓小決《シテ》使《ムルニ》㆑道《みちびカ》。⑤不《ル》㆑如《カ》㆓吾聞《キテ》而薬《トスルニ》㆑之《ヲ》也《ト》。」然明曰《ク》、「蔑也、今《ニシテ》而後知《ル》㆓Ａ吾子之信《ニ》可《キヲ》㆑事《フ》也。Ｂ小人実《ニ》不才《ナリ》。若《シ》果《タシテ》行《ハバ》㆑⑥此《ヲ》、其《レ》鄭国実《ニ》頼《ラン》㆑⑦之《ニ》。ｂ豈唯二三臣。」

（『春秋左氏伝』より）

〔注〕鄭…春秋時代の国名。　郷校…村里の学校。
然明…鄭の大夫。名は「蔑」。　子産…鄭の宰相。
朝夕…朝夕に出仕すること。

(1) 二重傍線部ａ・ｂを平仮名で書き下し文にせよ。
(2) 波線部Ａ・Ｂは誰のことか。本文中の語で答えよ。
(3) 傍線部①について、然明がこのように言ったのはなぜか。簡潔に答えよ。

(4)　傍線部②・③・⑤を現代語訳せよ。

(5)　傍線部④のたとえは、何を言おうとしたものか。適当なものを次のア～オから選び、記号で答えよ。

ア．少数意見よりも多数意見を尊重し、より多くの人のためになる政治を行うべきである。

イ．人々の不平不満はそのたびごとに聞き、一気に爆発しないようにすることが大切である。

ウ．大事業ばかりを優先せず、たとえ小さなことでも人々の救いになる事業を行うことが重要である。

エ．人々から恨まれないように、日頃から多くの人々の考えに耳を傾けることが肝心である。

オ．失敗の危険性が伴う決断は避け、人々の信頼を得るような確実な政治をする必要がある。

(6)　傍線部⑥・⑦の指示内容を答えよ。

38

★★☆

次の漢文は漢の高祖（劉邦）が項羽（項氏）を攻め滅ぼした後、群臣たちと宴会を行っている場面である。これを読んで、後の問いに答えよ。

　高祖置二‐酒ス洛陽ノ南宮一ニ。帝曰ク、「徹侯諸将、皆言下ヘト①吾ガ所三‐以ノ得二タル天下一ヲ者ハ何ゾ、項氏ノ所三‐以ノ失二ヒシ天下一ヲ者ハ何上ゾヤヲ。」高起・王陵対(a)曰ク、「陛下②使人攻城掠地、因リテ而与レヘ之ヲ、与二天下一同二ジクス其ノ利一ヲ。項羽ハ不レ然ラ。有レル功者ハ害レシ之ヲ、賢者ハ疑レヒ之ヲ、戦勝チテ而不レ与二ヘ人ニ功一ヲ。得レテ地ヲ而不レト与二ヘ人ニ利一ヲ。」帝曰ク、「公ハ③知二リテ其ノ一一ヲ、④未レダ知二ラ其ノ二一ヲ。(b)夫運二ラシ籌《はかりごと》ヲ帷《い》幄《あく》之中一ニ、決二スルハ勝ヲ千里之外一ニ、⑤吾不レ如二カ子房《ぼう》一ニ。鎮二メ国家一ヲ、撫二シ百姓一ヲ、給二シ餽《き》餉《しょう》一ヲ、不レルハ絶二タ粮《りょう》道《どう》一ヲ、吾不レ如二カ蕭《しょう》何《か》一ニ。連二ネ百万之衆一ヲ、戦ヘバ必ズ勝チ、攻ムレバ必ズ取ルハ、吾不レ如二カ韓《かん》信《しん》一ニ。此ノ三人ノ者ハ、皆人傑也。吾能ク用レフ之ヲ。此レ吾ガ所三‐

以《ナリ》取《リシ》二天下《ヲ》一。項羽《ハ》有《レドモ》二一《ノ》范《はん》増《ぞう》一、而《モ》不レ能《ハ》レ用《フルコト》。此《レ》其《ノ》所三以為《リシ》二我《ガ》禽《とりこト》一也《ト》。」⑥群臣悦服《ス》。

（『十八史略』より）

〔注〕帷幄…陣中で策略を立てる場所。　餽餉…兵糧をおくること。

子房・蕭何・韓信…高祖の家臣。　范増…項羽の家臣。

(1) 二重傍線部ａ・ｂの読みを送り仮名を含めて現代仮名遣いで答えよ。

(2) 傍線部①を現代語訳せよ。

(3) 傍線部②に「人をして城を攻め地を掠《かす》めしむれば」となるように訓点を施せ。

(4) 傍線部③の「其二」が指す内容を、高祖と項羽を比較して簡潔にまとめよ。

(5) 傍線部④をすべて平仮名で書き下し文に直せ。

(6) 傍線部⑤について、次の問いに答えよ。

Ⅰ 用いられている句法は、何形と言われるか。

Ⅱ 現代語訳せよ。

(7) 傍線部⑥について、なぜ群臣はよろこんで心から高祖に服従したのか。その理由を本文の展開に即して説明せよ。

〈山口県〉

39

★★☆

次の漢文を読んで、後の問いに答えよ。（設問の都合上、一部訓点を省略、及び表記を改めたところがある。）

①太史公曰《ク》、吾聞《ク》二之《ヲ》周生《ニ》一、曰《ク》、舜《ノ》目《ハ》ａ蓋《シ》重《ちょう》瞳《どう》子《しナリ》。又聞《ク》、項羽《モ》亦《タ》重瞳子《ナリ》。羽《ハ》豈《ニ》②其《ノ》苗《べう》裔《えいナラン》邪。何《ゾ》興《ルコト》之暴《すみやカナル》也。ｂ夫《レ》秦、失《ヒ》二其《ノ》政《ヲ》一、陳渉、首《はじムルヤ》レ難《ヲ》、豪傑蜂起《シ》、相与《ともニ》竝《ならビ》争《フ》。③不

可勝数。然ルニ羽ハ非ズレ有スルニ二尺寸ヲ一、乗ジテレ勢ニ起リ二隴《りょう》畝《ほ》之中ニ一、三年ニシテ遂ニ将《ひき》ヰテ二④五諸侯ヲ一滅ボシレ秦ヲ、分二—裂シテ天下ヲ一而封ジ二王侯ヲ一、政、c由リレ羽出デ、号シテ為ス二覇王ト一。位雖モレ⑤不ト レ終ラ、近古以来、未ダル二d嘗テ有ラ一也。及ビテ下羽ガ⑥背キレ関ニ懐ヒレ楚ヲ、放二—逐シテ義帝ヲ一而自ラ立スルニ上、怨《うら》ムルハ二王侯ノ叛《そむ》クヲレ己ニ、難シ矣。自ラ矜《ほこ》リ二功伐ニ一、奮ヒテ二其ノ私智ヲ一、而不レ師トセレ古ヲ、謂《おも》ヒ二覇王之業ト一、欲スルコト下以テ二力征ヲ一経中—営セント天下ヲ上、五年、e卒ニ亡ボシ二其ノ国ヲ一、身ハ死セリ二東城ニ一。尚ホ不シテ二覚悟セ一、而不二自ラ責メレ過ヲ矣。⑦すなはチ引ク三天、亡ボスナリレ我ヲ、非ザルヲ二用フルレ兵ヲ之罪ニ一也。⑧豈ニ不レ謬ラ哉。

（『史記』より）

〔注〕周生…周時の賢者といい、漢代の儒者というが、明らかでない。

重瞳子…ひとみが二つある。　暴…にわか。速やか。

隴畝之中…田舎。民間。　功伐…伐も功、勲。　私智…狭い自分勝手な知。

(1) 二重傍線部a～eの読みを、平仮名で書け。（歴史的仮名遣いでなくてもよい。）

(2) 傍線部①「太史公」とは『史記』の作者のことであるが、その人物名を漢字で書け。

(3) 傍線部②「其」の指すものを、文中より抜き出せ。（訓点は不要。）

(4) 傍線部③「不可勝数」について、次の問いに答えよ。

Ⅰ　すべて平仮名で書き下した文として正しいものを、次のア～エから一つ選び、記号で答えよ。

ア. かちをかぞふるべからず。　イ. かつべからざるをかぞふるなり。

ウ. まさりてかぞふべからず。　エ. かぞふるにたふべからず。

Ⅱ　この文の意味として正しいものを、次のア～エから一つ選び、記号で答えよ。

ア. 勝てる相手は全くいない。　イ. 数え切れないくらいいる。

ウ. 勝ち続けることはできない。　エ. 勝てない相手の数を数える。

(5) 傍線部④「五諸侯」とは、文中に出てくる「秦」、「楚」以外の「戦国の七雄」のことを言っている。次のア～エから

「戦国の七雄」以外のものを一つ選び、記号で答えよ。
ア．漢　イ．斉　ウ．趙　エ．燕

(6) 傍線部⑤「不終」、⑥「背関」の意味として正しいものを、次のア〜エからそれぞれ一つ選び、記号で答えよ。

⑤ 不終

ア．全うできない。　イ．永遠である。
ウ．上りつめていない。　エ．身分不相応である。

⑥ 背関

ア．関係を絶った。　イ．関所を破った。
ウ．関中を見捨てた。　エ．関心を失った。

(7) 傍線部⑦の「すなはチ」として最も適当なものを、次のア〜エから選び、記号で答えよ。
ア．即　イ．乃　ウ．則　エ．而

(8) 傍線部⑧「豈不謬哉」とあるが、この文章の作者は「羽」のどういう点について「謬」と言っているのか、最も適当なものを、次のア〜エから選び、記号で答えよ。
ア．大した領地を持っていないのに秦に対して反乱を起こした点。
イ．義帝を放逐し自ら覇王となって勝手気ままに王侯を任じた点。
ウ．身を滅ぼすに至ってもなお自らの過ちについて自覚していない点。
エ．兵を用いることが下手で戦争の場では負けてばかりいた点。

〈富山県〉

40

★★☆

次の漢詩を読んで、後の問いに答えよ。

「湘南即事」A　　戴叔倫

盧橘花開楓葉衰
B出レ門何処望二京師一
沅湘日夜東流去
C不下為二愁人一住上少時

（『唐詩』より）

〔注〕少時…しばらく。

(1) 傍線部A「即事」の意味を書け。
(2) 季節の変化がわかる句を探し、その内容を書け。
(3) 傍線部Bの現代語訳を書け。
(4) 傍線部Cをすべて平仮名で書き下し文にせよ。
(5) この詩を詠んだときの作者の思いを、詩の中にある情景と関連づけて六十字以内で書け。

〈長野県〉

41 ★★☆

次の漢詩を読んで、後の問いに答えよ。

石壕吏　杜甫

暮レニ投ズ二石壕村一ニ　有リテレ吏夜ニ①捉フレ人ヲ

老翁ａ踰エテレ墻《かき》ヲ走リ　老婦出デテレ門ヲ看ル

吏ノ呼ブコト一ニ何ゾ怒レル　婦ノ啼クコト一ニ何ゾ苦シメル

②聴クニ二婦ノ前ミテ致スヲ一レ詞ヲ　三男ハ鄴城ノｂ戍リ

一男ハ付シテレ書ヲ至リ　二男ハ新タニ戦死セリト

③存スル者ハ且ク偸ミテレ生ヲ　死セル者ハ長ニ已ム矣

室中更ニ無クレ人　惟ダ有ルノミ二乳下ノ孫一

④孫有二母未一レ去　出入ニ無シ二完裙一

老嫗力雖モレ衰ヘタリト　請フ従ヒテレ吏ニ夜帰センコトヲ

急ニ応ゼバ二河陽ノ役ニ一　⑤猶ホ得ンレ備フルヲ二晨炊ニ一

夜久シクシテ語声絶エ　如シレ聞クガ二泣イテ幽咽スルヲ一

天明登ルトキ二前途ニ一　⑥独リ与二老翁一別レシノミ

〔注〕投…宿をとる。　看…応対する。

三男…三人の息子。　乳下孫…乳飲み子の孫。

完裙…満足なスカート。　帰…おもむく。

晨炊…朝の飯炊き。

(1) 傍線部①はどのような意味か。次のア～オから選び、記号で答えよ。

ア．盗賊を捕まえる　イ．女、子供を捕まえる

ウ．投降した兵士を捕まえる　エ．軍隊で使役する男を捕まえる

オ．役人に逆らう者を捕まえる

(2) 二重傍線部a・bの読みを記せ。

(3) 傍線部②の老婦の「詞」はどこまでか。最後の漢字二字を答えよ。

(4) 傍線部③はどのような意味か。次のア～オから選び、記号で答えよ。

ア．いつまでも他人の生命を絶つ　イ．しばらくかりそめに生きている

ウ．しばらくのんびりと生きている　エ．いつまでも生命を惜しむ

オ．しばらくしたら死ぬ

(5) 傍線部④を書き下し文にせよ。

(6) 傍線部⑤を現代語訳せよ。

(7) 傍線部⑥で、老翁と別れたのは誰か。次のア～オから選び、記号で答えよ。

ア．老婦　イ．村人　ウ．杜甫　エ．吏　オ．孫

(8) 作者の訴えたいことを簡潔に答えよ。

42 ★★★

次のA・Bの漢詩を読んで、後の問いに答えよ。

A　泊二ス天草洋一ニ　　頼 山陽

雲耶《か》山耶呉耶越カ
水天髣髴青一髪
万里泊レス舟ヲ天草ノ洋
煙ハ横二タハリテ篷《ほう》窗《さう》一ニ日漸ク没ス
瞥見ス大魚ノ躍二ルヲ波間一ニ
太白当レツテ船ニ明似レタリ月ニ

〔注〕　煙横…夕もやがたなびいて。
篷窗…小舟の窓。
瞥見…ちらりと見る。
太白…金星。
当船…船の正面に射しこんでくる。

B　[　　　　]　細井 平洲

芳《ほう》艸《さう》萋《せい》萋《せい》日日新タナリ
動二カシテ人ノ帰思ヲ一不レ勝レヘ春ニ
郷関此ヲ去ル三千里
昨夢高堂謁二ス老親ニ一

〔注〕　芳艸…芳しい草。
萋萋…草が茂ったさま。
郷関…故郷。

(1)　A・Bの漢詩の種類を、それぞれ漢字で書け。

(2)　Aは、作者が九州旅行の途中で、長崎より熊本へ向かう船中で暴風に遭い、近くの小島に難を避けた時の作である。このことを踏まえて、次の問いに答えよ。

Ⅰ　第一句と第二句を現代語訳せよ。
Ⅱ　第四句を、すべて現代仮名遣いの平仮名で書き下し文にせよ。
Ⅲ　第二句と第六句で使われている表現上の工夫について説明せよ。

(3)　Bについて、次の問いに答えよ。
Ⅰ　初句と第二句で述べられている作者の心情を説明せよ。
Ⅱ　□に入るこの詩の題名として適当なものを、次のア〜エから一つ選び、記号で答えよ。
ア．夢艸　イ．夢春　ウ．夢此　エ．夢親

〈青森県〉

43

★★☆

次の各問いに答えよ。

(1)　次の漢字の読み仮名で、正しく書かれていないものをア〜オからそれぞれ選び、記号で答えよ。

①　ア．惹起（じゃっき）　イ．上梓（じょうし）　ウ．紐帯（じんたい）
エ．掣肘（せいちゅう）　オ．先蹤（せんしょう）

②　ア．撒布（さっぷ）　イ．闡明（たんめい）　ウ．誰何（すいか）
エ．仄聞（そくぶん）　オ．進捗（しんちょく）

③　ア．牽く（ひらく）　イ．捌く（さばく）　ウ．瞠る（みはる）
エ．顰める（ひそめる）　オ．託つ（かこつ）

④　ア．掌る（つかさどる）　イ．逐う（おう）　ウ．纏う（まとう）
エ．峙つ（そばだつ）　オ．擂る（はる）

⑤　ア．嗜む（たしなむ）　イ．唸る（うなる）　ウ．遡る（さかのぼる）

エ．竦む（ひるむ）　オ．闕ける（かける）

(2) 次の傍線部と同じ漢字を書くものとして最も適するものをア〜オからそれぞれ選び、記号で答えよ。

① ゼンゴ策を練る

ア．シャクゼンとしない　イ．ゼンゲンを翻す　ウ．カンゼンチョウアク

エ．ゼンジ移行する　オ．シュウゼン費

② ゲキリンにふれる

ア．天地は万物のゲキリョなり　イ．ゲキヤクのため注意　ウ．ショウゲキ的

エ．ゲキエツな口調　オ．ゲキフンをとばす

③ 作業の合理化をハカる

ア．水深のソクテイ　イ．審議会にシモンする　ウ．狭いリョウケンだ

エ．敵のボウリャクだ　オ．教育の改革をキトする

④ 都を京都にウツす

ア．意見をハンエイ　イ．画風のヘンセン　ウ．人物をカッシャする

エ．古典をモシャする　オ．議事録をショウシュツする

〈(1)・(2) 神奈川県・横浜市・川崎市改題〉

(3) 次の漢字の筆順を記せ。

① 区　② 用　③ 有　④ 性　⑤ 必

44

★★☆

次の文章を読んで、後の問いに答えよ。

やまとことばは日本語本来の言葉で、漢語に対して和語とも言います。やまとことばは、①ひびきが優しく、柔らかで、何よりも耳で聞いて分かりやすい言葉ですが、多義的で複雑なニュアンスがあり、時として表現の厳密性に欠ける面があります。

一方、漢語は「講義／抗議／交誼」など同音異義語が多いこともあり、耳で聞いただけでは意味を特定しにくい場合もありますが、短い語形で④含蓄のある引き締まった表現をすることができます。「⑦郷愁」にしても「⑧一触即発」にしても、これをやまとことばで言うとかなり⑥冗長になってしまいます。

美しいようすを表す言葉にも和語と漢語があります。和語としては「美しい」「うるわしい」「あでやかだ」などがあります。また、漢語としては「優美」「きれい（綺麗）」「②かび」などがあります。

「美しい」「うるわしい」「あでやかだ」については、「美しい」が最も一般的に使われます。「うるわしい」は、「かがやくように美しい」ということですが、「美しい」に比べると、やや文章語的です。

また、「③ごきげんうるわしい」のように「晴れ晴れとして気分がよい」という意味や、「うるわしい友情」のように「心あたたまるようすである」という意味でも使われます。

漢語には、「⑤艶麗」「秀麗」「壮麗」「□麗」「美麗」「流麗」のように「麗」が付く語がたくさんありますが、「麗」の訓が「うるわしい」であることから、大体の意味は見当が付きます。例えば、「□麗」の「□」は「きちんと整っている」という意味ですから、「□麗」は「姿や形が整っていて美しい」となります。

（美しい日本語について語る会編『美しい日本語のすすめ』より）

(1) 傍線部①～⑤について、平仮名は漢字に直し、漢字は平仮名で読みを書け。

① ひびき　② かび　③ ごきげん　④ 含蓄　⑤ 艶麗

(2) 傍線部⑥「冗長」の読みを書き、対義語を漢字で書け。

(3) 傍線部⑦「郷愁」の意味を、漢語を使わないで書け。

(4) 傍線部⑧「一触即発」を使い、主語・述語の明確な短文を、複文の形で作れ。

(5) 文章中の□に入る適切な漢字一字を書け。

(6) 「美しい」と「優美」のような類義の和語（形容詞か形容動詞）と漢語（名詞）を三組書け。

〈静岡県・静岡市〉

45 ★★☆

(1) 次の慣用句・ことわざの意味で、正しくないものを次の①～⑨からそれぞれ選び、番号で答えよ。

① 一矢を報いる（反撃すること）
② 帯に短し襷に長し（中途半端なこと）
③ 瓢箪から駒（冗談が真実になること）
④ 思い半ばに過ぎる（どうしても納得がいかないこと）
⑤ 人後に落ちない（他人にひけをとらないこと）
⑥ 木で鼻をくくる（無愛想なもてなしをすること）
⑦ 肝胆相照らす（心を打ち明けて親しく交わること）
⑧ 火中の栗を拾う（他人のために危険な事に手出しして損をすること）
⑨ 転ばぬ先の杖（用心しておくにこしたことはないこと）

(2)
① 鎬を削る（激しく競争する）
② 手を拱く（巧妙な手口でだます）
③ 胡散臭い（怪しい・疑わしい）
④ 烏有に帰す（何もかもなくなってしまうこと）

⑤ 顰みに倣う（考えもなく人のまねをする）
⑥ 踵を接して（あとからあとから続くこと）
⑦ 糊口を凌ぐ（やっとのことで生活していく）
⑧ 二番煎じ（前のものの繰り返しで、新味のないもの）
⑨ 習い性となる（習慣はついには生まれつきの性質のようになる）

〈神奈川県・横浜市・川崎市改題〉

46

★☆☆

次の□にあてはまる漢字を書き、熟語やことわざ、慣用句を完成させよ。ただし、①～⑤の□には漢数字を、⑥～⑳の□には、体の一部分を示す漢字を入れること。

① □載□遇　② □転□起　③ □攫□金　④ □面□臂　⑤ □客□来

⑥ そんなことをしても、のれんに□押しだ。
⑦ □にすえかねて、怒鳴り出す。
⑧ 優れた技術に□を巻いた。
⑨ もうこんなことはしないと□に銘じた。
⑩ 余計な口出しをして、話の□を折る。
⑪ 美貌を□にかけて嫌われる。
⑫ もっともな話なので、□が痛い。
⑬ 引退して□の荷が下りた。
⑭ 油断して痛い□にあった。
⑮ 決勝戦をひかえ□が鳴る。

⑯ 話のおもしろさに□を乗り出す。

⑰ 売り上げが落ち込み、□に火がついた。

⑱ □を惜しんでは、成功しない。

⑲ 自分の力不足で、みんなの□を引っ張る。

⑳ 役員が□を集めて協議する。

〈茨城県〉

47

★★☆

次のような質問を受けたら、あなたは国語科の教師としてどのように答えるか。A～Cの質問の中から一つ選んで、その回答を書け。

A. 女性から　「ピアノの稽古にきている高校生が、『ご苦労様でした』と言って帰っていくの。部活の下級生でもないのに、失礼な感じがするんだけど、どう思う。」

B. 教師から　「学校の入学説明会で、私たちが校長先生のことについて言う場合、『校長先生がおっしゃった』『校長が申し上げた』のどちらが適切だろうか。」

C. 生徒から　「方言はわかりにくいから普段から使わない方がいいんですか。」

〈鳥取県改題〉

48 ★★☆

次の各問いに答えよ。

(1) 次の作品の作家を後から選ぶとき、あてはまらないものをア～カからそれぞれ選び、記号で答えよ。

① A『風流仏』　B『婦系図』　C『腕くらべ』　D『二人比丘尼色懺悔』　E『縮図』

ア．尾崎紅葉　イ．幸田露伴　ウ．樋口一葉　エ．泉鏡花　オ．永井荷風　カ．徳田秋声

② A『春鳥集』　B『鮫』　C『旅人かへらず』　D『測量船』　E『天地有情』

ア．蒲原有明　イ．萩原朔太郎　ウ．三好達治　エ．金子光晴　オ．西脇順三郎　カ．土井晩翠

(2) 雑誌と関係する人物の組合せのうちで、正しくないものを次のア～ケから選び、記号で答えよ。

ア．我楽多文庫（尾崎紅葉）　イ．文学界（北村透谷）　ウ．早稲田文学（島村抱月）

エ．三田文学（永井荷風）　オ．四季（三好達治）　カ．白樺（武者小路実篤）

キ．明星（与謝野鉄幹）　ク．スバル（北原白秋）　ケ．文芸時代（葉山嘉樹）

〈神奈川県・横浜市・川崎市改題〉

49 ★★☆

次の文は、森鷗外について解説した文である。「　ア　」～「　ウ　」には作品名を漢字で書き、（　A　）・（　B　）には森鷗外が自身の歴史小説について論じた用語を書け。

大正期の鷗外は乃木希典の殉死に触発されて、歴史小説に新しい領域を開くことになった。「　ア　」は殉死者の遺書に擬して乃木への賛歌を語り、「　イ　」は殉死の掟と人間性の相克を描いて、武士道を貫いた死者への感動を隠さない。「大塩平八郎」では大塩の挙兵を〈未だ醒覚せざる社会主義〉の乱と呼んで批判的である。これらの歴史小説はいずれも史料に忠実な「歴史（　A　）」の手法が特色だが、その後、史料の束縛を脱して主観を自由に生かす「歴史（　B　）」

の方向にむかい、「山椒大夫」や「高瀬舟」「寒山拾得」などの佳作が書かれた。さらに「　ウ　」では医にして儒者を兼ねた抽斎の伝を、伝記の考証過程とあわせ描いて、史伝の新しい領域を開いた。夏目漱石と併称されることが多く、相並んで明治の精神と倫理を体現した作家である。

〈長野県改題〉

50

★★☆

平安期の、『源氏物語』に至るまでの物語文学の流れを、『竹取物語』、『伊勢物語』を使って説明せよ。

〈富山県改題〉

51

★★☆

『大鏡』と『栄花物語』を比較し、藤原道長の評価及び構成の形式の二つの視点から説明せよ。

〈高知県改題〉

52

★★☆

次の(1)〜(3)について説明せよ。

(1)　三代集

(2)　活喩法

(3)　虚実皮膜論

〈福島県改題〉

53

★★★

次に挙げる和歌を読んで、後の問いに答えよ。

ア．花の色は移りにけりないたづらにわが身世にふるながめせし間に（古今和歌集　小野小町）

イ．いづかたに花さきぬらんと思ふよりよもの山辺にちる心かな（千載和歌集　待賢門院堀川）

ウ．かぎりなき色もにほひも猶そひぬ花は今日をやわきて待ちけむ（兼好法師集）

エ．桜花散りぬる風のなごりには水なき空に波ぞ立ちける（古今和歌集　紀貫之）

オ．花は散りその色となくながむればむなしき空にはるさめぞ降る（新古今和歌集　式子内親王）

カ．花だにも同じ香ながら咲くものを植ゑたる人の心知らなむ（貫之集）

(1) アの歌には掛詞が用いられている。どのように意味が掛けられているか分かるように、この歌の大意を書け。

(2) ア～エの歌を、花が咲いて散っていくという時間の流れにそって並べ替えるとしたらどのような順番になるか。記号を並べ替えよ。

(3) カは紀貫之が詠んだある歌に対する返歌である。その貫之の歌を書け。

(4) エとオの歌を読み比べ、歌われている情景の共通点と相違点を説明せよ。

〈静岡県・静岡市〉

54

★★☆

次の俳句を読んで、後の問いに答えよ。

A．蟇《ひき》歩く到りつく辺《へ》のある如く　中村汀女

B．雪残る頂一つ国境　正岡子規

C．空をはさむ蟹死にをるや雲の峰　河東碧梧桐

D．麦秋の中なるが悲し聖廃墟　　水原秋桜子
E．炎天の遠き帆やわがこころの帆　　山口誓子
F．ぜんまいののの字ばかりの寂光土　　川端茅舎
G．遠山に日の当りたる枯野かな　　高浜虚子
H．白藤や揺りやみしかばうすみどり　　芝不器男

(1) A〜Hの俳句の中から、次の俳句の季節と同じものをすべて選び、記号で答えよ。
囀《さへづり》をこぼさじと抱く大樹かな　　星野立子
(2) 次のア〜エの技法・特徴が用いられている句をすべて選び、それぞれ記号で答えよ。
ア．倒置法　　イ．切れ字　　ウ．字余り　　エ．中間切れ
(3) 「有季定型」の俳句に対し、それにこだわらない俳句をなんというか。「［　　　　　］の俳句」という形で、空欄にあたる五字を書け。
(4) 『ホトトギス』を創刊し、客観的な写生俳句を唱え、俳句革新運動を進めた人物を、A〜Hから選び、記号で答えよ。
〈岩手県〉

55 ★☆☆

次の文章を読んで、後の問いに答えよ。

A 前略　十五日までに十回分お送りするようお約束して置きましたが、新年号の雑誌の方を済ましてこれからという所で風邪をひいて、今日まで丁度八日間寝て了《しま》いました。熱が少しあるのと顔と頸の神経痛でとうとう仕事にかかれませんでした。
旧《ふる》いお約束でいながら、それを果たそうとする時ハキハキ出来ないのは誠に心苦しい事ですが、不悪《あしからず》。兎《と》も角《かく》五回分だけ清書が出来ましたからこれと同時に書留めでお送りします。

あと五回づつ出来次第お送りします。

まずは用事のみ。　　　　　　　　　　　　　　　　　（　B　）

C十二月十六日　　　　　　　　　　　　　　　　　　志賀直哉

D薄田淳介様

(1)　傍線部A「前略」が手紙の頭語として用いられるのは、どのような場合か。適切なものを次のア〜カからすべて選び、記号で答えよ。

ア．手紙の返事を書く場合。
イ．手紙を書く理由を述べない場合。
ウ．頭語のあと、すぐに用件を述べる場合。
エ．相手に、用件がすでに伝わっている場合。
オ．手紙の前文を省略する場合。
カ．まだ会ったことのない人に手紙を書く場合。

(2)　空欄Bに入る語句として最も適切なものを次のア〜コから選び、記号で答えよ。

ア．かしこ　イ．敬具　ウ．草々　エ．敬白　オ．謹啓
カ．冠省　キ．座右　ク．拝復　ケ．親展　コ．侍史《じし》

(3)　傍線部C「十二月」とあるが、この月の手紙に時候のあいさつを書く場合に最も適切なものを、次のア〜オから選び、記号で答えよ。

ア．朝夕はまだ寒さが残りますが　イ．冬の気配が感じられるこの頃
ウ．寒さなお厳しき折り　エ．如月の夜空に寒気が厳しく冴え
オ．遠い山々もすっかり雪化粧して

(4)　傍線部D「薄田淳介」は大阪毎日新聞社の人であった。この宛て名の部分を大阪毎日新聞社とした場合、敬称の「様」は何に変えたらよいか答えよ。

実践問題　解答・解説

1　〔解答例〕

人間と人間との関係の中で、互いの立場や考えを尊重し、言語を通して正確に理解したり適切に表現したりする力を高めること。（六十字）

解説

「伝え合う力」の定義・解釈については、『中学校学習指導要領（平成二十九年告示）解説　国語編』に明記されている。

2　A．社会生活　B．豊か　C．伝え合う力　D．価値
E．読書　F．大切　G．態度　H．関わり　I．向上

解説

平成二十九年告示の中学校学習指導要領「国語」に示されている目標では、国語で正確に理解し適切に表現する資質・能力として、「(1)社会生活に必要な国語について、その特質を理解し適切に使うことができるようにする。(2)社会生活における人との関わりの中で伝え合う力を高め、思考力や想像力を養う。(3)言葉がもつ価値を認識するとともに、言語感覚を豊かにし、我が国の言語文化に関わり、国語を尊重してその能力の向上を図る態度を養う。」の3点を育成することを目指すとしている。

3　①　第二学年　②　第三学年　③　第一学年
④　第一学年　⑤　第二学年

解説

①　〔思考力、判断力、表現力等〕「A　話すこと・聞くこと　(1)ウ」に明記されている。
②　〔思考力、判断力、表現力等〕「A　話すこと・聞くこと　(1)オ」に明記されている。
③　〔知識及び技能〕(3)において、我が国の言語文化に関して身に付けることができるよう指導すべき事項の1つとして明記されている。
④　〔思考力、判断力、表現力等〕「A　話すこと・聞くこと　(1)エ」に明記されている。
⑤　〔思考力、判断力、表現力等〕「B　書くこと　(1)イ」に明記されている。

4　エ

解説

選択肢エは平成二十年告示の学習指導要領の観点である。平成二十九年告示の学習指導要領では「科学的、論理的に物事を捉え考察し、視野を広げるのに役立つこと。」となっている。

5　(1)　ア．現代の国語　イ．論理国語　ウ．古典探究
エ．文学国語　オ．言語文化　カ．国語表現

(2)　「話すこと・聞くこと」

・指導には、二十〜三十単位時間程度を配当するものとし、計画的に指導すること。
・必要に応じて、口語のきまり、敬語の用法などを扱うこ

と。

「書くこと」

・指導には、三十～四十単位時間程度を配当するものとし、計画的に指導すること。

・中学校国語科の書写との関連を図り、効果的に文字を書く機会を設けること。

「読むこと」

・指導には、十～二十単位時間程度を配当するものとし、計画的に指導すること。

解説

(1) 中央教育審議会答申「幼稚園、小学校、中学校、高等学校及び特別支援学校の学習指導要領等の改善及び必要な方策等について」（平成二十八年十二月二十一日）の第二部「第二章 各教科・科目等の内容の見直し」「1．国語」参照。

6

(1) ③ (2) ②

解説

(1) ① 「言語文化」ではなく「論理国語」である。

② 「生涯にわたる社会生活に必要な国語の知識や技能を身に付けるとともに、」という表現は「文学国語」に見られる。その他、「言語文化」「古典探究」の目標にも同じ表現が見られる。

④ 「論理国語」ではなく、「現代の国語」「言語文化」「国語表現」「古典探究」の目標に見られる表現である。「論理国語」では「論理的、批判的に考える力を伸ばす」と示されている。

(2) ① 「外国の文化には触れず」ではなく、「我が国の言語文化の特質や我が国の文化と外国の文化との関係について理解すること」が正しい。

③ 本肢の記述に該当するのは、「古典探究」である。

④ 「国語の本質」ではなく、「読書の意義と効用」が正しい。

7

(1) 〔解答例〕

指導者が、文章を読んで、その内容に関する説明をしてしまい、説明を通して生徒に文章の理解を促すというような指導。

(2) A．論理的 B．近代以降の文語文 C．評論文

解説

(1) 「文学国語」の指導事項に、「語り手の視点や場面の設定の仕方、表現の特色について評価することを通して、内容を解釈すること。」がある。指導者が一方的に文章を説明してしまうと、生徒は文章の多様性を味わうことができなくなるため、解釈の多様性につながらない。まずは、生徒に主体的に文章を読ませ、文学的な文章を読む際の基本となる「作品の内容や解釈を踏まえ、人間、社会、自然などに対するものの見方、感じ方、考え方を深めること」ができるように指導することが大切である。

8 〔解答例〕

古典学習によって、我が国の伝統や文化に対する関心や理解を深め、それらを尊重し、日本人としての自覚をもてるようになる。古典を学ぶことは、自国の文化を愛する心を育てるのみならず、異文化理解の基礎を培い、国際理解を深め、国際協調の精神を養うことにつながる。

解説 平成二十九年告示中学校学習指導要領の「指導計画の作成と内容の取扱い」の教材選定の観点（3の(2)のキ・ク）、平成三十年告示高等学校学習指導要領の「現代の国語」の「内容の取扱い」の教材選定の観点(4)のウの(ク)、「言語文化」の「内容の取扱い」の教材選定の観点(4)のエの(キ)・(ク)などを参考にするとよい。

9 〔解答例〕

・インターネット上の情報は、信頼性があるとは限らないため、いつ誰が発信したのか、どのような立場や目的で書かれたものかなどを確認したり、複数の情報源から確認したりするなど適切な情報を活用できるよう、指導する。（百二字）

解説 急速に情報化が進展する社会において、様々な媒体の情報の中から必要な情報を取り出したり、情報同士の関係をわかりやすく整理したり、発信したい情報を様々な手段で表現したりすることが求められている。インターネットもこのような情報手段の一つである。

10 〔解答例〕

① 目的や意図に応じて、生徒が日常生活の中で関心のある題材を集めさせる。
② 集めた題材を比較したり、取捨選択したりしながら、問題点を見出し、伝えたいことを明確にするよう、指示をする。
③ 伝えたいことを分かりやすく伝えるよう、構成や表現の仕方を助言する。
④ 生徒が書いた文章のよい点や改善点を授業の中で考え、他者からの質問や感想を得ることによって、文章に書いて伝えることの楽しさを味わわせる。

解説 「書くこと」の指導で、作文を苦手とする生徒には順序立てて指導することが重要である。一つのポイントとしては、社会生活や日常生活の中から生徒の関心のある題材を選ばせることによって、苦手意識を取り除くことができる。

11 (1) ① 時流にうまく乗り、順調に物事が運ぶことのたとえ。
② 何の気遣いもいらず、心から打ち解けて親しく付き合える様子。

(2) 〔解答例〕

〈一時間目〉

・「鼻をあかす」「肩をもつ」などの身体の名称や、「犬も食わない」「猫をかぶる」などの動物の名称が使われている慣用句をいくつか用意し、名称別にグループ分けして、グループ内で意味を検討し、推測する。
・辞書で慣用句の意味を調べ、慣用句を使った短文をグループ内で考える。その後、グループ内で慣用句を使った会話をする。

〈二時間目〉
・前時に考えた短文をグループごとに発表し、慣用句の正しい意味と使い方を全員で確かめ合う。
・「現代の世相を反映する」というテーマで、慣用句を使った文をグループごとに考えて作り、話の中で使う練習をし、皆の前で発表する。

解説

(1) ① 流れに乗って下る舟に棹を突いて、さらに勢いをつけて舟を進める意から転じた慣用句である。「流れに逆らう」という意で用いるのは誤り。

② 「油断できない」「信用できない」という意味ではないことに注意。

(2) 二つ以上の単語が結び付いて、元の意味とは違った特定の意味を表す言い回しを「慣用句」と言う。慣用句は、個々の単語から連想されるイメージを巧みに生かしているものが多く、同じことを他の言葉で表すよりも、受け手に訴える効果が強い。慣用句を話や文章の中で適切に使うことができれば、表現が生き生きとしたものになり、言語生活もより豊かになる。「慣用句に対する意識を高める」には、その意味を理解できるだけでなく、適切に使えることが重要である。

解答するにあたっては、留意事項として挙げられている二つの条件を必ず満たす必要がある。二つめの「生徒が互いにかかわり合う活動」としては、〔解答例〕で示したグループ活動のほか、例えば、「なぞなぞ形式」での問答なども考えられるだろう。

12

解説 451ページに記載

討論や議論などの話合いについては〔思考力、判断力、表現力等〕の「話すこと・聞くこと」の指導事項の一部である。討論は話すことと聞くことが交互に行われる言語活動であり、それぞれの生徒が話し手にもなり聞き手にもなる。第二学年では話合いを効果的に進めることについて「互いの立場や考えを尊重しながら」、そして考えを形成することについては「結論を導くために」考えをまとめたり広げたり深めたりすることが大切である。このような点を重視して、指導計画を作成する必要がある。なお、指導計画の様式について特別な指定がなければ、使いやすい様式で作成すればよいだろう。

13

解説 452ページに記載

提示されているテーマを踏まえると、小学校低学年の児童を「相手」に、私たちが通う高校を紹介するという「目的」に応じて適切に表現することを目標とする指導案を書く必要があるが、「話合い」という言語活動を通した学習である点にも留意する。

14

(1) a. にぎ（やかな）　b. 概（して）
c. 画定　d. 要請
e. いきょ

(2) 公共的な／共同体時間だからなのでは／ないのか。

(3) 単語数：10
助動詞：ない・な・で・まい

(4) 時間の推移を私自身の推移として理解する（十九字）

(5) オ

(6) 公共の時計や～るという目的

(7) 〔解答例〕
秩序維持のための法律（十字）

(8) 日常、時間は自己存在の推移と理解されているが、われわれは共同体の制度的時間を認知して行動し、共同体の制度を内面化することで個人の生活をいとなんでいる。（七十五字）

解説

(2) この場合の「ない」は形容詞。助動詞及び助詞は付属語なので、単独で文節を作れない。

(3) でき／ない／から／な／の／で／は／ある／まい／か
「ない」は打消の助動詞、「な」、「で」は断定の助動詞、「まい」は打消推量の助動詞。

(4) 「時間の推移」が「私的・個人的な自己存在の時間性と密接な関係をもっている」というための前提条件は、「時間」は私の「外部」を流れ去るものではなく、「私自身」が「いままでといまからの両方向へと開かれ」ているという捉え方である。

(5) 第一段落では、われわれが「時計から時間を読み取る」場合、「時刻」を知るためというよりも、むしろ「時間の推移」を見るためである、という見解が示されている。しかし、これを受けた第二段落では、それでも「現在の時刻の表示」は「時計の役目として二次的あるいは従属的なもの」ではないとしている。

(6) 現在の時刻の告示は「制度的時間」を知らせるために「共同体に向けられる」ものであり、われわれは共同体成員として「統一的な制度時間を自らの行動の規準」としている。つまり「制度的時間を認知することなしには……社会的行動をもいとなむことができない」から、自分を公共の時間に合わせるために時計の時間を確認するのである。「われわれが、時計を見なければならないのは……共同体の制度を内面化すること」（最終段落）と述べられているのがヒントである。

(7) 生活様式が「単一」でなくなると、共同体内部に、自分とは異なる目的をもって行動する他人が存在するようになる。そのため、掟や法律などの「共同体全体の行動の目安」となる「行動のルール」が必要になるのである。

(8) 本文の概要は以下の通り。
第一段落
・日常生活において、われわれは表示された「時間」から自己存在の推移（＝「いままでといまから」）を読み取っている。
第二～第五段落

・時刻の告示は共同体成員に社会的な行動を促す制度的時間（＝公共の時間）の告示であり、われわれはそれに自己の時間や行動を統合させる。言い換えれば、われわれは制度的時間を認知しなければ社会的行動をとることができないのである。

第六段落

・われわれが時計を見るのは公共的な共同体時間を知るためであり、このように共同体の制度を内面化することによって個人の生活をいとなんでいるといえる。

指定された三語を使って、筆者が述べようとしていることをどのようにまとめるかを考えよう。

15

(1)　④　中途半端　⑤　往時　⑥　しんし

(2)　ア

(3)　〔解答例〕

「降る」という動詞は自動詞で、その表す動作、作用が他に及ばず、主語自身についての動作、作用を表す動詞であるので、「雨」と「降る」との関係は主語述語の関係だと考えられる。一般的に格助詞の「が」は主語を示すが、「を」は動作、作用の対象となるものを示すので、「雨を降る」はおかしく、「雨が降る」はおかしくない。

(4)　言語的知識は、自分の属する言語共同体の中で経験的に体得した、本源的な自明の知識だということ。

(5)　〔解答例〕

「ことばは自然なもの」というのはことばの性質についての認識であり、「漢字制限」などの表記上の問題を語る根拠とするには不適切である。

解説

(2)　チョムスキーの「文法」とは「文字以前にすべての人間が持っているもの」で、年齢、性別、教養の区別なく誰もが身につけているが、知識の全体を図示できない「頭の中の文法」のことである。これと対義的に述べられているのが、本屋さんで売っている「書物にした文法」、つまり、「紙」に書かれた文法である。

(3)　「降る」というのは自動詞なので主語の動作や作用を表すことと、「雨を降る」の「を」は動作や作用の対象を示す格助詞であり、「雨を」と「降る」が修飾―被修飾の関係にあることを説明する。

(4)　哲学や歴史は「自分では確かめることのできない……知識」を必要とするが、「言語的知識」は「自分の中から、誰でも自信をもって引き出せる」知識であり、「ある言語共同体に属する者なら……誰でもが身につけ」ており、他人の発言が「自分の気持ちにあわないとき」にはそのおかしさを指摘できる「本源的知識」なのである。

(5)　「ことばは自然なもの」というのは、ことばは言語共同体の中で自然に身につけるものである、といったような「ことばの性質」についての認識である。しかし傍線部⑦は、「漢字制限などやるのは許せない」という、表記上の問題を取り上げた発言である。「ことばの性質」についての認識を以て表記問題の根拠とするのは論理的に間違っているから、筆者は「学問めかした入れ知恵によって、しゃべらされている」と指摘するのである。

16

(1) ウ　(2) b. エ　c. ウ
(3) オ　(4) ア
(5) オ　(6) イ

解説

(1) a、ウは場所を示す格助詞。アは形容動詞「聡明だ」の連用形活用語尾。イは様態の助動詞「ようだ」の連用形の一部。エ、オは補助用言を伴う断定の助動詞「だ」の連用形。

(2) b. 表象　ア. 雲散霧消　イ. 意気衝天
ウ. 信賞必罰　エ. 森羅万象
オ. 針小棒大

c. 真正　ア. 起死回生　イ. 清廉潔白
ウ. 公明正大　エ. 大器晩成
オ. 聖人君子

(3) 言語を媒介とした「意味の世界」に生きる人間は、「外界に開かれた認知構造に支えられている」ため、他の生物よりも「固定した本能に縛られていない」。つまり、「世界」を言語の表す「意味」で認知する人間は、「生物」としてこうしなければならないという本能的な行動規制が他の生物よりも少なく、「認知的に外界に開かれた存在」となるのである。ア＝「文化」があるから「本能と無縁」なのではなく、「本能」に縛られていないから「文化」を必要とするのである。イ＝人間も生物である以上、「内部環境の調節」は不可欠である。ウ＝「外部に拡大する自己を抑制」するのは、内部環境の調節ではなく文化の役割である。エ＝内部環境の変化による外界への適応は、生物として当然行われている。

(4) 本文では、「文化」を、外に開かれた自己を「閉じるための装置」であり、「様々な規範・価値を通して我々の思考・行動に制限を加える」ものとして定義している。それを踏まえた上で、それぞれの語句について見ていこう。

「社会制度は人間が決めた慣習」と第五段落にあるので、「社会制度」は「文化」といえる。

「社会規定性」は「人間の自由」を限定するが、「日常生活の様々な場面での行為」を可能にすると述べられている。よって「社会規定性」は「文化」といえる。

「生物学的所与」とは、攻撃するつもりがないことを示すために犬が「尻尾を振る」ように、生物として本能的に与えられている行動のことであり、「文化」とはいえない。

「社会生活」は「人間の作り出す規則」に則って営まれるものだが、「規則の恣意性がそのまま露わで」「強制力」が感じられると「円滑に営まれない」とある。よって「社会生活」は外部から「我々の思考・行動に制限を加える」ものではなく、われわれの「自由」な行為に属するので、「文化」とはいえない。

「社会秩序」は、「社会環境が行使する規制」であり、我々に「内面化された規範の形を取って……服従を促す」ものなので、「文化」といえる。

「支配」は、「Aからの命令あるいは示唆がなければBはその行為を実行しなかった」ことを条件とする関係である。つまり、Aの「命令あるいは示唆」がBの行動を左右する状態にあるので、「支配」は「文化」といえる。

「自然の摂理の表現」は、「強制力」の結果ではなく「自然な感情」として「正当性の感覚を生み出す」。つまり「根本的な恣意性が人間自身に対して隠蔽され」た状態なので、「文化」とはいえない。

(5)　第六段落以降で検証される「この点」とは、社会制度において、「根本的な恣意性」が隠蔽されて「自然の摂理であるかのように表象されて初めて正常に機能する」という前述の内容を指している。筆者は、「支配」という強制力を持った関係を取り上げて、そこに「むき出しの強制力」ではなく「支配関係に対する被支配者自身の合意を前提」とした関係が見出されるとき、「支配」は、自然で正当なものとして表象されると述べている。そして、「根源的な意味で理解された支配は、安定した社会秩序を維持するために必要不可欠な条件である」と結論づけて（第九段落）、「人間の思考や行動が社会制度によって規制されること」とその規制に「正当性が付与されなければならない」という見解（第五段落）の正しさを証明しているのである。文章の後半（第六～第九段落）が、前半の内容とどのような関係にあるかを考えればよい。

(6)　本文は、意味の世界に生き、外界に開かれた認知構造を持つ人間は、「本能（生物学的所与）」から自由である一方で、自己が外部に拡大しないように、我々の思考・行動を規制する「文化」を必要とすることを主題としている。そして、我々の生には規制が必要だという見解を示した上で、規制は強制的なものではなく、むしろ内面化された規範の形を取って「自然な感情」による服従を促すものであることが望ましいと述べている。ア＝筆者は「規制」を必要不可欠なものと見ており、それによって我々の「自由を束縛され」たとは述べていない。イ＝第二～第三段落の内容に合致する。ウ＝文化そのものを「自然から与えられた摂理」とみなすのではなく、「文化」によってもたらされた様々な規則に従うこと＝「自然の摂理」と思われることが大切なのである。エ＝継続した安定した支配は「強制力」によってはもたらされない、とある。オ＝支配を「守るべきもの」だとは述べていない。

17

(1)　a．すうせい　b．貫徹　c．捧

(2)　エ

(3)　Ⅰ　思い出は、精神が過去の経験を表象として想起するもので、個々の事物がイメージ的全体にかかわるため、機械に委ねられないから。（六十字）

Ⅱ　ベルクソンは想起的記憶から身体的なものを排除したが、記憶が担うイメージ的な表象は身体的なものを基盤とした感性的なものだから、記憶と身体は切り離せないものである。（八十字）

(4)　・倒壊寸前に宴会場から呼び出されたことで、圧死を免れたこと。（二十九字）

・席の場所を思い出し、圧死した人々を同定することが

できたこと。（三十字）

（5）記憶とは、過去の言語化であり、ことばによる過去の意識化である（三十字）

（6）ア．身体運動の反復

イ．経験は表象されない

ウ．昨日友人がどのように野球のボールを投げていたか。　など

解説

（2）A．空欄の前では、現代人が「なにごとにつけても自分で覚えていようとせず」、「情報機器」を使って〈記憶の外化〉を行っていることについて述べ、空欄の後では、「いちばんの問題は、われわれ人間が記憶を……機器に委ねることではない」と述べている。よって逆接の接続詞が入る。

B．「すぐには思い出せなくとも」とあるので、「もしも」「仮に」と同義の陳述の副詞「たとえ」が入る。

（3）Ⅰ　複製人間は、「昔の思い出、幼いときの思い出を想起でき」なかったために、「正体があらわれ」てしまう。なぜなら、思い出は機器に委ねることのできない〈純粋記憶〉であり、精神が過去を表象として想起するものだからである。言い換えると、習慣的記憶として個々の事物を記憶から取り出すことはできても、そこに自らの経験（過去）が表象されず、「イメージ的全体としての世界」にかかわる自発的な純粋記憶を想起できなかったから、複製人間（＝機械）であることがばれてしまうのである。

Ⅱ　ベルクソンの純粋記憶では、身体的なものを排除し、想起的な記憶だけを「精神の記憶」と見なした。しかし筆者は、「人間は心身の高次の統合体であり、……精神とは、活動する身体のこと」であり、記憶が担うイメージ的な表象は「身体的なものを基盤とした感性的なもの」という見方から、「想起的記憶はまったく身体から切り離せるものであろうか」とベルクソンの見解に疑問を提起している。

（4）詩の謝礼の半額をスコパスからもらったシモニデスは、「残りの半額は……双子の神からもらうべきだ」と言われる。これに対し双子の神は、シモニデスを外へ呼び出すことで「自分たちへの讃辞の分の謝礼」を支払ったというのだから、謝礼とは、シモニデスが外へ出たことによって受けた恩恵のことである。一つは、いうまでもなく圧死を免れたことであり、もう一つは、シモニデスが宴でスコパスらのいたテーブルの場所を思い出し、誰が誰だか判別できない状態であった遺体を「同定することができた」ことである。

（5）シモニデスの記憶術では、「場所を選んで、記憶したい物事の心的イメージを形づくること」と、場所とイメージを結びつけて「もののイメージがそのもの（記憶したい物事）自体を示すように」することを提唱している。つまり、記憶するためには、場所やものに記憶したい物事をイメージとして結びつけることが大切なのである。これを「記憶」という観点から考えると、「記憶」は自分の中で特定の場所やものに結びつけられた物事であり、それを取り出すことは、「過去

の言語化であり、ことばによる過去の意識化」（第九段落）であると言える。

(6) ア．第四段落に、習慣的記憶は「身体運動の反復によって得られる」とある。

イ．精神が過去を表象として想起する〈純粋記憶〉に対して、〈習慣的記憶〉では「経験は表象されない」のである。

ウ．「想起・再認の能力」とは、機器に委ねることのできない「思い出」すという能力である。

18

(1) a．ざんぜん　b．わら(う)

c．ずきょう　d．かえっ(て)

(2) もう鼻が長くなることはないという安心した気持ちになったから。（三十字）

(3) 今ははなはだ落ちぶれてしまった人が、昔の自分の栄華を思い出すように

(4) もう（副詞）一度（名詞）その（連体詞）人（名詞）を（助詞）

(5) 利己

(6) B

(7) 〔解答例〕

鼻が長いという不幸を克服したことで、反って周りの者は何となく物足りないような心もちがして、もう一度内供の鼻をあざわらいたいという消極的な敵意を抱いている。

（七十六字）

(8) ① イ　② キ

(9) ア

解説

(1) a「残喘」は残り少ない命、余命のこと。

(2) 「のびのびした気分」は「鼻は依然として短」く、前日の「又長くなりはしないかと云う不安」が取り除かれたためである。

(3) 「むげに」は、程度のはなはだしいことを表す副詞。「なりさがれる人」の「る」は完了の助動詞「り」の連体形。直訳すると、「今は全く低い身分になりさがってしまった人が、栄えていた昔のことを懐かしむように」となる。

(5) 傍観者は、不幸を切り抜けた人に対して「物足りないような心もち」になり、「もう一度……不幸に陥れて見たい」という消極的ではあるが「敵意」さえ抱いてしまう。それは、自分の満足のために他人の迷惑を顧みないという態度の現れである。なお、「傍観者の利己主義」は「自尊心の愚かさ」と並ぶこの小説のテーマである。

(6) 「まだ何かある」とする「そこ」が何を指しているか考える。「が」という逆接で文が始まっていることから、前文は、もうそれ以上ないだろうと考えられる、という内容だとわかる。よって、鼻の短くなった内供が中童子や下法師から哂われる理由について、「……それまでである」と一通りの推測をしたBに続くのが適当である。

(7) 内供は、哂われるのは「自分の顔がわりがしたせいだ」と解釈した。しかし、傍観者は、不幸を切り抜けた内供に対して、「もう一度その人を、同じ不幸に陥れて見たい」という消極的な或敵意を抱くのである。この場合の「敵意」は、鼻

の短くなった内供を「哂う」という行為になって現れている。

(8) 芥川龍之介は、大正四年に『羅生門』を発表し、翌年、菊池寛、久米正雄らと第四次「新思潮」を創刊した。『鼻』はこの創刊号に掲載された。

(9) 『歯車』は芥川龍之介の遺稿となった作品の一つ。『闘鶏』は、昭和三十一年に『お吟さま』で直木賞を受賞した今東光の作品。

19

(1) a．かす（かな）　b．厳（か）　c．華美　d．けう　e．隷属

(2) イ

(3) 抵抗しがたい威圧から解放され、失われた権威を取り戻してほっとしたから。（三十五字）

(4) 利休から満足のいく評価をききたくて仕方がない気持ちを隠そうとしているから。（三十七字）

(5) あら探し

(6) 秀吉は利休を重んじ、かけがえのない男とする思いは年々深まっていたが、時に、強力な主権者として、自分に仕えるものが自分を超えることを憎悪することもあるということ。（八十字）

(7) ウ

(8) 〔解答例〕

「利休とほかの茶頭との違いはどのような点であるか」と問いかけ、秀吉とのやりとりと点前についての二方面からの読み取りを通じて、秀吉に隷属しない利休の生き方を理解させる。

解説

(2) 「寂寞と、厳かに見えた」利休の様子をたとえるのにふさわしいのは、虚飾を廃してなお威厳が感じられるイである。「寂寞」は、ひっそりと静かでもの寂しいこと。

(3) 利休を客に茶をたてるとき、秀吉は、「ただ黙って坐っている」利休に「抵抗しがたい威圧」を感じて「一種えたいの知れない気おくれに捉えられる」。しかし、点前が終わればその場の上下関係は元通りに入れ替わる。こうして「失われた権威」を取り戻したことで、秀吉は「笑顔」になるのである。

(4) 利休の評価はいつでも「まあ」や「まあ、まあ」である。それでも秀吉は、点前の評価を「たずねて見ないではいられない」。秀吉は、くさしもしない代り、賞めもされない口惜しさから、「ほんのかりそめにでも満足のいく言葉を、利休の口からききたい」と望んでいるものの、それをあからさまに表すのは、権力者としてのプライドが許さないのである。

(5) 「ひそかな監視」とは、利休の点前を見る秀吉の行為である。秀吉が利休に茶をたてさせるのは、彼の点前の「あら探し」をしようという意図も隠されていたのである。

(6) 秀吉は利休ほどの男が自分に仕えていることが誇らしく、権力者としての所有感も満たされている。しかし、利休が秀吉の点前を「まあ」としか批評しないことからもわかるように、彼は秀吉に「隷属」しない。秀吉は、「利休を愛し、重んじ、かけがえのない男」だと思いながらも、「自分に仕え

るものが自分を超えること」に我慢がならず、時に彼を憎む気持を持ってしまうのである。

(7) まず、「(道具の)一つ一つが……待っており、……動いて、運びをつくって行く」、「ちょうど軽い小舟が……流れるに似て」、「ほの暖かいいのちの香気にみちた飲みもの」、「茶碗の底からひとりでに膨れあがる感じ」と、比喩が多用されていることはすぐに気づく。また、「眼をこらしていても、とんとわからない」、「利休は……自然な作用に淡々と身をまかせている」という表現が示すように、この箇所は利休の点前を見る秀吉の視点で描かれている。そして「(道具が)動いて、運びをつくって行く」、「(茶が)茶碗の底からひとりでに膨れあがる」などの擬人法を用いたことで、点前の見事さに感嘆し、陶然とする秀吉の心理状態を表しているのである。ア＝「点前の手順を冷静に分析」した描写ではない。イ＝茶道具の名は出てくるが、それが「特権階級の趣味的世界を映し出し」ているとはいえない。エ＝「一文が短く畳みかけるような表現」は見られない。

(8) 高等学校学習指導要領「文学国語」の「読むこと」では、「語り手の視点や場面の設定の仕方、表現の特色について評価することを通して、内容を解釈すること」(「内容」(1)のイ)を指導事項に挙げている。語り手の視点とは物語などを語る者の視点のことである。この視点を吟味した上で、場面や表現などを的確にとらえることは、文章を読む際の基本となる事項である。本文の読み取りを通じて、生徒が、利休の様子や生き方、心情などを的確に把握できるよう指導することが望ましい。なお、「文学国語」は生徒の読む能力を高め、読書の意義と効用について理解を深めることをねらいとしている。指導にあたっては、指導者が内容に関する説明をしてしまい、生徒がその説明を通して文章を理解することのないよう注意すること。

20

(1) a．さんまいきょう

意味：心を集中して雑念を離れた忘我の境地。

b．けだし

意味：思うに。考えてみるに。

(2) 日本の料理は味よりも、色彩や盛りつけの美しさを味わうものであるということ。

(3) 闇の中で、蝋燭の灯と漆器によって、料理は一層深みを与えられ、陰翳に富んで調和した味わいを持つということ。

(4) 比喩(直喩)をあらわす副詞、「ようだ」あるいは「ごとし」という助動詞と呼応する。

(5) ・「吐きながら」の主語は「飯」であり、擬人法である。

・「真珠のやうに」は直喩法である。

・「真っ白な飯」と「黒い器」で、白と黒の色彩の対比がなされている。

(6) 夏目漱石

(7) 闇

解説

(2) 筆者は「羊羹」を例に取り上げて、「あの色あひの深さ、複雑さは、西洋の菓子には絶対に見られない」特徴だとしている。また、「日本料理は明るい所で白ツちゃけた器で食べては慥かに食慾が半減する」とも述べている通り、日本の料理は舌で味わう以上に、目で見てその美しさも味わう料理なのである。

(3) 日本料理は「瞑想するもの」、すなわち瞑想的に味わうものである。それは味そのものというよりも、むしろ「覚束ない蝋燭のあかり」と漆器の作り出す「闇」によって作り出される味わいである。筆者はそれを「蝋燭の灯と漆の器」による「合奏」と喩えている。

(5) 明喩（直喩）（「虫の音のやうなおと」「夢みる如きほの明るさ」など）、暗喩（隠喩）（「半透明に曇つた肌」「室内の暗黒が一箇の甘い塊になつて」など）、擬人法（活喩）（「蝋燭の灯と漆の器とが合奏する」など）は頻出の表現技法である。そのほか、倒置や対句もよく問われる。

(7) 「陰翳を基調」とする日本料理は、「暗がりへ沈めると、ひとしほ瞑想的になる」。赤味噌の汁は「黒うるしの椀に澱んでゐる」と「うまさうな色」に見えるし、醤油なども「陰翳に富み、闇と調和する」。そのほか白味噌や豆腐や飯など、日本料理には「周囲を明るくしたのでは色が引き立たない」ものがたくさんある。つまり、闇とは切っても切れない関係にあるのである。

21

(1) a. 如実　b. 哀悼
c. 希薄（稀薄）　d. 感銘（肝銘）
e. 還元　f. 成就

(2) 亡くなった人の体から、生前の薬の匂いが寒々と離れていった。

(3) オ

(4) 父の永眠

(5) 表現されるべきものは、感動そのものであって、背後の事実ではないのである。

(6) 前途三千里

(7) 旅立つ人が、あとに留まる人に別れを告げること。

(8) 移調

(9) 悲しく潤んだいろくずどもの目を見た（十七字）

(10) だがそれは～のである。

(11) エ

(12) オ

解説

(2) 亡父の体から薬の匂いがしなくなったという事実によって「死」を描き、薬香が冬の冷たい空気と一緒に父の体から離れていったと詠んだ句である。季語は「さむく」。

(3) 蛇笏は、薬の匂いが寒々と遺体から離れていくことに、父親の魂も体から離れたことを感じている。はっきりとした感情表現が用いられてはないが、冷静な現実描写の中に「父の死」に対する蛇笏の思いが込められている。

(4) 「家厳」は自分の父親のことで、対義語は「家慈」。「長逝」は死ぬこと、永眠。

(5) 蛇笏の俳句は「はっきり作者の感動を捉え得て」おり、前書きがなくとも「表現が完結して」いる。冒頭に「俳句の鑑賞において、対象は飽くまでも作品であって背後の事実ではない」と述べられているとおり、俳句で表現されるのは「作者の感動」であり、「背後の事実ではない」のである。

⑹『奥の細道』は、元禄二年の三月下旬から九月上旬まで、奥羽北陸を巡歴した松尾芭蕉の紀行文で、「月日は百代の過客にして、行きかふ年もまた旅人なり……」と、旅に出ようとする芭蕉の心情を述べる文で始まる。問題の箇所は、見送りの人たちと一緒に深川から隅田川をさかのぼった芭蕉が、千住で船を下りて旅立つ場面で、空欄には「生死もはかり知れぬ長途の旅」と同義の語句が入る。

⑻「生の事実を拒絶することによって、高次の次元に属する世界が創り出されている」とは、句の背景となる「事実」からさらに「昇華された世界」が生み出されたということなので、「それ」とは、芭蕉の句に成就されている「移調」のことだとわかる。

⑼・⑽「生の事実」から「高次の次元に属する世界」すなわち「句の暗喩的な世界」が創り出されるのだから、「生の事実」とは「芭蕉の現実体験」、つまり千住の魚市場で「芭蕉が……いろくずどもの目を見た」ということである。芭蕉は、実際に目にした「雲雀とか鯛とかいった具体的な生類」を、ただの「鳥」「魚」とすることで「事実を脱し……いっそうリアルに表現し得ている」のである。

⑾現実体験から得た「感動」は実際のものである。それが的確であることによって、「句の暗喩的な世界」が生み出されるのだから、本物（＝真実）から虚構が創られるということであり、正しいのはエ。

⑿この旅で『曾良旅日記』を残した河合曾良は、芭蕉の鹿島行きの折りにも同行している。

22

⑴ a．昇華　b．期　c．穂先
　d．癖　e．ぎょうしゅく

⑵三度繰り返されることで、虹の印象を強く読み手に伝える。

⑶ A．イ　B．エ

⑷この詩の情感を支えている表現だということ。

⑸①副助詞
②極端な例を挙げて、読み手に虹と乳房の間の交流を想像させる。

⑹イナゴの生命感を表現すること。

⑺つかまえようとしたイナゴの命に対するためらいやとまどい。

⑻〔解答例〕
学習のねらい――グループごとに詩「アリ」の表現内容を考え、考えた内容が朗読で聞き手に伝わるように工夫し、主題を捉える。
指導の流れと主な発問（※印は発問）
1．学習のねらいの説明と朗読
※まずこの詩を読んでみよう。
2．各連の内容の把握
※作者は各連のどこを強く表現したがっているだろう

か。
※その部分は、どのような調子で読めばよいか考えてみよう。
3．朗読とその理由の発表（質疑応答含む）
※グループごとに考えた読みの調子から考えると、この詩の主題は何だろう。
4．主題の把握
※この詩で作者が最も言いたいことは何だろう。
5．学習のまとめと朗読

解説

(2)「にじ／にじ／にじ」という繰り返しには、虹を発見した少女の驚きと感動が込められており、それが読み手を引きつけるのである。「にじ」と一度だけで第二連に続けた場合と鑑賞し比べてみれば、その違いは明らかである。

(3) A.「少し歩けば虹の真下まで行けるだろう」と思うのは、無邪気な子どもならではの発想である。よって「あどけない」が適当である。
B.「が」という逆接により、「このごろは……少なくなった」ことと相反する事実が述べられるのだから、「ありふれた」が入る。

(4) 筆者は、〈あの　ちょうど　したに〉という言葉の選びかたを「心憎いほど適切」だとしている。この、子どもなりの精いっぱいの表現が、詩全体を支え、子どもらしい素直な情感を与えているのである。

(5) 副助詞「さえ」は、①極端な例を挙げて、普通の場合を推し量らせる。②現在の物事にさらに付け加わることを表す。③「…さえ～ば」の形で条件を限定し、他は必要ではないことを表す。本文の場合、「赤ん坊が、……虹を呑むような幻想」という極端な例を挙げることで、虹と乳房の間に生じた「交流」を、読者は自由に想像できるので、①の用法である。

(6) イナゴの「目」には「大きな夕やけ」が「赤く凝縮して輝いている」。それを見た〈ぼく〉は、イナゴが〈いつでもにげられる〉、つまり生き延びるために〈ぼく〉しか見ていないことに気づき、さらに〈強い生きものと　よわい生きもの〉という運命の差へと思いを発展させていく。つまり、イナゴの「目」は〈ぼく〉が生命というものを思うきっかけとなっているのである。

(7)「少年の日の香ばしい感傷」とは、イナゴをつかまえようとしている〈ぼく〉の胸中に宿っている感情である。〈ぼく〉は、自分が、「強いもの」としてイナゴの自由を奪い、生命さえ左右できる力があることを自覚する。だが、そのことに気づいてしまった以上、そのような力を行使することへの「ためらい、とまどいのようなやさしさ」も心中に去来する。このように、〈ぼく〉は、少年らしい心の揺れをイネのにおいとともに感じているのである。

(8)〔解答例〕は、平成二十九年告示中学校学習指導要領の第二学年「C読むこと」(2)イ、第三学年「C読むこと」(2)イで挙げられている言語活動を参考にして計画したものである。

23

(1) a．のうし　b．さしぬき

(2)　c．おんぞ（おほんぞ・みぞ）　d．みす　e．からぎぬ　f．こはじとみ　g．ひさし　h．なげし

①　帝がこちらの中宮の所にいらっしゃるので、大納言様は戸口の前の細い板敷きにお座りになって、帝に何か申し上げなさる。

②　お食事の用意ができたことを申し上げると、帝は中の戸を通って昼の御座所へおいでになる。

③　大納言様がお送りに参られて、さっきの桜のそばに帰って来てお座りになった。

(3)　中宮が、大納言に対面するため。

(4)　〈歌意〉月日のような永遠なものでも変化して行くが、この三室山の離宮はいつまでも変わらず美しいことだ。

〈心情〉中宮の永遠の栄華を願う気持ち。

(5)　桜の花が咲きこぼれるのどかな春の日のように、帝や中宮、大納言の栄華をずっと目にしていたいという気持ち。

(6)　〔解答例〕

Ⅰ〈中学校〉

文章を音読したり、和歌の部分を朗読したりして、古文特有のリズムに触れ、古典の世界に親しむとともに、帝・中宮・大納言・筆者の身分や人間関係を理解させる。また、「高欄」「御簾」「小半蔀」「几帳」「長押」などの建築物や調度品、「直衣」「指貫」「唐衣」などの衣装を資料で調べ、宮廷社会の様子を視覚的・具体的に捉えさせて、イメージを抱きやすくする。

Ⅱ〈高等学校〉

・古典特有の表現や事柄を理解する能力

辞典や資料を利用して、「高欄」「小半蔀」「長押」などの建築物、「直衣」「指貫」「唐衣」などの衣装、「警蹕」「蔵人」などの役割を調べ、文章に描かれている宮廷社会の歴史的・文化的背景などを分かりやすく理解させる。また、引用されている万葉集の和歌の大意や背景を調べ、登場人物や筆者の心情について考えたことを発表させる。

・古典を基に自分のものの見方、感じ方、考え方を深める能力

同時代の作品『紫式部日記』の中で、宮廷社会の様子を描いた部分を読み、清少納言と紫式部の思想や感情などの共通点と相違点について話し合わせる。

解説

(2)　①＝「こなた」は、話し手（書き手）に近い方角や場所を指す近称の指示代名詞で、ここでは、筆者（清少納言）が仕える中宮のいる部屋を指す。「ゐ」は、「座る」の意の上一段活用動詞「ゐる」の連用形。「ゐ給ひ」「申し給ふ」の主語は大納言。謙譲語の「申し」が使われていることから、「申す」相手は帝であると判断できる。②＝「御膳」は、天皇や貴人の食事の尊敬語。「奏す」は特別な敬語（謙譲語）で、天皇や上皇に「申し上げる」場合にだけ用いられる。「せ給ふ」は二重敬語（最高敬語）。③＝「ありつる」は「さきほどの」

の意で、「ありつる花」は花瓶にさした桜の花を指す。

(3)「宮の御前」は中宮定子。「長押」は、柱と柱の間をつなぐ装飾的な横木で、今の敷居のようなもの。帝が食事に行ったので、そのお供をして帰って来た大納言の方へ出て行ったのである。

(4)「外つ宮所」は「離宮のある所」の意。「三室（みむろ）の山の外つ宮所」は、弘徽殿の上の御局（中宮が天皇の御座所近くにいただく控えの部屋）の比喩。大納言は、いつまでも変わらない中宮の栄華を讃えた古歌を詠じたのである。

(5) この文章に描かれているのは、桜の花が咲きこぼれるのどかな春の日に、色とりどりに美しい衣裳を身にまとった女房たちの姿を背景とする宮中の様子である。そのようなきらびやかな世界に身を置く帝、中宮、大納言に、筆者の清少納言は感嘆の目を向けている。最後の「げに千歳もあらまほしき御ありさまなるや」に、自らが仕える中宮をはじめとし、帝や大納言の栄華をいつまでも見ていたいという気持ちが集約されている。

(6) 中学校の指導では、作品について新たな発見をすることと、古典の世界への生徒の興味・関心を喚起することが最大のポイントになる。学習指導要領（平成二十九年告示）の各学年の「我が国の言語文化に関する事項」に示されている指導事項を踏まえて指導法を考えるとよいだろう。高等学校については、学習指導要領（平成三十年告示）の「言語文化」「古典探究」に例示されている言語活動を参考にしながら、「具体的に」述べることが大切である。いずれにせよ、この文章では、古典の世界ならではの建築物や調度品などが頻繁に出てくる。このような文化的背景を知らずして、この章段を読み味わい、理解することは難しいだろう。

現代語訳

高欄のそばに青い瓶の大きいのを置いて、桜がたいそう美しく咲いた枝の五尺ぐらいのを、たくさんさしてあるので、高欄の外まで咲きこぼれている、（そんなある日の）昼頃、大納言様が、桜の直衣の少し着慣れているのに、濃い紫色の固紋の指貫（をお履きになり）、白いお着物など（をお召しになって）、（その）上には濃い綾織りのたいそう鮮やかなのを（お召しになり、それを直衣の下から）出して、参上なさったが、（ちょうど）帝がこちら（の中宮の所）にいらっしゃるので、（大納言様は）戸口の前の細い板敷きにお座りになって、（帝に）何か申し上げなさる。

御簾の内には、女房たちが、桜の唐衣をゆったりと着すべらかして、藤、山吹の衣装など、それぞれ（色彩豊かで）好ましく、大勢が小半蔀の御簾から（袖口や裳裾などを）出している（そんな）とき、昼の御座の方では、（帝の）お食事をお運びする（蔵人たちの）足音が高い。警蹕などの「おし」という声が聞こえるにつけても、うらうらとのどかな（春の）日の様子などが、たいへんすばらしいが、最後のお食事を運んだ蔵人が（こちらへ）参上して、お食事の用意ができたことを申し上げると、（帝は）中の戸を通って、（昼の御座所へ）おいでになる。その御供に廂の間から、大納言様がお送りに参られて、（また）さっきの花のそばに帰って来てお座りになった。

中宮様が御几帳を押しやって、長押の所にお出ましになっておられる（ご様子）など、何と言うこともなくひたすらすばらしいので、お仕えする（私たち）女房も思うことのない（満ち足りた）気持ちでいるときに、（大納言様が）「月日のような永遠なものでも変化して行くが、この三室山の（離宮はいつまでも変わらず美しいことだ）」という古歌を、たいへんゆったりとした調子で朗詠されたのは、たいそうすばらしく思われるにつけても、まったく（この歌のとおり）千年もこのようであってほしい（中宮様の）ご様子であることだ。

24

(1) ① 不愉快な陰口
② 宮中のような所で学才をひけらかしますなんて、とんでもないことです。
(2) オ
(3) 漢学の才を極力人に知られないようにしていること。
(4) イ
(5) 作者が中宮に楽府を教えている様子。
(6) あはれ

解説

(1) ① 「しりうごと」は「後言」と書き、「陰口」の意。
② 「さるところ」は、直前の「ふる里」とは対照的な場所を指す。「さかし（賢し）出で」は、「利口ぶる・偉がる」の意。「よ」は詠嘆の間投助詞。

(2) ここでの「をかし」は、「滑稽だ・笑いたくなる」の意。本文冒頭及び最後の記述から、作者が左衛門の内侍の言動を疎ましく思っていることが読み取れる。

(3) 「だに」は、ある事物や状態を取り立てて強調し、他を当然のこととして暗示・類推させる副助詞。ここでは、「一」という最も簡単な漢字を書いてみせないことを取り上げることによって、漢学の素養のあることを極力人前には表さなかったことを暗示させている。

(4) 直後に「聞きはべりしかば」とあるので、作者自身が（最近まで）知らなかったことと判断できる。よって、ウとエは除外される。また、人が聞いたら、作者をねたむようなことであり、作者自身も恥ずかしくなるようなことであるから、オも不適。残るのはアとイだが、本文の話題の中心は、左衛門の内侍の中傷に対する作者の感想であることから、イが妥当である。

(5) 「楽府といふ書二巻をぞ……教へたてきこえさせてはべる」の部分を受けている。

(6) 江戸時代の国文学者・本居宣長が、『源氏物語玉の小櫛』で、『源氏物語』の本質は「もののあはれ」であると解明したことから、「あはれ」の文学と称されるようになった。

現代語訳

左衛門の内侍という人がいます。（この人が）妙にわけもなく（私に）悪意をもっていたのですが、（私には）心当たりのない、不愉快な陰口を多く耳にしました。

主上が、『源氏物語』を人に読ませなさってはお聞きになられていたときに、「この作者は（あの難しい）『日本紀』を読んでいるようですね。本当に（漢学の）学識があるらしい」と仰せになられたのを、（この内侍が）ふと当て推量に、「たいそう学識があるんですって」と、殿上人などに言いふらして、（私に）「日本紀の御局」と（いうあだ名を）つけたのは、実におかしいことです。自分の実家の侍女たちの前でさえ、（漢籍を読むのを）慎んでおりますのに、そんな（宮中のような）所で、学才をひけらかすなんて、（とんでもないことです）。

（私の弟の）式部の丞という人が、幼い頃に漢籍を読んでいましたとき、（私はそばで）聞き習っていて、弟が読むのに手間取ったり忘れたりするようなところまでも、（私は）不思議なほど早く理解しましたので、漢籍の学問に熱心だった親は、「残念なことだ、（この娘が）男の子でなかったのは不幸なことであるよ」と、いつも嘆いておりました。

それなのに、「男でさえ学問をひけらかす人は、どんなものでしょうか、派手に栄達しないようですよ」と、だんだん人が言うのを聞きとめてからは、一という漢字でさえ書いてみせることもしませんし、たいそう無学であきれるばかりです。かつて読んだ漢籍などというものは、目にもとめなくなっておりましたのに、その上こんなあだ名を聞きましたので、どんなにか人も伝え聞いて（私を）ねたむだろうかと、恥ずかしさに、御屏風の上に書いてある文句をさえ読まないふりをしていましたものを、中宮さまが（私に）その御前で、『白氏文集』のところどころを読ませなさったりして、そういう（漢詩文）方面のことをお知りになりたそうにお思いでしたので、つとめて人目を避けて、誰もおそばに控えていない合間に、一昨年の夏頃から、「楽府」という本二巻を、正式ではないものの、しきりにお教え申し上げておりますが、（このことも）隠しております。中宮さまもお隠しになっておられましたが、殿も主上もその様子にお気づきになられて、漢籍などを立派に（書家に）書かせなさって、殿は（中宮さまに）差し上げなさいました。本当にこうして（中宮さまが私に）漢籍を読ませなさったりしていることまでは、さすがにあの口やかましい内侍も、聞き知ってはいないでしょう。もし知ったならば、どんなにか悪口を言うことでしょう（と思う）と、何事につけても世の中は煩雑で憂鬱なものでございますね。

25

(1) a．得意顔　c．気恥ずかしい

(2) イ

(3) ① 1．尊敬　2．謙譲　3．丁寧

② 4．イ　5．ア　6．ア

7．イ　8．ア　9．イ

(4) ア

(5) あはれと言ひつべからむこと

(6) ① 1．秋　2．飽き（順不同）

② あなたを思う私の心も知らないで、秋が過ぎ行くように、あなたが私に飽きて私のもとを去っていくとしても。

(7) やっとの思いで生きているのに

(8) 1．宮がその女性に夢中になっているために、自分は辛い思いをさせられている

2．私を捨てて去って行く女性などどうでもよい、あな

たさえ私のことを二人といない者と思っていてくれるならば、それでいい

(9)　1．平安　2．紀貫之　3．土佐日記

解説

(1)　a＝「あなしたり顔」は、恋人である作者に別の恋人への代詠を頼むという宮の虫のよさを評したもので、「まあ、いい気になって」という気持ちが込められている。c＝「かたはらいたし」は、ここでは「決まりが悪い、気恥ずかしい」の意。

(2)　ラ行四段動詞「とまる」の未然形に接続しているので、終助詞「なむ」と判断できる。アの係助詞「なむ」は活用語の場合は連体形接続、エの完了の助動詞「ぬ」は連用形接続である。

(3)　敬意の主体は、地の文は作者、会話文は話し手。敬意の対象は、敬語の種類によって異なる。尊敬語の場合は動作主、謙譲語の場合は動作の受け手、丁寧語の場合は聞き手あるいは読み手。A＝「のたまふ」は「言ふ」の尊敬語。B＝「聞こゆ」は「言ふ」の謙譲語。C＝「はべる」は「あり」の丁寧語。ここでは、宮に対する手紙の中で使われているので、敬意の対象は宮である。

(5)　宮がおっしゃったこと（和歌）である。作者が宮から頼まれたのは、「あはれと言ひつべからむこと」の代詠である。なお、直後の「いかでか」は、反語の意を表す。

(6)　〔注〕から、当該場面が陰暦の九月末の頃、つまり晩秋であることが分かる。「秋が過ぎ去る」と、「私に飽きて、あなたが立ち去る」の意を掛けているのである。

(7)　「しひて」は「無理に、あえて」の意。「ふれ」は、ハ行下二段活用動詞「ふ（経）」の已然形（係助詞「こそ」の係り結び）で、「年月が過ぎる」の意。「われだにも」は、「悲しい思いばかりしている私でさえも」ということ。「憂き世のなか」は「辛い人生、世の中」の意で、辛い代詠をさせる宮に対する恨みを響かせている。このような作者の心情を踏まえて、「無理に時が過ぎていく」を言い換える必要がある。

(8)　作者が作ったⅡの歌は、宮がその女性に熱中し、作者に辛い目をさせているような口ぶりに読み取れたため、宮は邪推が過ぎるとして、弁明するⅢの歌を詠んだ。「さもあらばあれ」は「そうならそれでよい」、「またなし」は「二つとない」の意。

現代語訳

こんなことをしているうちに、九月の末頃に（宮から）御文がある。この何日かの御無沙汰などについて書いて（あり、その後に）、「妙なことであるが、普段語らっていた人が遠くへ旅立つということなので、（その女性が）感動の声を上げるに違いない和歌を一首贈ろうと思うが、あなたから言って下さる和歌だけがそのように（心動かされると）思われるので、（私の代わりに）一首詠んで下さい」と書いてある。まあ、得意顔（になって）と思ったけれども、「そのような和歌は差し上げることはできまい」と申し上げるのも、ひどく生意気なので、「おっしゃった（ようなすばらしい）和歌は、どうして詠めるだろうか」とだけ書いて、

「別れの惜しまれる私の涙の中に、あなたの面影は残って欲しい。あなたを思う私の心も知らず、秋が過ぎ去って行くように、あなたが私に飽きて私から去って行くとしても。本当は気恥ずかしいことでございますよ」と書いて、（紙の）端に、「それにしましても、

宮様を残して（その方は）どこへ行くというのだろう。こんな私でさえやり切れない人の世に堪えて生きているのに」

と書いて差し上げると、（宮から）「望みどおりの歌であると申し上げるのも、（いかにも私が）和歌に通じているようである。（しかし、お歌は）あまりに邪推が過ぎなさいますよ、『憂き世の中』と詠んでございますのは（いかにも私がひどい男のようです）。

私のことを捨てて旅に出て行く人など、どうでもよいのです。あなたさえ私を二人とない者と思って下さるなら。（そう思ってくれるなら、辛い人生を）生き長らえて行けるだろう」とおっしゃった。

26

(1) ⑤　(2) ③　(3) ①　(4) ④　(5) ⑤

(6) ②　(7) ②

解説

(1) 「はべり」は通常丁寧語である。この発言は、野大弐の質問への「ともなる人」の発言であるので、正解は⑤である。

(2) 「あやしき」は「家」の修飾語である。この後に「恥ぢて」いるから、恥ずかしい家となる。したがって、「みすぼらしい」とした③が正解。

(3) 「いみじう」の意味を問うている。「いみじ」は良い場合にも悪い場合にも極端な状況に用いる。ここでは、「家も焼けほろび、物の具もみなとられはてて」を前に理由として持っているので、悪い状況に用いている。家も消失して、道具もないのであるから、「みじめ」としている①が正解。なお、「て」には「ので・から」の意味があり、因果関係で結ばれている。この時はこの理由部分から判断すればよい。

(4) 「いかで」は通常疑問反語に用いるが、下に意思願望がある場合は、「なんとかして」「どうにかして」の強調の意味となる。ここでは「あはむ」と意思の「む」があるので、この用法である。したがって④が正解。

(5) この「檜垣の御」は注にあるように、もともとは情緒を解した人物だったのだが、今は、(3)で見たように、みじめな様子に零落しているのだ。このことからこの零落した姿を見られたくないと判断できるので、正解は⑤である。また直前の「あやしきやうなる家」から判断してもよい。

(6) 「むばたまの」は「黒、髪、夜、夕、宵」を導く枕詞であるので、②の「黒髪」が正解。

(7) 最近の傾向の問題であるが、設問に関するところだけを見ればよい。ここは野大弐が「気付い（てい）た」ことの内容を答える。すると、この傍線の直前に「あはれがりて」とあるので、気の毒に思ったことが分かる。またこれまでの内容から、「檜垣の御」が零落していることも分かっている。これらのことから、「落ちぶれた」としている②が正解である。

ちなみに、彼女が詠んだ歌から判断してももちろんよい。「私の黒髪は白髪となり白川の水を汲むまでになってしまった」とあるので、ここから落ちぶれた外見と生活ぶりを読み取っても正解に至る。

現代語訳

筑紫にいた檜垣の御と言った女性は、とても世慣れて情趣をよく解する人であり、すばらしく世を過ごして来た人であった。長年こうして過ごして来ていたが、藤原純友の乱にあって、家も焼けてなくし、道具類もすべて盗られてしまって、たいそうみじめ（な状況）になってしまった。こうだとも知らないで、野大弐が、討手の使いとして下りなさって、その人がいた付近を捜して、「檜垣の御と言った人に、どうにかして会いたい。どこに住んでいるのだろうか」とおっしゃると、「この付近に住んでいました」などと、供である人が言った。「ああ、このような（世の中の）騒ぎで、どのようになったのだろうか。訪ねたいものだ」と（野大弐がおっしゃった時に、頭髪が白い老婆で、水を汲んでいる人が、前を通ってみすぼらしい家に入った。ある人がいて、「これが檜垣の御（です）」と言った。（野大弐は）とても気の毒に思いなさって、（老婆を）呼びよせるが、恥ずかしがって出て来ずに、このように歌を詠んだ。

　私の黒髪は白髪となり白川の水を汲むまでになってしまった（＝落ちぶれてしまった）のです

と詠んだので、（野大弐は）気の毒に思って、着ている衵を一重ね脱いで渡した（そうだ）。

27

(1) a．かんだちめ（かんだちべ）　b．とり

(2) ウ

(3) 午後六時（午後五時～七時）

(4) 行方不明の娘の幼い頃によく似た姫君を見て、祝いの席で泣いてしまうこと。

(5) 姫君の母が大納言の娘であること（姫君が大納言の孫であること）を教えるため。

(6) ただ雑色を一人、二人だけ連れて、大将のもとにお行きになって、寝殿の簀子にお座りになった。

(7) 〔解答例〕

・本文の場面となっている「袴着」の儀式や、「直衣」「小袿」などの衣装について調べさせ、古典文化への理解を深めさせる。

・本文より前の話の概略を調べさせ、人物関係図を作成させたり、物語の展開を把握させたりして、本文のより深い解釈を促す。

・この話の結末がどうなったかを推測させた上で、本文の後の場面を調べさせ、物語に対する興味・関心を喚起する。

・同じ継子いじめ物語で『住吉物語』に影響を与えた『落窪物語』を調べさせ、両者の相違点や共通点について話し合ったり、発表したりする。

解説

(2) 「上達部」は「公卿」ともいう。

(3) 古時刻（定時法）では、現在の二―四時間を、十二支に配

して十二等分し、真夜中の十一時から一時までを「子」の刻（〇時～二時までとする説もある）、一時から三時までを「丑」の刻というように、二時間毎に分けた。「酉」は、午後六時を中心とした二時間をいう。

(4) 「かやうに」が指すのは、前文で描かれている「姫君の腰を結おうとして、泣き崩れてしまう」という醜態である。そのような醜態をさらしてしまうのは、次の文にあるように、「この姫君の顔立ちが、行方不明の我が娘の幼少時にそっくりに見える」からである。

(5) 最後の段で、大将が大納言に贈ったよれよれの小袿は、大納言が自分の娘に初めて着せた小袿と同じものであったことが述べられている。赤の他人がそのような物を持っているはずもない。また、姫君は、大納言の娘の幼い頃と顔立ちがそっくりである。これらを考え合わせると、大納言が、袴着の儀式のお礼の品にわざわざ着古した小袿を贈ったのは、姫君の母が大納言の娘であることを暗に伝えるためであったことが推測される。

なお、人物関係が複雑で分かりにくいので説明しておこう。「三の君」は、大納言と北の方（＝本文中の「継母」）の間に生まれた娘。大納言の行方不明の娘は皇女との間にできた子であり、大納言の娘にとって、北の方は「継母」にあたる。「むくつけ女」は、北の方のもう一人の娘である「中の君」の乳母。大将と大納言の娘は恋仲だったが、大納言の娘を憎む「継母」や、その手下である「むくつけ女」の策略から、二人の仲はことごとく阻まれ、大納言の娘は失踪する。しかし、大将は大納言の娘を探しあてて、二人は遂に結ばれる。そして、二人の間に男の子と女の子が生まれる。それが「若宮」と「姫君」である。

(6) ここでの「具す」は「連れ立つ」の意、「おはす」は「行く」の尊敬語である。事の真相を聞くために、大納言は大将のもとを訪れたのである。

(7) 平成三十年告示高等学校学習指導要領の「言語文化」では、「古典から受け継がれてきた詩歌や芸能の題材、内容、表現の技法などについて調べ、その成果を発表したり文章にまとめたりする活動」、「古典探究」では、「古典の作品や文章を読み、その内容や形式などに関して興味をもったことや疑問に感じたことについて、調べて発表したり議論したりする活動」と、「古典の作品に関連のある事柄について様々な資料を調べ、その成果を発表したり報告書などにまとめたりする活動」の言語活動例が示されている。調べる対象となるのは、古典の言葉や表現、先人のものの見方、感じ方、考え方、作品の成立した背景や関連性の深い作品などが挙げられる。本文の物語を教材として使用した場合に、調べ学習を取り入れることによって、生徒が自分の考えを広げたり深めたりすることができるかどうかという視点で考えるとよい。

現代語訳

さてその日（袴着の儀式の日）になって、親しくなさる公卿たちが参集した。大納言殿は、少し日の暮れた頃に参上された。官爵の高い人が大勢参って、たいそう厳かな様子である。午後五時過ぎになったので、（若宮と姫君の父である大将が）大納言の直衣の袖を引いて、促して御簾の中へ入れ申し上げる。母屋の御簾の前に褥を敷いて、座らせ申し上げる。姫君と侍従が几帳の隙間から覗いてご覧になると、（大納言は）老い衰え、瞳も涙で洗われて、輝きも弱くおなりになるのをご覧になって、体を投げ出して泣き崩れ、お嘆きになることはこの上もない。

さて大納言殿は、若君と姫君の御袴の御腰をお結びになるうちに、姫君の御腰をお結いになろうとして、袖を顔に押し当てて、うつ伏してしまわれた。ややしばらくしておっしゃるには、「こういう具合ですので、お祝いの席に参るわけにはいかないと申すのである。この姫君のお顔立ちは、行方を失っております娘の幼いときにそっくりにお見えになるので、堪えかねてしまいました。お許し下さい」と言ったので、この様子をご覧になって、姫君も侍従も、御祝いの席であるにもかかわらず、抑えかねてお泣きになる。

さて、（大将は）列席の方々にお礼の品物をお配りになった。その中に、大納言殿には小袿のよれよれなのを差し上げたので、変に思いながら、肩にかけて（受け取って）お帰りになった。

大納言は帰るとすぐに、（大納言の娘にとっての）継母に向かって、「大将は私を親しい者とお思いになって、おもてなしになる。かわいらしかった若君と姫君だなあ。ああ、あの子たちを孫と思っ（てお世話でき）たら、どんなに嬉しかろう。（若君と姫君の母親は）田舎人の娘であるが、幸いに恵まれた人だなあ。それにしてもあの姫君は、行方を失って嘆き悲しむ（我が）姫君の幼かったときに、よく似ていらっしゃったよ。ああ、いつも（お顔を）拝見したいものだ」とおっしゃると、継母は、「（大将は）三の君のもとにお通いになった方なので、そのご縁で、親しくなさるのですよ。ああ、そのお子様方を、三の君との間におもうけになったならば、どちらのためにも都合よかったものを。（大将のような）立派なお方が」などと言うと、むくつけ女が、「関白殿は、身分の低い人の腹から生まれた孫だからといって、おかわいがりになりません」と言った。

大納言殿は、小袿の古びたのを変に思って、取り寄せてご覧になると、（自分の娘である）西の対の姫君に初めて着せたときの小袿に似ていた。老いの見間違いにそう見えるのかと、何度も裏返したりして、よくよくご覧になると、まさしく同じものであった。たちまち胸が騒いで、「どのようにして手にお入れになったのか。私に与えなさったのも、（思えば）変だ」と言って、ただ雑色を一人、二人だけ連れて、大将のもとにお行きになって、寝殿の簀子にお座りになった。

28

⑴ イ　⑵ ア　⑶ オ　⑷ イ　⑸ イ
⑹ オ　⑺ ウ　⑻ エ　⑼ ウ　⑽ イ
⑾ ウ　⑿ イ　⒀ ウ　⒁ エ

解説

⑴　ここでは、「関係、縁」という意で使われている。系図から明らかなように、帝と師殿とは血縁関係にないので、エは不適当。

⑵　「（師殿が）女院をもよからず、ことにふれて申させたまふ」ことを、「（女院は）いと本意なきことに思し召しける」という文脈で、傍線部①は挿入句である。よって、主語は女院。「お

のづから」は「自然に」、「心得」は「悟る、気づく」の意。

(4) 格助詞「の」は主格の用法。「しる（知る）」は「統治する、治める」の意。道長が、兄の道兼の後を継いで関白の宣旨を受け、天下の政治を執ることをいう。

(6) 「しはべりしこと」とは、前の「大臣越えられたること」を指す。具体的には、道長より帥殿の方が先に大臣に任じられたことをいう。

(7) 「否ぶ」と書く。

(8) 「これ」は道長を指す。女院は、「道理のままの御こと」、すなわち、関白は道隆から弟の道兼へ移ったのであるから、道兼の次はその弟である道長に移るのが順当だという考えを持っている。これに対して、帝は、道長が関白となり、政治を執ることを渋っている。これらの内容を考え合わせる。

(9) 天皇や上皇に対してしか用いない「奏せ（奏す）」という特別な尊敬語が使われていることから、傍線部⑤を含む会話文は、天皇への言葉であると判断できる。「御ため」の「御」も天皇（帝）への敬意を表している。形容動詞「便なし」は、「都合が悪い」という客観的に見た様子を表す場合と、それに伴って起こる主観的な立場からの「よくない感じ」を表す場合があるが、「世の人もいひなし……」とあることから、ここでは前者。

(10) 「申す」は「言ふ」の謙譲語。謙譲語の場合、敬意の対象は動作の受け手である。女院が「こなたへ」と申した相手は帝。

(12) 「むつかし」は、好ましくない事柄に対して、心がふさがるような不快感を表す形容詞。女院の反論を聞いて、帝は「煩わしい、厄介だ」と思ったのだろうか、その後は女院の所へは通わなくなった、という文脈が妥当である。

(13) 前半で「いささかのこと」という軽いことを挙げて、後半で「かばかりの御有様」という重いことを類推させているので、副助詞「だに」が入る。

(14) 女院の恩に報いるのに、お仕えしたばかりでなく、遺骨までも肩にかけたというのである。よって、添加の意を表す副助詞「さへ」が入る。

現代語訳

女院（詮子）は、入道殿（道長）を（他のご兄弟に比べて）特別に目をおかけ申し上げ、たいそうお愛し申し上げなさったので、帥殿（伊周）は（女院に対して）、よそよそしい態度をおとりになっていらっしゃった。帝（一条天皇）は、皇后宮（定子）を心からご寵愛なさる（その方の兄君という）関係で、帥殿はいつも帝の御前にお仕え申し上げなさって、入道殿のことは改めて申すまでもなく、女院のことをも、何かにつけて悪く申し上げなさるのを、（女院は）自然とお気づきになっていらっしゃったのであろうか、まことに不本意なことだとお思いになっていらっしゃったのは、もっともなことですよ。（こんなわけで）入道殿が（関白となって）天下の政治をおとりになることを、帝はたいそうお渋りなさいました。（これは一つには、）皇后宮が、父大臣（道隆）は既にお亡くなりになり、（ご一族に対する）世間の信望がお落ちになることを（まざまざとご覧にならなければならないことを）、（帝は）たいそう不憫だとお思いになって、（先に、道兼が伊周をおさえて、関白におなりになったとき、）粟田殿（道兼）に対しても、すぐに（関白の）宣旨をお下しになったでしょうか。なかなか、宣旨をお下しにならなかったのです。（まして、道兼が亡くなった現在、直ちに道長に関白の宣旨が下るはずもなかった。）けれども、女院が、（関白は兄弟の順序に従ってさせるべきだという）道理によく合ったお考えをお持ちになり、また一方、帥殿を不快に思い申し上げなさったので、（帝は）入道殿に関白の宣旨を下すことをたいそうお渋りなさいましたけれども、「どうして、そのようにお思いになり、おっしゃるのですか。（道長が伊周に）大臣を先んじられたことさえ、たいそう気の毒に思いましたのに、（その処置は）父大臣が強引になさったことですから、（帝としても）お断りにはなれなくなってしまったことでございます。（しかし）粟田の大臣には（関白の宣下を）なさって、（不遇な目に遭った）この道長に宣旨をお下しにならないとしたら、（道長に対して）気の毒というよりも、（そういう不当なご裁決をなさるということで、帝の）御ためにたいへん不都合なことだと、世間の人々も非難することでございましょう」などと、語気を強く申し上げなさったので、（帝は）厄介であるとお思いなさったのでしょうか、その後には（女院の所へ）おいでにならなかったのでした。そこで、（女院は、清涼殿の）上の御局に参上なさって、（帝に）「こちらへ（おでまし下さい）」とは申し上げなさらずに、ご自身から（帝のお休みになる）夜の御殿にお入りになって、泣く泣く（関白のことを）申し上げなさった。その日は、入道殿は上の御局にお控えなさっていらっしゃる。（女院が、夜の御殿にお入りなさったきり）たいそう長い間出ていらっしゃらないので、（もう駄目なのかと）胸が締め付けられる思いでいらっしゃるうちに、しばらくして、（夜の御殿の）戸を開けてお出ましなさいました（女院の）御顔は、赤みを帯び、涙に濡れてつやつや光っていらっしゃりながらも、御口元には会心の微笑をたたえなさって、「ああ、やっと、宣旨が下りました」と申し上げなさった。（この世のことは）ほんの小さなことでさえも、この現世だけでない（前世の宿縁で決まる）のでございますから、ましてや、これ（関白の宣旨を被るという）ほどの重大な事態においては、一個人があれこれとお考えになったことによって決まるはずのものではないが、（こうなったのも、ひとえに女院の尽力によるものだから、道長は）どうして女院を疎かにお思い申し上げなさろうか。（道長が女院に報いることは当然のことだが、）その中でも、当然の道理を超えて（女院のご恩に）報い申し上げ、お仕え申し上げなさった。（女院が亡くなって火葬にふしたときには、道長は女院の）御骨をまで首にかけ（てお帰り）なさった。

29

（1）a．オ　b．ア

（2）源氏に欠けていた母方の高貴な身分が加わり、さらに光り輝く美質を備えた若宮の様子。（四十字）

（3）Ⅰ　源氏の君（中将の君）

Ⅱ　初め…また並　終わり…そは、

（4）若宮に美しく華やかに成長して欲しいと願う気持ち。（二十四字）

(5) オ

(6) 藤壺からの返事はないという予測に反して、返事が来たから。（二十八字）

解説

(1) 「給ふ」には、尊敬語（ハ行四段活用）と謙譲語（ハ行下二段活用）の二つがある。敬意の対象は、尊敬語の場合は動作主、謙譲語の場合は動作の及ぶ相手（受け手）。a＝下に「こと」という体言が付いているので、「たまふ」は連体形→四段活用→尊敬語と判断できる。ここでは、（藤壺の宮への手紙を）源氏の君が「書く」のであるから、動作主は源氏の君。b＝下に続く助動詞「し」は連用形接続であることから、「たまへ」は連用形→下二段活用→謙譲語と判断できる。和歌を含む手紙は藤壺の宮に宛てたものであるから、「思ふ」という動作の及ぶ相手は藤壺の宮。

(2) 『源氏物語』の有名な冒頭に「いづれの御時にか……いとやむごとなききはにはあらぬ」とあるように、光源氏の母である桐壺更衣はたいそう高貴な家柄ではなかったが、藤壺の宮は「やむごとなき御腹」とあるように、高貴な身分（先帝の第四皇女）である。

(3) Ⅰ＝「そこ」は対称の人称代名詞で、目の前にいる相手を指す。傍線部2を含む会話文は、帝が源氏の君に向かって言った言葉である。Ⅱ＝「いとよくこそおぼえたれ」の「おぼえ（おぼゆ）」は、「似ている」の意。帝は、「あさましきまで、紛れどころなき御顔つき」の理由を、「また並びなきどちは、げに通ひたまへるにこそは、」と推察している。

(4) 「花」は、前の和歌で「なでしこの花」にたとえた若宮を指す。「なん（なむ）」は、他に対する願望を表す終助詞。傍線部3には、若宮に美しく成長して欲しいという意が込められているのである。なお、「なでしこ」は、「撫でし子」の語音から、可憐で愛しい児を連想させる。

(5) 源氏の君が詠んだ「よそへつつ……なでしこの花」に対する返歌である。「袖ぬるる露のゆかり」とは、源氏の君の涙の原因をいう。若宮は藤壺と源氏との間に生まれた不義の子であり、生まれながらにして罪深い宿縁を背負っているのである。

(6) 「例のこと」とは、藤壺の宮から返事がないことが習慣化していることを指す。

現代語訳

（若宮は）四月に宮中に参内なさる。普通よりは大きくお育ちになって、そろそろ寝返りなどなさる。驚きあきれるほど、（源氏の君に）似ているお顔立ち（のわけ）を、（帝は）思いもよらないことなので、無類に優れている者同士は、なるほど似通っておられるものよ、とお思いになるのだった。（帝は若宮を）たいそう大切にお思いになり慈しむことはこの上もない。（帝は）源氏の君を無上の宝にお思いになるものの、世間の人がお許し申し上げなかったので、春宮にもお立て申し上げないことになったのを、不満に残念に（お思いになり）、臣下の身分としてはもったいないお姿お顔立ちに成長なさっているのをご覧になるにつけても、不憫にお思いになっていたのだが、（このたび）このような貴いご身分のお方を母宮として、同じく光り輝くありさまで（皇子が）ご誕生になったので、（帝は）瑕のない玉とお思いになって大切にお育てなさるので、藤壺の宮は何事につけても、胸の晴れるときがなく、不安な思いを抱いていらっしゃる。

いつものように、源氏の君が藤壺の御殿で管絃のお遊びなどをなさっていると、（帝が若宮を）お抱き申し上げておでましになり、「皇子たちは大勢いるけれども、そなた（源氏の君）だけを、このくらいの（幼い）ときから朝晩見たものだった。そのため、（その頃のことが）自然と思い出されるのであろうか、（若宮はそなたに）実によく似ている。ごく小さいうちは、ただ皆こうしたものなのだろう」とおっしゃって、（若宮を）たまらなくかわいいとお思い申し上げていらっしゃる。源氏の君は、（気がとがめて）顔色が変わる心地がして、（罪が）恐ろしくも、（父の帝の言葉が）もったいなくも、（自分の子のかわいさが）嬉しくも、（藤壺との関係を考えると）悲しくも、様々に感情の揺れ動く思いで、涙がこぼれ落ちそうである。（若宮が）片言に何か言ったりして、お笑いになっているのが、全くそら恐ろしいほどにかわいらしいので、（源氏の君は）自分がそのままこの若宮に似ているのだとしたら、（この身を）よほど大事にしなければとお思いになるのも、身勝手が過ぎるというものだろう。藤壺の宮は、辛くてその場にいたたまれない思いになられ、汗も流れていらっしゃるのであった。源氏の君は、（なまじ若宮を拝見なさったばかりに）かえって胸がかき乱されるようなので、退出なさった。

（源氏の君は）ご自分のお部屋にお休みになって、胸の内を晴らすべもなく、しばらく過ぎてから、左大臣邸へ（お訪ねしよう）とお思いになる。お庭の植え込みが、何となくあたり一帯に青々としている中に、常夏の花が美しく咲き始めているのをお折らせになって、命婦の君のもとに、（藤壺の宮宛ての御文をお送りになるが、）お書きになることも多いのであろう。

「なでしこの花を若宮になぞらえて眺めておりましたが、心は慰められず、かえって花の露にもまして涙がこぼれました。

（若宮が）花と咲いて欲しいと思い申し上げておりましたが、（それにつけても）甲斐のない私たちの仲でございますので」とある。（命婦は、源氏の手紙を藤壺にお渡しするのに）都合のよい機会があったのだろうか、ご覧に入れて、「ほんの塵ほど（のご返事）だけでも、この花びらに」と申し上げると、宮ご自身も、まことにしみじみと悲しさが身にしみる思いでいらっしゃる折で、

このやまとなでしこのような若宮が、あなたのお袖を濡らす涙の露の原因と思うにつけても、やはりこれをいとおしむ気にはなれません。

とだけ、（墨つきも）かすかに終わりまで書きおおせなかったようなご返事を（いただいて、命婦は）喜びながら（源氏の君に）差し上げるが、いつものことなので、（源氏の君は）ご返事はあるまいと、気落ちして物思いに沈んで臥していらっしゃったところ、（返事があったので）胸がときめき、ひどく嬉しいお気持ちになるにつけても、涙がこぼれてくるのであった。

30

(1) 国司が任国へ下るまねごとをする遊びの中で、国司に仕立ててその装いをさせた。

(2) a．やなぐひ（い）　b．うまひつじ

(3) 完了の助動詞「ぬ」の終止形＋推量の助動詞「べし」の終止形で、「きっと〜だろう。〜に違いない」の意を表す。

(4) いつまでたっても戻って来なかったので

(5) ただ御所に参上する者のことを言っているのだろう

(6) 従者

(7) まねごとの行列の行方

(8) 行遠は、念入りに凝らした装いが前もって人目に触れないよう、従者に御所の様子を見に行かせたが、従者は命令を勘違いし、偵察どころか最後まで見物して帰って来たため、行遠がまねごとに参加できなかったこと。（九十八字）

解説

(1) 「受領の国へ下るまね」をさせるために、「玄蕃頭久孝といふ者を（受領に）なして」、すなわち、国司に仕立てて、「衣冠（略式の礼服姿）に衣出し」という国司の装いをさせたのである。

(2) a＝「胡籙」は、矢を差し入れて背に負う武具。b＝「午」は正午、「未」は午後二時。

(3) 「ぬべし」は、「べし」の意味を強調する連語である。「べし」の意味に応じて、次のような意になる。

・可能＝〜できるはずである。〜できそうだ。
・意志＝〜してしまうつもりである。きっと〜しよう。
・当然・義務＝〜してしまわなければならない。どうしても〜なければならない。

(4) 「無期（むご）に」は、際限のないさまを表す形容動詞「無期なり」の連用形。また、前後の内容を踏まえると、「（御所の様子を見に行った従者の姿が）見えざりければ」であるから、従者が戻って来ないことを意味する。

(5) 行遠は従者に、「御前の辺にて見て来」と命令したので、従者の「あはれ、ゆゆしかりつるものかな」という言葉を、「ただ参るもの」、すなわち、「単に御所へ参る者」について言っているのだろうと解したのである。助動詞「らん（らむ）」は現在推量の意。

(6) 直前に「この」とあることから、行遠が「御前の辺にて見て来」と命令した相手を指す。

(7) 行遠は、従者がいつまでたっても戻って来ないのにやきもきして、「午未の時」にはまねごとの行列がやってくるはずだと思って、待っていたことを踏まえて考える。行遠が「さていかに（それでどうした）」と尋ねたのに対して、従者は「早う果て候ひぬ（もう終わってしまいました）」と答えていることから、行遠が尋ねたのは、まねごとの行列がどうなったかである。

(8) 「この次第」を聞いた法皇が笑って、行遠の謹慎を許したということであるから、行遠に関する滑稽なエピソードの内容をまとめる。この話のポイントは、従者が行遠の「見て来い」という命令を勘違いしたことであり、それによって、自分の扮装が目立つのを狙っていた行遠の思惑がはずれたばかりか、まねごとにさえも参加できなかったのである。

現代語訳

これも今は昔、白河法皇が鳥羽殿においでになったとき、北面の武士たちに、国司が任国へ下るまねをさせて、ご覧になろうということになって、玄蕃頭久孝という者を国司に仕立てて、衣冠姿に出衣の装束をさせ、そのほかの五位の者たちに先払いをさせ、六衛府の役人たちには胡籙を負わせてご覧になるということで、めいめいが錦や唐綾を着て、われ劣らじと装ったところ、左衛門尉源行遠は特に念入りに装いを凝らして、「人に前もって見られたら、目慣れてしまうに違いない（ので、おもしろくないだろう）」と思って、御所に近かった人の家に入っていて、従者を呼んで、「おい、御所のあたりで（様子を）見て来い」と、見に参らせた。

（ところが、）いつまでたっても（従者が）戻って来なかったので、「どうしてこんなに遅いのか」と思い、午前八時に催しがあるということだったが、いくら遅れるとはいっても、正午から午後の二時には（行列は）やって来るはずだと思って、待っていると、門の方で声がして、「ああ、みごとなものだったなあ。すばらしいものだったなあ」と言ったけれども、（それは、）ただ御所に参上する者のことを言っているのだろうと思っていると、「玄蕃殿の国司姿こそ、見ものだった」と言う。また、「藤左衛門殿は錦を着ておられた。源兵衛殿は縫い取りをして、金の模様をつけて」などと話す。

おかしいと思って、「おい」と呼ぶと、例の「見て来い」と言って遣わした男が、笑いながら出て来て、「まずこれほどの見ものはございません。賀茂祭も物の数ではありません。院の御桟敷の方へ渡って行かれた様子は、目もくらむほどの見ものでした」と言う。「それで（行列は）どうした」と言うと、「もうとっくに終わりました」と言う。「これは何としたことか、（どうして、帰って）来て知らせないのか」と言うと、「これは何という仰せでございましょうか。『参って見て来い』と仰せになりましたので、まばたきもせずによく見ておりましたのです」と言う。まったくあれこれ言っても始まらなかった。

まもなく、「行遠は供奉にも参らず、まことにもって不届きである。かたく謹慎せよ」と仰せ下されて、二十日あまりそうしているうちに、（法皇が）この事情をお聞きになって、お笑いあそばされて、謹慎は許されたということである。

31

(1) ② a　④ c　⑦ e
(2) b
(3) d
(4) e
(5) b
(6) a
(7) d
(8) c

解説

『建礼門院右京大夫集』は、鎌倉時代初期に完成した、建礼門院徳子にお仕えした女房が著した歌を中心にした追想の日記的私家集である。この場面は零落した建礼門院を右京大夫が訪問する場面である。

(1) ②「わりなし」は、「わり（＝道理）がない」が元となり、「道理に合わない、無茶だ、無理だ」の意を持つので、正解はa。④「なのめなり」は、「平凡だ、普通だ」の意だが、ここから「いい加減に思う」の意が現れ、正解はc。⑦「やがて」は、「すぐに」と「そのまま」の二つの意を持つ。ここでは、「わが心」が「しるべ」となるとあるので、即効性ではなく、状態を示すので、eの「そのまま」の意。

(2) 女院の所を訪問するのであるから、「深き心」は、「女院への深い気持ち」である。また、「心をしるべ」にするのだから、「心をたよりにする」と判断できる。したがって正解はb。よく選択肢を吟味すると、「心をしるべ」にすると捉えているものは、bとdしかない。本文に忠実なものを選ぶ。次に女院への思いの点からbと決めることも可能だ。

(3) 「見」＋「まゐらせ」＋「ざら」＋「む」＋「だに」である。「だに」を副助詞と正しく捉えているのは、aとdだ。「む」が動詞ではないのは明白だから、aは×である。「まゐらす」なのか、「まゐる」＋「す」なのかの判断に困った方もいるかもしれないが、単純な所で判断すればよい。なお、「まゐらす」は「まゐる」よりも敬意の高い謙譲語である。動詞の直後に「まゐらす」が出てきたら、謙譲語で補助動詞と判断すること。

(4) 女院の昔の様子を知らない人が、今の女院の様子を見て落ちぶれた姿を「いい加減には思わない」のだから、女院の昔の姿を知っている自分はどうなのかと考えれば、「まして」と判断できよう。

(5) 「都ぞ春の」は「錦」を導く序詞である。もともとは、『古今和歌集』素性法師の「見わたせば柳桜をこきまぜてみやこぞ春の錦なりける」から引いた表現である。このことを知らなくても、「錦」から「錦鯉」を連想すれば、色鮮やかな多色を示す言葉だとわかる。「裁ち」は「着物」に関する縁語となっていて、「色鮮やかな多色を」「着物に重ね」と解釈できる。a「きらびやかな」はよいが、「歌」を修飾しているし、c「美しい」もよいが、「自然」を修飾しており、dには「錦」に該当する言葉がなく、eの「高級な」も当たらないので、それぞれ不正解となる。bのみが「美しい」が「着物」を修飾していて正解。また「重ねて」を提示している選択肢もbしかない。

(6) 「うとましく心憂し」は前に「何とて帰るらむと」があるので、「〇〇と、いとわしくつらい」となっている。その「帰る」に敬語が使用されていないので、自分の心情とわかるし、「帰る」を選択肢に含んでいるのは、aのみである。

(7) 「雲の上」は「天上」のことで、宮中を指す。とてつもなく優れた場所を指す。今でも「あの人は雲の上の存在だ」などと使うことからもわかるだろう。「月」は、比喩的には美しいものを指すときに用いられる言葉である。『竹取物語』でかぐや姫が月の人だったのも、このことによるのだ。そして、ここでは「雲の上の月」とあるから、「とても優れた所の美しい〇〇」となる。よって、「雲の上」が宮中を、「月」がそこにいた女院ということになる。

(8) 内容合致問題は、些末なことの正否を問うているのではない。主題を基に考えるものである。この部分では、女院の昔とはまったく異なる今の零落した状況を「うとましく心憂し」と嘆いていることから考える。また、和歌がある場合は、その和歌の心情を押さえる必要がある。最初の和歌の内容がcの内容となっている。また二番目の和歌では「かなしき」と詠んでいるので、「かなしい」から「わびしさ」を読み取ることも可能だと考える。この点をふまえているのは、a・cだが、aは、本文に出ていない「安徳天皇の御霊を弔う」となっているので誤り。cは純粋に女院の暮らしぶりに限定したものなので、これが正解である。

現代語訳

(私〔=筆者〕は)女院〔=建礼門院徳子〕が、大原においでになるということだけはお聞きしているが、女院に縁のある人に(私が)知られていない状況では参上することができなかったのだが、女院を深くお慕い申し上げるわが心をたよりとして、無理に〔=やむにやまれず〕(大原に)お訪ね申し上げると、だんだんと近づくにつれて、山道の様子から、まず涙が先に出てどうしようもないので、(女院の)お庵室や、お住まいの有様、(ご生活の)様子が、すべて目も当てられない(ほどひどいものである)。昔のご様子を拝見しない人でさえ、大体の有様は、どうして(現状を)いい加減に思うだろうか。まして、(昔のご様子を存じ上げている私には)夢とも現実とも言いようがない。秋深い山から吹き下ろす風が、近くの梢と響き合って、懸樋の水の音、鹿の鳴き声、虫の音は、どこでも同じであるが、経験したことのない悲しいものである。(以前は女院のお側近くで)美しい着物を着重ねてお仕えしていた女房たちが六十数人いたが、(今は)見違える(ほどの)様子でやつれている墨染めの尼の姿で、わずかに三四人ほどがお仕えしていらっしゃる。その女房たちにも、「それにしてもまあ」とだけ、私もそのお仕えしている人も口に出した(だけで)、むせび泣く涙でいっぱいになって、まったく言葉も続けられない。

　今が夢なのか、それとも昔が夢だったのかと思い迷ってどう考えても現実とは思われない

　(宮中で)見上げた昔の雲の上の月(のような女院様)が(今は)このような(寂しい)深い山の中のご様子が(いたましく)悲しい(ものになっている)

　(春の)花の美しさや月の光(の美しさ)にたとえても、一方だけでは不十分であった(美しい女院の)ご容姿も、別人かとばかり(昔のお姿が)回想されるが、このような(いたわしい)ご様子を拝見しながら、なんの思い出もない都へと、それではどうして帰るのだろうかと、(自分が)いとわしくつらい。

　山深くに留めておいた私の心は、そのまま出家して住むことができるように手引きとなってくれ

32

(1)　平家の都落ちは言葉で言い表せないほど悲しく、事情すら判断できないことだったから。(四十字)

(2)　見し人々の都別る(八字)

(3)　Ⅰ　・少しは自分に情愛をかけて欲しいこと。(十八字)

・後世の供養を必ず取り計らって欲しいこと。(二十字)

Ⅱ　もし命たとひ今しばしなどありとも(十六字)

(4) よろづただ今より身を変へたる身と思ひなりぬる（二十二字）

(5) ③ 以前よりもいっそう人目を避けたりして

⑥「いい加減に思って手紙を差し上げない」などとお思いになってくれるな

⑦ 出家することさえ、身の上を自分の意のままにできないで

(6) ア・ウ

(7) 地の文…ぞ　会話文…なむ

(8)〔解答例〕

〈中学校一年生〉

『平家物語』の冒頭部を教材として、古典の世界に触れ、慣れ親しむ態度の育成を目標とする。まず琵琶法師による録音教材を聞かせ、平曲のリズムに慣れさせる。次に、現代語訳と照らし合わせながら、文語のきまりの基本を認識させた上で、歴史的仮名遣いに注意しながら、文章のリズムをとらえさせる。教師の範読後、グループごとに音読練習を行わせ、読み慣れることによって古典に親しめるようにし、暗唱して発表する時間も設ける。（二百字）

〈高等学校一年生〉

『平家物語』の冒頭部に示された諸行無常・盛者必衰の思想を、合戦場面の読解を通して理解させることを目標とする。文語のきまりについては、現代語と比較しながら言葉の変遷を踏まえて指導し、大意を把握させる。次に、『平家物語絵巻』を用いて戦いの描写を視覚的にとらえさせると共に、表現の奥にある登場人物の心理や人間像を読み取らせ、冒頭部の思想との関連を考えさせる。そしてそれを発表し合うことで、理解を深めさせる。（二百字）

解説

(1) 設問の「なにが」に該当するのは、広い意味では「寿永、元暦などのころの世の騒ぎ」、すなわち、源平の一連の争乱であるが、傍線部①の「今まで」とは「今に至るまで」であり、筆者は後で、特に「（見し人々の都別る）まことの際」＝「秋の初めつかた」のことを取り上げている。また、「どのようであった」に該当するのは、「言ふべき際にもなかり……思ひ分かれず」であり、後で「心も言葉も及ばれず」、「ただ言はむかたなき」、「ただ涙のほかは言の葉もなかり」と繰り返し換言されている。

(2)「まことの際」は「本当のとき、実際のとき」の意で、「見し人々の都別る」を受けている。

(3)「はかなき数」とは「死者の数」。傍線部④は、資盛がごく近い将来における自分の死を確信したことを表す。資盛は、「露ばかりのあはれは懸けてむや」と「道の光も必ず思ひやれ」という二つの願いを話した後に、「もし命たとひ今しばしなどありとも……」と、先の確信とは反対の状況を仮定した場合のことを述べている。「露ばかり」は「ごくわずか」、「あはれ」は「愛情、情け」の意。「道の光」は〔注〕にあるように、冥土の闇を照らす仏法の光で、後世の供養を表す。「思ひやる」は「気にかける、気を配る」の意。

(4)「昔の身とは思はじ」と「身を変へたる身と思ひ」は同意で、

この世に生きている自分ではないと、自分を死んだものと思うこと。

⑸　③＝「け（異）」は「まさるさま、格別なさま」。「けに」で「いっそう、まさって」の意。「忍ぶ」は「隠れ忍ぶ、人目を避ける」の意。⑥＝「なほざりなり」は、「いい加減な気持ちで、愛情が薄くて」の意。「文やること……せじ」を受けているので、「聞こゆ」は、「（手紙を）差し上げる」という意の謙譲語。「な～そ」は禁止の用法。⑦＝「様変ふる」は、出家して姿が変わること。副助詞「だに」は、軽い事柄を挙げて、それより重い事柄を暗示・類推させる用法で、「～さえ」の意。ここでは、出家することを挙げることによって、まして死ぬことは自分の思いのままにはできないことを暗示している。接続助詞「で」は打消の接続を表す。

⑹　平家一門の都落ちに悲しみながらも、出家することも、出奔することもできずにいる自分を情けなく思って、詠んだ歌である。「さてある身」とは、そのままである我が身、すなわち、出家もせず死にもせずにいる自分の身、という意。「うとまし」は、そのような我が身を厭わしく、嫌に感じる気持ちを表す。したがって、一つはウ。もう一つはアとイで迷うところだが、源氏に対する「憎しみ」までは読み取れない。資盛を愛し、平清盛の娘である建礼門院（平徳子）に仕えるという、平家に近い身であった筆者にとっては、平家一門の都落ちという類い稀な出来事に遭遇した「悲しさ」を選ぶべきだろう。

⑺　第一段最後と末尾の和歌に「ぞ、～迷はれし」「ぞうとましき」、資盛の会話文の中に「なむある」「なむ、～口惜しき」とある。

⑻　中学校一年生における古典の指導事項については、平成二十九年告示中学校学習指導要領の「⑶我が国の言語文化に関する事項」アに、高等学校の「言語文化」では、平成三十年告示高等学校学習指導要領の〔知識及び技能〕⑵イ・ウ・エに記されている。これを踏まえながら、単元の目標や指導の要点を明確にして述べることが要求される。『平家物語』の作品としての特質を踏まえた上で、生徒の発達段階に応じて、自分なりの指導法を展開することが大切である。

現代語訳

寿永・元暦の頃の世間の騒動は、夢とも幻とも、悲しいとも何とも、いっさい言葉で表すことのできる限りではなかったので、すべてどうであったとさえ、（私には）判別することができず、かえって思い出すまいとばかり、今に至るまでも思われる。（私が）親しくしていた平家一門の人々が、都に別れを告げて落ちて行くということを聞いた秋のことは、何やかやと言い表そうと思っても、想像を超え言葉でも言い尽くせない。本当に都落ちするときは、私もあの人（資盛）も、あらかじめ（それが）いつであると知っている人はいなかったから、ただもう言いようのない悲しい夢を見ているのだとばかり、一門に身近で（都落ちの様子を）目の当たりに見ている人も、遠く離れて人づてに聞く人も、皆迷ってしまった。

世間一般が落ち着かず、（平家の将来が）頼りなく不安であるような噂が流れた頃などは、（資盛は）蔵人頭であって、特に精神的余裕もなさそうであった上、周りの人も、「（二人が会っているのは）よくないことだ」などと言うこともあって、さらにまた、以前よりいっそう人目を避けたりして、自然に、何かと遠慮がちに会って話などをした時々にも、ただ普段の口癖にも、（資盛は）「このような世間の騒動になったのだから、（私が）死者の数にたった今にでも入るであろうことは、疑いないことだ。そうなったなら、そうはいってもやはり、ほんの少しくらいの情愛はかけてくれるだろうか。たとえ（私のことを）何とも思わなくても、このように（あなたと）親しくなってからも、長い年月というほどになった（二人の）情愛だから、（私の）後世の供養は必ずするように取り計らってくれ。もしたとえ今しばらく生きていたとしても、いっさい今は心中を昔のままの自分とは思うまいと、固く決意し、心の準備をしているのである。そのわけは、物事を不憫であるとか、何の名残が惜しいとか、あの人のこと（が気がかりだ）などと思い始めたら、思うだけでも際限ないであろう。心弱さもどのようであろうと、我が身ながら分からないので、（今後は）何事も考えないことにして、あなたの所へ、『さて（その後はいかがですか）』などと言って手紙を出すことなども、どこの浦からもするまいと決心しているので、『いい加減に思って手紙を差し上げない』などとお思いになってくれるな。すべて、たった今から死んだ身と思ったはずなのに、やはり、ともすれば、以前の気持ちになってしまいそうなのだが、実に残念だ」と言ったことを、本当にそのとおりだと聞いたが、（私に）何を言うことができようか。ただ涙のほかは言葉もなかったが、遂に秋の初め頃の、夢の中で夢を見ているような悲しくはかない出来事を聞いたときの心持ちは、何にたとえようか。

　さすがに心ある人は誰でも、この悲運を話したり思ったりしない人はいないけれども、一方では身近な人々でも、私の（悲しい）心を分かってくれる友だちは誰がいようかと思われたので、人に話もできず、つくづくと（一人で）思い続けて、思いがあまると、仏様に向かい申し上げて、一日中泣くばかりであった。けれども、本当に（よく言うように）命は期限がある（から勝手に死ねない）ばかりでなく、出家することさえ、身の上を自分の意のままにできないで、一人で出奔することなども、できないままに、ついそのままでいることが、本当に情けなくて、

　ほかにまた類例も知らないような、憂く辛いことを見たのに、そのまま日を送っている我が身がつくづく厭わしい。

33

(1) a. けだ（し）　b. すなわ（ち）　f. ゆえん

(2) イ

(3) d. 列子（列禦寇）　e. 子陽

(4) Ⅰ　即ち官をして之に粟を遺らしむ。

Ⅱ　列子のような立派な人物が生活に困っているのは、子陽が厚遇していないせいだと指摘されたから。

(5) オ

(6) 且㆑以㆓人　之　言㆒。

(7) 子陽は自分の意思ではなく、他人の言によって穀物を届けたから。（三十字）

解説

(2)「見」という漢字には、①目でみる（他見・物見）、②見方・考え方（見解）、③人に会う（引見）、④あらわれる（発見・外見）などの意がある。cの「見」は、使者に「会う」という意で用いられている。

(3) 鄭の子陽が、ある人の言葉に従って、使者を通して列子に穀物を送ったが、列子はそれを辞退した。dを含む文は、これを見ていた妻が列子に向かって言った言葉である。また、eを含む文は、その妻の発言に対する列子の言葉である。

(4) Ⅰ＝次の文に「使者」とあることからも、「令」は使役の助字と判断できる。「〜をして〜（せ）しむ」と訓読する。「之」は列子を指す。なお、訓点は次のとおり。

即チ令ム㆔官ヲシテ遺ラ㆓之ニ粟ヲ㆒。

Ⅱ＝「客」に、「列禦寇ハ……有道ノ士ナリ。……窮ス。君……士ヲ好マザルヲ為スコト無カランカ」と指摘されたことが、理由に該当する。「士」は「有道ノ士」を指す。「好」は「待遇が好ましい」の意。

(5)「豈」は反語の助字。「命」は「天命・君命」の意。子陽がせっかく穀物を送ったのに、それを受け取らなかった列子に憤慨して、妻が言った言葉である。

(6) 再読文字の「且」は、「且ニ〜セントす」と読む。「以」は返読文字で、前文に「人ノ言ヲ以テシテ」とある。

(7) 列子の発言の最後に、「此レ吾ガ受ケザリシ所以ナリ」とあることから、「此レ」の指示内容が、食料を受け取ることを辞退した理由に該当する。「此レ」は直前の三文を指すが、理由の中心になっているのは、前の二文である。

書き下し文

子列子《しれつし》窮《きゆう》し、容貌《ようばう》飢《き》色《しよく》有《あ》り。客《かく》に之《これ》を鄭《てい》の子陽《しやう》に言《い》ふ者《もの》有《あ》り。曰《いは》く、列禦寇《れつぎよこう》は、蓋《けだ》し有道《いうだう》の士《し》なり。君《きみ》の国《くに》に居《を》りて窮《きゆう》す。君《きみ》乃《すなは》ち士《し》を好《この》まざるを為《な》すこと無《な》からんかと。鄭《てい》の子陽《しやう》、即《すなは》ち官《くわん》をして之《これ》に粟《ぞく》を遺《おく》らしむ。子列子《しれつし》出《い》でて使者《ししや》を見《み》、再拝《さいはい》して辞《じ》せり。使者《ししや》去《さ》つて、子列子《しれつし》入《い》る。其《そ》の妻《つま》之《これ》を望《のぞ》み、心《むね》を拊《う》つて曰《いは》く、妾《せふ》聞《き》く、有道者《いうだうしや》の妻子《さいし》たるものは、皆《みな》佚楽《いつらく》を得《う》と。今《いま》飢《き》色《しよく》有《あ》り、君《きみ》遇《ぐう》して先生《せんせい》に食《しよく》を遺《おく》るに、先生《せんせい》受《う》けず。豈《あ》に命《めい》ならざらんやと。子列子《しれつし》笑《わら》つて之《これ》に謂《い》つて曰《いは》く、君《きみ》は自《みづか》ら我《われ》を知《し》るに非《あら》ざるなり。人《ひと》の言《げん》を以《もつ》てして我《われ》に粟《ぞく》を遺《おく》れり。其《そ》の我《われ》を罪《つみ》するに至《いた》つてや、又且《またまさ》に人《ひと》の言《げん》を以《もつ》てせんとす。此《こ》れ吾《わ》が受《う》けざりし所以《ゆゑん》なりと。

通釈

列子先生が生活に苦しんで、顔かたちに飢える様子があった。鄭の国に身を寄せている人で、このことを鄭の（大臣である）子陽に告げる人がいた。（その男が）言うには、「列禦寇は、思うに有道の賢者です。（このような人物が）あなたの国に住んで、生活に困っています。（これは、）あなたが立派な人物を良く待遇しないでいるからではありませんか」と。（そこで、）鄭の子陽は、さっそく役人に命じて列子に穀物を届けさせた。（ところが、）列子先生は出迎えてその使者に会うと、丁重にお辞儀をして、（その申し出を）辞退した。使者が立ち去って、列子先生が（部屋へ）戻ってきた。（すると、）列子の妻が列子に向かって、胸を叩いて怒って言うには、「私は『立派な人物の妻や子は、皆安楽な暮らしができる』と聞いています。（それなのに、私たちは）今、飢えた顔つきをしています。主君が目をかけて、あなたに食料を送り届けて下さったのに、あなたはそれを受け取らなかった。（それを受け取ることは）どうして、天命ではないことがありましょうか、いや天命に違いありません」と。（これを聞いた）列子先生は、笑って妻に言った。「主君は自分の判断で私を認めてくれたわけではない。他人の言葉を聞いて（それを鵜呑みにして）、私に穀物を届けてくれたに過ぎない。（だから、）もし主君が私を処罰する段になったら、（そのときも）また他人の言葉で判断しようとするであろう。これが、私が受け取らなかった理由だ」と。

34

(1) ① 武侯　② 荘王

(2) 初め…世不　終わり…者覇

(3) いつの世にも聖人は絶えることなく、どこの国にも賢者は少なからずいるということ。（三十九字）

(4) イ

(5) 自分よりも優秀な臣下が一人もいないことに満足した自分の、為政者としての浅はかさを思い知らされたから。（五十字）

(6) 〔解答例〕

まず、音読や朗読を通して漢文のリズムに慣れさせ、訓読文と書き下し文を比較しながら、返り点の基本的な用法や漢文の基本的な構造を学習する。次に、現代語訳を参考にして、大意を把握させる。その上で、武侯と荘王の態度の違いに着眼させ、それぞれの態度に表れている考え方の違いについて話し合わせたり、意見を発表させたりする。また、「友達や両親の話などを聞いて、武侯のように、自分の浅はかさに気づいた経験はないか」と発問し、この話が現代にも通ずることを認識させる。

解説

(1) ①も②も、それぞれの「群臣」の主君にあたる人である。

(2) 「之」は直後の内容を指す。荘王が聞いたというのは、「王（者）」や「覇（者）」になるための条件・心得であり、これを踏まえて、自分が心配そうな表情をした理由を臣下の申公に言っているのである。

(3) 「絶タズ」と「乏シカラズ」はほぼ同義である。

(4) 直後の「君」は武侯を指す。起は、荘王が心配な表情を浮かべた理由を話した上で、それとは対照的に喜びの表情を浮かべている武侯を暗に諫めている。したがって、「而」は逆接の働きをしている。

(5) 武侯は起から、「群臣能ク及ブ莫シ」という同じ状況にあった荘王が、天下の王者・覇者になるには優秀な人材（聖人・賢者の師友）が必要だとして、国の行く末を憂慮したという話を聞き、為政者としての浅はかさ、思慮の足りなさを痛感したのである。

(6) 古典の世界を楽しむには、漢文独特のリズムに慣れさせるのみならず、基本的な用法について学習することも不可欠であろう。また、話の内容について、現代との相違点や共通点を探らせるなどして、漢文に対する興味・関心を喚起することが大切である。一方的に講義するのではなく、発問をしたり、言語活動を取り入れたりして、生徒が主体的に関わることができる学習活動を提示したい。

書き下し文

武侯《ぶこう》嘗《かつ》て事《こと》を謀《はか》る。群臣《ぐんしん》能《よ》く及《およ》ぶ莫《な》し。朝《てう》を罷《や》めて喜《よろこ》べる色《いろ》有《あ》り。起《き》進《すす》みて曰《いは》く、昔《むかし》楚《そ》の荘王《さうわう》嘗《かつ》て事《こと》を謀《はか》る。群臣《ぐんしん》能《よ》く及《およ》ぶ莫《な》し。朝《てう》を退《しりぞ》きて憂《うれ》ふる色《いろ》有《あ》り。申公《しんこう》問《と》ひて曰《いは》く、君《きみ》憂《うれ》ふる色《いろ》有《あ》るは何《なん》ぞやと。曰《いは》く、寡人《くわじん》之《これ》を聞《き》けり、世《よ》聖《せい》を絶《た》たず、国《くに》賢《けん》に乏《とぼ》しからず。能《よ》く其《そ》の師《し》を得《う》る者《もの》は王《わう》たり、其《そ》の友《とも》を得《う》る者《もの》は覇《は》たりと。今《いま》寡人《くわじん》不才《ふさい》にして群臣《ぐんしん》及《およ》ぶ者《もの》莫《な》し。楚国《そこく》は其《そ》れ殆《あやふ》からんと。此《こ》れ楚《そ》の荘王《さうわう》の憂《うれ》ふる所《ところ》なり。而《しか》るに君《きみ》は之《これ》を説《よろこ》ぶ。臣《しん》窃《ひそか》に懼《おそ》ると。是《ここ》に於《おい》て武侯《ぶこう》慙《は》づる色《いろ》有《あ》り。

通釈

武侯はかつて、事に先だって方法を考え（る際に、臣下に相談したことがあっ）た。（しかし、）多くの臣下の中で、（武侯の考えに）及ぶ者は誰一人としていなかった。朝廷での政務が終わってから、（武侯の）顔には喜ぶ表情があらわれていた。（その様子を見た）起は（武侯の前に）進み出て、次のように言った。「昔、楚の荘王がかつて、事に先だって方法を考えました。（しかし、）多くの臣下の中で、（荘王の考えに）及ぶ者はいませんでした。政務から退いて、（荘王は）心配そうな表情を浮かべました。（そこで、）臣下の申公が『主君が心配そうな顔色をなさっているのは、どうしてでしょうか』と尋ねると、（荘王は、）『私はこういうことを聞いている。いつの世にも聖人は絶えることなくいるものであるし、どこの国にも賢者は少なからずいるものである。（そのような優秀な人々を登用して、）聖人を先生とすることができる者は王者になれるし、賢者を友とすることのできる者は覇者となれる、ということだ。今、私は才能があるわけではないのに、多くの臣下の中で、誰も（私に）及ぶ者がいない。（先生とする聖人も、友とする賢者もいないようでは、）楚の国（の将来）は何と危ういことであろう』と言われました。このことが、楚の荘王の心配したことでありました。それなのに、主君はそれを喜んでいらっしゃる。私は内心（将来を考えると）恐れを抱いております」と。これを聞いた武侯の顔には、恥じ入った表情が浮かんだ。

35

(1) イ　(2) ウ　(3) オ　(4) エ
(5) ア　(6) イ　(7) ウ　(8) オ
(9) ア　(10) イ　(11) ウ

解説

白文での出題である。白文を読む際には、文の骨格をなす主語・述語・目的語に該当する語に印を付けたり、「曰」の後の会話文に括弧を付けたりして、まずは大意をつかむことが大切である。とらえにくい表現については、前後の文脈や漢字の意味からあたりをつける。そういう点では、英文を読むときと読解の方法は似ているが、使われているのが「漢字」であるだけに、むしろ英文よりも読解しやすいだろう。白文を読むのも慣れである。苦手意識を持たずに、地道に取り組むようにしたい。

(1) ここでの「因りて」は、「そこで、そうして」の意。アは「嘗て、曾て」、ウは「果たして」、エは「固より、故より、素より」、オは「方に、正に、適に」と書く。

(2)　関其思が「胡可伐（胡伐つべし）」と言ったことに怒った武公が発した言葉であることを踏まえる。「子」は「関其思」を指し、「あなた」の意であるから、「し」と読む。「之」は当然「胡」を指し、「伐」の目的語である。武公は、「子（が）胡を伐てと言ふ（の）は何ぞや（＝何たることか）」と激怒して、関其思を殺してしまったのである。訓点は次のように付く。「也」は置き字である。

子 言レフハ 伐レテト 之ヲ 何ゾヤ 也。

(3)　「胡君聞之」の「之」は、武公が娘を嫁がせている胡を兄弟の国だとし、胡を討つことを進言した関其思を殺してしまったことを指す。そのことを聞いた胡の君主は、鄭の国は自分を親類にしてくれていると思った。このことと、鄭に対する防備をしなくなったという前後関係を考えると、「やがてそのまま」の意がある「遂ニ」を入れるのが適切である。

(4)　前段では、殺された「関其思」と、疑われた「隣人之父」の二つの話が挙げられている。「此二人」は、次の文の「厚者」と「薄者」であり、前者は「関其思」、後者は「隣人之父」を指す。

(5)　傍線部④は、二つの話を総括し、そこから導き出した見解にあたる。「関其思」は、胡を討つのがよいことを知っていたが、武公の策略に引っかかり、それを進言してしまったために殺された。「隣人之父」は、土塀を修理しないと泥棒に入られることを知っていたが、それを口に出したために疑われた。つまり、二つの話は知ったことへの対処の難しさを示しているのである。

(6)　アは「具に、備に」、ウは「俄かに、卒かに」、エ「確かに」、オ「纔かに」と書く。

(7)　衛の法律では、こっそりと君主の車に乗ることは禁じられていた。「こっそりと」とは、君の許しを得ないで、ということ。弥子瑕は君主の許しがあった、すなわち、君主の命令だと言って偽ったのである。

(8)　「不尽」は、全部を食べ尽くさずに、ということ。

(9)　傍線部⑧は、傍線部⑦の内容を言い換えたものである。「我」は「君」を指すので、「啗」には使役の意の送り仮名を付ける。「以」は返読文字。訓点は次のように付く。

嘗テ 啗レハスニ 我ニ 以二テセリ 余 桃一ヲ。

(10)　「見」は、「被」とともに受身の助字。アＩ使役の助字。ウ＝「まさニ～ベシ」と読む再読文字。エ＝仮定の副詞（もシ）、比況の助字（～ノごとシ）など。オ＝限定の意の終尾詞（のみ）。

(11)　「不可不～」は「～ザルベカラズ」と読んで、二重否定の意。「～しなければならない」という強い肯定を表す。「不」も「可」も返読文字。「説」は「進言する」の意。

書き下し文

昔者《むかし》鄭《てい》の武公《ぶこう》胡《こ》を伐《う》たむと欲《ほっ》す。故《ゆゑ》に先《ま》づ其《そ》の女《ぢよ》を以《もっ》て胡君《こくん》に妻《めあは》せ、以《もっ》て其《そ》の意《い》を娯《たのし》ます。因《よ》りて群臣《ぐんしん》に問《と》ふ、吾《われ》兵《へい》を用《もち》ひむと欲《ほっ》す。誰《たれ》か伐《う》つべき者《もの》ぞと。大夫《たいふ》関《くわん》其思《きし》対《こた》へて曰《いは》く、胡《こ》伐《う》つべしと。武公《ぶこう》怒《いか》り而《しか》して之《これ》を戮《ころ》して曰《いは》く、胡《こ》は兄弟《けいてい》の国《くに》なり。子《し》之《これ》を伐《う》てと言《い》ふは何《なん》ぞやと。胡君《こくん》之《これ》を聞《き》き、鄭《てい》を以《もっ》て己《おのれ》に親《したし》むと為《な》し、遂《つひ》に鄭《てい》に備《そな》へず。鄭《てい》の人《ひと》胡《こ》を襲《おそ》ひ之《これ》を取《と》る。宋《そう》に富人《ふじん》有《あ》り。天《てん》雨《あめふ》り墻壊《かきくづ》る。其《そ》の子曰《こいは》く、築《きづ》かずば必《かなら》ず将《まさ》に盗《とう》有《あ》らむとすと。其《そ》の隣人《りんじん》の父《ふ》も亦云《またい》ふ。暮《ぼ》にして果《はた》して大《おほ》いに其《そ》の財《ざい》を亡《うしな》ふ。其《そ》の家甚《いへはなは》だ其《そ》の子《こ》を智《ち》とし、而《しか》うして隣人《りんじん》の父《ふ》を疑《うたが》ふ。此《こ》の二人説《ふたりせつ》は皆当《みなあた》る。厚《あつ》き者《もの》は戮《りく》と為《な》り、薄《うす》き者《もの》は疑《うたが》はる。則《すなは》ち知《ち》の難《かた》きに非《あら》ず、知《ち》を処《しよ》すること則《すなは》ち難《かた》きなり。

昔者弥子瑕衛君《むかしびしかゑいくん》に寵有《ちようあ》り。衛国《ゑいこく》の法《はふ》、窃《ひそか》に君車《くんしや》に駕《が》せし者《もの》は罪《つみ》として刖《けつ》せらる。弥子瑕《びしか》の母病《ははへい》なり。人間《ひとひそか》に往《ゆ》き、夜弥子《よるびし》に告《つ》ぐ。弥子《びし》矯《いつは》りて君車《くんしや》に駕《が》して以《もつ》て出《い》づ。君聞《きみき》きて之《これ》を賢《けん》として曰《いは》く、孝《かう》なる哉《かな》。母《はは》の為《ため》の故《ゆゑ》に、其《そ》の刖罪《けつざい》なるを忘《わす》ると。異《い》日君《じつきみ》と果園《くわゑん》に遊《あそ》ぶ。桃《もも》を食《くら》ふに甘《うま》し、尽《つく》さずして其《そ》の半《なか》ばを以《もつ》て君《きみ》に啗《くら》はす。君曰《きみいは》く、我《われ》を愛《あい》する哉《かな》。其《そ》の口味《こうみ》を忘《ばう》じて、以《もつ》て寡人《くわじん》に啗《くら》はすと。弥子《びし》色衰《いろおとろ》へ愛弛《あいゆる》むに及《およ》び、罪《つみ》を君《きみ》に得《う》。君曰《きみいは》く、是《こ》れ固《もと》より嘗《かつ》て矯《いつは》りて吾《わ》が車《くるま》に駕《が》し、又嘗《またかつ》て我《われ》に啗《くら》はすに余桃《よたう》を以《もつ》てせりと。故《ゆゑ》に弥子《びし》の行《おこなひ》は、未《いま》だ初《はじめ》に変《かは》らずして、而《しか》も前《まへ》の賢《けん》とせらるる所以《ゆゑん》を以《もつ》てして、後《のち》に罪《つみ》を獲《え》し者《もの》は、愛《あい》憎《ぞう》の変《へん》なり。故《ゆゑ》に主《しゆ》に愛有《あいあ》るときは、則《すなは》ち智当《ちあた》りて親《しん》を加《くは》へ、主《しゆ》に憎有《ぞうあ》るときは、則《すなは》ち智当《ちあた》らず、罪《つみ》せられて疏《そ》を加《くわ》ふ。故《ゆゑ》に諫説談論《かんせつだんろん》の士《し》は、愛憎《あいぞう》の主《しゆ》を察《さつ》して、而《しか》る後《のち》に説《と》かざるべからず。

通釈

昔、鄭の武公は胡を討ちたいと思った。そこで、まず自分の娘を胡の君主に嫁がせて、その機嫌をとった。そうしてから、多くの臣下に向かって、「私は軍を起こそうと思うが、どこを討つのがよいだろうか」と尋ねた。大夫の関其思が答えて「胡を討つのがよろしい」と言うと、武公は怒って彼を殺し、「胡は（姻戚関係で）兄弟の国柄だ。おまえがそれを討てと言うのは何事だ」と言った。胡の君主はそれを聞くと、鄭の国は私を親類にしてくれていると思い、そのまま鄭に対する防備をしなくなった。鄭の人は胡を襲撃して、占領してしまった。宋の国に金持ちがいた。雨が降って土塀が崩れたとき、その家の子どもが「修理しないと、きっと泥棒に入られるよ」と言った。その隣の親父もまた同じことを言った。夜になってから、果たしてたくさんの財宝が奪われた。その家では、そこの子どもをたいへんな知恵者だと考え、それにしても隣の親父が怪しいと疑った。（先の関其思と隣の親父の）この二人の言ったことは、みなその通りに的中した。（ところが、）ひどい場合は殺され、軽い場合でも疑われることになった。してみると、（ものを）知ることが難しいのではなく、知ったことにどのように対処するかが難しいのである。

昔、弥子瑕は衛の君主の寵愛を受けていた。衛の法律では、（君の許しを得ないで）こっそりと君主の車に乗った者は、足切りの刑にあうことになっていた。（ところが、）弥子瑕の母親が病気になって、ある人がこっそりやって来て、夜中にそれを知らせた。（そこで、）弥子瑕は（君命だと）偽って、君主の車に乗って出て行った。君主は（そのことを）聞くと、弥子瑕を誉めて、「孝行者だ。母のために、足切りの刑にあうことも忘れたのだ」と言った。別の日に、（弥子瑕は）君主と果樹園で遊んでいた。桃を食べたところ美味しかったので、全部食べてしまわずに、その半分を君主に食べさせた。君主は「私を愛しているのだ。うまい味を我慢して、私に食べさせてくれたのだ」と言った。（しかし、）弥子瑕の容貌が衰えて寵愛も薄れると、君主からとがめを受けることになった。君主が言うには、「こやつは元来（たちが悪く）、いつぞやは（君命だと）偽って、私の車に乗り、また、いつぞやは食べ残しの桃を私に食べさせたことがある」と。してみると、弥子瑕の行動は、初めと何の変わりはなく、それなのに、前に誉められたことで、後にはとがめを受けたというのは、（君主の）愛情が変わったためである。だから、君主に愛されているときは、こちらの考えが君主の心にかなって、ますます親密になるが、君主に憎まれているときは、こちらの考えも君主の意にかなわず、とがめを受けることになって、ますます疎んじられる。そこで、（君主に）忠告したり、意見を述べたりする人は、（自分は）主君から愛されているか、憎まれているかをよくよく見極めた上で、進言しなければならないのである。

36

(1) a. つひに　b. もとより　c. それ

(2) Ⅰ たれかよくまどひなからん
Ⅱ 惑いのないような人がいようか、いや、いるはずはない。

(3) イ　(4) ウ　(5) 嗟乎

(6) 身分の高低や年齢の上下とは関係なく、人の道を教え、生きる術を授け、心の惑いを解消してくれる存在。（四十八字）

(7) 〔解答例〕
・筆者の「師」に対する考え方の趣旨を捉えさせた上で、賛否やその理由を話し合ったり、発表したりする。
・生徒各自が理想とする「師」について考察する課題を設定する。「師」のあり方について書かれた関連のある他の書物を調べ、それを参考にしながら、文章にまとめる。

解説

(1) a＝「最後まで、一生」の意。b＝「もちろん、言うまでもなく」の意。c＝「そもそも、いったい」の意。

(2) 「孰」は、人・物を問う場合に使う疑問詞で、疑問形にも反語形にも用いられる。人の場合は「たれカ」、物の場合は「いづレカ」と読み、ここでは前者。また、前文の内容を踏まえると、ここでは反語形として用いられている。

(3) 空欄Aの後の内容は、前文の後半と同じ内容である。よって、「同じように、〜もまた」の意の「亦」が入る。ア＝「さらに、その上」の意。ウ＝「重ねて、再び」の意。エ＝「再び、巡ってまた」の意。

(4) 前文で、年上か年下かは関係ないと述べている。「aト無クbト無ク」は、「aとbの区別なく、aであろうがbであろうが」の意。空欄Bに入るのは、直後の「少」と対になる語であるから、「長」が妥当である。この場合の「少」「長」は、年が「若い」「長《た》けている」を意味している。

(5) 「嗟乎」の前までは、教師に対する考え方と教師の正しい姿について述べ、「嗟乎」の後で、それが失われていることを指摘している。「嗟乎」は、嘆き悲しむ感動詞。

(6) 第二文と「嗟乎」の前の文に、「師」のあるべき姿が集約されている。

(7) 平成三十年告示高等学校学習指導要領の「古典探究」の「内

容」〔思考力、判断力、表現力等〕「読むこと」の(2)では、言語活動例が七つ示されている。本問では、「この作品の主題とかかわらせて」という条件が付されているので、次の二つの言語活動例を参考にしながら、主題である「師」のあり方に関連する言語活動を自分なりに工夫して提示したい。

・古典の作品や文章を読み、その内容や形式などに関して興味をもったことや疑問に感じたことについて、調べて発表したり議論したりする活動。

・古典の作品に関連のある事柄について様々な資料を調べ、その成果を発表したり報告書などにまとめたりする活動。

書き下し文

古《いにしへ》の学《まな》ぶ者《もの》には、必《かなら》ず師《し》有《あ》り。師《し》は、道《みち》を伝《つた》へ業《ぎょう》を授《さず》け惑《まど》ひを解《と》く所以《ゆゑん》なり。人《ひと》は生《う》まれながらにして之《これ》を知《し》る者《もの》に非《あら》ず。孰《たれ》か能《よ》く惑《まど》ひ無《な》からん。惑《まど》ひて師《し》に従《したが》はずんば、其《そ》の惑《まど》ひたるや、終《つひ》に解《と》けじ。吾《わ》が前《まへ》に生《う》まれて、其《そ》の道《みち》を聞《き》くや、固《もと》より吾《われ》より先《さき》ならば、吾従《われしたが》ひて之《これ》を師《し》とせん。吾《われ》が後《のち》に生《う》まれて、其《そ》の道《みち》を聞《き》くや、亦吾《またわれ》より先《さき》ならば、吾従《われしたが》ひて之《これ》を師《し》とせん。吾《われ》は道《みち》を師《し》とするなり。夫《そ》れ庸《なん》ぞ其《そ》の年《とし》の吾《われ》より先後生《せんごせい》なるを知《し》らんや。是《こ》の故《ゆゑ》に、貴《き》と無《な》く賤《せん》と無《な》く、長《ちょう》と無《な》く少《しょう》と無《な》く、道《みち》の存《そん》する所《ところ》は、師《し》の存《そん》する所《ところ》なり。嗟乎《ああ》、師道《しみち》の伝《つた》はらざるや、久《ひさ》し。人《ひと》の惑《まど》ひ無《な》からんと欲《ほっ》するや、難《かた》し。

通釈

昔の学問をする者には、必ず教師があった。教師とは、道理を教え、技術を授け、惑い（狭い枠にとらわれた心）を解いてくれるための人である。人間は生まれたときから、道理や技術を知っているものではない。（だから、）惑いのないような人がいようか、いや、いるはずはないのだ。惑ったままで教師につかなければ、その惑いというものは、一生解けないだろう。（だから、）私より前に生まれ、その道理を聞き知っていることが、当然私よりも先であったなら、私はその人について教師としよう。（また、）私より後に生まれ、その道理を聞き知っていることが、同じように私より先であったなら、私はその人について教師としよう。（つまり、）私は道理そのものを教師とするのである。そもそも、どうして教師の年齢が私よりも上であるか下であるかという生まれ年などを問題にしようか。いや、全く問題にはならないのである。だから、身分の貴い賤しいに関わらず、年齢が上であるか下であるかに関わらず、道理の存在するところは、教師が存在するところなのである。ああ、教師に対する正しい考え方が伝わらなくなってしまってから、もう長い。人々に惑いの心をなくせと望むのも、困難なことである。

37

(1)　a．これをいかんぞこれをこぼたん。
　　b．あにただにさんのしんのみならんや(と)。

(2)　A．子産　B．然明

(3)　学校が子産の政治を論評する場となっていたから。

(4)　②　どうして学校を廃止したりしようか。いや、廃止などしない。

　　③　どうしてすぐに人々の批判を止めさせられないことがあろうか。いや、止めさせられるだろう。

　　⑤　私が人々の批判を聞いて、それを薬とするに越した

ことはない。

(5) イ

(6) ⑥ 人々の批判を政治に役立てること ⑦ 子産

解説

(1) a＝子産の発言の趣旨から、ここは反語となり、「若何（いかん）ゾ～ン」と読む。目的語の「之」は二字の間に入る。b＝反語の助字「豈」は、文末に「ヤ」の文字（也・邪・哉など）がなくても、「～ンヤ」で結ぶ。限定の副詞「唯」は、「～ノミ」で結ぶのが原則である。

(2) A＝「あなた」と親しんで呼ぶ語。B＝「君子」の対語で、ここでは、自分のことを「徳のない人間・つまらない人間」と低めて言うのに用いている。

(3) 人々は学校で子産の政治の善し悪しを論じ合っていた。それを知った然明は、学校を廃止することで、人々の批判を止めさせようとしたのである。

(4) ②＝「何ゾ～ン」は反語の形。「為」は前文の「毀郷校」を指す。③＝「豈ニ～ンヤ」も反語形。「遽」は「速やかに・急に」の意。⑤＝「不如」は比較形で、「～する方がよい・～するのが一番だ」の意。

(5) 「猶」は再読文字で「なホ～ごとシ」と読み、「まるで～のようである」の意。「決」は「決める」ではなく「堤防が切れる・水を押し流す」の意。ここでは、人々の批判への対応を治水にたとえている。堤防が決壊して大量の水が流れ出すと、大惨事を招く。これと同じように、人々の自分に対する批判も押さえ付けていると、取り返しのつかないことになる、と子産は考えたのである。

(6) ⑥＝上の「行」の主語は子産で、「此」は彼の発言に表れている考え方を指す。子産は「人々の批判を師と仰ぎ、これを薬にする」と言っている。

書き下し文

鄭人《ていひと》郷校《きょうこう》に遊《あそ》び、以《もっ》て執政《しっせい》を論《ろん》ず。然明《ぜんめい》子産《しさん》に謂《い》ひて曰《いは》く、「郷校《きょうこう》を毀《こぼ》たば如何《いかん》」と。子産曰《しさんいは》く、「何《なん》ぞ為《な》さん。夫人《ひとびと》朝夕《ちょうせき》して退《しりぞ》きて遊《あそ》び、以《もっ》て執政《しっせい》の善否《ぜんぴ》を議《ぎ》す。其《そ》の善《よ》しとする所《ところ》の者《もの》は、吾則《われすなは》ち之《これ》を行《おこな》ひ、其《そ》の悪《あ》しとする所《ところ》の者《もの》は、吾則《われすなは》ち之《これ》を改《あらた》めん。是《こ》れ吾《わ》が師《し》なり。之《これ》を若何《いかん》ぞ之《これ》を毀《こぼ》たん。我忠善以《われちゅうぜんもっ》て怨《うら》みを損《そん》するを聞《き》く。威《い》を作《な》して以《もっ》て怨《うら》みを防《ふせ》ぐを聞《き》かず。豈《あ》に遽《には》かに止《とど》めしめざらんや。然《しか》れども猶《な》ほ川《かは》を防《ふせ》ぐがごとし。大決《たいけつ》の犯《おか》す所《ところ》は、人《ひと》を傷《きず》つくること必《かなら》ず多《おほ》し。吾救《われすく》ふこと克《あた》はざるなり。小決《しょうけつ》して道《みちび》かしむるに如《し》かず。吾聞《われき》きて之《これ》を薬《くすり》とするに如《し》かざるなり」と。然明曰《ぜんめいいは》く、「蔑《べつ》や、今《いま》にして後吾子《のちごし》の信《まこと》に事《つか》ふべきを知《し》る。小人実《しょうじんじつ》に不才《ふさい》なり。若《も》し果《は》たして此《これ》を行《おこな》はば、其《そ》れ鄭国実《ていこくじつ》に之《これ》に頼《よ》らん。豈《あ》に唯《た》だに二三《にさん》の臣《しん》のみならんや」と。

通釈

鄭の人々は村里の学校に集まって、（子産の行う）政治について論じ合った。然明が子産に、「村里の学校を廃止したらどうですか」と言うと、子産は、「どうして廃止したりしようか。いや、廃止などしない。人々は朝夕に出仕して、勤めが終わってから遊び集まり、私の行う政治の善し悪しを論評している。人々が善いということは実行し、悪いということは改めよう。

人々の批判は私の師ともいうべきものである。（それなのに、）どうして学校を廃止したりしようか。私は、真心のこもった立派なことをすれば、人々の恨みを受けるものでないということを聞いているが、威光を笠に着た行いをして、人の恨みを防げるとは聞いたことがない。（威光をもってすれば、）どうしてすぐに人々の批判を止めさせられないことがあろうか。いや、止めさせられるだろう。しかし、それは河水を防ぎ止めるようなものである。堤防が大いに決壊すれば、その害でひどい目にあう人は必ず多く、私には手の施しようがない。それよりは、少しずつ水をはけさせて導く方が得策である。私が人々の批判を聞いて、それを薬と（して政治の参考に）するに越したことはない」と答えた。然明は、「私は今初めて、あなたが本当にお仕えすべき（立派な）人物であることが分かりました。私は実はつまらない人間でした。もしあなたがおっしゃることを実行なさるなら、鄭の国の人々はまさにあなたを信頼することでしょう。（私ども）二、三の家臣だけでしょうか。いや、そうではありません」と言った。

38

(1)　a．こたえて　b．それ

(2)　私が天下の覇者となった理由は何であるか。

(3)　使ムレバ二人ヲシテ攻メレ城ヲ掠メレ地ヲ

(4)　高祖は臣下の功績を認めて公の利としたが、項羽は臣下を信頼せず、利益を独り占めしたこと。

(5)　いまだそのにをしらず。

(6)　Ⅰ　比較形　Ⅱ　私は子房に及ばない。

(7)　高祖が天下を取ったのは、為政者としてふさわしかったからだ、と臣下が言ったところ、高祖は、それは一因に過ぎず、自分には優秀な臣下が三人もいて、彼らを重用したからだと言い、臣下の重要性を説いたから。

解説

(1)　b＝発語の助字。文の初めに置いて注意をひき、以下の内容を述べ始めるときに用いる。「そもそも、いったい」の意。

(2)　「所以」は理由。「何」は疑問詞。

(4)　「其ノ一」とは、高祖が天下を取った理由の一つ、すなわち、高祖に理由を問われて、答えた「高起・王陵」の発言内容を指す。高祖と項羽の際たる違いは、臣下の功績を認めているか否か、利益を与えたか否かである。

(5)　「未」は再読文字で、「いまダ〜ず」と読む。

(6)　「不如」は比較形で、「〜ニしカズ」と読む。「A不如B」の形で、「AはBに及ばない、かなわない」の意。

(7)　高祖が天下を取った理由について、高起と王陵は、臣下の功績を認めて、利益を共有した高祖の為政者としての適格性・偉大さを挙げた。これに対して、高祖は、それは理由の一つに過ぎないとして、子房・蕭何・韓信の三人の優秀な臣下を挙げ、彼らの手腕のおかげで天下を取ることができたと、臣下の重要性を説いた。高祖が、天下を取ることができた要因として、臣下の力が大きかったことを認めているからこそ、群臣は喜んで心から高祖に服従したのである。

書き下し文

高祖《こうそ》洛陽《らくよう》の南宮《なんきゅう》に置酒《ちしゅ》す。帝《てい》曰《いは》く、「徹侯《てっこう》諸将《しょしょう》、皆《みな》吾《わ》が天下《てんか》を得《え》たる所以《ゆゑん》の者《もの》は何《なん》ぞ、項氏《こうし》の天下《てんか》を失《うしな》ひし所以《ゆゑん》の者《もの》は何《なん》ぞやを言《い》へ」と。高起《こうき》・王陵《おうりょう》対《こた》へて曰《いは》く、「陛下《へいか》人《ひと》をして城《しろ》を攻《せ》め地《ち》を掠《かす》めしむれば、因《よ》りて之《これ》を与《あた》へ、天下《てんか》と其《そ》の利《り》を同《おな》じくす。項羽《こうう》は然《しか》らず。功《こう》有《あ》る者《もの》は之《これ》を害《がい》し、賢者《けんじゃ》は之《これ》を疑《うたが》ひ、戦《たたかひ》勝《か》ちて人《ひと》に功《こう》を与《あた》へず。地《ち》を得《え》て人《ひと》に利《り》を与《あた》へず」と。帝《てい》曰《いは》く、「公《こう》は其《そ》の一《いつ》を知《し》りて、未《いま》だ其《そ》の二《に》を知《し》らず。夫《そ》れ籌《はかりごと》を帷幄《いあく》の中《うち》に運《めぐ》らし、勝《しょう》を千里《せんり》の外《ほか》に決《けつ》するは、吾《われ》子房《しぼう》に如《し》かず。国家《こっか》を鎮《しず》め、百姓《ひゃくせい》を撫《ぶ》し、餽餉《きしょう》を給《きゅう》し、糧道《りょうどう》を絶《た》たざるは、吾《われ》蕭何《しょうか》に如《し》かず。百万《ひゃくまん》の衆《しゅう》を連《つら》ね、戦《たたか》へば必《かなら》ず勝《か》ち、攻《せ》むれば必《かなら》ず取《と》るは、吾《われ》韓信《かんしん》に如《し》かず。此《こ》の三人《さんにん》の者《もの》は皆《みな》人傑《じんけつ》なり。吾《われ》能《よ》く之《これ》を用《もち》ふ。此《こ》れ吾《わ》が天下《てんか》を取《と》りし所以《ゆゑん》なり。項羽《こうう》は一《いつ》の范増《はんぞう》有《あ》れども、而《しか》も用《もち》ふること能《あた》はず。此《こ》れ其《そ》の我《わ》が禽《とりこ》と為《な》りし所以《ゆゑん》なり」と。群臣悦服《ぐんしんえつぷく》す。

通釈

高祖は洛陽の南宮で宴会を催した。高祖は、「諸侯・諸将たち、皆よ、私が天下を得た理由は何であるか、項羽が天下を失った理由は何であるかを言ってみよ」と言った。（すると、）高起と王陵は、「陛下は臣下に、城を攻め土地を取らせますと、（功績によって）それを（臣下に）与えて、天下の人々と利益を共有されます。（だから、天下を獲得したのです。しかし、）項羽はそうではありません。功績のある者については（かえって将来を心配して）これを殺し、賢者についてはこれを疑い、戦いに勝っても、その軍功を人に与えません。土地を得ても、その利益を人に与えません。（だから、天下を失ったのです）」と答えて言った。高祖は、「貴公らは理由の一面を知って（はいるが）、まだ他の面を知らない。そもそも、作戦を陣幕の中であれこれと考え、勝利を千里の遠方で決定する手腕は、私は子房には及ばない。国家を安らかに治め、人民をいたわり、兵糧を供給し、兵糧を運ぶ道を絶やさない手腕は、私は蕭何には及ばない。百万の大群を率いて、戦えば必ず勝ち、城を攻めれば必ず取る手腕は、私は韓信には及ばない。この三人はいずれも天下の人傑である。私はこの三人をよく使いこなした。これが、私が天下を取った理由である。（ところが、）項羽はたった一人の范増がいたけれども、それさえ使いこなすことができなかった。これが、彼が私に敗れた原因である」と言った。多くの臣下は喜んで（高祖に）服従した。

39

(1) a. けだ　b. そ　c. よ
　d. かつ　e. つひ（つい）

(2) 司馬遷　(3) 舜

(4) Ⅰ エ　Ⅱ イ　(5) ア

(6) ⑤ ア　⑥ ウ

(7) イ　(8) ウ

解説

(2) 『史記』は前漢の司馬遷の著。伝説時代の黄帝から前漢の武帝までの歴史を総合的に記した歴史書で、紀伝体（ある時代の歴史を内容別に記述したもの）で書かれている。最初の正史。

(3) 「苗裔」は、遠い血統の子孫のこと。直前で、「舜」の目にはひとみが二つあり、「項羽」も同じようにそうだったことが述べられている。

(4)　Ⅰ＝傍線部③の主語は省略されているが、漢文の主な基本構造は「主語＋述語＋目的語」である。したがって、アとイの書き下し文は、これと明らかに矛盾する。Ⅱ＝直前では、豪傑が蜂起し、互いに争っていたことが述べられている。また、直後では、「然ルニ」という逆接の語句に続いて、項羽が、領地がわずかしかないのに、三年で秦を滅ぼしたことが述べられている。これらの内容を踏まえると、傍線部③の主語は、蜂起して争い合う豪傑であり、その数の多さを表しているイが、妥当である。「勝」という漢字には、「たフ」という読み方をして、「こらえる、持ちこたえる」という意がある。ここでは、「数えることに耐えることができない」ということである。

(5)　戦国の七雄とは、秦・楚・燕・斉・趙・魏・韓の七侯をいう。

(6)　⑤＝位を守り通せなかったということ。⑥＝「関」は、楚の西北に位置する「関中」のこと。西域の結節点にあたり、政治・軍事の中心地域としての役割を果たしていた。「関ニ背キ」とは、関中に背を向ける、すなわち、関中を見捨てること。項羽は、東にある楚へと向かったのである。

(7)　選択肢の中で「すなはチ」と読むのは、「即」「乃」「則」である。ここでは、自らの過失を責めないどころか、かえって意外なことに、「天が私を滅ぼすのであって、兵を用いるのは罪ではない」とまで言っている、という文脈である。この文脈に最も合う意味をもつのは「乃」である。「即」「乃」「則」の意味の違いについては、**4 漢文、例題1**(1)の解説（253ページ）を参照。

(8)　「謬」は「誤謬・誤り」の意。作者（太史公）は、「卒ニ其ノ国ヲ亡ボシ」から直前までの内容が、「誤謬」であったと言っている。つまり、項羽が身を滅ぼしてもなお、自らの過失を認めず、すべてを天の意思に帰着させてしまったことを「誤謬」だとし、痛烈に批判しているのである。

書き下し文

太史公《たいしこう》曰《いは》く、吾《われ》、之《これ》を周生《しゅうせい》に聞《き》く、曰《いは》く、舜《しゅん》の目《め》は蓋《けだ》し重瞳《ちょうどう》子《し》なり（と）。又《また》聞《き》く、項羽《こうう》も亦《ま》た重瞳子《ちょうどうし》なり（と）。羽《う》は豈《あ》に其《そ》の苗裔《べうえい》ならんか。何《なん》ぞ興《おこ》ることの暴《すみや》かなるや。夫《そ》れ秦《しん》、其《そ》の政《まつりごと》を失《うしな》ひ、陳渉《ちんしょう》、難《なん》を首《はじ》むるや、豪傑蜂起《ごうけつほうき》し、相与《あいとも》に並《なら》び争《あらそ》ふ。数《かぞ》ふるに勝《た》ふべからず。然《しか》るに羽《う》は尺寸《せきすん》を有《ゆう》するに非《あら》ず、勢《いきほひ》に乗《じょう》じて隴畝《りょうほ》の中《うち》に起《おこ》り、三年《さんねん》にして遂《つひ》に五諸侯《ごしょこう》を将《ひき》ゐて秦《しん》を滅《ほろ》ぼし、天下《てんか》を分裂《ぶんれつ》して王侯《おうこう》を封《ほう》じ、政《まつりごと》、羽《う》より出《い》で、号《ごう》して覇王《はおう》と為《な》す。位《くらひ》終《おは》らずと雖《いへど》も、近古以来《きんこいらい》、未《いま》だ嘗《かつ》て有《あ》らざるなり。羽《う》が関《かん》に背《そむ》き楚《そ》を懐《おも》ひ、義帝《ぎてい》を放逐《ほうちく》して自立《じりゅう》するに及《およ》びて、王侯《おうこう》の己《おのれ》に叛《そむ》くを怨《うら》むるは難《かた》し。自《みずか》ら功伐《こうばつ》に矜《ほこ》り、其《そ》の私智《しち》を奮《ふる》ひて、古《いにしへ》を師《し》とせず、覇王《はおう》の業《ぎょう》と謂《おも》ひ、力征《りょくせい》を以《もっ》て天下《てんか》を経営《けいえい》せんと欲《ほっ》すること五年《ごねん》、卒《つひ》に其《そ》の国《くに》を亡《ほろ》ぼし、身《み》は東城《とうじょう》に死《し》せり。尚《な》ほ覚悟《かくご》せずして、自《みずか》ら過《あやまち》を責《せ》めず。乃《すなは》ち、天《てん》、我《われ》を亡《ほろ》ぼすなり、兵《へい》を用《もち》ふるの罪《つみ》に非《あら》ざるを引《ひ》く。豈《あ》に謬《あやま》らずや（と）。

通釈

太史公が言うには、「私が（かつて）周生から聞いたことだが、

（彼が）言うには『（伝説上の帝王であった）舜の目は、思うにひとみが二つあった』と。また聞いたところによると、『項羽も同じようにひとみが二つあった』と。（だから、）項羽は、ことによると、その子孫にあたるのではないだろうか。何と彼の興起の速やかであったことよ。さて、秦がその政道を誤り、陳渉がまず兵を起こして（秦に）謀反すると、（多くの）豪傑がまるで蜂のように群がって立ち上がり、互いに並び争った。（そのような者は、）数え切れないくらいいた。しかし、項羽はわずかな封土もあったわけではないが、勢いに乗って民間から起こり、三年にしてとうとう五諸侯の兵を率いて秦を滅ぼし、天下を分割して王侯に領地を与え、すべての政令は項羽から出て、自分を覇王と称した。その位は全うできなかったけれども、近頃までの歴史上、いまだかつてない盛事である。しかし、項羽が関中（の要害の地を）見捨てて、楚を懐かしんで（東帰し）、（楚の）義帝を追放して自立するに至っては、（その無道のために天下の）王侯が自分に背いたのを怨んだのは、（彼にとって）わざわいであった。（彼は、）自ら戦勝の功勲のみを誇り、その狭い自分勝手な知で奮い立つのみで、昔の聖王を模範となる人と考えず、（自分がなすべきことは）覇王の業だと思い、武力征伐をもって天下を経営しようとしたが、（わずか）五年でとうとうその国を滅亡させ、東城に死ぬ身となった。しかもなお、（その非を）自覚することなく、自らの過失を責めなかった。（それどころか）なんとなあ、天が私を滅ぼすのであって、兵を用いるのは罪ではないと言っていた。（これが、）どうして誤謬でないことがあろうか、いや、はなはだしい誤謬にほかならない」と。

40

(1) 目の前にある風物について、即興で作る詩。

(2) 盧橘の花が咲き、紅葉した楓の葉が枯れて、秋から冬へと変わっていく。

(3) 門を出てみたが、どちらの方向に都を眺めればよいのだろうか。

(4) しう（しゅう）じんのためにとどまることしばしもせず。

(5) 盧橘の開花と楓の落葉に、川の流れのようにとどまることのない時間を感じ、長安を思いながら過ぎていく人生を愁えている思い。（五十九字）

解説

(1) 「即時」は、事に即《ふ》れての作。即座に作る詩。

(2) 第一句は、盧橘の白い花と紅葉した楓の葉という色彩の対比のうちに、秋が終わり、冬が訪れるという季節の推移を的確に表している。

(3) 「京師」は都の長安。作者は、都から遠く離れた湘南にいる。「何処」は「どこか」ではなく、いったいどちらが都なのか、という方角を表す。

(4) 「愁人」は、愁いに沈む人。作者自身を指す。

(5) 盧橘の開花と楓の落葉という季節の推移は、一年がまた終わりに近づき、作者の人生もまた終末へと近づきつつあることを暗示している。都の方角がわからなくなるほどの年月の経過に嘆く作者は、日夜流れ去ってやまない川の水を、とどまることのない時間に重ね合わせて見ており、自分の残された人生の乏しさに愁い沈んでいるのである。

書き下し文

湘南即事《しやうなんそくじ》

盧橘《ろきつ》花《はな》開《ひら》いて楓葉《ふうえふ》衰《おとろ》ふ
門《もん》を出《い》でて何《いづ》れの処《ところ》にか京師《けいし》を望《のぞ》まん
沅湘日夜《げんしやうにちや》東《ひがし》に流《なが》れて去《さ》る
愁人《しうじん》の為《ため》に住《とど》まること少時《しばし》もせず

通釈

湘南での即興の作

庭の盧橘は白い花を咲かせ、色鮮やかに紅葉した楓の葉は枯れていく。門から出てみたが、どちらの方向に都の長安を眺めればよいのだろうか。沅水も湘江も、日夜休むことなく東へ東へと流れ続けている。愁いに沈む私のためになど、つかの間もその流れをとめてはくれないのだ。

41

(1) エ
(2) a. こ　b. まも
(3) 晨炊　(4) イ
(5) 孫には母の未だ去らざる有るも
(6) (私のようなものでも) まだ朝の飯炊きぐらいの役に立つこともできましょう。
(7) ウ
(8) 戦乱のために厳しく徴発される民衆の生活の悲惨さ。

解説

(1) 役人の目的を考えるとよい。次の句で、「老翁」が逃げ出したことを述べている。
(2) 送り仮名がヒントになる。a＝「墻」は土塀。b＝「戍」は「守る・警備する」の意。
(3) 会話の最後に「～ト」を送ることに注意。
(4) 「偸」は「かりそめ」の意。「生ヲ偸ミ」とは、死ぬべきところをかりに生きながらえてはいるが、いつ死ぬとも知れぬ命であることをいう。
(5) 「未」は「いまダ～ず」と読む再読文字。
(6) 「猶」は「やはり」の意。ここでは「私のようなものであってもやはり」ということ。
(7) 「独リ」とは、老婦は連れ去られ、逃げた老翁は家に戻って来たことを示す。
(8) 一夜宿泊した村で、人夫強制徴発の悲惨な実情を歌った詩である。

書き下し文

石壕吏《せきごうり》

暮《く》れに石壕村《せきごうそん》に投《とう》ず
吏《り》有《あ》りて夜《よる》に人《ひと》を捉《とら》ふ
老翁《ろうおう》墻《かき》を踰《こ》えて走《けし》り
老婦《ろうふ》門《もん》を出《い》でて看《み》る
吏《り》の呼《よ》ぶこと一《いつ》に何《なん》ぞ怒《いか》れる
婦《ふ》の啼《な》くこと一《いつ》に何《なん》ぞ苦《くる》しめる
婦《ふ》の前《すす》みて詞《し》を致《いた》すを聴《き》くに
「三男《さんだん》は鄴城《ぎょうじょう》の戍《まも》り
一男《いちだん》は書《しょ》を付《ふ》して至《いた》り

二男《にだん》は新《あら》たに戦死《せんし》せりと
存《そん》する者《もの》は且《しばら》く生《せい》を偸《ぬす》み
死《し》せる者《もの》は長《とこしへ》に已《や》む
室中《しっちゅう》更《さら》に人《ひと》無《な》く
惟《た》だ乳下《にゅうか》の孫《まご》有《あ》るのみ
孫《まご》には母《はは》の未《いま》だ去《さ》らざる有《あ》るも
出入《しゅつにゅう》に完裙《かんくん》無《な》し
老嫗《ろうう》力《ちから》衰《おとろ》へたりと雖《いへど》も
請《こ》ふ吏《り》に従《したが》ひて夜帰《よるき》せんことを
急《きゅう》に河陽《かよう》の役《えき》に応《おう》ぜば
猶《な》ほ晨炊《しんすい》に備《そな》ふるを得《え》ん」と
夜久《よるひさ》しくして語声《ごせい》絶《た》え
泣《な》いて幽咽《ゆうえつ》するを聞《き》くが如《ごと》し
天明《てんめい》前途《ぜんと》に登《のぼ》るとき
独《ひと》り老翁《ろうおう》と別《わか》れしのみ

通釈

石壕村の役人

日暮れに石壕村に宿をとったところ、役人が夜中に人を捕まえにやって来た。宿のじいさんは土塀をこえて走り出す。ばあさんは門口に出て役人と応対している。役人のどなり声のまったく何と怒りに満ちていることよ。ばあさんの泣き声のまったく何と苦しげであることよ。ばあさんが進み出て役人に申し上げるところを聞くに、ばあさんは言う「三人の息子たちはみな鄴城のいくさにいっております。一人の息子が手紙をことづけてよこしましたが、（それによると）二人の息子はついこのごろ戦死したとのことです。まだ生きている者はしばらくはかりそめの命をむさぼることもできましょうが、死んだ者はもう永久に万事おしまいです。家の中にはもうほかに男はおらず、ただまだ乳離れせぬ孫がいるだけです。その孫にはまだこの家を去らずにいる母親がありますが、出るにも入るにも満足なスカート一つありません。このばばめは力も衰えてはおりますが、どうかお役人のおともをして今夜にでも参りましょう。すぐにも河陽のお仕事に参りますならば、（これでも）まだ朝の飯炊きぐらいのお役に立つこともできましょう」と。夜はすっかり更け、話し声も途絶えてしまい、誰かがかすかにむせび泣いている声が聞こえたように思われた。夜の明けそめるころ、私はまた旅路についたが、別れを告げたのはただじいさんだけだった。

42

(1) A．七言古詩　B．七言絶句

(2) Ⅰ 向こうに見えるのは雲か、山であろうか、それとも対岸の呉か越の地であろうか。

海と空とが、まるで青い髪の毛を張ったように、一線を画して連なっている。

Ⅱ けむりはほうさうによこたはりてひようやくぼっす。

Ⅲ 自然の風景を、比喩を用いて巧みに表現している。

(3) Ⅰ 芳しい草が生い茂る春の日が、一日一日過ぎるにつれて募る望郷の念。

Ⅱ エ

解説

(1)　A＝六句からなるので、近体詩ではなく古体詩。古体詩のうち、一句の字数が四字・五字・七字と定まっているものを、それぞれ四言古詩・五言古詩・七言古詩と呼び、一句の字数が定まっていないものを楽府と呼ぶ。

(2)　Ⅰ＝第一・二句では、舟から眺めた光景を詠んでいる。第一句の「耶」は、ここでは疑問の終尾詞。「呉」と「越」は、対岸の中国大陸の地。第二句の「髣髴」は、よく似ていること。海と空が、一筋の青い髪の毛で区切られているようだというのである。Ⅲ＝第二句では、海と空との境界線、すなわち水平線を一筋の青髪に喩え、第六句では、舟に直接射しこんでくる金星の光を月の明るさに喩えている。

(3)　Ⅰ＝第二句の「人」は、作者自身を指す。「帰思」は故郷に帰りたいという思い。Ⅱ＝故郷から遠く離れた地にいる作者が、故郷の両親を夢見て作った詩である。第一・二句で募る望郷の念、第三句で帰るに帰れない故郷の遠さを詠み、第四句で、夢の中で両親に会えた喜びを表している。「高堂」は家人の尊敬語。

書き下し文

天草洋《あまくさなだ》に泊《はく》す

雲《くも》か山《やま》か呉《ご》か越《えつ》か
水天髣髴青一髪《すいてんほうふつせいいっぱつ》
万里舟《ばんりふね》を泊《はく》す天草《あまくさ》の洋《なだ》
煙《けむり》は篷窗《ほうさう》に横《よこ》たはりて日漸《ひようや》く没《ぼっ》す
瞥見《べっけん》す大魚《たいぎょ》の波間《はかん》に躍《おど》るを
太白船《たいはくふね》に当《あた》つて明月《めいつき》に似《に》たり

親《おや》を夢《ゆめ》む

芳艸萋萋日日新《ほうそうせいせいにちにちあら》たなり
人《ひと》の帰思《きし》を動《うご》かして春《はる》に勝《た》へず
郷関此《きょうかんこ》を去《さ》る三千里《さんぜんり》
昨夢高堂老親《さくむこうどうろうしん》に謁《えつ》す

通釈

A　天草洋に舟泊まりする

向こうに見えるのは雲か、山であろうか、それとも対岸の中国大陸の呉の地か、越の地であろうか。（それらしきものが見える。）海と空とが、まるで青い髪の毛を張ったように、一線を画して連なっている。はるばる京都からはるか遠いこの天草洋に来て、今宵舟泊まりをすれば、折から夕もやが静かに小舟の窓にたなびいて、太陽は次第に西の海に沈んでいく。突然、大きな魚が波間に跳ねるのをちらっと見た。見上げる空には、早くも金星（宵の明星）が輝いており、舟の正面に射しこんで、まるで月のように明るく見えた。

B　両親を夢見る

芳しい草が生い茂り、日一日と新たになって、自分の故郷に帰りたい心をそそり、のどかな春にじっとしていられない気持ちになる。とはいえ、故郷はここから三千里も離れている（から、すぐさま帰ることはできない）。それだけに、昨夜の夢で久しぶりに年老いた両親にお目にかかれたのは、何よりの喜びであった。

43

(1) ① ウ ② イ ③ ア ④ オ ⑤ エ
(2) ① ウ ② ア ③ オ ④ イ
(3) ① 一フヌ区 ② 丿冂月月用 ③ ノナ才冇有有
④ 丶丶忄忄忄忄性性 ⑤ 丶ソ义必必

解説

(1) ①＝ウは「ちゅうたい」と読み、「二つのものを結び付けて、つながりを持たせる大切なもの」の意。「じんたい」と読むのは「靭帯」など。②＝イは「せんめい」と読み、「それまではっきりとしなかったことを明らかにすること」の意。なお、アは「さんぷ」と読みがちだが、これは誤読から生じた慣用読みで、正しくは「さっぷ」なので注意しよう。③＝アは「ひ（く）」と読む。「ひらく」と読むのは、「拓く」「啓く」「披く」など。④＝オは「す（る）」と読み、「粉々につぶす」の意。同じ読み方をする漢字には、「刷る・摺る・擦る・掏る・磨る・摩る」があるので、意味の違いを確認しておこう。⑤＝エは「すく（む）」と読む。「ひるむ」と読むのは「怯む」。

(2) ①＝「善後策」。ア「釈然」、イ「前言」、ウ「勧善懲悪」、エ「漸次」、オ「修繕費」。②＝「逆鱗」。ア「逆旅」、イ「劇薬」、ウ「衝撃」、エ「激越」、オ「激憤」。③＝「図る」。ア「測定」、イ「諮問」、ウ「料簡（了見）」、エ「謀略」、オ「企図」。④＝「遷す」。ア「反映」、イ「変遷」、ウ「活写」、エ「模（摸）写」、オ「抄出」。

44

(1) ① 響 ② 華美 ③ 御機嫌
④ がんちく ⑤ えんれい
(2) 読み…じょうちょう
対義語…簡潔
(3) ふるさとを懐かしく思う気持ち。
(4) 〔解答例〕
領土問題がこじれたため、二国の関係が一触即発の事態に陥っている。
(5) 端
(6) 〔解答例〕「静かだ」と「静寂」
「暖かい」と「温暖」
「嬉しい」と「歓喜」

解説

(2) 「冗長」とは、述べ方が長たらしく、無駄であること。
(3) 「漢語」は、本文でも「講義／抗議／交誼」などと例示されているように、漢字音からなる語、漢字の熟語のことである。これを使わないことが条件となっている。例えば、「ふるさと」を「故郷」と表現すると、この条件に合わなくなるので、解答する際には注意すること。
(4) 「一触即発」とは、ちょっとしたきっかけで大事が発生しそうな、危険な状態にあるさま。「複文」とは、主語と述語からなる二つ以上の句が、一つの文を構成しているもの。〔解答例〕で説明すると、「二国の関係が一触即発の事態に陥っている。」だけにすると、「単文」になる。また、「領土問題がこじれている二国の関係が、一触即発の事態に陥っている。」と表現すると、「複文」の条件は満たすが、「主語・述語の明確な」という条件にそぐわなくなる。

(6) 形容詞は終止形が「〜い」、形容動詞は終止形が「〜だ」で終わる自立語である。〔解答例〕で挙げた以外に、「正しい」と「正確」、「良い」と「良好」、「健やかだ」と「健康」、「明らかだ」と「明白」などがある。

45

(1) ④　(2) ②

解説

(1) ④＝思いあたることが多く、おおよそのことを推測できるということ。

(2) ②＝「拱く」は「こまぬく」と読む。腕くみをすること、何もしないで傍観すること。①の「鎬」は「しのぎ」、③の「胡散」は「うさん」、⑤は「ひそみにならう」、⑦は「ここうをしのぐ」と読む。

46

① 千・一　② 七・八　③ 一・千
④ 八・六（三・六）　⑤ 千・万
⑥ 腕　⑦ 腹　⑧ 舌　⑨ 肝　⑩ 腰
⑪ 鼻　⑫ 耳　⑬ 肩　⑭ 目　⑮ 腕
⑯ 膝　⑰ 尻　⑱ 骨　⑲ 足　⑳ 額

解説

①＝千年に一度出会うほどの、またとない好機。②＝何度失敗しても屈せず、立ち上がって奮起すること。③＝一時に大きな利益を得ること。④＝一人で何人分もの活躍をすること。⑤＝大勢の客がひっきりなしに来ること。⑥＝張り合いがないこと。⑦＝腹が立って、許せない気持ちになること。⑧＝驚き感心すること。⑨＝深く心にとめて、忘れないようにすること。⑩＝話の途中で口出しをしたりして、話し続ける気分を相手になくさせてしまうこと。⑪＝自慢すること。⑫＝弱点を指摘されて、聞くのがつらいこと。⑬＝責任や負担がなくなり、安堵すること。⑭＝つらく苦しい経験をすること。⑮＝自分の技量を発揮したくてたまらないこと。⑯＝興味を感じて、積極的に見聞きしたり、話したりしようとすること。⑰＝物事が切迫して、落ち着いていられないこと。⑱＝苦労を嫌がり、怠けること。⑲＝人の成功の邪魔をすること。⑳＝関係者が寄り集まって、方策などを熱心に相談すること。

47

〔解答例〕

A. 「ご苦労様でした」は、目下の人や対等の関係にある人に対して、労をねぎらうときに用いる挨拶語なので、目上であるピアノの先生に対して使うのは不適切である。

B. 校長といえども、同じ学校の職員であるので、入学説明会では、謙譲表現の「校長が申し上げた」を使うのが適切である。

C. 同郷の人や友人と気軽に話をする場合には、方言を使えばよい。特別に改まる必要のある相手や場面では共通語を用いるというように、相手や場に応じて方言と共通語を使い分けるようにする。

解説

A．感謝の意を表すのであれば、「ありがとうございました」と言うのが適切であろう。

B．他者に対して、自分側の者について言う場合は、尊敬語を用いるべきではない。入学説明会に来ている保護者から見ると、校長は学校側、すなわち自分側の者である。したがって、「おっしゃった」という尊敬語ではなく、「申し上げた」という謙譲語を用いるべきである。

C．情報化が進んでいる現代社会において、相互理解を図るには、共通語を適切に使う能力が不可欠である。その一方、方言は、生まれ育った地域の風土や文化とともに歴史的・社会的な伝統に裏付けられた言葉であり、その表現の豊かさや魅力は、情報社会であるがゆえに、いっそう価値を増している。方言を尊重する気持ちをもたせるようにしながら、相手や場に応じて、共通語と方言を使い分けられるように指導することが大切である。例えば、同じ地域の人や友人のように、特に改まる必要のない相手に対しては、方言で話した方が、相手も親しみがもてるだろう。一方、異なる地域の人や初対面の人との会話、面接などの改まった場面や公の場所では、共通語を使うのが妥当である。

48

(1) ① ウ　② イ

(2) ケ

解説

(1) ①＝A『風流仏』は幸田露伴、B『婦系図』は泉鏡花、C『腕くらべ』は永井荷風、D『二人比丘尼色懺悔』は尾崎紅葉、E『縮図』は徳田秋声の作品。樋口一葉の作品は『たけくらべ』『にごりえ』など。②＝A『春鳥集』は蒲原有明、B『鮫』は金子光晴、C『旅人かへらず』は西脇順三郎、D『測量船』は三好達治、E『天地有情』は土井晩翠の作品。萩原朔太郎の作品は『月に吠える』『青猫』など。

(2) 『文芸時代』は新感覚派の母胎となった雑誌で、中心人物は横光利一・川端康成らである。葉山嘉樹が中心となったのは、プロレタリア文学の機関誌『文芸戦線』である。

49

ア．興津弥五右衛門の遺書　イ．阿部一族

ウ．渋江抽斎

A．其儘（そのまま）　B．離れ

解説

ア～ウ＝『興津弥五右衛門の遺書』は、乃木希典の殉死後、最初に書かれた歴史小説である。『阿部一族』は、封建社会の「殉死」をめぐる武家気質の意地を扱った歴史小説。『渋江抽斎』は、鷗外が抽斎の事跡・性格・興味・交友等を克明に考証し解明した史伝。A・B＝「歴史其儘」と「歴史離れ」は『山椒大夫』の跋文で明らかにした理論で、歴史小説を書く上での対立する二つの態度を指す。前者は、主観を交えずに史実を再現しようとする客観的歴史小説をいい、後者は、歴史に題材を求めながら、より自由に作者の空想や解釈を働かせた主観的歴史小説をいう。後者の態度は、菊池寛や芥川龍之介の歴史小説に大きな影響を与えた。

50

〔解答例〕

平安初期、かな文字の成立・普及により、新しいジャンル「物語文学」が登場した。日本最古のかな書き物語である『竹取物語』は、伝説・説話や中国古典を材として作られ、虚構性が強く、伝奇的・空想的であり、伝奇物語（作り物語）と呼ばれるジャンルに属する。一方、同じ頃、歌語りから発展し、和歌を中心にして物語を叙情豊かに描く歌物語も生まれた。その最初が『伊勢物語』である。これに継いで、『大和物語』『平中物語』などが書かれたが、歌物語は散文的要素が強くなっていく。また、伝奇物語の系統にも、『宇津保物語』『落窪物語』などの作品が現れたが、写実性・現実性を帯びていく。このような流れの中で、先行する伝奇物語と歌物語の流れを受け継ぎ、これらを融合・集大成したのが、「物語文学」の最高傑作と称される『源氏物語』である。

解説

設問の条件を踏まえると、『竹取物語』に代表される伝奇物語と、『伊勢物語』に代表される歌物語の流れを組みつつ、これらを融合・集大成した作品が『源氏物語』であるという点は、最低でも押さえておく必要がある。なお、文学史では、『源氏物語』より前に成立した作品を選ばせる問題や、『源氏物語』を選択肢に入れて、複数の作品の成立順序を答えさせる問題などが出題されている。これらの問題も、『源氏物語』に至る物語文学の系譜を理解していれば、難なく答えられるだろう。

51

〔解答例〕

『大鏡』は、藤原道長を頂点とする藤原氏の栄華を、史実に照らしながら客観的立場で著し、厳しい批判を加えているのに対し、『栄花物語』は、藤原道長の栄華に対する賛美を描いている。また、『大鏡』は、歴史を本紀（帝の略伝）や列伝（主要人物の伝記）などの内容別に記述する「紀伝体」の形式をとっているが、『栄花物語』は、歴史を年月日順に配列する「編年体」の形式をとっている。

解説

『大鏡』は、藤原氏の栄華を、批判を交えて描いているところに、文学史的価値がある。一方、『栄花物語』には批判精神は見られないものの、歴史物語という新しい文学形態を生み出した意義は大きい。なお、「紀伝体」は、司馬遷の『史記』が初めて用いた方式である。

52

〔解答例〕

(1) 平安時代中期に、日本で最初に編纂された勅撰和歌集『古今和歌集』、それに継ぐ『後撰和歌集』『拾遺和歌集』の総称である。

(2) 擬人法とも呼ばれる比喩表現の一つで、「花が笑い、葉が踊っている」などのように、人間でないものを人間に見立てて表現する修辞法である。

(3) 事実と虚構との微妙な間に芸の真実があり、虚構の設定によって真実を表現するという、近松門左衛門の演劇論。

解説

(1) 勅撰和歌集の編纂は、平安時代から室町時代まで二十一回行われた。最初の三つを「三代集」、その後の『後拾遺和歌集』から『新古今和歌集』までの五つを併せて「八代集」と呼ぶ。さらに、その後に編纂された『新勅撰和歌集』から最後の『新続古今和歌集』までを「十三代集」と呼ぶ。

(2) 用例を明示して説明すると、より分かりやすい。このほか、比喩法には、①直喩（明喩）、②隠喩（暗喩）、③声喩などがある。

①＝「まるで」「〜のように」などの語句を用いて、比喩であることが明確に分かる形の修辞法。用例…彼女の頬はりんごのように赤い。

②＝比喩であることを外形的に示す語句を用いずに喩える修辞法。用例…彼女はりんごの頬をしている。

③＝擬態語や擬声語を使って、事物の状態や動作を音声的に喩えて表す修辞法。用例…彼女はりんごをガブリと噛んだ。

(3) 儒学者・穂積以貫の『難波土産』に、聞き書きとして、「近松答へて言はく、……芸といふものは、実と虚との皮膜の間にあるものなり。……虚にして虚にあらず、実にして実にあらず、この間に慰みがあったものなり。」と記されている。事実の描写では芸は成り立たず、そこに虚構（誇張や美化）が加味されなければならないという考え方である。

53

(1) 桜の花は、すっかり色あせてしまったことよ。春の長雨が降っている間に。私の容姿もすっかり衰えてしまったことよ。むなしく時を過ごし、物思いにふけっている間に。

(2) イ→ウ→ア→エ

(3) 人はいさ心も知らずふるさとは花ぞ昔の香ににほひける

(4) 共通点…どちらの歌も、桜の花が散ってしまった後の空の情景を詠んでいる。

相違点…エでは、空には波が立っているように花びらが漂い、その名残があるが、オでは、空には春雨が降るだけで、花びらの名残もなくなってしまった情景を詠んでいる。

解説

(1) 「ふる」が「降る」と「経る」、「ながめ」が「長雨」と「眺め」の掛詞になっている。「眺む」は、「物思いにふけりながら、ぼんやりと見る」の意。

(2) ア＝(1)を参照。桜の花は既に咲き、色あせている。イ＝どちらの方で桜の花が咲いただろうかと思い始めると、あちこちの山に心が散って落ち着かない、という心情を詠んでいる。つまり、桜の花はまだ咲いていない。ウ＝今日が咲き頃だと待っていたかのように、桜の花がこの上もなく素晴らしい色と美しさをますます添えているさまを詠んでいる。つまり、桜の花はみごとに咲いている。エ＝(4)を参照。桜の花は散ってしまっている。

(3) 小倉百人一首にも収められている有名な歌である。**5 国語常識**、**演習問題6**の(1)③の解説（304ページ掲載）に記したように、貫之が参詣のたびに宿にしていた家に、久しぶりに立ち寄った折に、主人から「私の家はこの通りなのに、長くおいでになりませんでしたね」と皮肉を言われたのに対して、「あなたのお心は、さあどうだか知りませんが、昔なじみのこの里の梅の花は、昔と変わらないままの香りで咲いていますよ」と詠んだ。それに対して、主人は「梅の花でさえも、昔と変わらず同じ心で咲いていますのに、まして、それを植えた私の心も変わらないでいるのを知っていただきたいものです」と詠んで、応酬したのである。

(4) エ＝「桜の花が風に散った、その風の名残として、水がないはずの空に花びらが漂い、まるで波が立っているように見えることだ」と、風に吹き散らされた桜の花びらが、空に舞い漂っているさまを詠んだ歌。空を水面に、花びらを波に見立てる技法を用いて、散り行く花に対する愛惜の念を表現している。オ＝「桜の花は散ってしまい、何を眺めるというわけでもなく、ぼんやりと思いにふけって空を見ていると、何ともない空に春雨が降っていることだ」と、空に枝を張り、絢爛と咲いていた桜も幻となってしまった情景を詠んだ歌。何もない空は作者の心そのもので、ただ細い春の雨だけが降っている。そのようなやりきれない空虚さを美しく表現している。

54

(1) A・B・F・H

(2) ア．A・B・D　イ．C・E・G・H
ウ．C・D　エ．E

(3) 無季自由律　(4) B

解説

(1) 季語は「囀」で、季節は春。それぞれの季語と季節は、次のとおりである。A＝「蟇（蛙）」、春。B＝「雪残る」、春。C＝「蟹・雲の峰（入道雲）」、夏。D「麦秋」、夏。E「炎天」、夏。F＝「ぜんまい」、春。G「枯野」、冬。H＝「白藤」、春。なお、Dの「麦秋」は、熟した麦を取り入れる初夏の頃をいうが、この句では麦の熟した畑を指す。

(2) ア＝「倒置法」は、叙述の順序を入れ換えることにより、強調する効果のある修辞法。Aは、「まるで到達するところがあるかのように、蟇が歩いている」姿を詠んだ句。Bは、「国境に、まだ雪が残って白い頂を見せている山が一つ見える」さまを詠んだ句。Dは、「聖なる廃墟が、麦秋の畑に取り囲まれている。その対照が、荒涼とした廃墟の凄惨さをより際立たせ、悲しさが胸に迫ってくる」と詠んだ句。

イ＝「切れ字」とは、余情を誘引したり、句の主題を強調したりする働きのある修辞法で、「かな・ぞ・か・や・よ」などの助詞、「けり・ぬ・つ」などの助動詞の終止形が、これにあたる。何をもって切れ字とするかについては、様々な説があるが、句中にある場合はもちろんのこと（ただし、意味がそこで切れている場合に限る）、句末にある場合も切れ字とするのが、一般的な考え方である。

ウ＝「五・七・五」が俳句の定型である。それぞれの句の音数が定型より多いものを「字余り」という。Cでは初句の「そらをはさむ（六字）」、Dでは二句の「なかなるがかなし（八字）」が字余りである。エ＝「中間切れ」とは、二句（中の句）

の途中に句切れがある修辞法。Eでは、「遠き帆や／わが」で意味の切れ目がある。

(3) 種田山頭火の「分け入つても分け入つても青い山」のように、非定型で口語調、季語にも拘束されない俳句である。無季自由律俳句を創始したのは荻原井泉水で、尾崎放哉や種田山頭火へと受け継がれて行った。

(4) 正岡子規は、「私」を去る単純素朴な写生の手法を主張し、俳句の革新に尽力した。

55

(1) ウ・オ　(2) ウ

(3) オ　(4) 御中

解説

(1) 「前略」とは、前文（時候や安否・お礼・お詫びのあいさつ）を省略する意であることを考える。

(2) 頭語と結語には、それぞれ決まった組合せがある。

・正式な場合

頭語	結語
拝啓 謹啓 拝呈 拝復（返信）	敬具 敬白 頓首 かしこ（女性）

・略式の場合

頭語	結語
前略 冠省 略啓	草々 不一 かしこ（女性）

(3) エの「如月」は二月の異名。

(4) 会社や団体宛てには「御中」を用いる。

12　〔解答例〕

〈単元名〉読書の効果（討論）

〈単元の目標〉

・自分の立場や考えを明確にして、論理的に話す力を身に付ける。

・討論を通して、自分の考えを広げたり深めたりする。

時	学習（指導）内容	学習活動	評価規準・方法
1	・討論に必要なルールを説明する。 ・自分自身の読書活動を振り返らせ、考えや意見をまとめさせる。 ・教材は最近読んだ本・新聞記事・インターネットなど。	・読書に対する自分の立場を明確にして、考えや意見をその根拠に基づいて書く。 ・その根拠が、自分の立場や考えを支えるものであるかを吟味する。 ・必要に応じ、課題について調べ学習を行う。	・課題について興味・関心をもち、自ら進んで資料を調べたり、意見をまとめたりしようとしているか。 ・自分の立場や考えを明確にして、論理の展開などに注意して意見を述べているかを、原稿の内容から確認する。
2	・相手に分かりやすく論理的に話す力や態度を育てる。 ・話の構成を工夫する。 ・他者の発言を的確に聞き取る。	・グループごとに討論させる。 ・互いの考えや意見の共通点・相違点を明確にして討論をさせる。 ・他者の意見と比較して、自分の考えを調整する。	・場に合った言葉遣いで論理的に討論を行い、相手に伝えようとしているかを、討論の態度や様子から判断する。 ・積極的に討論に参加しているか。 ・相手の立場や考えを尊重しながら討論に参加しているか。
3	・互いの立場や考えを尊重しながら話し合う。 ・結論を導くために、考えをまとめる。	・クラス全員で討論する。 ・前時の討論を振り返り、よかった点や悪かった点を考え、各自の考えを広げたり深めたりする。 ・読書の効果を日常や自分の生き方にどう生かすのかを考えさせる。	・討論の過程で自分の考えを広げたり深めたりすることができているか。 ・クラスメイトに要点をまとめて話すことができているかを、発言内容から判断する。

13 〔解答例〕

1. 単元名「私たちが通う高校を小学校低学年の児童に紹介する」
2. 目標　相手の立場や目的に応じて適切かつ効果的に表現する。
3. 評価規準（略）
4. 指導過程

時間配分	指導内容	学習活動	指導上の留意点
2分	1. 本時のねらい	1. 本時の学習の内容を知る。	
30分	2. 話合いの内容や表現方法	2. グループごとに紹介する内容や紹介の仕方について話し合う。 (1) 自分の高校の紹介する内容や構成を話し合う。 (2) 小学校低学年の児童に分かりやすく伝えるための効果的な紹介の仕方や表現の仕方を話し合う。	・話合いが円滑に進まない場合には、話し合う視点を与える。 ・机間指導を行いながら、助言をする。 ・一方的ではなく、幅広い視点から紹介するようにさせる。 ・難解な表現は、小学校低学年の児童に共感を得られるような言葉で表現するように指示する。
16分	3. 話合いのまとめ	3. グループごとに話し合った内容をまとめる。	・机間指導をして、まとめの内容を確認するとともに、必要に応じて助言を与える。
2分	4. 次時の予告	4. 次時は、話合いの結果を発表することを知る。	

付録

新旧字体対照表（音読み五十音順）

ア 亜－亞　悪－惡　イ 圧－壓　囲－圍　医－醫　為－爲　エ 栄－榮　営－營　益－益　駅－驛　円－圓　塩－鹽　オ 応－應　桜－櫻　カ 仮－假　価－價　画－畫　会－會　絵－繪　懐－懷　概－槪　拡－擴

カ 覚－覺　学－學　岳－嶽　楽－樂　勧－勸　関－關　歓－歡　観－觀　キ 気－氣　既－旣　帰－歸　偽－僞　戯－戲　犠－犧　旧－舊　拠－據　挙－擧　虚－虛　狭－狹　峡－峽　郷－鄕　響－響

キ 暁－曉　ク 区－區　駆－驅　勲－勳　薫－薰　ケ 径－徑　茎－莖　恵－惠　渓－溪　掲－揭　経－經　軽－輕　継－繼　蛍－螢　鶏－鷄　芸－藝　撃－擊　欠－缺　県－縣　剣－劍　倹－儉　険－險

ケ 圏－圈　検－檢　献－獻　権－權　顕－顯　験－驗　厳－嚴　コ 広－廣　恒－恆　鉱－鑛　号－號　国－國　サ 砕－碎　済－濟　剤－劑　削－削　冊－册　雑－雜　参－參　桟－棧　蚕－蠶　惨－慘

サ 残－殘　シ 糸－絲　歯－齒　児－兒　辞－辭　湿－濕　実－實　写－寫　捨－捨　釈－釋　寿－壽　従－從　渋－澁　縦－縱　獣－獸　粛－肅　処－處　尚－尙　称－稱　将－將　焼－燒　証－證

シ 奨－奬　状－狀　条－條　乗－乘　浄－淨　剰－剩　畳－疊　壌－壤　譲－讓　触－觸　真－眞　尽－盡　ス 図－圖　粋－粹　酔－醉　随－隨　髄－髓　数－數　セ 声－聲　斉－齊　静－靜　窃－竊

セ 節－節　摂－攝　絶－絕　浅－淺　専－專　戦－戰　践－踐　銭－錢　遷－遷　繊－纖　禅－禪　瀬－瀨　ソ 双－雙　争－爭　壮－壯　荘－莊　捜－搜　巣－巢　装－裝　僧－僧　総－總　層－層

ソ 増－增　雑－雜　憎－憎　蔵－藏　贈－贈　臓－臟　即－卽　属－屬　続－續　尊－尊　タ 堕－墮　体－體　対－對　帯－帶　滞－滯　台－臺　沢－澤　択－擇　担－擔　胆－膽　単－單　団－團

タ 断－斷　弾－彈　滝－瀧　チ 遅－遲　虫－蟲　昼－晝　鋳－鑄　著－著　庁－廳　聴－聽　徴－徵　鎮－鎭　テ 逓－遞　鉄－鐵　点－點　転－轉　伝－傳　ト 当－當　党－黨　闘－鬪　徳－德　独－獨

ト 読－讀　ナ 難－難　ニ 弐－貳　肉－肉　ノ 悩－惱　脳－腦　ハ 拝－拜　廃－廢　売－賣　薄－薄　麦－麥　縛－縛　発－發　蛮－蠻　ヒ 浜－濱　賓－賓　フ 普－普　敷－敷　譜－譜　覆－覆　払－拂　仏－佛

ヘ 辺－邊　変－變　弁－辨　－辯　－瓣　ホ 宝－寶　胞－胞　豊－豐　縫－縫　墨－墨　翻－翻　マ 万－萬　満－滿　メ 免－免　モ 黙－默　ヤ 訳－譯　薬－藥　躍－躍　ユ 諭－諭　ヨ 与－與　予－豫　余－餘

ヨ 誉－譽　謡－謠　ラ 来－來　乱－亂　覧－覽　リ 竜－龍　虜－虜　両－兩　猟－獵　ル 塁－壘　レ 礼－禮　励－勵　霊－靈　齢－齡　歴－歷　暦－曆　恋－戀　錬－鍊　ロ 炉－爐　労－勞　楼－樓　ワ 湾－灣